자아와
무아

마크 시더리츠
에반 톰슨
단 자하비
편저

이산 동광(怡山東光)
김태수
옮김

분석철학과
현상학
그리고
인도철학으로부터의
사색

자아와
무아

씨
아이
알

‖ 일러두기 ‖

1. 이 책은 *Self, No Self? : Perspectives from Analytical, Phenomenological, & Indian Traditions*, edited by Mark Siderits, Evan Thompson and Dan Zahavi. (Oxford: Oxford University Press, 2011). 영문판의 우리말 번역이다.

2. 산스끄리뜨어(Skt.) 빠알리어(Pāl.), 티벳어(Tib.)에 대한 로마나이즈 발음 표기 k/c/p/t는 우리말 경음 ㄲ/ㅉ/ㅃ/ㄸ로 각기 표기하였다.

3. 원서에 없는 역자 보충은 * 기호로 구분하여 괄호 안에 표기하였다.

4. 원서의 각주 외에 역자가 추가한 것은 '역주'로 구분하여 표기하였다.

5. 원서에서 이탤릭으로 강조한 표현은 고딕체로 표기하였다. 특히 원서에서 산스끄리뜨어나 빠알리어로 표기한 단어는 이탤릭으로 표기하여 영어와 구분되도록 하였다.

6. 11인의 논문에서 보이는 서로 다른 용어 선택이나 기입 형식은 그 문맥과 특성을 훼손하지 않는 한에서 가급적 통일하였다.

편집자의 글

　자아의 실재와 본성에 관한 논의는 오늘날 서구 심리철학자와 인지과학자 사이에서 주요하게 취급되고 있으며 뚜렷하게 증가하는 추세이다. 이 주제는 지난 2천여 년 간 인도와 티벳 철학 전통의 중심에 있었다. 이제 이러한 철학 전통에 담긴 풍부한 자료들을 자아의 본성에 관한 현대적 논의로 끌어와야 할 시기이다. 이 책은 바로 그러한 시각에서 편집된 세계 최초의 연구 성과물이다. 본문에서 인도와 티벳 전통의 선도적 철학자들은 다양한 관점에서 의식과 자아성에 대한 주제를 탐구하기 위해 서구의 주류 심리철학자들 및 현상학자들과 연계하고 있다. 『자아와 무아』는 역사학이나 비교철학 일반에 관한 논문 모음집이 아니다. 문제 해결을 위한 개념적·현상학적 분석을 철학의 중심 주제로 다룬다. 이 책에 수록된 논문들은 현대철학과 인지과학의 맥락에서 자아의 주제를 소개하기 위해 다양한 철학 전통에서 논쟁이 되었던 자료들을 총동원한다. 이에 『자아와 무아』는 자아와 의식의 본성에 관심이 있는 철학자들이나 인지과학자들에게 필독서가 될 것이고, 이 주제를 탐구하려는 학생들에게 귀중한 방법론을 제공할 것으로 기대된다.

마크 시더리츠 서울대학교 철학과 명예교수
에반 톰슨 토론토대학교 철학과 교수
단 자하비 코펜하겐대학교 주관성연구소 소장. 철학과 교수

서 문

이 작업은 의식과 자아의 본성에서 다루어지는 문제에 관심이 있는 철학자들 간의 대화를 모색하려는 시도에서 시작되었지만, 그 철학적 지평은 각기 다른 지점에서 기틀을 잡았다. 이 기획은 2008년 3월 콜롬비아대학교에서 개최된 소규모 학술대회에서 자아 존재와 의식의 반영성 문제를 주제로 강연한 존 던John Dunne을 비롯해 참석한 조르주 드레퓌스, 에반 톰슨, 단 자하비에 의해 닻이 올려졌다. 이 일은 콜롬비아대학교의 비교철학 학술대회에서 구체화되었다. 우리는 전적으로 이 학술대회를 실현하기 위해 준비했던 학술대회 준비위원 크리스 켈리Chris Kelly에게 감사를 표하고 싶다. 아울러 콜롬비아대학교 학술대회 사무국의 충분한 재정적 지원과 기타 활동에 대해서도 감사드린다.

콜롬비아 행사는 현상학과 불교철학 간의 대화를 상징한다. 이후 2009년 4월 덴마크 코펜하겐대학교 주관성연구소에서 현상학과 불교철학뿐 아니라 나아가 베단따철학과 분석철학으로 확대된 더 큰 규모의 학술대회가 열렸다. 이 책의 대다수 논문은 이 학술대회에서 첫 선을 보였던 것이다. 그들의 발표는 당시 치열하고 고무적이었던 토론 덕분에 자극적인 불꽃을 튀길 수 있었다. 이 행사는 덴마크 국립연구재단과 덴마크 과학기술혁신부의 아낌없는 후원을 통해 가능했고, 이 행사가 순조롭고 성공적으로 진행되도록 수고를 아끼지 않은 조엘 크루거와 피아 커크만Pia Kirkemann에게 깊은 감사를 표한다.

이 책의 편집은 한국연구재단의 넉넉한 연구비 지원 덕에 부분적으로 가능했다. 옥스퍼드대학출판사의 피터 몽치로프Peter Momtchiloff의 지지와 격려 및 출판 과정에서 제니퍼 런스포드Jennifer Lunsford와 안젤라 앤스티 홀로이드Angela Anstey-Holroyd의 숙련된 도움에 대해서도 감사를 올린다.

참여학자 관련 정보

*본문 수록순(2013년 기준)

조엘 크루거 덴마크 연구재단의 지원을 받는 박사후과정: 코펜하겐대학교 주관성연구소 연구자이다. 연구 주제는 현상학과 마음철학, 동양과 비교철학, 실용주의 및 음악철학을 포괄한다.

단 자하비 덴마크 코펜하겐대학교의 덴마크 국립연구재단 주관성연구소 소장 겸 철학과 교수이다. 그는 1994년 벨기에 루뱅대학교에서 박사학위와 1999년 코펜하겐대학교에서 철학박사학위(교수자격)를 취득했다. 2001년 국제철학학회 회원과 2007년에 왕립 덴마크 과학 문학원 회원에 선출되었다. 2001년부터 2007년까지 북유럽현상학협회의 회장을 역임했고, 현재 학술지「현상학과 인지과학*Phenomenology and the Cognitive Sciences*」의 공동 책임 편집자이다. 그의 체계적 연구에서 자비히는 주로 자아성의 본성, 자기의식 및 상호주관성을 연구해왔다. 주요 저작으로는 *Husserl und die transzendentale Intersubjektivität* (Kluwer, 1996), *Self-awareness and Alterity* (Northwestern University Press, 1999), *Subjectivity and Selfhood* (MIT Press, 2005) 및 숀 갤러거와 공동 저술한 *The Phenomenological Mind* (Routledge, 2008) 등이 있다.

미리 알바하리 2006년부터 서부 호주대학교에서 철학 담당 조교수로 있다. 오타고대학교에서 (색의 형이상학에 관하여) 석사학위를, 2005년 캘거리대학교에서 철학박사를 취득했다. 저서 *Analytical Buddhism: The Two-Tiered Illusion of Self* (Palgrave Macmillan, 2006)는 자아환영이 어떻게 합해졌는지에 대한 것이다. 알바하리는 어떻게 불교의 팔정도가 덕행, 명상 및 지혜를 통해 서구 신경과학자들에 의해 예견된 병리학 형태를 초래하지 않는 방식으로 자아환영을 해소할 수 있는지에 관한 후속 저작 집필을 계획하고 있다.

조르주 드레퓌스 티벳 불교사원에서 15년간 수학한 후 게셰 자격을 취득한 최초의 서양인이다. 그 후 버지니아대학교에 입학해 종교사 프로그램에서 박사학위를 취득했다. 현재 윌리엄 칼리지 종교학부 종교학 교수로 재직 중이다. 불교철학과 티벳문화의 다양한 측면에 관한 다수의 논문이 있다. 단행본으로는 *Recognizing Reality: Dharmakīrti and his Tibetan Interpreters* (SUNY Press, 1997), *The Svatantrika-Prasaṅgika Distinction* (Wisdom 2003; Sara MaClintock와 공동 편집), *The Sound of Two Hands Clapping: The Education of a Tibetan Buddhist Monk* (University of California Press, 2003) 등을 출간하였다.

에반 톰슨 토론토대학교에서 철학 교수로 재직 중이다. 그는 애머스트 칼리지에서 동양학으로 석사학위를, 토론토대학교에서 철학으로 박사학위를 취득했다. 그는 *Mind in Life : Biology, Phenomenology, and the Science of Mind* (Harvard University Press, 2007)를 저술했고, *The Cambridge Handbook of Consciousness* (Cambridge University Press, 2007)를 필립 젤라조P. Zelazo와 모리스 모스코비치M. Moscovitch와 함께 공동 편집했다. 또한 *The Embodied Mind : Cognitive Science and Human Experience* (MIT Press, 1991)를 프란시스코 바렐라, 엘리노어 로쉬와 함께 공동 집필했고, *Color Vision : A Study in Cognitive Science and the Philosophy of Perception* (Routledge Press, 1995)과 *Waking, Dreaming, Being : New Revelations about the Self from Neuroscience and Meditation*을 저술했다.* 톰슨은 요크대학교(2002~2005)에서 캐나다연구 석좌교수를 지냈고, 보스턴대학교에서도 강의했다. 파리 에꼴 폴리테크닉 현상학응용연구소와 콜로라도 볼더의 콜로라도대학교에서 방문교수를 역임했으며 심생心生 연구소의 프로그램 및 연구위원회의 회원이다.

---

* 이성동, 이은영 공역, 『각성, 꿈 그리고 존재』(씨아이알, 2017)

조나단 가네리 영국 서섹스대학교의 철학교수로 인도철학과 분석철학 사이를 넘나드는 연구를 한다. *The Concealed Art of the Soul: Theories of Self and Practices of Truth in Indian Ethics and Epistemology* (Clarendon, 2007), *Philosophy in Classical India : The Proper Work of Reason* (Routledge, 2001), *Semantic Powers : Meaning and the Means of Knowing in Classical Indian Philosophy* (Clarendon, 1999)를 출간했다. 현재 근대초기 인도철학과 더불어 고전인도 사상에서 심리철학에 관한 책을 집필 중이다.

볼프강 파싱 오스트리아 비엔나대학교에서 철학을 가르치고 있으며 *Phänomenologische Reduktion und Mshin : Edmund Husserls Bewusstseinstheorie und der Zen-Buddhismus* (Alber, 2003)를 저술했다.

차끄라바르띠 람쁘라사드 랭카스터대학교 종교학부 교수로 재직 중이다. 연구 주제는 인도와 비교현상학, 형이상학, 종교철학을 포괄한다. 최근 단행본으로 *Knowledge and Liberation in Classical Indian Thought* (Palgrave, 2001), *Advaita Epistemology and Metaphysics : An Outline of Indian Non-Realism* (RoutledgeCurzon, 2002), *Indian Philosophy and the Consequences of Knowledge* (Ashgate, 2007) 등이 있다.

매튜 맥켄지 콜로라도주립대학교 철학과 조교수로 재직 중이다. 주요 연구 주제는 불교철학, 심리철학, 현상학 및 형이상학에 있고, *Philosophy East and West, Asian Philosophy, Phenomenology and the Cognitive Sciences*와 같은 학술지에 발표했다. 현재 상호구성주의와 동양철학에 관한 책을 브래들리 박Bradley Park과 공동 집필 중이다.

갈렌 스트로슨 2001년 레딩대학교로 옮기기 전까지 옥스퍼드대학교에서 20년 동안 철학을 가르쳤다. 뉴욕대학교(2007)와 뉴저지 럿거스대학교(2000)에서 방문교수를 역임했다. 2004~2007년 뉴욕시립대학교 대학원 철학 석좌교수였다. *Freedom and Belief*(OUP, 1986), *The Secret Connexion : Realism, Causation and David Hume*(OUP, 1989), *Mental Reality*(MIT Press, 1994), *Selves: An Essay in Revisionary Metaphysics*(OUP, 2009) 등을 저술했으며, *Consciousness and its Place in Nature*(Imprint Academic, 2006)의 주저자이다. 철학 논문 선집 *Real Materialism and Other Essays*는 2008년 옥스퍼드대학교 출판사에서 출판되었다.

마크 시더리츠 현재 서울대학교 철학과 명예교수로 이전에 일리노이주립대학교에서 오랫동안 철학을 가르쳤다. 그는 수많은 논문뿐 아니라 *Indian Philosophy of Language* (Kluwer, 1991), *Personal Identity and Buddhist Philosophy : Empty Persons* (Ashgate, 2003), *Buddhism as Philosophy* (Ashgate and Hackett, 2007)의 저자이다. 주요 관심 분야는 현대 분석철학과 고전인도 및 불교철학 간의 교차점에서 펼쳐지는 분석 형이상학이다.

차 례

서 론

서 론

마크 시더리츠, 에반 톰슨, 단 자하비

    나는 청아한 창공을 바라보고 나뭇잎이 바람에 흔들리는 소리를 들을 때 청색과 바스락거리는 소리를 알아차린다. 나는 청색을 본다는 것과 소리를 듣는다는 것 또한 의식하고 있는 것인가? 의식한다는 것은 자기의식과 어떤 면에서 필연적으로 관련되는 것인가? 그렇다면 이것을 자아의 존재 증거로 생각해도 되겠는가? 이러한 것들이 이 책에서 탐구하려는 화두이다. 여기에서의 연구 방법은 현상학, 의식 분석철학, 고전인도철학, 불교철학 같은 고유한 전통철학의 기법과 도구를 사용한다. 이런 전통들 모두 자아와 반영적reflexive 의식 문제를 다뤘지만, 대부분은 각기 독자적으로 연구가 진행되었다. 그러므로 본 연구를 수행하기 위한 최선책은 이들 전통에서 사용하는 상이한 접근법에서 찾을 수 있는 공통의 틀을 개발하는 데서 출발하는 것이다.

    내가 청색을 알아차릴 때, 청색에 대한 나의 알아차림 또한 알아차리고 있는지 묻는 것은 필연적으로 의식이 반영적인지 자기모방적self-intimating인지 묻는 것과 같다. 후자의 표현은 두 가지를 목적으로 한다. 첫째, 의식한다는 것은 '접촉하고' 있거나 친밀한 대상을 '내부에' 존재하는 것으로 상정하는 자아 곁으로 데려오는 일이라는 사실을 말하기 위함이고, 둘째, 쟁점이 되는 반영성reflexivity을 나의 자아로 타당하게 부를 수 있을 무엇인가와의 연관성 여부를 묻기 위함이다. 두 번째 입장에서, 의식이 반영적이라는 표현은 자기지시적self-referential 상태와 차이가 없다는 의미이다. "이 문장에는 다섯 단어가 포함되어 있다"라는 진술은 그 진실을 평가할 때 바로 그 진술 자체 외에는 다른 것을 볼 필요가 없다는 의미에서 반영적이라고 설명할 수 있다. 이 경우 그 지시관계의 반영성은 이 2항 관계가 정상적인 두 개의 관계항이 아니라 하나의 관계항만 관계하는 것에 불과하다. 이와 같이 의식이 반영적이라거나 자기모방적이라는 명제를 이해한다면, 자아의 존재를 주장하는 것과 연계할 가능성은 없어질 것이다. 그렇게 생각하는 것은 '나 자신myself'과 '나의 자아 my self'라는 아주 별개의 표현을 융합하는 일이 되기 때문이다.

혹자는 우리가 자아의 존재와 본성에 관한 모호한 문제를 다루지 않고도 반영성 명제를 탐구할 수 있으므로 그러한 진단을 반길지도 모르겠다. 이들 중에는 다른 이유를 들어 자아의 존재를 부인하는 이들도 있을 것이다. 그러나 일부는 이러한 부인이 지나치게 성급하다고 생각한다. 그들은 우리의 알아차림 상태의 자기모방적 성격을 면밀히 조사하면 자기지시적 표현 등으로 제시되는 단순한 자기연계self-linking와는 상당한 차이를 보인다고 주장한다. 만일 의식이 내적 반성뿐만 아니라 자신을 늘 주시하는 것도 사실이라면, 이것은 주관성의 본성과 함께 주체의 본성에 대한 실마리까지도 제공할 수 있다. 이 사고를 바탕으로 의식의 자기모방적 본성에 대한 신중한 탐구가 경험의 현상적 성격을 보다 자명하게 하고,

그렇게 함으로써 우리의 모든 의식 상태에서 파악하기 힘든 공통 요소를 식별하게 된다. 경험 상태는 '[나에게] 무엇인가와 유사함what-it-is-like-ness'[1]이거나 현상적 성격이 어떠하냐에 따라 구별된다는 것은 널리 알려져 있다. 다시 말해, 저 청색을 보고 있는seeing 상태의 것과 닮은 무언가는 있고, 이 현상적 성격의 있음은 생명체와 단순히 색을 탐지하는 기제의 차이를 나타낸다. 현재 말할 수 있는 것은, 의식의 반영성은 최소한 부분적이나마 무엇인가와 유사함으로 구성하고 있고, 이로써 무언가와 유사한 것, 즉 현상적 상태의 주체에 관한 중요한 단서를 제공해준다는 사실이다.

비평가들은 여전히 의심할 수 있다. 방금 제기된 제안은 주관성에서 주체로의 이동을 말하고 있음을 포함하고 있는데, 그렇다면 우리는 그 이동이 정당한가 하는 문제를 제기할 수 있다. 우리는 의식의 특징이 정확히 주관적이라거나, 현상적 성격이 '[나에게] 무언가와 유사한 것what-it-is-like'이라는 데 동의할 수 있다. 그럼에도 외형seeming이 보여지는 주체로서 역할을 하는 무엇인가가 왜 제공되어야 하는지 질문하지 않을 수 없다. 만일 '[나에게] 무엇인가와 유사함'이 여격與格인 '~에 대해 무엇인가와 유사한 것what-it-is-like-for'을 통해서만 완성된다고 인정하더라도, 의식의 반영적 본성은 여전히 자아라고 부를 수 있는 무언가를 소환하지 않고도 저 빈틈을 채운다고 말할 수 있다. 이러한 비평가는 자기암시가 최소한 부분

1　역주) 이 같은 명사화 표현은 Heidegger부터 시작했던 것으로 보이고, 이때 'it'은 경험하는 사람의 (변화하는) 경험이라고 생각된다. 유사한 예로, "Experience entails what-it-is-likeness and what-it-is-likeness entails what-it-is-like-for-me-ness."(Zahavi 2014, 2020; Zahavi and Kriegel 2016). 풀이하자면, "경험은 '무엇인가와 유사함'을 수반하고, '무엇인가와 유사함'은 '나에게 무엇인가와 유사함'도 수반한다.

적으로는 청색을 보는 경험을 구성하는 의식이 그 역할을 할 수 있고, 다른 의식은 나뭇잎들의 바스락거리는 소리를 듣는 경험과 유사한 역할을 할 수 있다고 주장한다. 이것들은 의식의 구별되는 에피소드들이기 때문에 각 경험들을 통일하는 주체라는 자아로의 이동은 정당하지 않다.

이 소논쟁은 지금까지 명백해 보였을지도 모를 무언가를 이끌어 낸다. 의식은 반영적이라는 명제와 자아의 존재 문제를 연결할 가능성을 모색하기에 앞서, 우리는 그 진흙탕 속으로 들어가 자아가 무엇인지 밝혀낼 필요가 있다. 이상의 논쟁 당사자들은 의식을 소위 자아론적 입장과 비자아론적 입장으로 각기 주장하고 있다. 그렇지만 이들이 의식과 자기의식을 통해 논쟁을 시작한 이 '에고' 내지 자아는 도대체 무엇이란 말인가? 일반적으로 우리들 각자는 하나의 자아감각, (다소 파악하기 힘든) 특정한 인격이라는 느낌을 지니고 있다는 데 동의한다. 현재 물음에 답하는 최선책은 이러한 감각을 탐구하고 그 토대 구조를 찾으려고 애쓰는 일일 것이다. 이에 대한 서양철학에서의 논의는 상당수는 이 길을 따라갔다. 그러나 인도 전통은 다른 방식을 제안한다. 인도철학의 자아탐구는, 모든 사람이 갖고 있다고 보는 자아감각이 심각한 오해를 불러일으킬 수 있다는 의심에서 출발한다. 실제 이것은 윤회의 굴레나 무시 이래의 재생의 속박 원인이 될 수 있음을 시사한다. 따라서 우리 모두 인정하는 자아감각이 탐구할 가치가 있을지는 몰라도, 그렇게 함으로써 자아가 무엇인지에 대한 직접적인 이해로 곧장 연결된다고 생각을 해서는 안 된다.

이 시점에서 수많은 인도철학 전통의 배후에 놓인 해탈론적 관심에 대해서 한마디 하지 않을 수 없다. 이 전통에서는 잠재적으로 끝없는 재생의 순환에 속박되게 만드는 어리석음을 극복하려면 철학을 공부해야 한다고 말한다. 철학은 우리의 정체성을 오인하게 하는 견해의 배후에 놓인 진실이 무엇이든지 찾을 수 있게 도운다. 오늘날 우리가 윤회의 굴레에 사로잡혀 있다는 견해에 동의할 철학자는 거의 없다. 이러한 사실로 인해, 우리는 인도식 자아 맥락을 탐구하는 주제와 관련하여 인도 전통과 서구 전통 사이에서 유익한 대화가 가능하리라고 믿지 않는다. 그러나 이같은 반응은 지나치게 성급할 수 있다. 서구 전통에서 자아를 논의하려는 관심사 중 일부는 실제로 속성이 유사하다. 자아 탐구는 인격의 본질로 여겨지는 것을 탐구하는 것이다. 또 본질이란 종종 어떤 것이 좋은지 결정하는 것이라고 생각된다. 자아를 아는 것은 종종 그러한 앎이 인격들의 삶의 의미에 대한 우려를 해결하는 데 기여할 수 있다는 기대 때문에 모색된다. 그러한 우려는 인간의 유한성에 대한 자각에서 기인한다고 생각할 수 있다. 그리고 인도철학자들은 인격들을 시작도 끝도 없는 재생 과정의 주체로 여기고, 인간의 유한성을 부정하는 듯하다. 그러나 이것은 두 가지 요점을 간과하고 있다. 재생은 또한 재사망을 의미하고, 끝없는 반복은 모든 의미를 지닌 것들을 고갈시킬 수 있다는 점이다. 반면 현 자아의 논의에서 윤리적 차원은 대개 빠져 있지만, 그 역시 논쟁을 형성하는 데 도움이 되는 눈에 띄지 않는 요소일 수 있다. 인도철학자들이 이 차원을 명시적으로 주제화했다는 것은 현실적으로 그들의 숙고 사항에 가중치를 주는 것일 수 있다.

우선 세 가지 유형의 광범위한 자아관은 실체론·비실체론·무아론에 속하는 것으로 분류할 수 있다. 무아론자들은 자아의 존재를 부정한다. 반면 실체론적 자아론자와 비실체론적 자아론자는 그 존재를 긍정하지만, 본성에 대해서는 의견을 달리한다. 실체론적 견해는 자아를 실체나 속성의 담지자, 상이한 속성들이 모두 동시에 위치하거나, 혹은 실체들이 상이한 시간에 지속할 것으로 생각되는 기체로 간주하는 견해이다. 다양한 성질들을 지닌 개체로서의 사물이라는 상식적 사고 유형을 좇는 실체론자들은 적어도 자아를 경험의 최소 주체, 의식 상태들이 주어진 개체로 본다. 그렇다면 자아가 의식한다는 속성을 결여한 채 발생한 적이 있는지 물을 수 있다. 데카르트는 일반적으로 그렇지 않다고 주장하는 것으로 이해되며, 심지어 꿈없는 수면과 혼수 상태에서도 우리는 의식하고 있다는 사실에 동조하고 있다. 이와 달리 혹자는 자아가 상이한 시간에 속한 다양한 속성들 가운데 하나일 뿐이라고 주장한다. 그 다른 속성 중에는 자아도 행위들의 행위자로 정형화시키고, 나아가 도덕적 평가의 적합한 대상으로 만든다. 그렇지만 우리의 현 관심사의 요체는, 실체론의 입장을 따르자면 붉은색이 항아리와 관련하듯 의식도 자아와 관련한다는 사실이다. 다시 말해, 실체 안에 의존적으로 내속하는 실체의 속성으로서 말이다.

비실체론적 자아론자들은 자아가 어떤 면에서 자신과 구별되는 의식과 관련되는 실체 또는 속성의 담지자가 아니라고 말한다. (자아가 본질적으로 의식적이라고 주장하는 실체론자들조차 자아를 자성으로서 의식을 지닌 실체라고 주장함으로써 의식의 본성과 구별되는 존재론적 범주에 속해 있다고 사고한다는 점에 유념하자.) 대신 비실체론자들은 자아를 그저 의식 자체로 본다. 비실체론자들은 얼마나 많은 자아들이 있는지에 대해 이견이 있다. 주지하다시피 인도의 불이론 베단따Advaita Vedānta학파는 오직 일자(이것이 존재하는 유일자)만 있다고 주장한다. 그러나 그들은 자아가 의식의 본성이지만, 자아에 변양變樣을 수반할 수 있는 행위체나 어떤 다른 속성을 부여하는 것은 잘못되었다는 것에 동의한다. 자아란 한갓 '목격자witness'이거나, 더 좋은 표현으로는 '목격함witnessing'일 것이다.

자아가 찰나적이어서 심적 흐름 속에서 각각의 앎의 현행과 함께 발생한 직후 곧바로 소멸되어 다른 것으로 대체된다고 하는 것은 일반적으로 그러한 자아론자들에게 (또한 실체론자들에게도 마찬가지로) 수용되는 주장이다. 그러나 자아론자들은 자아가 하나의 개별적 의식 상태가 지속되는 한에서만 지속한다는 갈렌 스트로슨의 '진주 목걸이 자아pearl self' 견해와 같은 것을 거의 피한다. 이러한 회피는 적어도 자아가 의식 상태의 주체로서 부분적 역할을 하고 다양한 통시적 통일체들도 설명해야 한다는 광범위한 합의에서 비롯된다. 이 통일체들은 한 생애 속의 다양한 단계를 관통하는 (혹은 여러 생애를 관통하는) 하나의 인격에 대한 합의와 시간에 걸쳐 전개되는 기획을 위한 행위체에 관련된 합의를 포함하기도 한다. 그러나 이 논의들과 관련된 중추적 통일체는 단일한 흐름 속에 의식의 현재 내용을 과거 및 잠재적 미래 내용과 나란히 두는 경험자의 능력과 관련된 통일체이다. 물론 비실체론적 자아론자들이 지속하는 자아를 상정하지 않고도 그러한 모든 통시적 통일체를 설명할 수 있다고 주장하는 것은 가능하다. 그렇지만 그럼으로써 그들이 무아론에 더 가까이 다가서게 될 것은 자명하다.

무아론은—가장 잘 알려진 거장으로 흄과 파핏을 제외하고—서구에서는 거의 알려지지 않았지만, 인도불교 전통에서는 매우 광범위하게 다루어졌다. 인도의 무아론 맥락은 우리의 일상적인 자아감각이 특정 종류의 깊게 뿌리박힌 고통의 원천이라는 공통적인 관심사에서 출발한다. 그러나 그릇된 것(예로 신체)이나 그릇된 종류의 것(예로 실체)과 동일시하는 데 잘못이 있다기보다는 무아론은 그 오류를 동일화 자체에 둔다. 불교의 승원 수행은 일반적으로 일체의 동일화나 '집착upadāna(취착)'의 제거를 목표로 한다. 불교의 철학적인 수행은 '나'라는 지시대상으로 가리킬 수 있는 존재가 어디에도 없음을 입증하는 것이고, 또 그러한 존재가 있다는 믿음이 어떻게 일어날 수 있는지 설명하려고 애씀으로써 이 목표에 기여한다. 여러 학파에서 다양한 전략이 사용되지만, 한 가지 공통 요소는 자아가 그럴 것이라고 상정되는 방식에서 어떤 것도 영원하지 않다는 것을 제시한다는 점이다. 흄과 마찬가지로 불교논사들은 전형적으로 우리가 인격의 내면 상태를 면밀히 숙고할 때 발견하는 일체의 무상성에 주목한다. 그럼에도 불구하고 우리가 그러한 상태 속에서 지속하는 주체가 있다고 믿어야 함은 개미행렬의 사례로 설명된다. 멀리서 볼 때 하나의 단일하게 지속하는 것으로 보이는 것도 자세히 관찰하면, 집합체의 각각이 다음 순간 새로운 구성원으로 교체되는 개별자들의 조대한 집합체로 밝혀진다. 이러한 주장은 우리의 인지적 한계 때문에 그러한 통일체의 느낌이 난다는 것이다. 우리가 멀리서 볼 때만 개미행렬을 단일한 것으로 보듯이, '나'라는 것이 내적 상태 가운데 느껴지는 통일체를 설명하기 위해 상정된 것이라는 의미이다.

이와 같이 무아론을 변론하는 접근법은 다양한 다른 방식으로 비판받는다. 예컨대 우리는 자아가 영속한다는 가설에 도전하거나 개미행렬 같은 전체가 그 부분들로 대체될 때조차 진실로 지속하는 것으로 존재한다고 주장할 수 있다. 더 근본적으로 자아 탐구가 어떤 종류의 실체 탐구로 해석되어야 하는지 물을 수도 있다. 흔히 '우리의 자아 탐구'라 불리는 활동이 있지만, 이것은 어떤 실체에 대한 탐구가 아니라 우리의 인생 설계와 계획에 구조와 통일을 부여하는 일부 핵심적 신념과 기타 성향에 대한 탐구이다. 최근의 자아 논의에서 서사적 자아 개념은 현저히 중요해졌고, 그 개념은 여기서 유용할 수 있다. 그 기본적 사고는 시간 속의 세계 내에서 작용하는 행위자로서 우리는 개인적인 행동유도성을 통해 우리의 반응들의 순위 매기기를 촉진하는 전반적 위계에 맞추려는 구상을 요구한다는 것이다. 이 구상은 우리에게 자신의 삶을 살아가는 동시에 만들어가는 것이라는 서사로 바라볼 때 제공된다. 우리 자신을 우리의 인생 이야기의 저자이자 중심인물로 바라봄으로써 우리는 장기적 계획과 기획을 구성하고 부수적 목표를 생산하고, 그럼으로써 우리는 새로운 행동 기회가 제시될 때마다 마비를 피하는 능력을 성취한다. 이것이 우리에게 해당된다면, 왜 인격의 동일성 문제가 인격의 통시적 동일성에 대한 필요충분조건의 문제로 되지 않고, 다만 핵심 가치와 신념을 이해하고 설명하는 데 요구되는 "나는 누구인가?"라는 특성화 물음으로 간주되는지 설명해줄 것이다. 이것은 자아 탐구가 한낱 특성화 물음에 대한 답변을 위한 시도로 이해되어서 안 된다는 질문에 대한 귀결이다. 그렇다면 무아론은 단순히 잘못된 문제제기를 하고 있다는 이유로 곧바로 묵살될 수 있다.

이러한 도전에 직면한 무아론은 특성화 물음을 단순히 묵인하는 것은 그 밑바닥에 깔린 전제조건—우리의 인생 이야기의 저자이자 중심인물인 어떤 개체가 있다—을 그대로 두는 것이라고 답할 것이다. 이 전제조건은 형이상학적 탐구 도구를 활용하는 적절한 철학적인 정밀 검토를 요구한다. 특성화 물음으로 표시되는 역할을 감당할 핵심자아는 있는가? 사실 서사적 자아의 자기구성self-constitution

접근법에 의해 위협받는 것은 비단 무아론만이 아니다. 비실체론적 자아론 또한 마찬가지이다. 그러한 이론들은 자아의 존재를 긍정하지만, 여기서 긍정하는 자아는 한낱 목격자이지 행위자가 아니어서 적절한 서사의 저자가 되거나 할당된 역할을 할 수 있는 종류가 아니다. 실체론적 자아론자들만이 이 서사성 접근의 전제조건에 살을 붙이는 역할을 할 수 있는 종류의 자아를 제공한다. 무아론자와 비실체론적 자아론자 양자는 바로 이 점에서 실체론을 공격한다. 그들의 시각에서 이 서사성 접근은 특정한 가치와 특정한 사회구조에 대한 신념을 반영한다. 그 사고는 합리적 자율성과 조화로운 사회의 상호작용 같은 목표를 촉진하는 데 효율적인 방식으로 판명되기 때문에, 우리는 자신의 삶을 서사로 바라보도록 배운다는 것이다. 이러한 관점에서 볼 때 서사의 저자이자 중심인물로서 자아 관념은 특정 방식의 삶을 일관되게 만들기 위해 그 상정이 요구되므로 존재하는 것으로 간주되는 유용한 허구에 지나지 않는 것으로 보이기 시작한다.

인도의 전통 맥락에서 이 모든 것의 결론은 자아의 존재와 본성에 관한 논쟁이 직접적으로 형이상학적 토대에 기반하여 전개되었다는 사실이다. 예컨대 무아론자와 비실체론자 모두는 속성의 담지자로서의 실체라는 일반 개념이 비정합적이라고 친숙한 방식으로 주장했다. 물론 실체론자 역시 그러한 반론에 대해 할 말이 있었다. 마찬가지로 단일성과 다수성에 관한 문제—전체는 각 부분과 동일하거나 구별되거나 간에 그 많은 부분 너머 상위에 존재하는가?—와 관련한 대격전이 있었다. 우리는 그러한 논쟁들이 불가피하게 교착상태로 끝나지 않는지 궁금하여서 논쟁을 일으키는 가정에 의문을 던질 수 있다. 여기서 적절한 가정은 우리의 삶을 자서전적 서사로 이해하는 관행이 저자 및 다른 속성의 담지자로서 기능할 수 있는 자아의 존재를 요청한다는 것이다. 그럼, 왜 그 관행에 그저 침묵하면서 특성화 물음을 해명하기 위한 우리의 철학적 도구를 작동시키지 않는가? 만일 우리가 마침내 형이상학을 할 것이라면, 우리 자신에 대한 개념과 우주에서의 위치에 대한 중대한 수정을 허용하지 않는 형이상학인 기술적 형이상학을 왜 그냥 행하지 않는가? 이에 대한 해명에서 서사성 접근은 고전적 철학 구상에 대한 뿌리깊은 환멸을 나타낸다. 서사성 접근은 실체로 이해된 자아 탐구를 절망적으로 혼란스럽게 본다. 그러한 탐구가 합의된 해결책으로 도달하지 못한다는 점을 감안하면, 우리는 대신 자아를 계속 진행 중인 자기구성의 과정으로 이해해야 한다.

여기에는 인도인들의 자아 논쟁에서 해탈론적이고 윤리적인 차원과 관련되는 한 가지 요점이 있다. 그 논쟁 당사자들은 우리의 일상적 자아감각이 오류에 근거를 둘 수 있다는 가능성을 선험적으로 배제할 것을 거부했다. 이에 알 수 있는 한 가지 사실은 자아 논쟁에서 사용되는 일부 직관은 검증되지 않은 가치 규범으로부터 유래될 수 있다는 사실이다. 논쟁을 순전히 형이상학적으로 행하기로 선택하고 순수한 서사성 접근에 묵묵히 따르지 않음으로써 인도 철학자들은 철학적인 합리성에 따르는 객관적 근거로 논쟁을 종식시킬 수 있다는 희망을 표했다. 우리는 그러한 희망을 소박한 것으로 정당하게 떨쳐버릴 수 있을 것이다. 그럼에도 불구하고 우리가 그렇게 행하고 있으며, 또 정확히 어떤 근거에서 그렇게 행하고 있는지 알아차리는 것은 여전히 중요하다.

그렇다면 '자아란 무엇인가'라는 물음에 제공할 수 있는 네 가지 일반 유형의 답변—(1) 실체론, (2) 비실체론, (3) 무아론, (4) 순수한 서사성—이 있다. 반영성 명제의 경우 문제는 훨씬 더 간명하다. 의식하는 가운데 우리가 늘 어떤 면에서 그렇게 하고 있음을 알아차리고 있다고 긍정하거나 그렇지 않으면 이를 부정하고 있다. 사실 우리가 최근 논의에만 관심을 쏟는다면 실제 긍정적 견해만 있고, 모든 행위는 그러한 자기의식이 어떻게 발생하는지 알아내려는 것으로도 볼 수 있다. 이 반영성 명제는 (혹자에 따르면 아리스토텔레스로부터 시작하는) 서구 전통에서 다수의 저명한 주창자들이 있고, 논란의 여지는 있지만 현재 광범위하게 수용되고 있다. 이것은 심적 상태를 의식 상태로 만드는 특정 관념에서 생겨난 것일 수 있다. 예컨대 우리가 재현전화의 측면에서 의식을 정의한다면, 이것은 지나치게 많은 것을 허용하는 것으로 보인다. 우리가 유기체를 위한 환경을 재현한다고 말할 수 있는 유기체의 상태가 있지만 그 상태는 적합한 종류의 내면성이나 주관성을 결여하는 것으로 보이기에, 그러한 상태가 '그것과 유사함'을 의식적이라고 부르는 것을 주저하게 된다. 개구리의 파리-탐지 기제에서 정확한 뉴런의 발사는 개구리에게 자신의 시야 안에 한 마리 파리의 현전을 나타낸다고 말할 수 있지만, 우리는 개구리가 보는 파리와 유사한 무언가가 있다고 선뜻 말하기를 주저할 수 있다. 따라서 고차원 이론의 매력은 의식 상태가 고차원 모니터링의 대상인 심적 상태라는 데 있다. 그러한 모니터링이 직접성 면에서 유사지각perception-like이나 특정 방식의 사고에 의해 매개되는 것으로 생각되는지는 논쟁의 여지가 있다. 이러한 접근의 어려움은 고차원 모니터링 개념이 어떤 주어진 상태가 의식 상태라는 구별된 상태와 관련되어 있음을 제시한다는 사실이다. 이것은 의식이 본질적 속성이라고 광범위하게 주장된 직관과 상충한다. 만약 모든 의식 상태가 그것과 닮음을 포함한다고 주장된다면, 의식의 심적 상태에 대한 알아차림을 성취하는 어떠한 앎도 바로 그러한 상태 자체에 내재해야 한다. 따라서 어떤 의식 상태가 자신을 올바른 방식으로 재현한다는 점은 자기재현전화 이론의 매력이다. (이 접근은 고차원과 단일차원의 두 정형화를 지님에 주목할 필요가 있다.) 내적 반성 상태에서 때때로 우리가 자신의 심적 상태를 대상으로 간주하는 것도 사실이다. (현행 용어를 빌리자면, 내적 반성은 그 목표 대상인 심적 상태를 '주제적으로thetically'[2] 알아차린다.) 그러한 내적 반성은—한편은 대상으로서, 다른 한편은 그 대상에 대한 알아차림을 성취하는 것으로서—두 가지 구별된 심적 상태를 포함하는 것이라고 생각할 수 있다. 반영성 명제의 주장은 다르다. 그것은 모든 앎이 바로 그 구조의 일부로서 대상을 인식할 때 자신에 대해서 적어도 암묵적tacit이거나 비주제적non-thetic 알아차림을 지닌다는 주장이다. 현 논의에서 광범위하게 수용되는 것—의식은 자기모방적임—은 바로 이 명제이다.

반영성 명제는 인도철학 전통에서 활발하게 논의되었다. 예컨대 우리가 때때로 내적 반성에 나타난 우리 자신의 의식적인 심적 상태를 알아차리고 있음은 통상 인정되었다. 문제는 이것이 어떻게 가능한가였다. 두 가지 가능한 답변은 타자조명other-illumination에 의한 것과 자기조명self-illumination에 의한 것이다. 타자조명론자의 견해는 앎에 대한 반성적 알아차림reflective awareness이 있을 때, 그것은 별개의 모니터링하는 앎에 의해 성취된다는 것이다. 특정한 앎은 의식될 수 있지만, 모든 앎이 실제로 그렇지는 않다. 우리는 내적

---

2   역주) 원문의 'thetically(자의적으로)'는 실제로 'thematically(주제적으로)'를 대신하는 용어로 보아야 한다. 따라서 역자는 이하에서 '자의적[으로]', '비자의적[으로]' 용어를 각기 '주제적[으로]', '비주제적[으로]' 용어로 대체한다.

반성 상태의 대상과 대조적으로 내적 반성 상태에서만 우리의 의식 상태 자체를 알아차릴 수 있다. 자기조명론자들은 내적 반성의 전형적 사례가 두 가지 구별된 앎들을 포함한다는 것에 동의한다. 하지만 그들은 우리 자신의 앎에 대한 이런 종류의 명시적 (주제적) 알아차림은 모든 앎이 그 대상에 대해 주제적으로 알아차리고 있는 자신에 대해 암묵적으로나 비주제적으로 인식하기 때문에 가능하다고 주장한다. 앎들은 반드시 반영적으로 알아차린다.

이 논쟁에서 각 입장을 지지하는 다양한 주장들이 제기되었다. 타자조명론자는 개체가 자신에 대해 작용을 행할 수 없다는 취지로 광범위한 비반영성 직관에 호소했다. 예를 들어 칼은 자신을 자를 수 없고 손끝은 자신을 만질 수 없으며, 심지어 가장 숙련된 곡예사조차 자신의 어깨로 물구나무설 수 없다는 것이다. 자기조명론자는 과거의 앎을 의식한다는 것은 기억을 내포하지만 경험하지 않았던 것은 기억할 수 없기 때문에, 무한소급을 피하기 위해 과거의 앎은 발생할 당시 자신을 인식하고 있었음을 전제해야 한다고 주장한다. 조명 자체로서의 앎이라는 작용 은유는 논쟁거리를 제공했다. 자기조명론자는 방안의 사물을 비추는 램프가 그 자신을 비추고 있음을 지적했다. 타자조명론자는 불빛이 비추어진다고 말하는 것은 사리에 맞지 않다고 응수했다. 비추어질 수 있는 부류의 것이 되려면 무언가는 어둠 속에서 존재할 수 있는 것임에 틀림없지만, 불빛은 어둠 속에서 존재할 수 없다는 것이다. 하지만 조명 은유의 사용은 다른 물음에 대한 답을 제시한다. 이 쟁점이 근대 서구 철학에서 많이 논의되지 않았던 데 비해 인도 전통에서는 왜 이러한 논쟁이 일어났던 것일까? 한 가지 설명은 이것이 두 전통에서 표상주의 지각론의 위상과 관련된다는 것이다. 더 구체적으로, 표상주의 지각론이 광범위하게 수용될 때, 그것들이 반영성 명제가 자명하게 보일 수 있는 의식에 대한 견해를 가져온다는 말이다.

의식이 무엇인지 우리가 쉽게 설명할 수 있는 개념 출처들은 지극히 제한적이다. 우리가 말할 수 있는 의식함이란 '알아차림', '깨어 있음', '앎'이지만, 이것들은 모두 유사한 동의어에 지나지 않는다. 이러한 상황에서 광범위하게 사용되는 은유는 특정한 방향으로 우리 생각을 안내하는 데 중요한 역할을 할 수 있다. 우리가 의식을 개시開示, disclosure나 모방intimation이라는 관념을 통해 생각할 때, 우리는 외부 세계를 내부로 가져오는 것이라고 생각할 수 있다. 조명 은유는 뭔가 다른 것을 암시한다. 조명은 외부에서 일어나는 일이다. 내가 그 방에 불을 켤 때 그 비추어진 대상들은 나와는 별개로 각기 자리에 머물러 있다. 그러나 이제 그것들이 비추어지기 때문에 나는 그것들이 어디에 있고 무엇인지 볼 수 있고, 나아가 그 정보를 사용할 수도 있다. 조명은 내가 대상들을 사용 항목으로 이용할 수 있게 한다. 이 은유는 지각의 직접적 실재론을 주장했던 이에게는 완벽하게 수용될 수 있을 것이다. 이것은 의식이 감관들을 통해 세계 밖으로 나오고 대상들을 그 자체 그대로 파악하는 것이라는 지각 개념과 잘 부합할 것이다. 물론 이 은유는 지각을 표상주의 선상에서 생각하는 이에게도 수용될 수 있다. 그때 의식이란 마음의 내부 극장을 비춤으로써 감관들에 의해 빚어져 왔고 극장 안으로 가져왔던 대상 이미지를 볼 수 있게 하는 것이다. 지각의 직접적 실재론을 지지하는 이들도 물론 있지만, 오늘날에는 전폭적인 지지를 받지 못한다. 다시 말해 많은 이들은 표상주의 구도가 현재 우리가 지각적 처리 과정과 또 그 과정에 내포된 물리적 대상의 속성에 대해 아는 것과 한층 잘 부합한다고 생각한다. 한편 고전인도 논사들은 직접적 실재론과 그 경쟁이론들[3]에 대해 열띤 논쟁을 펼쳤다. 하지만 직접적 실재론자에게 모든 의식 상태가 주관적 성격을 띤다는 것은 자명하지 않다. 그들에게 의식한다는 것은 한낱 대상을 재현하는 상태를 지니는 것에 불과하다.

이것이 옳다면, 인도의 자아론자 중에서 타자조명론을 주장했던 이가 실체론자였음은 놀랄 일이 아니다. 실체론자는 자아를 의식과 존재론적으로 구별된 것으로 본다. 의식이 행하는 것이 대상을 재현하는 것이라면, 의식 상태가 주관적 성격을 갖는다고 주장하는 것은 더 이상 필수적이라고 보이지 않을 것이다. 의식 상태가 대상을 재현하는 것이 자아라면, 자아가 그러한 상태들과 구별된다는 점을 고려할 때, 자아는 그러한 정보를 갖게 된 상태에 대한 정보 없이도 대상을 알 수 있을 것으로 보인다. 물론 데카르트는 실체론자였고 자기조명론을 주장했다고 널리 받아들여지고 있다. 그렇지만 데카르트 또한 자아가 본질적으로 의식적이라고 주장했다. 이 사실은 표상주의 지각론에 대한 포용과 더불어 데카르트를 가장 가깝고 가장 직접적으로 현전하는 것을 인식하는 데 틀림이 없는 친밀intimacy이나 현시presencing라는 은유의 방향으로 나아가게 한다. 다른 실체론자들은 의식을 자아의 우발적 속성으로 만듦으로써 (자아가 간헐적으로만 신체 자세를 조정하는 행위를 알아차리는 것처럼) 자아가 간헐적으로만 그 의식 행위를 알아차린다고 주장할 가능성을 열어둔다.

비실체론은 꽤 자연스럽게 자기조명론 대열에 합류한다. 무아론의 경우는 한층 복잡하다. 데이비드 흄은 반영성 명제를 주장했던

마크 시더리츠 · 에반 톰슨 · 단 자하비

---

3   역주) 경량부의 표상주의 및 유식학파의 주관적인 관념주의.

것으로 보이지만(*Treatise* I. iv.2.37, 137을 참조) 불교의 대다수 학파들은 타자조명론을 주장한다. 각기 표상주의 지각론과 주관적 관념론을 긍정하는 경량부와 유식학파 두 학파는 예외이다. 이것은 반영성 명제를 지지하는 의식 모델을 제시하는 데 있어 간접적 지각 이론의 역할과 관련한 부수적 증거로 간주될 수 있다. 그러나 우리의 현재 목적에 한층 중요한 문제는 이 자기조명론 무아론자의 견해를 자아가 찰나라고 주장하는 비실체론적 자기조명론자의 견해와 어떻게 구별하느냐이다. 불교의 자기조명론자는 물론 자아가 없다는 불교의 정통을 견지하기를 바란다. 그러나 모든 의식의 발생이 대상을 파악할 때 그 자신을 파악한다면, 그것은 왜 그러한 발생을 '나'의 지시대상의 역할을 위한 그럴듯한 후보로 만들지 않는가? 불교도들은 일반적으로 우리의 자아 개념이 지속하는 개체 개념이라고 강조하지만, 왜 자아에 대한 신념이 아닌 이 신념이야말로 오류라고 가정하지 않는가? 불교의 자기조명론자 대답은 흥미롭다. 그들은 자아 개념이 필연적으로 경험의 주체의 개념이라고 주장한다. 그러나 그들은 경험의 주체와 대상의 구별이 사유를 위해서 필요하지만, 그럼에도 실재의 본성을 왜곡시키는 개념적 가탁假託일 뿐이라고 말한다. '비가 온다It is raining'라고 말하는 것이 참일 때에도 이 문장을 참으로 만드는 사태가 비 오는 행위를 실행하는 행위자를 포함한다고 상정하는 것은 잘못일 것이다. 말하자면 '그것it'이라는 단어는 구문론의 요구에 부합하려고 제공된 것일 뿐이다. 실제로는 비가 오는 단일한 사건만 있지만, 그때 우리의 문법은 두 가지 요소 모델로 표상한다. 그 주장은 경험에서 구별되는 주체와 대상에 대한 요구는 유사하다는 점이다. 만약 이것이 옳다면, 무아론 안에서 붕괴되는 것은 비실체론이지 그 역이 아니다.

인도 논사들은 어떻게 앎이 인식되는가와 어떻게 자아가 존재한다고 알려지는가에 대한 문제를 분리시키는 데 주목했다. 데카르트는『두 번째 성찰』에서 우리 자신의 알아차림에 대한 주제적 알아차림에서 우리가 자아를 직접 알게 된다고 주장하였지만, 이견도 있을 수 있다. 실체론자는 일반적으로 실체의 성질을 지각하는 데 우리가 그 실체를 지각한다고 주장할 수 있고, 아니면 적어도 특정 사례에서 그 성질을 지닌 실체를 인식하기 위해 어떤 심화된 앎의 작용이 요구된다고 주장할 수도 있다. 이처럼 자기조명론 실체론자는 우리가 늘 직접 앎을 알아차리는 반면, 자아는 내적 반성이나 추리 또는 외전을 통해서만 인식된다고 주장하기도 한다. 무아론도 비슷하게 복잡하다. 이를테면 우리는 앎이 스스로 인식한다고 하면서도 앎의 발생이 자아 존재에 대한 증거가 아님을 확증하려면 심화 연구가 필요하다고 강조할지 모르겠다. 자기조명론 비실체론의 경우에서만 그 두 물음의 대답 간에 특별히 긴밀한 연계가 있는 듯 보인다. 만약 우리가 자아를 오직 앎뿐이라고 간주한다면 자연스럽게 반성적 알아차림을 자아에 대한 앎으로 생각할 것이다. 그러나 반성적 알아차림은 그 자체로 인식되고 있는 앎이 지속되는지 우리에게 말해주지 못하기 때문에, 자아가 지속되고 있다고 생각된다면 동일화를 검토하기 위해 다시금 부가적인 증거가 필요하다. 예를 들어 코기토cogito(나는 생각한다)라는 말이 인도 논사들에게 알려지지 않은 것은 아니었다. 하지만 데카르트와 달리 인도 자아론자들은 자신들의 주장을 옹호하기 위해 그것을 받아들이지 않았다. 편재하는 나-감각에 대한 의심이 그들을 막아선 것이다.

이 난제의 일부를 우회하기 위한 한 가지 방법은 자아의 존재와 본성에 대한 형이상학적 문제로부터 어떻게 우리가 우리 자신과 우리의 상태에 대한 앎을 갖게 되는가라는 인식론적 문제로 전환하는 것이다. 이른바 '오인으로 인한 오류 면역성'[4]이라 불리는 현상에 대한 논의가 최근에 진행되었다. 물론 우리는 우리의 자기귀속에서 온갖 종류의 오류에 빠지기 쉽다. 이를테면 본인은 실제로 형편없는 작자임에도 불구하고 스스로 친절하고 신사답다고 생각할 수도 있다. 세심하게 구성된 실험을 통해 적어도 실험실 환경에서 자신의 손을 어떻게 움직이는지에 대한 실수조차 유발할 수 있음을 알 수 있다. 그러나 우리가 우리 자신에게 주어진 의식 상태를 부여하는 데서는 실수할 수가 없다고 주장된다.[5] 방이 춥다는 느낌이 든다면, 이것은 내가 그 방을 존재로 표현하는 방식인지 착각할 수 없다. 만약 반영성 명제가 참이라면, 이것은 그러한 오류 면역성을 설명하는 데 어느 정도 도움이 될지도 모른다. 자기친밀지自己親密知를 말하는 것은 바로 그 내용에 대한 표현이 실수가 있을 수 없다는 것을 정확하게 말하는 것처럼 보인다. 그 경우, 이 보증이 확장되어 현재의 표현이 다른 표현들과 어떤 식으로든 통합된다는 의미를 포함할 수 있다면, 그 방식은 어묵譎黙한 형이상학적 심도를 피하면서 모종의 자아론을 정당화하기 쉬울 수 있다. 그러나 이러한 접근법은 현상적 특성이 의식의 특징이라는 주장을 거부하는 이들의 저항에 부딪힐 것이다. 어떤 의식 상태에서 그것과 닮은 어떤 것이 필연적으로 있다는 관념을 받아들이지 않았던 이들에게 이른바 오류 면역성은 자신의 위치에 대한 지도 또는 기타 정보자료 없이 '당신은 여기에 있습니다'라고 공지하는 표식보다 더 유용

---

4   immunity from error through misidentification
5   역주) 자기 인식의 불가오류성.

하지 않을 것이다. 또 만약 반영성 명제가 유용한 정보를 주지 않는다면 자아의 존재와 본성에 대한 논쟁을 해결하는 데 어떤 역할도 할 수 없다고 주장할 것이다.

현시점에서 우리는 자아를 변론하는 데 엄격한 형이상학적 고려 사항에의 의존을 피하는 순수한 서사성 접근에 대한 몇 가지 지지 맥락의 합치점을 엿볼 수 있다. 한 가지 지지 맥락은 형이상학적 접근이 성공적인 결과로 이끌지 못한다는 의미에서 비롯된다. 전체가 부분들 위에 그리고 상위에 존재하는가—그래서 자아가 역동적으로 상호 작용하는 집합체의 창발적인 산물일 수 있는가—와 같은 물음들은 해결할 수 없는 것처럼 보인다. 이것은 어떤 다른 접근 방식을 요청하는 것으로 생각할 수 있다. 또 다른 지지 맥락은 서사적 자아 관념이 대다수 사람들이 지닌 자아감각에서 중요한 많은 것을 포착하는 것으로 보인다는 사실에서 비롯된다. 특히 그것은 자아와 웰빙 간의 연계를 전면에 내세운다. 이 경우, 잘 사는 것은 우리의 삶이 궤적, 서사적 줄거리를 갖는 것으로 간주해야 한다고 요구하는 것으로 생각된다. 형이상학적 접근, 심지어 자아를 긍정하는 이들조차 이 요구 조건에 대한 변론에서 기껏해야 단지 미온적일 수밖에 없다. 종종 그들은 서사적 자아를 그저 유용한 허구라고 부르며 완전히 무시한다. 하지만 또 다른 지지 맥락은 반영성 명제가 그 내면성에 대한 긍정과 함께 서사성 접근의 중심에서 이 같은 풍부한 내면적 삶을 가능케 한다는 사실에서 비롯한다. 이 부분의 생각은 반영성 명제가 자아가 존재한다는 설득력 있는 증거를 제공하지 못하더라도 진정 인간 실존의 내적 차원을 확보하고 그것과 함께 풍성하게 의미 있는 삶의 가능성을 보장한다는 것이다. 이러한 지지 맥락들의 합일점은 서사적 접근이 추구해야 할 바른 것이라는 증거가 되지 않는다. 그러나 그것은 이 연속체의 끝에서 총체적 구도가 어떻게 보일지에 대해 한층 나은 의미를 제공할 수 있다. 그리고 이것은 중간적 입장의 범위가 어떻게 보일 수 있을지 뿐만 아니라 다른 쪽 끝에 있는 것이 무엇인지 차례대로 밝힐 수 있다.

· · ·

이 책에 있는 논문들은 형이상학적 접근이 철학을 위해 성공 가능한 것인가 아니면 인간의 경험적 현실 내부로부터 (보다 온건한?) 작업 구상으로 대체되고 그 구조를 묘사하려고 애써야 하는 것인가라는 이 근본 문제에 대한 다양한 입장을 반영한다. 각각은 가능한 견해와 견해 조합의 연속선상에서 입장을 취한다. 이 책에 있는 조엘 크루거의 첫 번째 논문은 반영성 명제를 수용하는 무아론을 변론한다. 이 논의는 이 책의 다른 많은 논문에서 탐구한 주제에 관해 유용한 도입부 역할을 할 경쟁적 견해에 대한 개관으로부터 시작한다. 크루거는 반영성 명제를 부정하는 견해는 현상적 의식의 특성을 적절히 설명할 수 없기에 거부되어야 한다고 주장한다. 그러나 이 주장은 주관성이 주체가 필요하고—사물들이 특정한 방식으로 보이는 자아가 틀림없이 있으며,—따라서 무아론은 거부되어야 한다고 다함께 비난하는 다양한 경쟁적 견해들을 해결할 수 없다. 크루거는 단 자하비의 자아중심적 견해를 자신의 주요 목표로 선택한다. 크루거는 현상성을 신중히 고려하여 가장 잘 옹호된 자아론 형태로서 자하비의 최소자아 관념에 어떻게 타당하게 이를 수 있는지 보이기 위해 서사적 자아성 관념에 대한 탐구를 활용한다. 크루거는 서사적 접근이 특성화 문제에 답할 수 있지만, 동일성 문제에는 답할 수 없다고 주장한다. 서사적 접근은 우리 삶 속에서 이야기를 찾는 우리의 능력을 설명하기 위해서 필요한 것처럼 보이는 이 같은 자아를 제공할 수 없다. 현상적 성격에 대한 신중한 고려가 뒷받침할 수 있는 것은 이른바 의식의 반영적 본성 안팎을 통해서 개시된 실존적 주체인 최소자아이다. 어려운 점은 우리가 그 개시의 증거를 넘어서는 주장을 하지 않으려면, 기껏해야 각각의 나의 경험에서 자아를 알아차리고 있다고 말할 수 있을 뿐이라는 것이다. 그것들 모두를 나의 자아라고 부르는 것은 각각을 지속적 흐름의 일부로 동일화함으로써 증거를 넘어서는 것이다. 다시 말해 크루거는 현상적 성격의 증거가 오직 비실체론의 견해를 지지할 수 있을 뿐이며, 그러한 견해는 비실체론이 무아 입장으로 붕괴되지 않도록 하는 데 필요한 항구성과 안정성을 확립하는 증거가 될 수 없다고 한다.

자아론자의 문제는 초월적이고 내용 있는 자아를 제공하는 문제라고 할 수 있다. 실체론 관점은 초월성을 제공하는 데 유리하다. 속성의 담지자들로서 실체는 필연적으로 그 속성들을 초월한다. 그럼으로써 실체는 속성들 속에서 변화에 걸친 통시적 동일성을 이해할 수 있게 한다. 자아를 실체로 바라보는 문제는 우리가 통시적 동일성의 증거를 명기하려고 할 때 생긴다. 서사적 접근의 매력은 대부분 접근을 통해 어디에서 답을 찾을 수 있는지 알게 된다는 사실에서 비롯된다. 현재 경험의 소유자는 이 특성들이 저 특성들과 올바른 방식으로 관련되기 때문에 저 과거 경험의 소유자와 동일한 실체이다. 한때 한 사물이 지닌 특성과 다른 때 다른 사물이 지닌 특성 간의 특정 관계가 어떻게 그 두 사물의 동일성을 확립할 수 있는지 말하는 것은 어렵다. 자하비의 최소자아 이론에 대한 크루거의 반론은 실체론 견해의 초월성에 수반하는 잘 알려진 난점을 피하려고 할 때 최소자아 이론이 동일성에 대한 힘을 잃어버린다는 것이다.

• • •

단 자하비의 논문은 다수의 비판자들이 말한 이 같은 도전에 대한 응답이다. 자하비의 주장에 따르면, 그가 경험적 핵심자아라고 한 것은 우리가 모든 의식 상태들을 특성화시키는 자기소여에서 즉각적으로 알아차리는 어떤 것이다. 그의 비판자들에 대한 근본적 도전은 어떻게 주체 없이 주관성이 가능한지 설명하는 것이다. 이 논문에서 그의 구체적 대론자는 미리 알바하리와 조르주 드레퓌스이다. 양자 모두 자하비의 반영성 명제에 대한 지지를 공유하지만, 약간 다른 근거에서 경험적 또는 핵심자아에 대한 자하비의 관념을 거부한다. 알바하리에게 자하비의 핵심자아는 자아로 간주되기에는 너무 얇다. 왜냐하면 핵심자아는 구축되지는 않지만 한정된 것이어서 서사적 구성의 저자로 역할을 할 수 있으며, 다른 인격과 우리를 구별하는 감각을 설명하는 어떤 것이라는 중요한 특색이 없기 때문이다. 자하비는 경험에서 실제로 개시되는 것은 모든 경험 내용과 구별되어 존재하는 어떤 것이 아니며, 대신 그것들이 나의 것으로 주어지고 있는 모든 나의 경험에 공통된 균일한 구조일 뿐이라고 대답한다. 이로부터 자아로서의 자격을 박탈하는 것은 자아가 모든 경험을 초월하는 어떤 것이 되도록 요구하는 것이다. 그런데 그것은 자아가 대상의 주어짐 방식이 아니라 실제로 경험 속에 주어질 수 있다는 가능성을 간과한다. 자하비는 또한 알바하리가 무아론이라고 부르는 자신의 견해가 오히려 지속하는 목격자 의식을 긍정하는 비실체론적 자아론처럼 보인다고 지적한다. 나아가 그는 어떻게 무아론자가 자아는 존재하지 않지만 무지한 이들에게 마치 존재하는 것처럼 보인다고 주장할 수 있는지 궁금해 한다. 어떻게 사물들은 그렇게 보는 어떤 이 없이 특정한 방식으로 보일 수 있는가?

• • •

알바하리는 자신의 목격자 의식이 이 질문에 답할 수 있다고 하지만, 무아론자로서의 드레퓌스 입장이 의심할 여지가 없는 것처럼 보이기 때문에 한층 더 어려울 수 있다. 그가 현상학적 성격이 불가분하게 의식의 자기소여와 밀접한 관계가 있다는 데 동의한다면, 어떻게 이러한 주관성의 특색에 대해 '자아'라는 표식을 거부할 수 있는가? 드레퓌스는 모든 의식을 특성화시키는 반영성이 오직 무상한 개별적 의식 상태와 관련된다고 답할 수 있다. 자하비는 몇 가지 답을 제시한다. 첫째, 현상학적 탐구는 개별적 의식 상태에 시간 차원을 개시하므로 현 순간의 알아차림은 필연적으로 과거와 미래의 알아차림을 내포한다. 둘째, 자아 개념은 다면적이고 다차원적이지만 핵심자아 개념은 하나의 핵심 측면만 포착하기 위한 것이다. 자아를 한 가지만으로만 정의하려는 데 대한 그의 경고는 자하비가 형이상학자의 요구에 대해 다소간 서사성 접근의 조바심을 공유하고 있음을 시사한다.

미리 알바하리는 이 책에서 자신의 입장을 반영성 명제를 긍정하는 무아론이라고 밝혔다. 그러나 불이론 베단따 입장과의 친연성을 고려할 때, 그녀의 견해를 비실체론적 자아론으로 보는 것이 더 낫지 않은가 여부는 재고할 필요가 있다. 어쨌든 그녀는 어떤 경우에도 다발이론적 형태의 무아론을 거부한다는 점은 매우 확실하다. 다발론자는 사실상 개별 사물의 다발에 불과한 우리의 자아감각이 통합된 개체로 표상되는 한, 그것은 환영에 불과하다고 주장할 것이다. 이처럼 다발론자는 일상적으로 우리 자신으로 여기는 자아를 경험에서 발견되는 요소로 구축하지만, 그 구축 이전에도 존재해야 하기에 비존재한다고 주장한다. 알바하리는 우리의 일상적 자아감각이 환영에 불과한 것이라는 데 동의하고, 그것이 중요한 측면에서 잘못된 것이라면 어떻게 그러한 감각을 갖게 될 수 있는지 설명할 필요성을 다발론자와 공유한다. 그러나 그녀는 다발론자의 접근이 자아가 구축되고 환영에 불과하다는 것, 모두를 보여주는 데 성공할 수 있음을 부인한다. 그녀는 두 가지 형태의 다발이론적 무아론—반영성 명제를 부정하는 비반영적non-reflexive 다양성과 그 명제를 긍정하는 반영적 다양성—을 구별한다. 양쪽이 맞서는 논쟁은 자아에 대한 환영이 철학적 논쟁이나 어떤 다른 형태의 추리에 의존하지 않고 직접적 자기성찰을 통해 해소될 수 있다고 전제한다.

이 제약을 감안할 때, 다발론자는 다발을 구성하는 앎의 무상성을 이해함으로써 자신의 경험에서 자아가 구축되어 있음을 직접적으로 확증할 수 있다는 견해를 주장해야 한다. 알바하리는 의식은 반성적이라고 하든지 아니든지 상관없이 불가능한 것으로 판명된다고 주장한다. 현재 앎이 그 지향적 대상에서 다른 앎과 구별되지만 어떠한 앎도 관점적 소유권의 측면에서 다르지 않다—따라서 모든 나의 경험 상태에 공통적인 단순한 목격함이 있다—는 의미를 결정적으로 약화시킬 수 없다.

이 기술은 알바하리의 견해가 자하비의 견해와 어떻게 구별되는지 의문을 던진다. 기억하겠지만 자하비는 최소자아, 또는 경험적 핵심자아의 존재를 긍정한다. 알바하리는 자신을 무아론 편에 정립시킨다. 그러나 양자 모두 의식의 자기소여에서 의식 상태에 대해 지속하는 관점적 소유자를 위한 중요한 증거를 찾는다. 그 차이는 그들이 '자아'가 무엇을 의미한다고 간주하는지에 있다. 자하비가 다면적이고 다차원적으로 여기는 개념에 대해 자아를 한 가지로만 정의하려는 어떤 시도도 거부하는 데 비해, 알바하리는 우리가 일상적으로 스스로에 대해 여기는 자아에 대한 분석을 제공한다고 주장한다. 알바하리는 자하비의 경험의 자아가 그 분석에서 드러난 특색이 많지 않기 때문에 그것을 자아로 간주하기에는 너무 얇다고 생각한다. 관점적 소유권의 자기소여에서 드러나는 목격자 의식witness consciousness은 경계성이라는 중대한 특색을 결여하고 있어서 서사성 기획을 위한 핵심자아의 역할을 담당할 수 없다. 그것은 단지 목격함이어서 '나'에 대한 일상적 관념의 중심에서 행위체와 개별성의 의미를 근거지을 수 없다. 이것은 자아환영의 기저를 이루는 실재이지만 자아라고 생각하지 않는다. 이 움직임을 통해서 알바하리는 모든 형태의 다발이론에 부가되는 난제를 회피하는 것과 더불어, 변화하는 경험 내용에 대한 영구적 자아의 관계와 관련한 곤란한 문제도 회피할 수 있다. 또한 그녀의 이러한 접근

방식은 불이론 베단따의 견해와 유사한데, 이 주제에 관심 있는 독자는 파싱과 람쁘라사드의 논문을 참고하는 것이 좋을 것이다. 알바하리에게 제기할 수 있는 질문은 불이론이 지속하는 목격자를 받아들임으로써 내용상의 모든 다양성을 (또는 그 문제에서 다른 어떤 것이) 환영에 불과한 것으로 판명되는 대가를 그녀가 기꺼이 치를 것인지 여부이다.

• • •

조르주 드레퓌스의 논문은 의식이 반성적이지만 소유자가 없어서—주관성은 있지만 주체는 없다는 주장을 불교 관점에서 변론하는 문제를 다루고 있다. 드레퓌스가 분명히 하듯이, 불교 무아론자 모두가 반영성 명제를 받아들이는 것은 아니다. 그러나 무아 명제는 때때로 인격이 내면성이나 주관성을 완전히 결여한다는 의미로 받아들여지고, 드레퓌스는 이것이 적어도 일부 불교 전통, 즉 반영성 명제를 긍정하는 학파에는 적용되지 않음을 밝히는 데 관심을 둔다. 그렇다면 자하비와 같은 자아론자는 경험 상태의 주체 역할을 하는 자아의 존재를 부정하면서 어떻게 주관성 차원을 긍정할 수 있는지 알고 싶어 할 것이다. 드레퓌스의 답은 알바하리와 유사하다. 불교도들에게 쟁점이 되는 자아는 일반인이 존재감을 갖는 것, 적어도 일상 경험에서 친밀할 수 있는 어떤 것이다. 불교도들이 그 존재를 부정하는 자아는 따라서 순전히 구조적 요구사항이 아니다.

알바하리와 마찬가지로 드레퓌스는 자아환영의 핵심을 반성적 알아차림의 의식적 매 순간의 현존에 둔다. 그러나 드레퓌스는 그가 옹호하는 견해에서, 앎의 내용과 앎이 그 내용을 파악하는 것의 구별이란 단지 개념적 가탁假託이기에 이것을 '목격자 의식'이라고 부르지 않을 것이다. 이러한 움직임을 통해 드레퓌스는 모든 형태의 다발이론에 대한 알바하리의 기본적인 반론—다발이론이 결합 문제[6]를 해결할 수 없으므로 우리 경험에서 느껴지는 통시적 통일체에 대한 감각을 설명할 수 없다—에 답할 수 있게 된다. 드레퓌스가 옹호하는 견해는 다발이론이다. 왜냐하면 그것은 특정한 기본적 형태의 의식이 한 인격의 삶에 매 순간 현전하지만 기본적 의식은 항상 새로워진다고 주장하기 때문이다. 하지만 우리가 어떤 앎에서 발생하는 반성적 알아차림이 동일한 심적 흐름 속에서 다른 때 발생하는 반성적 알아차림 (또한 이로써 어떠한 특정한 앎의 내용과 구별되는 어떤 것)과 동일하지 않은지 어떻게 알 수 있는가라는 물음에 대해, 드레퓌스가 실제로 제공하는 답변은 의식과 내용의 궁극적 비이원성에 대한 호소가 아니다. 그러한 답변을 위해 드레퓌스는 특정 명상 상태에서 어떤 내용도 없고 다만 스스로를 개시하는 의식이 발생한다는, 그가 받아들이는 교의를 거부해야 할 것이다. 이것이 '정화된' 형태의 의식으로 받아들여지는 한, 그 함축은 어느 한순간에 발생하는 의식과 다른 순간에 발생하는 의식을 구별할 수 있는 기준이 되는 어떤 근거도 없다는 것이다. 그렇다면 우리는 다시 알바하리의 지속하는 목격자 의식으로 돌아가게 될 것이다. 이 어려움이 시사하는 바는 경험 데이터에만 호소하여 여기서 논의되고 있는 쟁점들을 해결하는 것은 바라는 것만큼 쉽지 않다는

---

6   역주) 다발이론의 '결합 문제(binding problem)'와 실험심리학의 그것과 비교하는 것도 흥미로운 작업일 것이다.

것이다. 드레퓌스는 자신이 존재론 없는 현상학을 하고 있다고 주장한다. 하지만 그가 선호하는 견해가 보다 형이상학적 특징을 지닌 무아론자가 전형적으로 제기하는 원자론적mereological 고려에 호소하지 않고도 지켜질 수 있을지 확신할 수 없다. 드레퓌스가 탐구하는 불교 전통의 동일 부분을 다소 색다르게 해석하는 데 관심 있는 독자는 조나단 가네리의 논문을 눈여겨 볼 필요가 있다.

● ● ●

에반 톰슨의 논문은 엄격한 형태의 무아론을 고수하는 이들이 반영성 명제를 타당하게 변론하는 것이 어렵다는 것을 보여준다. 그는 자신이 경험하지 않은 것을 기억하지 못하므로, 우리가 경험을 지녔을 때 그 대상뿐 아니라 그것을 경험한다는 것을 의식하지 않았다면, 과거의 경험을 기억할 수 없음을 근거로 하여 모든 앎은 반성적으로 의식한다는 결론에 도달하는 "자기조명에 대한 기억 논증"을 검토하는 것에서 출발한다. 이 논증은 종종 논점을 회피하고 있다고 비판을 받지만, 톰슨은 핵심 전제가 순수하게 현상학적 고려에 입각한 방식으로 논증을 정형화하여 이러한 비판자들에 대응한다. 이 주장은 에피소드 기억이 과거의 대상에 대한 것이 아니라 오히려 과거 경험함의 대상으로서의 대상에 대한 즉각적 알아차림으로 가장 잘 표상된 현상적 구조를 갖는다는 것이다. 그렇다면 이것은 반영성 명제에서 가장 잘 설명된다고 말할 수 있다. 이 기억 논증의 정형구가 자기조명론을 수용하는 저 불교도들의 의향을 포착하고 있는지 의문을 가질 수도 있지만, 여기서 톰슨은 역사－문헌학적 문제보다는 주관성에 대한 진리에 더 관심이 있다.

이어서 톰슨은 어떻게 이 기억 논증에 대한 독법이 자하비와 같은 자아론자와 반영성 명제를 수용하는 무아론자 간의 논쟁에 영향을 미칠 것인지 탐구한다. 그의 결론은 에피소드 기억이 과거의 경험을 내가 체험한 무언가로 제시하기 때문에, 자기조명론자는 개별 인식에서 드러난 주관성이 지속하는 무언가로 드러나지 않는다는 이유만으로 무아를 대변할 수 없다는 것이다. 반영성 명제를 긍정하는 근거가 기억 논증에서 주어진 것이고, 또 그 논증이 현상학적으로 가장 잘 해석된다면, 무아론자에게는 지속하는 '나'를 드러내는 것으로 흔히 이해되는 증거 능력을 인정하도록 상당한 압력이 가해질 것이다. 톰슨은 수정된 기억 논증이 별도로 존재하는 자아의 존재를 확립하는 것이 아니므로, 이 논증을 무아론의 총체적 패배로 볼 필요는 없다고 서둘러 부언한다. 그렇지만 대부분의 무아론 정형구에 동기를 부여하는 윤리적 관심을 고려하면, 이러한 부언이 조금이라도 위안이 될지 의문이다. 무아론자의 기획은 지속하는 '나'에 대한 우리의 전형적인 느낌이 오류에 기초한다는 것을 보여주는 것이지만, 우리가 에피소드 기억에 대한 현상학적 설명을 액면 그대로 받아들여야 한다면 무아론자는 (그들이 일반적으로 주장하듯) 이 문제에서 우리의 직관을 신뢰할 수 없다고 주장하는 것이 한층 어려워진다. 그렇다면 그들은 자아환영이 직접적인 내적 성찰을 통해 해소될 수 있어야 한다는 알바하리의 엄격함 또한 수용하는 다발론자의 견해와 유사한 입장에 서게 될 것이다. 그렇다면 무아론자는 자신이 철학적 근거로 거부하고 싶어할 증거를 수용하도록 제약될 것이다. 한편 톰슨이 지지하는 이상의 견해에 대한 부가적 논의에 관심 있는 독자는 매튜 맥켄지의 논문을 참조할 수 있을 것이다.

• • •

이 책의 조나단 가네리 논문은 조르주 드레퓌스 논문에 나타난 것과 동일한 불교철학학파(=유가행파)의 견해를 담고 있다. 그렇지만 가네리는 유식철학 전개의 최초기 단계, 특히 자아의 허구성에 수반된 의식의 특징적 형태가 있다는 관념의 초기 정형화를 검토한다. (드레퓌스가 전개한 견해는 대부분 후기 티벳 자료에 기반을 둔다.) 가네리는 이미 이 단계에서 의식이 전반성적, 반성적으로 알아차리는 재인식recognition이 있었음을 주장한다. 이것은 이후 가네리가 재구축하고 평가하려고 제시한 자아에 대한 잘못된 신념의 원천에 대해 새로운 설명의 토대가 되었다. 반영성이 항상 어떤 의미에서 자신이 그 당시의 심적 상태에 있다는 것을 알아차리고 있음을 의미하는 데 반해, 무아론자는 자신이 그 상태 속에 있다고 계속해서 확언하는 것은 과실임을 주장한다는 사실에 어려움이 있다. 자아론자는 여기에 잘못이 있음을 다음과 같이 부인한다. "내가 청색을 보고 있다"고 말하는 것은 모든 경험에 내포된 암묵적 자기알아차림self-awareness을 분명히 표현하기 위한 것이다. 가네리는 자하비의 자아 변론 논점을 제기하는 것으로 시작한다. 자하비가 핵심 내지 경험의 자아라고 일컫는 것은 어느 특정 순간에 주어진 흐름 속에 현전하는 자기성ipseity이 다른 흐름 속의 자아성과 질적으로 동일할 경우, 사유자를 개별화하지 못한다. 그렇다고 해서 이러한 전이에 잘못이 있다고 볼 이유는 없다.

가네리는 이 문제를 현상학적 탐구를 통해 추구하는 대신, 1인칭 대명사 '나'의 사용을 검토하는 것으로 택한다. 이 방법론적 선택은 일찍부터 불교 전통에서 자아에 대한 신념이 그릇된 의미론에서 비롯되었다고 주장했던 강력한 선례가 있다. 문제는 반영성이 인정되었을 때 그러한 접근이 무아론자에게 유익한 기능을 담당할 수 있는지 여부이다. 이제 가네리가 지적하듯, 불교 무아론자들이 외관상 지시하는 표현인 '나'가 실제로 지시하지 못한다고 주장할 경우, 지시대상의 부정을 견지하기 위해 형이상학적 심화 논증이 필요하다는 것이다. 가네리가 의문시하는 것은 '나[라는 지시 표현]'이 지시 선상의 맥락 속에 있다는 가정에 의문을 던지는 것만으로 이 경로를 피할 수 있는지 여부이다. 이것의 핵심은 1인칭적 전언(傳言)이 일반적으로 공유하는 이른바 '오인으로 인한 오류 면역성'에 있다는 점이다. 이것은 종종 자아가 그 자신의 상태에 대해 갖는 특정 종류의 특권적 접근을 반영하는 것으로 간주되지만, 가네리는 비트겐슈타인, 안스콤, 짠드라끼르띠(Candrakīrti, 600-650)의 저술에서 그러한 면역성이 대신 '나[라는 지시 표현]'이 전혀 지시에 사용되지 않음을 암시할 수 있다는 단서를 찾는다. 이 전략을 추구하는 것이 결국 주관성의 부정에 이를 것인지에 대한 의문이 있을 수 있다.

• • •

이 책에 있는 볼프강 파싱의 논문은 현상학적 관점에서 자아론에 접근한다면 불이론 베단따의 자아관에 대해 배울 수 있는 부분이 많다고 주장한다. 그의 논문은 불이론과 불교의 공통 관심사인 해탈론에 대한 간략한 논의와 함께 시작하면서, 어떻게 이러한 관심사가 모든 실체론적 자아관을 공통적으로 거부하게 하는지 살펴본다. 이것은 무아와 비실체론에 대한 대안을 남긴다. 파싱은 무아론이 주관성에 관해 현상학적으로 적합한 설명을 제공하려면 자기조명론을 수용해야 한다고 말한다. 무아론자는 무상성 전략을 채택하여 자기조명론의 채택이 주체를 용인하는 방향으로 이어지지 못하게 한다. 자기를 비추는 앎은 지속하지 않으므로 자아가 아니라는 입장이다. 파싱은 이 전략이 모든 앎 가운데 지극히 중요한 측면—그것들이 나에 의해 경험되는 감각을 포함함—을 인정하지 않기 때문에 반드시 실패할 것이라고 생각한다. 이 목격함이 지속한다는 것은 통각의 통시적 통일체에 근거해서 변론할 수 있다. 그러나 파싱은 그러한 호소—자아가 별도로 존재하는 실체임을 제시하는 것—에서 비실체론자의 위험을 인식하고 있다. 그는 불이론자가 각 경험의 존재방식으로서의 현시presencing와 그 경험 내용을 분리하는 것을 거부함으로써 이러한 함정을 피할 수 있다고 믿는다. 그는 자아의 경험 대상도 경험의 주체는 아니지만, 여하튼 양자를 초월한다는 주장을 불이론자의 요점으로 삼는다. 그의 견해에 따르면, 경험의 주어짐 방식을 진지하게 다루는 현상학적인 탐구가 이해에 도움이 된다고 전한다. 그렇지만 두 가지 경험이 서로 다른 내용을 갖고 있음을 감안할 때, 현재 발생하는 경험을 구성하는 현시와 과거의 경험을 구성했던 현시를 왜 구분해서 안 되는가 하는 문제는 여전히 남아 있다. 불교 자기조명론자는 무상성 전략을 전개할 때 내용상 이 차이에 호소할 것이다. 바로 이 점에서 불이론자는 모든 차이가 환영에 불과해서 순수한 존재(=브라만)와 구별되지 않는 하나의 자아만 있다고 하는 전형적인 주장을 내세웠다. 실체가 없는 목격함은 그 내용만큼이나 가변적이어서 무상한 것일 수 밖에 없다는 비난에 맞물려 불이론자들은 철저한 비이원론 a-dvaita-vāda에 의존했다. 파싱은 자신의 설명이 많은 이들에게 절박한 형이상학처럼 보이는 것을 피하려고 불이론 입장의 토대를 두고 있다고 여겨지는 현상학으로 한정한다. 그러나 심적 흐름의 위상에 관한 형이상학적 교착 상태를 어떻게 방지할 것인가하는 문제가 제기된다. 무아론자는 개인의 의식 사건에서 그러한 흐름은 개념적으로 구축된다고 말한다. 비실체론자는 그것을 하나의 지속적인 것으로 생각한다. 인도인들의 논쟁을 촉발시킨 해탈론적 관심에 대한 답변이 필요함을 알 수 있다.

• • •

이 책의 논문에서 차끄라바르띠 람쁘라사드는 이 불이론자 황소를 그 (비이원적) 뿔로 정면으로 들이박는다. 그는 자아를 순수한 조명성으로 설명하는 불이론의 비이원론적인 역할을 명확히 한다. 그는 실체론적 자아를 부정하는 불교와 불이론에서 공통적으로 논의되는 데서 출발한다. 여기에서 이들은 1인칭 대명사 '나'가 자아를 지시한다는 상식적인 견해를 가능한 한 지키고자 하는 이들을 반대한다는 점에서 일치한다. 그들의 의견은 올바른 '나'의 분석에서 달리 한다. 불교의 무아론자들이 전형적으로 말하는 '나'는 적절하게 배열된 심신 요소들의 조대한 집합체를 지시하기 위한 유용한 방식에 지나지 않으며, 그 가운데 어떤 것도 자아가 아니다. 이러한 분석에서 우리의 실수는 실제로 다수가 있을 때 거기에 한 가지 사물만 있다고 취착하는 데 있다. 반대로 불이론자들이 생각하는 우리의 과실은 단지 일자만 있을 때 거기에 다자가 있다고 취착하는 데 있다. 이것은 바로 '나[라는 지시 표현]'이 자아를 지시하지 않는다는 불이론자의 주장 뒤에 숨어 있는 것이다. 불이론자가 말하는 순수 조명성이나 현시로서의 자아는 실재적이지만 개별화하지 않는 반면, '나'는 개별화해야만 한다. 이 견해에서 '나'는 대상의 의식을 현시하는 데 관여하는 기관을 가리킨다. 자아와의 긴밀한 연관이나 그러한 동일화의 분명한 효용을 고려할 때, 그것이 자아를 가리킨다고 간주하는 일반적인 오류는 설명할 수 있다. 그러나 자아가 의식의 본성을 지니고 그 이유로 실체로 해석되어서는 안 된다면 그것은 대상도 주체도 될 수 없으며, 이 경우 개체화는 항상 오류이다. 이것은 시간을 관통하는 자기조명적인 의식의 동일성 문제에 대한 즉답을 제공한다. 내용의 다양성이 단순한 나타남일 뿐이라면 의식의 무상성은 안전하게 배제될 수 있을 것이다. 그러나 이것은 자아를 본성상 본래부터 관점적인 것이라고 생각하는 대다수 비실체론자에게는 별반 위안이 되지 못할 것이다.

• • •

매튜 맥켄지는 자신의 논문에서 자아는 (불교 용어를 빌리자면) "연기적이고 공함에도 불구하고 실재하는 것"으로 기술될 수 있다고 주장한다. 무언가를 공하다고 말하는 것은 다른 사물들이 있는 방식과 별개로, 있는 그대로, 사물의 내적 본성인 자성이 결여되어 있다는 것을 의미한다. 무언가를 연기적이라고 말하는 것은 그것이 원인과 조건에 의존해서 발생한다는 의미이다. 대다수 불교도들에게 본성을 결여한 어떠한 것도 궁극적으로 실재하지 않는다. 모든 사물의 속성이 상관적이고 다른 사물과의 관계를 통해서만 결정적인 성질을 갖는다면, 그것은 개념적으로 구축된 것임에 틀림없다. 또 일부 불교도들은 연기하는 것은 공空이라고 주장한다. 모든 불교도는 자아가 연기적이고 공한 것이라는 데 동의할 것이다. 자아가 동일하게 실재한다는 주장은 놀라움으로 다가온다. 문제는 개념적으로 구축된 무언가가 그런데도 어떻게 실재할 수 있는지 여부이다.

맥켄지에게 그 해답은 창발주의emergentism 형태에 있다. 그는 전체로서의 체계 행위는 그 구성요소에 대한 사실만으로는 설명될 수 없기 때문에, 특정 부류의 동적 과정들의 행위가 환원론적 설명을 피할 수 있다고 주장한다. 인격이란 그저 이러한 창발 과정의 한 가지 특징 결과인 1인칭 관점과 현상성을 지닌 체계이다. 이 관념은 심신 요소가 올바른 방식으로 조직될 때 그 상호작용은 에피소드 기억을 설명 가능케 하는 나의 것임이라는 감각을 낳아서, 완전히 비인격적 개체들에 의해 전적으로 구성되어 있음에도 불구하고 최소 핵심자아는 실재하는 것으로 인정되어야 한다는 것으로 보인다. 창발주의는 복잡한 체계가 환원적 인과 설명을 수용하지 않을 때 맞닥뜨리는 이 같은 어려움에 대한 일반적 반응이다. 하지만 이 일반적인 전략 또한 문제가 있다. 한 가지 어려움은 유일하게 실재하는 것이 하나의 거대 체계라는 절대적인 이상주의적 결론을 피하는 방식으로 체계와 그 구성요소 간의 관계를 설명하는 데 있다. 또 다른 문제는 복잡한 체계 행위가 원환적 인과 설명을 결국 수용하지 않을 것이라고 단정하기 어렵다는 점이다. 그렇지만 여기서 요구되는 핵심 질문은 아마도 불교의 무아 기획 이면의 윤리적인 관심이 창발적 자아가 공하지만 실재한다는 주장과 어떻게 조화를 이룰지에 대한 여부일 것이다.

• • •

갈렌 스트로슨의 자아관은 잘 알려져 있다. 이 책의 논문에서 스트로슨은 자아의 자기알아차림의 문제로 확장한다. 그는 이 책의 대다수 다른 저자들과 마찬가지로 반영성 명제를 수용한다. 또한 그가 말하는 자아는 그저 '얇은 주체'이거나 현 순간의 의식에 지나지 않으므로 반영성 명제로부터 자아가 자신에 대해 알아차린다는 결론에 도달한다. 하지만 여기서 부여되고 있는 알아차림은 비주제적이다. 스트로슨이 도전하려는 것은 자아가 현 순간 직접적이고 주제적으로 그 자신을 알아차릴 수 없다는 주장인데, 이것은 거의 보편적으로 수용되고 있다. 반영성 명제를 수용하지만 앎을 자아의 한 가지 방식으로 생각하는 실체론자는 반성적 의식에서 자아가 자신을 주제적으로 알아차린다고 말할 수 있다. 그러나 앎에 대한 직접적 알아차림을 통해서 인식 주체로 자아에 대한 간접적 알아차림으로 나아갈 때 이 주제적 알아차림은 직접적이지 않다. 스트로슨의 주체는 앎 자체이다. 하지만 그는 특정 명상 상태에서 인식 주체에 대한 완전한 주제적 알아차림이 있다고 주장한다. 결국 손가락 끝이 그 자신을 만질 수 있다는 말인가?

스트로슨은 이 마지막 질문에 부정적으로 답하지만 자기알아차림의 경우는 다르게 여긴다. 이것은 그가 인식 주체와 대상 간의 구별을 본질적으로 비이원적인 무언가의 개념적 가탁superimposition으로 생각하기 때문일 것이다. 그렇다면 그는, 앎의 진정한 비이원성은 표현불가능하다고 주장할 때 초래되는 불가언설성의 역설을 해소하는 전략을 취하는, 불교의 자기조명－무아론자가 마주하는 동일한 난제에 직면하게 될 것이다. 한편 그가 대상 없는 앎이 가능하다는 것을 근거로 앎이 비이원적이라는 주장을 거부하는 데 드레퓌스의 견해를 지지하려고 한다면, 드레퓌스처럼 스트로슨의 주체가 지속하는 목격자이고 전혀 임시적인 어떤 것이 아니라는 알바하리의 비판에 어떤 식으로든 답할 필요가 있을 듯하다.

· · ·

마지막으로 마크 시더리츠의 논문은 반영성 명제를 거부하는 선택지를 탐색한 유일한 글이다. 그는 불교의 표준적인 무아 정형구로 시작하고, 환원론자의 전략은 개체가 실재하는 것으로 보이게 하는 어떤 것이 있어야만 일부 추정적 개체가 궁극적으로 실재하지 않음을 보일 수 있다는 반론을 검토한다. 이 반론은, 자아가 다만 순전히 비인격적 개체들로 구성될 뿐임을 보여주려는 모든 시도는 자아가 실재하는 것으로 보이게 하는 무언가가 있어야 함을 요구한다는 점에서 자멸적임에 분명하다. 자기조명론은 무아론자들이 이 반론에 답하려고 시도한 방식 중 하나이다. 그러나 시더리츠는 반영성 명제 논증들이 그 강력한 반직관적 특성을 극복할 정도로 충분히 강력하지 않아서 무아론자를 위한 대안이 무엇인지 탐구할 가치가 있을 것이라고 주장한다. 타자조명론자였던 상당수 불교학파 가운데 어느 것도 어떻게 앎이 인식될 수 있는가에 대한 상세한 설명을 전개하지 않았기에 시더리츠가 전개한 이 답변은 그 자체로 비불교 인도 타자조명론자들의 견해에 근거한 추정적이다. 결과적으로 이 이론은 앎이 결코 직접 인식되지 않으며, 대상에 대한 정보의 전체적 가용성—언어, 기억 및 행동지침 능력으로서 그러한 체계들에 대한 가용성—으로부터 끌어온 귀추적 추론을 통해서만 인식된다고 주장한다. 그렇다면 심적 상태는 다른 상태와의 관련을 통해 외적으로만 의식하는 속성을 지닌다는 것이 따라 나오기 때문에, 의식 자체는 환원 가능한 것으로 판명된다. 다시 말해, 앎은 인격을 이루는 궁극적 구성요소에 속하지 않는다.

이 전략은 분명 반론에 대한 답변이 될 것이다. 우리가 의식하는 것처럼 보이는 그것이 단지 정보의 흐름을 관리하는 특정 종류의 정보처리 체계에 유용한 방식에 불과하다면, 체계가 자기 재현한다는 사실을 설명하는 데 자아가 필요하지 않다. 환원론적 형이상학을 일관되게 적용한다면 무아론 이면의 윤리적 목표를 보존해줄 것이다. 하지만 여기서 제기되어야 할 물음은 이것이 불이론에서와 마찬가지로 절망적인 형이상학이 아닌가 하는 것이다. 시더리츠는 논문 후반부에서 일부 불전에서 보이는 완전히 깨달은 존재인 붓다의 이미지를 탐구한다. 이 존재는 자비를 실천할 때 너무 능숙하여 실제로 그들이 돕는 존재를 의식하지 않으면서 이 세상에서 완전 자동 조정장치로 행동하는 것으로 묘사된다. 이 이미지를 의식에 대한 환원론적 접근 시각에서 읽을 때, 무아 이면의 해탈론적 목표는 우리가 좀비가 아니라는 환영을 극복하는 것이라는 제안이 될 것이다. 대다수 독자들이 이 주장을 믿기지 않는다고 말해도 과언이 아닐 것이다.

제 **1** 장

경험의 주체와
방법

1
경험의 주체와 방법

조엘 크루거(Joel W. Krueger)

1. 머리말

의식은 자아를 필요로 하는가?[1] 이하에서 나는 그렇지 않다고
주장할 것이다. 나는 애초에 이것이 직관에 반하는 명제라는 것을
인정한다. 왜냐하면 의식 상태의 핵심적 특성은 그것의 현현 방식
(즉 그것들이 어떻게 주어지는지)이 환원할 수 없는 1인칭적 특성을
드러내기 때문이다. 나의 경험은 나에게, 오직 나에게만 주어지는
분명 나의 것이다. 의식의 이 1인칭적 '방법how'은 그 현상적 특성을
담보하는 것이다. 또 이 '방법'은 '주체who', 즉 현상적 상태를 수용
하는 입장에서 고정 지속하는 의식의 주체를 다시 가리키는 것으로
상정하는 것이 자연스러워 보인다. 그러나 '방법'이 '주체'를 필요
로 한다는 상정이 보장되는가? 이하에서 의식의 주관적 특성이

---

1   나는 2009년 4월 15~16일, 덴마크 코펜하겐에서 열린 '자아와 무아(Self-No-Self)'
     워크숍 참석자들과의 대화에 대해 감사한다. 그 대화는 본고에서 논의하는 주제
     를 다듬는 데 큰 도움이 되었다. 익명의 두 명의 검토자들의 매우 유익한 논평과 아
     울러 이 논문의 초고본에 비판적 논평을 해준 마크 시더리츠에게 특히 감사드린다.

자아감각—고정 '주체'나 의식적 에피소드 소유자로 느껴지는 감각—을 발생시키기 때문에, 이 '주체'가 어떤 자율적이거나 지속적 감각에서 실제로 존재한다는 결론에 이르게 하지 않는다고 주장할 것이다.

우선 무아의 주관성에 대한 불교적 구상을 살펴보기 전에 간략하게 '최소자아minimal self'에 대한 현상학적 개념을 논의하면서 일부 선행 작업을 진행할 것이다. 이어서 '서사적 자아narrative self'로 종종 불리는 것과 함께 최소자아를 보다 면밀히 검토하고, 전자의 경험적 우위를 주장할 것이다. 그다음, 최소자아 유형으로 이해되는 현상적 의식의 특성이 고정적이고 영구적인 혹은 무조건적인 자아(혹 '주체')의 존재를 필요로 하지 않음을 주장할 것이다. 기껏 자아를 현상적 의식의 특성과 동일화하기 위해 궁리하는 최소자아 이론가들(예로, Zahavi 2005)은 그 대신에 시간적·현상적 최소자아들을 말해야 한다. 따라서 지속하는 '주체'는 '방법'에 필요하지도 충분하지도 않다.

2. 예비 검토 : 최소자아의 철학적 중요성

왜 최소자아에 초점을 두는가? 여기에는 세 가지 이유가 있다. 첫째, 후설·사르트르·메를로퐁티와 같은 현상학자들은 그것을 통상 암묵적으로 전개했고 또 숀 갤러거·단 자하비와 같은 신현상학자들은 자신들의 저술에서 충실히 표현했음을 고려하면, 그것은 우리가 그 관념을 의식에 대한 의식의 본성으로 이해하는 방법, 즉 의식적 경험의 현상적이고 주관적인 특성을 이해하는 문제와 직접 관련이 있다. 경험의 현상적 성격은 상이한 의식적 에피소드들에 특정한 현상학을 제공하는 '[나에게] 무언가와 유사한 것what it's like'의 성질과 관계맺는다. 이를테면, 싱글몰트 스카치 위스키를 홀짝이고, 선명한 노란 튤립을 바라보고, 젊은 날의 무분별한 행동의 기억에 얼굴을 붉히고 혹은 오크 탁자의 부드러움을 느끼는 것과 유사한 것이다. 따라서 현상학적 최소자아 관념과 (이하에서 논의될) 최소자아를 핵심으로 하는 특정한 의식의 구조 분석은 본질적 의미의 의식을 정의하는 세부적 특징을 밝히는 것과 관계가 있다.

현 맥락에서 최소자아에 초점을 두는 두 번째 이유는 그 옹호자들의 입장에서 최소자아는 의식의 존재론과 관련되었을 뿐 아니라 자기경험의 가장 근본적인 형태, 즉 의식 상태의 주체·사고의 사유자·감정의 촉모·행위의 발기자 등의 존재와도 밀접하게 연계되기 때문이다. 바꿔 말해 최소자아는 자아성selfhood의 중심적 측면이라 할 현상적 내면성phenomenal interiority의 느낌—내가 그리고 나만이 바로 이 순간 나의 머리속에서 일어나고 있는 것에 대한 이것의 특정한 직접적인 접근을 행사한다는 느낌—으로 이해된다.[2] 최소자아

---

2   갈렌 스트로슨(Galen Strawson)이 주목하듯, 우리가 우리의 내면성에 대해 특권적 접근을 누린다는 자각은 "모든 정상적인 인간의 경우, 어떤 형태로든 어린 시절을 경험한다. 우리가 머리 속에서 홀로 있는 심오한 감각 경험인 우리의 생각을 타자가 관찰할 수 없다는 사실에 대한 이른 자각—이러한 것들은 인간의 삶의 성격에 관한 가장 심오한 사실에 속한다."(Strawson 1999a : 2). 그러나 발달학적으로 말하자면, 현상적 내면성의 경험은 아마도 스트로슨이 인정하는 것보다 심지어 더 기본적이다. (4절에서 좀 더 상세히 논의될) 신생아 모방 연구에 의하면, 새로 태어난 유아들은 그자신의 내면성에 대한 비매개적 감각을 지니고 있고, 또 이 시원적 자기알아차림을 일부 동물들에게 귀속시키는 이유가 있다. 따라서 우리의 내면성에 대해서, 우리 자신에게 독특한 내적 경험 차원을 가진 부류임(즉 자아)이라는 내면성에 대한 경험 감각을 갖기 위해 (일반적으로 '마음 이론'이 갖는 측면으로 여겨지는) 내면성 개념에 사로잡힐 필요는 없다.

는 이 시원적 형태의 현상적 자기인지self-acquaintance의 특성화를 제공하려 한다.

최소자아에 초점을 맞추는 세 번째 이유는 모든 의식적 개체는 최소자아이거나 혹은 그것을 지닌다는 의미에서 의식 구조의 불변하는 형태라고 주장되는 최소자아의 미묘함과 편재함 때문에 불교에서 특히 제거하기 까다로운 잠재적 자아이기 때문이다. 철학적인 최소자아 논의는 미묘한 종류의 자아 실재론을 제공한다. 현상적 의식을 옹호할 수 있는 특성화의 위상 때문에 현상학적인 최소자아 관념은 궁극적인 자아 실재를 부정하는 불교적 환원 기획Buddhist deflationary project에 특이한 도전을 제시한다. 더욱이 불교철학은 자아와 주관성의 본성 문제에 깊이 천착해 있으므로 최소자아 관념은 불교철학의 관심사와 유기적으로 부합한다. 그것은 심리철학과 서구 현상학의 전통 속에서 연구하는 사상가들에게 불교철학과 연계된 충실한 접점을 제공한다. 이제 현 맥락에서 최소자아에 초점을 맞추는 이유들을 명백히 밝혔으므로 이어서 불교철학에서 전개된 무아와 주관성에 대한 관념을 검토할 것이다.

3. 자아와 주관성, 그리고 불교철학에서 무아

불교가 고정적·항구적·지속적 자아의 존재를 부정하는 것은 익히 알려져 있다.[3] 불교 전통에 따르면 일체의 심신心身 현상은 원인과 결과로 상호연계된 거대한 그물망 안에서 생성하고, 지속하며,[4]

---

3   이 장의 논의는 조르주 드레퓌스(1997)와 매튜 맥켄지(2008) 두 분께 신세를 졌다.

소멸한다. 이 생성–지속–소멸 과정은 불교 사상의 핵심 가운데 하나인 연기緣起, pratīya-samutpāda 과정이다. 또 불교는 일체의 개체·사건·과정이 연기라는 이 동적 매트릭스 이외에 어떤 실체적인 실재도 있지 않다고 주장한다. 따라서 마차·항아리·사람과 같은 사물은 궁극적으로 고정된 본성svabhāva(자성)이 공하다śūnya.[5] 사람(혹은 자아)의 심신 복합체는 이 외의 일체처럼 동일한 원인과 조건에 속하므로 그 역시 궁극적으로 본성이 공하다. 이것은 불교 사상에서 가장 잘 알려져 논란이 많은 주제인 무아의 측면과는 또 다른 핵심 교리이다. 그러나 일부 불교논사들이 자아 부정을 주관성 부정과 반드시 연관시켜 주장하지 않았다는 사실은 잘 알려지지 않았을 것이다. 이 논사들은 현상 의식의 특징을 고정적·지속적·무위적 주체의 존재에 의존하는 것을 부정하면서도 그 현상적 특징을 보존하는 의식 유형을 제시한다. 여기서 이 주제에 관한 방대한 불교 문헌은 개관하지 않을 것이다. 대신 문헌에 논의된 두 가지 특수한 자기알아차림, 즉 광의의 형태와 협의의 형태에 초점을 두고서 이 두 형태가 (무)아와 현상 의식의 분석에 어떻게 관여되는지 살펴볼 것이다.

이 관념들 중 첫 번째는 시간을 가르는 지속적 단일 개체로서 '나 형성자I-maker'를 나타내는 아함까라ahaṃkāra 용어로 파악되는 훨

---

4   역주) 원문의 exist는 불교에서 말하는 삼라만상의 생주이멸(生住異滅) 가운데 시간, 즉 연장을 갖는 두 번째 주(住)와 세 번째 이(異)의 의미를 내포한 지속(持續, durée)의 의미로 풀이한다.

5   불교철학의 핵심 논쟁 중 하나는 모든 사물의 본성이 공한 것인지 아니면 본성을 갖는 어떤 사물들(예로, 법들 혹은 순간적 개별적 원자들이나 행상들)이 존재하는지에 관한 것이다. 불교철학 전통에서 이 논쟁을 비롯한 기타에 대한 명확한 소개는 시더리츠(2007)를 참조하라.

씬 광범위한 형태의 자기알아차림이다. 이것은 항전하는 경험의 유동/흐름과 구별되는 자율적 자아를 의미한다. 게다가 그 용어는 인간실존의 자아중심적 구조—우리 자신의 이익을 반영하여 결정하고 작용하는 성향—로도 이해된다(Mackenzie 2008 : 247). 한편 자기의식svasaṃvedana 용어는 훨씬 더 협의의 형태의 자기알아차림이다. 이것은 의식 상태의 성격(즉 나무에 대한 지각, 어린 시절의 경험을 기억함 또는 유니콘에 대한 상상 등 같은 지향적 내용에 대한 1인칭적 현상적 접근법)뿐 아니라 의식 상태의 내용(즉 경험이 나무에 대한 지각, 어린 시절의 경험에 대한 기억 혹은 유니콘 형상과 같은 것에 대한 경험인 지향적 대상) 역시 모두 지니는 비매개적 인지immediate acquaintance 를 말한다. 달리 말해 자기의식은 의식상태의 '자기조명적svaprakāśa' 특성을 가리킨다. 예컨대 내가 야외 길거리에서 부르릉거리는 차 소리를 경험할 때 나는 그 단일 경험 속에서 주어진 것으로서의 대상(즉 자동차 부르릉 소리)과 주어진 것으로서의 대상에 대한 나의 경험(즉 나의 청각적 경험으로서 자동차 부르릉 소리에 대한 청각적 경험)을 동시에 알아차린다. 따라서 모든 의식적 에피소드는 야누스 얼굴과 같은 이중 구조의 측면을 가진다. 그것은 동시에 암묵적[6] 자기반영적 주관적 측면[7]과 세계를 향한 객관적 측면[8]을 동시에 포괄한다(Drefus 1997 : 345-53). 그러나 "아함까라를 강화시키는 자기의식이 적어도 암묵적 1인칭 내용을 지닌 '나는 컵을 인식한다',

---

6 이 형태의 자기알아차림은 자발적 내적 성찰이나 반성 행위의 결과가 아니라는 점에서 암묵적(implicit)이다. 필자 또한 이 형태의 자기알아차림을 현상적으로 의식적인 상태들에 대해 '내재적(immanent)'인 것으로 특징짓고자 한다.

7 grāhakāra, 能取行相(능취행상)

8 grāhyākāra, 所取行相(소취행상)

'나는 통증이 있다' 등의 심적 상태를 발생시킨다(MacKenzie 2008 : 247)"는 점에서 이 두 가지 형태의 자기알아차림, 자기의식과 아함까라는 연계된다(즉 그것들은 서로 의존적으로 조건화되어 있다). 그렇지만 현상학적으로 자기의식은 보다 시원적인 형태의 경험이다. 자기의식은 아함까라를 꼭 촉발하지 않고서도 현전할 수 있다. 그러나 그 역은 성립하지 않는다.

7세기 인도불교의 다르마끼르띠 논사는 자기알아차림에 대한 자신의 반영주의적reflexivist 견해를 전개하면서 이러한 구분을 더욱 강조했다.[9] 즉 "앎知이 스스로 인식되지 않는다면 대상인식은 결코 있을 수 없다"고 주장했다(목샤까라굽따의 논서에서 인용. 1985 : 51). 따라서 그는 알아차리는 동시적 알아차림이 없다면 어떤 주어진 의식 상태는 무의식 상태나 하부인격적 과정과 대조적으로 의식적이라고 옳게 불릴 수 없으므로, 의식은 내재적으로 자기반영적self-refexive임이 틀림없다고 강조한다. 그에 따르면 현상적으로 의식 상태는 주체가 ~에 대해 알아차리는 상태이다. 따라서 심적 상태 M이 어떤 면에서 자기의식적이 아니라면 M에는 그것과 닮은 것은 어느 것도 없기에 현상적으로 M은 의식 상태가 아니라는 것이다. 이에 따라 다르마끼르띠는 자기알아차림을 의식의 필연적 특색, 즉 의식적이라는 현상적 성격의 구성 형태[10]라고 주장한다. 그렇지만 우리는 어떻게 이 시원적 형태의 자기알아차림을 설명할 수 있을까? 그 현상학적 구조는 무엇인가?

---

9 Dreyfus(1997)에서는 광범위한 분석을 제공한다. Dunne(2004)은 다르마끼르띠 사상 전반에 관한 탁월한 입문서이다.
10 그가 말하기를, "[마음은] 그 자신의 본성을 그 자체로 이해한다."(Dreyfus 1997 : 340 에서 인용).

가장 최신의 기타 논의(예로, Kriegel 2003)뿐 아니라 사르트르(Sartre 1943/1956)보다도 앞선 다르마끼르띠가 제시하는 한 가지 주장은 무한소급설이다.[11] 그에 따르면 의식의 중심인 반영적 자기알아차림reflexive self-awareness은 2차 반성적reflective 작용이나 별도의 내적 성찰 작용, 혹은 시원적 상태를 대상으로 취하는 지각처럼 어떤 종류의 내적 관찰의 산물이 될 수 없다.[12] 오히려 무한소급의 고통을 무릅쓰는 반영적 자기알아차림은 1차 형태의 의식 상태임에 틀림없다. 왜냐하면 현행하는 심적 상태 M이 단지 숫자상 구별되는 2차 심적 상태 $M^\star$에 의해 어떤 대상으로 간주될 때에만 의식한다면(즉 자기알아차린다면), 소급의 위험이 있기 때문이다. 2차 심적 상태 $M^\star$을 의식하기 위해서는 숫자상 구별되는 3차 심적 상태 $M^{\star\star}$에 의해 어떤 대상으로 간주되어야 할 것이고, 이런 방식으로 무한히 계속될 것이다. 그러므로 이러한 무한소급을 피하기 위해 주체 S가 대상 O에 대해 의식적으로 알아차리는 A일 때―또 나아가 O를 의식적으로 알아차리고 있는 자기알아차림이 있는 $A^\star$일 때―우리가 O를 의식적으로 알아차리고 있는 알아차리는 자기알아차림($A^\star$)은 그러한 경험의 구조 안에 내장되어 있어야 한다. 더 간단히 말하자면, $A^\star$는 그 현상적 성격에 대한 2차적, 초월적 반성 작용이나 지각에 의존하지 않는 "동일화 없는 자기지시[대상]" (Shoemaker 1968)의 내재적·암묵적 형태이다. 바꿔 말하자면, 이러한 형태의 내재적 자기알

---

11 우리는 또한 이 주장의 형태를 특히 아리스토텔레스, 데카르트, 로크, 라이프니츠, 칸트, 브렌타노 등에서 발견한다. Kriegel(2003)을 참조하라.

12 이러한 견해들의 현대적 유형은 각기 암스트롱(Armstrong 1968)과 라깡(Lycan 1997)과 같은 고차원적 지각('HOP') 이론가들과 로젠탈(Rosenthal 1993)과 같은 고차원적 사유('HOT') 이론가들에 의해 옹호된다.

아차림은 비이원적이다. 그것은 하나의 지향적(즉 작용 대상 또는 이원적) 구조를 갖지 않으며 대신 우리의 의식 작용들에 대한 비이원적 알아차림의 방식과 다른 대상들이 그러한 작용을 통해 1인칭적으로 주어진 방식인 전반성적 자기의식pre-ref lective self-consciousness이다(Sartre 1943/1956 : 119-126). 다르마끼르띠에 따르면 그때 의식 상태에 대한 내재적 자기반영성은 그 현상적 성격을 보장하는 것이다. 그것은 의식상태에, 예를 들어 어떻게 싱글몰트 스카치 위스키의 풍미나 어린 시절의 기억에 의해 환기된 따뜻한 연상이 이 상태를 갖는 주체로 보이게 하는가와 같은 '외관상의' 속성뿐 아니라 1인칭적 특성을 부여하는 주어짐의 형태이다.

이 글은 다르마끼르띠의 자기의식 개념을 옹호하는 주장 및 다른 이들의 주장의 강점을 평가하는 장이 아니다.[13] 오히려 현 논의의 요점은 불교 전통 내에서 궁극적 지속 자아의 존재를 부정하는데도 불구하고, 주관성의 실재를 용인하는 견해가 있다는 여지를 밝히기 위함이다. 다르마끼르띠는 의식의 주관적·자기반영적 특성을 수용하는 것은 불교의 핵심 관념인 무아론과 양립할 수 있음을 강조

---

13 다르마끼르띠는 우리가 '느낌 분위기(feeling-tone)'라고 명명할 수 있는 자기의식(svasaṃvedana)을 위한 또 다른 주장을 제공한다. 다르마끼르띠에게 모든 지향적 대상들은 우리가 어떻게 이 대상들을 경험하는가를 채색하는—긍정적, 중립적, 부정적인—정서적 정도나 느낌 분위기를 통해 주어진다. 그러나 이 느낌 - 분위기는 경험의 속성(즉 대상이 아닌 주관의 속성)이어서, 더욱이 그 느낌 분위기는 항상 대상과 함께 동시에 주어지기에 모든 경험에서 주체는(즉 주체를 지칭하는 느낌 분위기를 통해서) 대상과 그(녀) 자신 모두를 동시에 에 파악한다는 결론에 이르게 된다. 따라서 우리는 개념적으로 각 심적 상태의 두 측면, 즉 그것이 세계에—현전하는 대상적 측면(grāhyākāra, 所取行相)과 그것이 주체를—지칭하는 주관적 측면(grāhakākāra, 能取行相)을 구분할 수 있다. 그러나 현상학적으로나 존재론적으로 이 측면(*행상)들은 각 상태의 통일된 구조 안에서 비이원적으로 결합되어 있다. Dreyfus 1997 : 400-3 참조하라.

한다. 그는 자기의식이 우리 자신의 경험 흐름 위에 갖는 현상적으로 계속되는 1인칭 관점이어서 그렇다고 촉구한다. 하지만 의식의 중심이 되는 1인칭 관점이나 경험 차원은 자아 자체가 아니다. 그것은 경험 흐름이라는 특성이지 경험 뒤에 서 있는 자아가 아니다. 이처럼 그것은 연속적 내용(경험의 지향적 대상)과 작용(계기적으로 변화하는 내용에 대한 1인칭 현상적 접근방식) 간에 끊임없이 변화하는 상호작용에 의해 의존적으로 조건화되어 역동적이고 상관적이며, (*폭류瀑流와 같이) 항전恒轉하는 것이다. 하지만 어떠한 것도 고정되고 영원한 것은 없으며, 이 흐름 뒤에서 고정되고 영구적이거나 무조건적으로 서 있거나 별도로 존재하는 것은 아무것도 없다.

따라서 다르마끼르띠는 의식을 본성적으로 인격적이라고 말하고, 1인칭 방법how으로나 주어짐 방식으로 현현한다고 주장한다. 그러나 그는 그 주장에서 한걸음 더 나아가는 이 흐름의 향수자 역할을 담당하는 단일 고정 주체who의 존재를 주장하지는 않는다. 의식의 현상적 핵심인 자아감각svasaṃvedana은 사실상 매우 현실적이다. 다르마끼르띠에게 이 속성은 주관성인데, 의식을 있는 그대로의 독특한 현상으로 만드는 작용이다. 따라서 각각의 의식 작용은 이 주관성의 측면을 지닌다. 부언하자면, 시간적으로 연장되고 역사적으로 구성된 동일체를 지닌 자아라는 감각 역시 현실적이다. 그러나 주관성이 고정적·현상적 자아의 현실적 존재를 수반한다고 추론하거나 자아감각이 영원하고 견고한 역사적 자아를 지칭하는 것이라고 추론하는 것은 오류이다. 다르마끼르띠는 의식의 현상적 특징의 핵심이 되는 자아감각을 물화하는 우리의 성향으로부터 이 오류가 발생한다고 주장한다. 한편으로 우리는—경험의 나의 것임이 상주하는 나, 실체적 나를 간택揀擇한다고 그릇되게 상정하면서—의식 상태의 자기반성적 1인칭 특성을 물화한다. 또 다른 한편으로는 시간에 걸쳐 창발하고 자기의식의 1인칭 관점에 의해 자양되는 훨씬 광범위한 '나 행위자' 형태의 자기알아차림을 물화한다. 되풀이하자면, 우리는 (사실상 매우 현실적인) 의식에 본질적 자아감각을 물화하고, 또 이것으로부터 (현실적이지 않은) 지속 실체의 자아를 그릇되게 상정한다. 그럼에도 자기의식과 자아감각 모두 결국 비영구적 현상이다. 양자 모두 각기 궁극적으로 임시 상태의 연속체에 의존함으로써 견고한 지속 자아의 궁극적 실재를 간취하지 않는다.

이상에서 간략하게나마 자아 없는 불교의 주관성 개념을 요약했다. 이어서 현대철학에 나타난 자아의 두 가지 유형, 즉 다음 절의 초점이 되는 서사적 자아 유형과 그다음 절에 소개할 최소자아에 대해서 살펴볼 것이다.

4. 이야기로서의 자아 : 서사적 자아 유형

'자아'라는 용어의 사용은 결코 분명하지 않다. 알다시피 울릭 나이서Ulrich Neisser는 5가지 자아 유형, 즉 (1) 생태학적 자아 (2) 대인관계적 자아 (3) 연장된 자아 (4) 사적 자아 (5) 개념적 자아를 표현한다(Neisser 1988 : 35). 더 최근에는 갈렌 스트로슨이 21가지 자아 개념을 구분했다(Strawson 1999b). 물론 그 이상도 있다. 이런 종류의 개념적 희론이 보장될 수 있고, 한편 자아가 특별한 학문 연구에 관계된 몇 가지 제한적 범주로 환원될 수 없는 다차원적 개념임을 고려할 때 일정 정도의 단순화는 우리의 논의를 돕는다. 최근의 철학적 논쟁은 특히 의식의 본성을 이해하는 데 두 가지 자아 개념에 초점을 둔다. 왜냐하면 그것은 경험의 시간적(즉 공시적과 통시적) 통일체와 사회적 국소화局所化(=위치구속성)뿐 아니라 경험의 현상적 특징 모두를 파악하기 때문이다. 이 개념은 '최소자아'(Gallagher 2000; Zahavi 2005)와 '서사적 자아'(Dennett 1991; Schechtman 1996; Damasio 1999; Hutto 2008)이다.

반성적 인간으로서 우리의 자기이해의 상당 부분은 서사의 상징적인 매개로 구조화된다. 서사는 우리 자신의 경험의 역사를 조직적으로 해석하고 이 역사를 타자와 공유하고 계속 진행되는 서사로 나아감으로써, 타자의 삶과 경험에 유의미하게 참여하도록 도운다. 우리의 가장 뚜렷한 특성 가운데 하나는 우리가 그저 추리하지 않는다는 점이다. 다시 말해 우리는 어떻게 우리가 추리하는가에 대해 이야기한다(Hutto 2007 : 1; MacIntyre 1981 : 201). 일부 이론가들은 서사를 우리의 삶에 극적 질감을 부여하는 이상이라고 말한다. 우리가 말하는 그 서사란—우리의 뇌가 고정화되는 방식을 고려하면, 우리가 말하지 않을 수 없는 서사(Dennett 1991)—자아의 형성과 구성에 중요한 역할을 한다.[14] 주지하듯이 대니얼 데닛은 다음과 같이 말한다. "우리의 이야기는 엮어지지만, 대부분 우리가 그것을 엮는 것은 아니다. 이야기가 우리를 엮는다. 우리 인간의 의식과 서사적 자아성은 이야기의 원천이 아니라 이야기의 산물이다."(Ibid., 418).

---

14 서사적 자아 설명에 대한 옹호자들은 철학자들(예로, Alasdair MacIntyre 1981, Charles Taylor 1989, Daniel Dennett 1991, Paul Ricoeur 1992, Marya Schechtman 1996, Shaun Gallagher 2003, David Velleman 2006, Daniel Hutto 2008, Anthony Rudd 2009) 및 심리학자들(예로, Donald Spence 1982, Jerome Bruner 1986, Mark Freeman 1993) 모두를 포함한다.

최신 문헌에서 서사로 간주되는 것은 논란의 여지가 있는 쟁점이다. 여기서 논쟁을 종식시키려는 생각은 추호도 없다. 그러나 현 관심사를 위한 엄밀한 정의가 필요하지 않더라도, 가능한 후보들을 힐끗 보는 것은 바로 어떻게 서사적 자아 기술이 최소자아 기술과 함께 위치하는지 구체화하는 것뿐 아니라 자아에 대한 서사적 접근의 일반적 대강을 확립하는 데 모두 도움이 될 것이다. 간단히 말해 서사는 구성되며, 발견되는 것이 아니다. 따라서 서사는 독특한 인간의 기획이다. 더욱이 서사는 한 인격의 삶의 시간표처럼 시간적으로 색인된 사건의 단순한 연대기와 구별된다(Danto 1965). 서사에서 구성된 것은 최소한 두 가지 사건 간의 관계, 혹은 일부 비교적 느슨한 비논리적 관계에 의한 연합 사태의 상태임에 틀림없다(Lamarque 2004 : 394). 그러나 서사의 이 얇은 특성화는 서사의 시간 구조에 대해서 거의 말하지 못하고, 또 그 사회적 특성에 대해서 그 무엇도 말하지 못한다. 마찬가지로 그것은 자아를 구성하는 서사의 역할에 대해서 어떤 것도 말할 수 없다.

알래스데어 매킨타이어A. MacIntyre는 한 가지 대안을 제시한다. 그는『덕 이후에』(1981)에서 '서사적'을 명시적으로 정의하는 데 실패하지만, 그럼에도 시간적이고 사회적이며 자기구성적 서사의 특성을 이끌어내는 구상을 전개한다. 그는 다음과 같이 기술한다.

> 내 삶의 이야기는 항상 내가 나의 정체성을 끌어온 그 공동체의 이야기에 내장되어 있다. 나는 과거와 함께 태어난다. 그리고 나 자신을 개인주의 방식으로 그 과거로부터 단절하려 애쓰는 것은 나의 현재 관계를 변형시키는 것이다. … 그러므로 나임은 어느 정도 나의 현재에 현재하는 구체적 과거인 내가 물려받은

것의 핵심 부분이다.

MacIntyre 1981 : 205-6

이상에서 매킨타이어가 주목하듯, 자아는 늘 앞서 있는 사회문화적 서사의 그물망에 내장되어 있다. 이러한 서사는 나의 실존과 별개로 그 자신의 역사를 가진다. 그러나 나 자신의 현재의 자기이해는 상당 부분 이 서사의 산물이고—또 이런 면에서 나 자신이 있음을 이해하는 나는 나의 실존 이전에 타자들이 말했던 이야기 형태로 빚어진다. 따라서 나의 서사적 자기동일성의 부분은 나의 실존에 앞선다. 게다가 나는 그것을 통해 나 자신을 이해하는 서사의 유일한 저자가 아니다. 나의 자기이해는 주로 다른 저자의 서사에서 만들어진다. '[우]리는 결코 우리 자신 서사의 공동 저자 이상(또한 때때로 덜)일 리 없다. … 아리스토텔레스와 엥겔스 둘 다 주목했듯이, 삶에서 우리는 항상 특정한 한계하에 있다. 우리는 설계하지 않았던 무대에 입장하고 우리 자신은 우리가 짓지 않은 행위의 일부임을 발견한다(MacIntyre 1981 : 213). 아리스토텔레스와 엥겔스를 긍정하면서 매킨타이어는 서사적 자아가 단지 여타의 스토리텔링을 행하는 개인의 산물이 아니라 서사적 자아가 듣고 말하는 이야기 류를 제약하는 독특한 시간, 공간 및 언어문화의 산물이라는 점을 강조하고 있다(Turner 1991 : 184). 자기이해 과정은 이러한 방식으로 더 이상 환원할 수 없이 사회적·문화적으로 내장된 사태이다. 따라서 서사적 구성으로서 자아는 타자임과 변증법적으로 연계되어 있다.[15]

---

15 폴 리꾀르(Paul Ricoeur)는 "자기 자신에 대한 자아성이 그토록 친밀한 정도로 타

논의에 집중하기 위해 이제 서사적 자아에 대한 설명을 구문 분석이 가능한 두 가지 방법—(1) 서사적인 확장 이야기narrative enhancement account, 이하 NEA (2) 서사적인 구성 이야기narrative constitution account, 이하 NCA—으로 구분하려 한다. NEA는 덜 모호하다. 그것은 실제 전부는 아니지만 자아의 일부 측면이나 부분이 서사에 의해 최소한 잠재적으로 증강되거나 해석된다고 주장한다. 이러한 보다 약한 기술은 자아의 일부 측면(예로, 문화적, 민족적 정체성, 성별 표현 등)이 자아가 다른 서사에 참여함으로써만 출현하는 반면, 자아의 다른 보다 원초적 특질(예로, 신경생물학적 기초, 심리학적 특질이나 자질의 핵심 조합, 그것의 세계에 대한 1인칭 관점으로서의 경험적 위상 등)은 어떤 부류의 자아 서사에 독립적으로 정해진다는 것을 받아들인다. 이러한 방식으로 구성되어, NEA는 자아 전체가 그것이 짓는 다양한 서사로 구성된다고 주장하지 않는다. NEA는 서사적으로 해석되거나 증강될 수 있는 어떤 종류의 전前 서사적 자아의 선행 존재를 가능하게 한다. 예를 들면 매킨타이어가 "서사 개념이나 이해도, 설명도에 대한 개념이 인격 동일성의 그것보다 훨씬 근본적이라고 주장하지 않는다는 점을 주목하는 것이 중요하다."(MacIntyre 1981 : 203)라고 주장할 때, NEA를 지지하는 것처럼 보인다.[16] 다시 말해 핵심 요점은 NEA에서 서사적 자아가 보다 기본적인 전 서사적 자아에 의존하는 파생적인 관념이라는 것이다.

반면 서사적 자아성에 대한 한층 강력한 설명은 구성이라는 주장을 제시한다. 요컨대 자아는 문자그대로 서사에 의해 구성되어

자성을 함축하기에 우리는 타자 없이 생각될 수 없다"고 주장한다.
16 실제로 여기서 매킨타이어의 견해는 완전히 명확하지 않다. 논의와 비판에 대해서 Williams(2009)를 참조하라.

있다는 것이다. 자아는 우리 자신에 대해서 말하고, 말했던 이야기로부터 점진적으로 펼쳐지는 (또 그러므로 이야기에 의해 구성되는) 창작된 존재로서, 궁극적으로 잘 엮어진 서사의 조밀한 무리일 뿐이다. 앞서 살펴보았듯 데닛(Dennett 1989, 1991)은 이 견해를 견지하는 것으로 보인다. 다시금 "거미의 그물망 같이, 우리의 이야기는 우리에 의해 지어지고, 우리 인간의 의식 및 우리의 서사적 자아성은 이야기의 산물이지 원천이 아니다"(1991 : 418)라는 그의 강조를 환기하자. (다른 이들 가운데) 데닛에게서 영감을 끌어오면서, 마리아 셰흐트만은 유사하게, "인격은 주관적이고 객관적인 특질의 수렴 가운데 존재한다. 개인은 적절한 형태의 서사적 자아 개념 안에 그(녀)의 경험을 조직해감으로써 그(녀) 자신을 인격으로 구성한다"(Schechtman 1996 : 134)라는 주장과 같이 그녀 자신의 '자기구성' 견해를 특징짓는다.

이 서사적 자아 유형에 대한 간략한 특성화를 통해 자아에 관한 역동적이고 상관적이며 상황지어진 본성을 이해하기 위한 그들의 이론적 풍부함을 알 수 있다. 그러나 앞 절에서 우리 논의는 이미 NCA에 관한 어려움을 제시했다. 이 어려움을 탐구하는 것은 다음 절의 작업이다.

5. 전前 서사적 자아성

NEA에서는 문제가 되지 않는 NCA의 어려움이 있다. 그것은 다음과 같다. '이야기로서의 자아'라는 NCA 이야기는 자아의 불완전한 이야기를 엮은 것처럼 보인다. 달리 말해 서사를 말하는 인간이 되기 위해서—자신의 서사에서 자기 자신을 주인공으로 캐스팅하기 위해서—우리는 서사를 구성하는 데 필요한 언어적 능력에 더해서, 이미 세계에 대해 한층 시원적인 전 서사적이고 신체화된 1인칭 관점의 소유자가 되어야 한다. 주관성을 결여한 인간은 동시에 그러한 주관성에 대한 서사를 산출하는 인간이 될 수 없기 때문에 서사적 자아는 늘 이미 인식하는 주체가 되어야 한다. 하지만 그역은 타당하지 않다. 우리는 동시에 이 1인칭 관점에 대한 서사를 산출하는 주체로 됨이 없이—즉, 우리는 신체화된 1인칭 관점인 전반성적 감각을 포함한, 세계에 대한 신체화된 1인칭 관점의 소유자가 될 수 있다—인식할 수 있다. 따라서 서사에서 신체화된 1인칭 관점이 그러한 방식으로 주관성이나 현상적 최소자아성의 기본 형태에 본질적인 것은 아니다. 그리고 이 접근의 변형들은 서사적 자아성에 선재하는 현상적 자아성의 최소 형태를 간과하기에, NCA는 너무 높은 설명 수준으로 투사되었다. 실제로 서사는 실천적 추리, 숙고와 자기반성에서, 그리고 독특한 체험사를 지닌 문화적으로 상황지어진 사회적 자아라는 우리의 감각을 발생시키는 데 중요한 역할을 한다. 그러나 서사적 자아는 세계에 대한 우리 1인칭 관점의 본질적인 현상적 특색이 아니다. 오히려 이 두 가지 사물은 개념적으로나 경험적으로 모두 분리된다. 따라서 세계가 표상의 1인칭 방식으로 주어진 1인칭 관점이나 주체는 현상학적으로나 존재론적으로 서사적 자아에 선행한다. 숀 갤러거에 따르면 이 최소자아는 다음과 같다.

> [현]상학적으로, 그것은 어떻게 우리가 그것을 경험하는가의 측면에서 시간 속에서 연장되지 않는 비매개적 경험의 주체로서

우리 자신의 의식이다. 최소자아는 거의 분명히 두뇌 과정과 생태학적으로 내장된 신체에 의존하지만, 우리는 이것이 여전히 (최소한의 혹은 전前 서사적) 자기경험으로 간주되는 경험을 갖는 것을 알거나 알아차려야 할 필요가 없다.

Gallagher 2000 : 15

이 최소자아는 이후의 서사에 전前 서사적 양분을 공급하는 경험의 주체이다(Menary 2008 : 73). 하지만 다시 말해 이러한 경험을 갖는 주체나 최소자아는 그것이 이후에 구성하는 서사 이전에 존재한다.

그것은 '자아(즉 세계에 대한 1인칭 관점이라는 즉각적, 찰나적 경험)'와 '인격(즉 시간을 통해 지속하는 존재라는 보다 넓은 경험)' 관념 간의 개념적 구별을 행하는 것을 도울 수 있다. 앞서 살펴보았듯, 반복하자면, 우리는 자기경험의 두 가지 중심 형태를 인정하는 고전인도불교 전통[17] 내에서 행한 유사한 구별을 발견한다. (1) 자기의식 혹은 내재적으로 자기반성적 알아차림 의식이 그 자신에 대해 지닌, 그리고 (2) 경험의 흐름으로부터 존재론적으로 구별되는 단일한, 지속하는 존재로서 스스로에 대해 시간적으로 연장된 감각인 자아감각ahaṃkāra 혹은 '나 행위자' 자기알아차림이 그것이다.[18] 전자

---

17 역사적 엄밀성을 위해서, 인도 불교의 모든 학파들이 인식은 자기반성적이라고 주장하지 않았음을 주목할 필요가 있다(예로, 짠드라끼르띠와 샨띠데바(Śāntideva, 650-700)와 같은 귀류논증 중관학파).

18 정확이 말해서, 불교는 이상에서 구분하는 자기경험의 두 형태 간의 현상학적 차이를 인정하고, 한편 '인격'과 '자아'라는 용어들은 불교철학 내에서 다소 다르게 사용된다. 뿌드갈라(pudgalā, 個我)는 적절한 방식으로 배열되어 인과적 계기하는 오온(五蘊, skandha-s)의 심신 복합체일 뿐이다. 초기불교의 독자부(Pudgalavāda)를 제외한 대다수 불교도들은 인격을 궁극적으로 이 심신 복합체로 환원될 수 있다고 말한다. 다시 말해 인격은 그것을 넘어선 초월적 독립적 존재를 갖고 있지 않

가 현상학적으로 원초적인 자기경험 형태인 데 비해, 후자는 거의 틀림없이 혹자가 "당신은 누구인가?"라는 물음을 던질 때 우리가 생각하는 자아 관념이다. 우리가 우리 자신을 독특한 희망, 염원 및 의도를 지닌 개인으로―타자와 현저히 구별되는 단일하고 독특하게 우리 자신의 도덕적, 실존적 지위를 지닌 개인으로―간주할 때, 우리 자신을 '나 행위자' 알아차림을 아우르는 양태 속에 있는 서사적 인격으로 생각한다.[19]

그러나 우리가 이러한 자아/인격 차이가 일관된 개념적 구별이라고 인정한다면, 인격이 되려면 우리는 이미 인격이 되어야 함을 의미한다. 왜냐하면 만일 우리가 일부 최소감각에서 이미 경험의 주체가 아닌 한, (성격·특성·기억·신념·동기·시간에 걸쳐 펼쳐진 통일된 체험적 역사 감각과 같은 우리 서사의 구성요소를 포함하는) 총체적 '나 행위자' 경험을 가질 수 없기 때문이다. 따라서 현상적 최소자아는 서사적 인격의 지속 조건과 구별되는 지속 조건을 지닌다. 서사적 자아 유형은 보다 강한 구성 형태뿐 아니라 한층 약한 증강 형태 모두에서 자아가 아닌 인격의 유형이라고 보다 정확히 이해된다(Zahavi 2005 : 129).

우리는 자아와 인격의 차이를 강조하고 현상적 최소자아에 대한 특정 종류의 체험적 우위를 강화하려고 실증 연구를 참조할 수 있다. 우선 심각한 뇌염 증상으로 인해 초래된 대단히 급격한 기억 상실증으로 고통 받고 있는 46세 환자 데이비드에 관한 안토니오

다는 것이다. 체험적 특질로서 자아는 따라서 이 인과적 연속의 측면이고, 또 모든 다른 측면과 마찬가지로 무상하다(*제행무상).

19 자기경험의 일상적이고 궁극적으로 기만적 형태에 관한 자세한 내용은 이 책의 알바하리를 참조하라.

다마지오의 논의를 고려해보자. 몇 주 동안 뇌염은 데이비드의 좌우 측두엽에 주요한 손상을 일으켰다. 이러한 손상의 결과는 데이비드가—"그의 기억상실이 거의 아기 때까지 해당함"을 의미하는 —"그의 일생에서 개인적인 또는 사건 등 거의 모든 것"을 회상하는 능력뿐 아니라 기억에서 어떤 새로운 사실을 간직하는 능력도 모두 상실했다는 것이다(Damasio 1999 : 115). 데이비드는—약 45초의 —계속 변화하는 단기 기억의 창에서 고독하게 산다(Ibid., 118). 데이비드는 자신의 급격한 기억상실로 인해 자신의 삶과 행위에 어떤 서사적 통일성을 구성하는 능력도 상실했다. 그는 서사적 자아, 또는 다마지오가 한 사람의 삶 전체를 가로질러 뻗어 있는 '연장의식extended consciousness'으로부터 출현한 것으로 칭하는 '자전적 자아'를 형성할 수 없다(Ibid., 17).

그럼에도 불구하고 데이비드는 최소자아를 유지한다. 데이비드는 풍부한 현상적 의식을 보여준다. 그는 "핵심적 의식 체크리스트에 대해 완벽하게 잘해낸다."(Ibid., 116).[20] 데이비드는 주의를 기울이는 각성을 드러내 보인다. 그의 경험은 다양한 배경 감정에 의해 채색되며 선호하는 것을 표현한다. 그는 자신이 개입된 상황 속에서 목적의식적으로 행동한다. 간단히 말해 데이비드는 경험의 자아를 유지했고, 매 순간의 그의 경험 내용이 자신의 것임을 알아차리면서 그 자신을 경험적 자아로서 즉각 알아차리고 있다. 데이비드는 비극적인 기억 손상으로 인해 더 이상 자신을 설명할 능력이 없기 때문에, 역사적 연장을 갖고 서사적으로 구조화된 인격으로서

---

20 '핵심의식'이란 깨어 있고 경험하는 주체(즉 최소자아)라는 우리의 매 찰나적 감각에 대한 다마지오의 표현이다(Damasio 1999 : 16).

의 자신의 감각을 완전히 상실했다.

신생아 모방 연구 또한 최소자아의 경험적 우위뿐 아니라 자아/인격 차이에 신빙성을 더해준다. 다양한 연구는 신생아가 자기수용의 자아, 다시 말해 신체화되고 상황 지어진 인간으로서 그 자신에 대한 매우 기본적인 경험으로부터 출현하는 자기알아차림의 최소 형태를 지니고 태어남을 나타낸다. 한 시간도 채 안 된 신생아들은 이 최소한의 자기알아차림을 통해 얼굴, 목소리 및 몸짓의 표현 범위를 모방하게 된다(Meltzoff & Moore 1977, 1983, 1997; Kugiumutzakis 1985, 1999). 이러한 모방적 에피소드는 단지 반성적이지 않으며 오히려 현시顯示된 몸짓에 부합하는 학습 능력을 가리킨다는 점에서 지향적인 것처럼 보인다(Meltzoff & Moore 1983). 신생아의 모방은 그 각각이 최소한의 현상적 자아성(*현상적 최소자아)에 대한 경험된 감각을 전제하는 세 가지 중요한 전 서사적 능력—(1) 자기와 타자를 경험적으로 구별하는 능력 (2) (신생아는 아직 자신의 신체를 본 적이 없기 때문에) 신체의 부분을 자기수용적으로, 즉 시야 없이 국소화하고 사용하는 능력 (3) 현시된 얼굴을 그 자신의 얼굴과 동일한 종류의 것으로 인지하는 능력(신생아는 인간이 아닌 대상을 모방하지 않는다)—을 전제한다. 숀 갤러거가 주목하듯, "이것의 결과에 대해서 하나의 가능한 해석은 신생아에게 나타나는 이 세 가지 가능성이 원초적 자기의식이고, 따라서 인간의 유아는 이미 신체화되고 상호구성(*행위화)하며 생태학적으로 적절히 대응하는 최소자아를 갖추고 있다는 것이다(Gallagher 2000 : 17). 물론 신생아는 서사를 구성하고 이해할 필요가 있는 언어 능력을 결여하고 있으므로, 그 자신에 대해 어떤 서사적 실체, 즉 인격으로서의 감각을 지니고 있지 않다. 그럼에도 불구하고 신생아 모방 연구는 최소 종류의 자기경험, 세계에 대해 통일되고 신체화된 관점이 출생부터 나타남을 보여준다.

이 점에서 DCA의 옹호자가 제시할지도 모를 몇 가지 잠재적인 반응이 있다. 예를 들어 셰흐트만은 자아와 인격 간의 개념 차이를 인정하지만 서사가 양 범주에 중심이 된다고 주장한다(Schechtman 2007 : 171). 서사적 인격으로서 자기 자신을 구성하기 위해서는 "우리는 계속되는 것으로서 자기 자신을 인정해야 하고, 우리의 현재 권리와 책임감에 대한 함의를 갖는 것으로서 과거의 행위와 경험을 바라봐야 하고, 또 과거와 현재에 의해 영향을 받게 될 미래를 인정해야 한다."(Ibid., 170). 계속해서 셰흐트만은 서사적 자아는 시간적으로 거리가 먼 행위와 경험, 즉 이 사건은 "정서적 연결과의 일치를 통해 시간에 가로지르는 의식을 통일하고, 가장 강력한 의미에서 현행하는 경험의 질을 조건짓는"(Ibid., 171) 방식에서 나의 현재 자기경험으로 동일시되어 구성된다고 말한다.

그러나 여기서 셰흐트만의 구분점이 지닌 문제점은, 그것이 서사와 독립적인 것처럼 보이는 자기경험의 형태와 현상적 의식의 특질을 간과하면서 지나치게 높은 수준의 설명에 사로잡혀있다는 점이다. 그것은 또한 자기구성에 대해 두드러지게 탈신체화된 설명이라는 것이다. 서사적인 구성의 이 두 가지 형태들 중 어떤 것이, 이를테면 셰흐트만에 의해 정의되듯, 다마지오의 데이비드에 적용되는가? 확실히 전자는 아니다. 왜냐하면 데이비드가 자신의 현재의 행위와 결정을 제약하는 창조된 역사를 갖고 있다는 확고한 느낌이 없기 때문이다. 유사하게도 데이비드의 의식은 통일된 특징을 나타내는 것으로 보이는 데 비해, 이 현상적 통일체가 어떤 종류의 '정서적 연결과 일치'에 대해 서사적으로 구조화된 과정의 결과라는 점은 분명치 않다. 데이비드의 기억 능력은 이러한 방식을 말하기에는 너무 저하되어 있다. 따라서 그의 현상적 경험의 통일체는 다른 기제 탓임에 틀림없다. 셰흐트만은 짧은 45초 창 안에서조차 데이비드가 여전히 그의 경험을 통일화하고 여전히 그에게 시간적으로 거리가 먼 행위와 사건(예로, 그가 방으로 걸어 들어가면서 10초 전에 열어두었던 창문 혹은 변화를 필요로 하는 백열전구를 잡기 위한 그의 [*팔의] 뻗침의 시작)과의 정서적 관계를 행하도록 허용하는 '미세한 서사'를 구성할 수 있다고 대답할지도 모르겠다. 그러나 이러한 종류의 미세한 서사란 시간적 연장과 사회적 성격이 과도하게 제한되어 있기 때문에, 이것은 '서사'라는 용어를 매우 부자연스럽게 사용하는 방식이다. 더욱이 우리가 신체화된 자기경험과 숙달의 어떤 근본적 형태를 설명하는 서사에 호소할 필요가 있음은 전혀 명확하지 않다.

이것은 앞서 언급한 신생아 모방 연구로 되돌아감으로써 명확해진다. 다시 말해 셰흐트만의 차이가 어떻게 이러한 사례에 깔끔하게 적용될 것인가를 알기란 곤란하다. 이제 '활짝 만개하고 윙윙거리는' 경험의 한 유형과 거리가 먼 매우 어린 유아조차 그 신체의 생태학적 경험과 함께 세계와 그 신체의 실천적 관계에 뿌리를 둔 자기알아차림에 대한 놀랍도록 풍부한 형태를 현전하고 있음이 나타난다. 유아는 자신이 신체를 지니고 있다는 것과 이러한 신체가—비록 그 신체를 본 적도 없고, 또한 어떤 부류의 언어적 혹은 서사적 신체의 이해를 소유하지도 않았을지라도—타자의 표현과 몸짓을 모방하는 것을 포함해, 일을 행할 수 있음을 느낀다는 것을 암묵적으로 아는 것처럼 보인다. 이러한 능력은 서사적 개입 없이 작동하는 어느 정도 신체화된 자기경험과 기술(예로, 신생아의 모방,

컵에 다가가 쥐는 것, 차를 운전하는 것, 테니스를 치면서 상대편의 발리에 대응하는 것)을 향해 있음을 가리킨다. 부언하자면, 전前 서사적 신체화된 기술이 재연할 수 있는 우리의 능력은 서사적 명확한 표현[분절]과는 독립적인 신체적 자기경험의 원초적 형태가 존재한다는 것을 상당히 효율적으로 제시한다. 어린 유아는 그 신체와 그 신체가 행동할 수 있는 사물을 즉각적으로 습득한다. 숙련된 운전자와 테니스 선수는 서사적 각본의 명시적 안내 없이 동적으로 일관되고 맥락 인식적인 복잡한 운동 행위를 행위화한다. 이러한 세계에 대해 하나의 신체화된 관점으로서 자기 자신에 대한 비매개적 습득은 현상학적으로 자기경험의 최소한의 한 형태이다.

셰흐트만은 일부 서사가 비인식적으로 작동한다, 즉 일부 서사는 행위를 안내하는 암묵적 서사이고 주어진 맥락에서 적절한 반응을 결정하지만 그것이 늘 현상적 알아차림의 수준에 도달함 없이 그렇게 작동한다는 주장으로 답할 수 있다. 사실상 그녀는 바로 이렇게 행했다(Schechtman 1996 : 115-7). 그러나 극히 작은 서사적 응대처럼 이것 역시 문제가 많은 움직임이다. 왜냐하면 서사를 하부 인격적 표현의 어두운 수준으로 격하시키는 것은 근본적으로 그 공적 또는 사회적 특징과 절충하고, 또한 그것을 두뇌 내부에 멀리 감춰진 전산 처리로 변형시키기 때문이다(Menary 2008 : 71). 덧붙이자면, 암묵적 서사가 하부인격적 특징을 지닌다면 그 자아에 대한 구성을 이해하게 될 때 왜 다른 부류의 하부인격적 과정에 우선시해서 설명되어야 하는지 알기란 더욱 곤란하다. 이것은 자아에 대한 셰흐트만의 풍부한 서사적 설명이 의미가 있는 해설적 가치를 지니고 있음을 부정하기 위함이 아니다. 다시 말해 요점은 단지 셰흐트만의 설명이, 보다 일반적으로 실제 NCA 설명이 만족스럽게 설명할 수 없는 자기경험의 보다 기본적인 전前 서사적 형태가 존재한다는 것이다.

인간성은 현상학적으로나 존재론적으로 최소한의 현상적 자아 (*현상적 최소자아)의 경험적 우위에 의존해 보다 분절되지만 궁극적으로 파생적 관념이라고 간편하게 말할 수 있다. 그러므로 그 최소자아는 서사적 인간성에 대한 더욱 분절된 형태를 발전시키기 위한 가능성의 한 조건이다. 다시 말해 전前 서사적 경험은 서사에 구조를 부여하고 서사를 위한 내용을 제공한다(Ibid., 79). 그러나 서사라는 것은 어떤 자기경험의 최소 형태가 있는 방식인 현상적 의식의 본질이 아니다. 이제까지 서사적 자아의 측면을 논의하고 현상적 최소자아의 경험적 우위에 대해 주장하는 일정 시간을 할애했다. 이에 최소자아가 실체적 자아로서 이러한 자기경험의 형태에 대해 말하는 것이 보장되는지 묻기 전에, 다음 절에서 최소자아 구조를 보다 면밀히 탐구할 것이다.

6. 1인칭 소여와 최소자아

지금쯤은 분명해졌겠지만, 최소자아는 직관에 의해 동기화된다. "심지어 자아의 비본질적인 특성 모두 제거된다고 하더라도, … 여전히 우리가 기꺼이 자아라고 부르고자 하는 기본적, 즉각적 혹은 원초적 '무언가'가 있다."(Gallagher 2000 : 15). 서사적 자아에 대한 설명과 달리, 이러한 직관은 자아의 역사성과 사회성의 고려사항을 같은 범주로 묶고, 대신에 현상적 의식의 보다 근본적 차원을 파고 들어가 살핀다.[21] 그 옹호자에 따르면 최소자아는 내가 분절하는 데(이를테면 서사적 표현을 주는 데) 실패할 수 있는 어떤 것이지만, 내가 있다는 데 실패할 수 없는 무언가이기도 하다(Zahavi 2005 : 116). 내가 인식하고 있는 모든 계기繼起는 내가 하나의 최소자아인 혹은 가지는 또 다른 계기이다. 이것은 의식의 바로 그 구조의 중심인 자아를 경험적 차원에서 기능하는 자아에 대한 철저한 개념화이다. 단 자하비가 이러한 견해의 가장 열렬한 현 옹호자이기에, 다음에서는 그가 말하는 최소자아의 특성화를 비판적으로 조명할 것이다.

최소자아의 존재를 주장하는 방식이 있다. 한 가지 논점은 앞 절의 논의를 따른다. (적절한 반성적, 언어적, 그리고/혹은 개념적 능력을 갖는 것에 유사하게 의존하는 자기경험의 다른 형태뿐만 아니라) 서사적 자아에 대한 설명이 지나치게 높은 서사적 수준에 사로잡혀 있다는 생각. 이러한 접근은 보다 미세하지만 더 중요한 의식으로서 의식의 현상적 본성에 중심인 자기경험의 전前 서사적 형태를 간과한다. 신생아 모방 연구와 함께, 데이비드에 대한 다마지오의 논의 모두는 서사적인 구성 이전에 현전해 있거나, 혹은 서사적 구성의 부재에서 최소한의 현상적 자기경험을 가리킨다. 이것은 '지각, 정서, 회상 혹은 추상적 믿음인 모든 의식적 상태가 그러한 상태를 겪으며 살고 있을, 혹은 겪고 "있을 것 같은 무엇"에 대한 어떤 특정한 주관적 특징, 어떤 특정한 현상적 성질이기' 때문이다. 이것은 문제의 그 심적 상태를 의식적이게끔 만드는 것이다(Zahavi 2005 : 119). 이 주장을 계속하자면, 의식 상태의 현상성은 그 서사적 구조와 독립해 있다. 더 나아가 그것은 원초적 부류의 자아를 개시

---

21 사르트르는 "전반성적 의식은 자기의식이다. 그것이 의식의 바로 그것임을 규정하기 때문에, 연구해야 할 것은 바로 자아에 대한 이 동일 관념이다"라고 주장한다(Sartre 1943/1956 : 123).

한다. 따라서 현상적 의식이 가능한 모든 유기체는 최소자아를 지닌다.

두 가지 핵심 사유인 '1인칭 소여'와 '나의 것임'은 자하비의 최소자아 구상을 이해하는 데 중추적이다. 이러한 사유를 차례대로 살펴보자. 자하비는 우리가 한편으로 주체에 대한 대상이 어떠한지와 다른 한편으로 주체에 대한 대상의 경험이 어떠한지에 관해서 하나의 개념적 차이를 만들 필요가 있다고 주장한다(Ibid., 121). 중요하게도 이것은 우리에게 세계로 향해진 의식 구조를 파악하도록 허용하는 한갓 개념적 차이일 뿐이다. 왜냐하면 각각의 의식 상태 내에서 이러한 측면은 일관성 있는 경험의 통일된 부분이기 때문이다. 이상에서 논의된 다르마끼르띠의 주장을 상기하면서, 자하비는 내가 대상에 대한 경험을 지닐 때, 마치 탁자 위의 토마토를 시각적으로 지각하는 것과 같이 나의 주관적 경험의 일부는 그 대상의 속성(즉 붉음, 부드러움, 원형성 등)에 의해 구성된다고 주장한다. 이러한 속성은 주어진 상태의 현상적 특징을 고정하는 데 중심 역할을 한다. 그러나 사실상 이러한 속성은 그 현상적 특징을 샅샅이 다루지 않는다. 거기에는 또 다른 보다 미세한 현상학적 측면이 현전한다. 나 자신을 경험하는 것을 경험함의 현상적 속성. 달리 말해, 나는 1인칭 소여의 한 방식으로, 현상학적으로 반성적 자기경험의 기본적 한 형태인 개시의 방식으로 그 대상에 대한 이 특질을 경험한다. 자하비는 다음과 같이 기술한다.

경험적 현상에 대한 이 1인칭 소여는 그것의 있음에 우발적인 무언가가 아니라 그 경험이 경험이라는 것을 소멸함 없이 결여할 수 있는 한갓 광택제일 뿐이다. 이와 반대로 이 1인칭 소여는

그 경험을 주관적이게끔 만든다. 또 달리 말하자면 그것의 1인
칭 소여는 붙박이[내장형] 자기지시, 원초적 경험의 자기지시
성을 수반한다. … 그 경험적 차원은 형언할 수 없는 속성qualia의
실존과 관계를 맺을 필요가 없다. 그것은 1인칭이 경험하는 것
의 차원과 관계를 맺어야만 한다.

Zahavi 2005 : 122-123

그러므로 특별한 의식 상태를 주관적이게끔 만드는 것은 그것이
늘 1인칭적 현전화의 방식으로 주어진다는 것이다. 경험 내용이
어떻게 그 주체에 현현하는가에 대한 바로 그 방식 속에서 함의되
는 것은 1인칭 관점과 관련된다. 이 1인칭 관점은 세계가 주어진
상태 속에서 현재화하는 것을 통해 구조를 제공한다. 자하비는 거
듭해서 다음과 같이 말한다.

현상학은 대상의 주어짐에 주의를 기울이지만, 그것은 주어진 그
대로 대상에만 초점을 맞추지는 않는다. 그것 역시 의식의 주관적
측면에 초점을 맞추고, 그로써 우리의 주관적 성취와 대상이 그와
같이 나타나기 위해 작동하는 지향성을 비춘다.

Ibid., 123

거듭 다르마끼르띠를 상기시키면서, 자하비는 1인칭이 경험하
는 차원은 어떤 류의 고차원 작용의 반성이나 지각과 관련되지
않는다고 강조한다.[22] 오히려 최소자아는 우선 자기반성의 고차원

---

22 자하비는 의식의 고차원 이론(HOT와 HOP 모두)에 대해 비판적이다(Zahavi 2005
   : 17-20).

작용과 주제화를 대상화하는 것을 본원적으로 가능케 하는 것이다. 자기반성은 그에 대해 고차원 대상화 작용을 개시開示하는 것을 감당할 수 있는 보다 현상학적으로 일차적인 관점(즉 최소자아의 그것)을 필연적으로 전제한다.[23] 따라서 의식 상태에 대한 1인칭 소여는 내재적으로 자기반성적이고, '일차적 경험의 본성적 특질'이다(Ibid., 17). 이것은 단순히 "[우]리가 나타나고 있는 대상을 탐구할 때, 우리 역시 나타남의 여격與格으로서, 즉 대상이 나타나는 누구에게 우리 자신을 개시한다(Ibid., 123)"고 말하는 것의 또 다른 방식이다. 개시된 것은 현상적 최소자아이다.

'나의 것임'은 어떠한 것인가? 자하비에 따르면 나의 것임은 지향적 내용이 주어짐을 통해서 1인칭 소여의 다양한 방식(예로, 지각적인, 상상적인, 회상적인 등)의 한 성질이다. 나의 것임은 의식 상태의 소유됨, 이를테면 특별한 주체(혹은 최소자아)에게 혹은 그를 위해서 주어진 것이라고 즉각적으로 인정되는 상태에 있음을 드러낸다. 왜냐하면 "(비병리학적 표준 사례들에서) 내가 1인칭 관점으로부터 현행하는 통증, 지각 혹은 생각에 대해 알아차리기 때문에, 문제의 경험은 나의 것으로서 즉각적으로, 비추론적으로, 비표준적으로 주어진다."(Ibid., 124). 거듭 말하자면, 그럼에도 나의 것임은 의식에 대한 불변의 구조적 특질이다. 그것은 1인칭 소여의 다양한 방식이 만연해 있는 '미세한 배경 현존'이고, 또한 자기반성 혹은 자기지각에 대한 명시적 작용의 부산물이 아니다(Ibid., 124). 더 정확히 말하

---

23 마크 롤랜즈(Mark Rowlands)는 의식이 근본적으로 경험의 대상 및 행위 모두 될 수 있는 어떤 '혼합 실체'라고 말한다(Rowlands 2001 : 122). 자하비는 대상 양상(modality)이 행위 양상에 의존하고—따라서 (최소자아가 본질 일부인) 행위-로서의-의식이 현상학적으로 시원적이라고 강조한다.

자면, 나의 것임은 지향적 대상이 지님having으로써 현전되는 속성 (예로, 탁자 위의 토마토의 붉음 혹은 부드러움)과 독립된, 의식 자체에 대한 질적 특징(즉 경험적 속성)이다. 종합하자면 자하비는 1인칭 소여와 나의 것임의 쌍둥이 개념이 우리에게 "의식의 흐름에 반대되는 무언가가 아니라 오히려 의식적 삶에 몰두해 있는, 즉 그 구조의 필수불가결한 부분(Ibid., 125)"인 자아에 대한 최소한이지만 현상학적으로 중대한 해석을 제공한다고 주장한다.

비판적 분석으로의 전환에 앞서, 상당수가 자하비의 견해에 동조하고 있다는 점은 주목할만하다. 우선 그의 견해는 저명한 현상학자들의 저술에서 보이는 공통적인 맥락을 통합 심화시키고 있어 역사철학적으로도 매우 흥미롭다. 더 구체적으로는 그의 견해가 딱히 무엇이라고 못 박을 수 없는 우리의 경험에 대한 특별하고도 막연한 특징을 파악할 수 있도록 돕고 있다. 자하비는 현상적 의식이 진실로 속이 비친다고 널리 신봉된 견해에 도전한다. 만약 우리가 우리의 것으로서 현행적인 현상적 상태에 대해 전반성적으로 알아차리고 있다면, 또 만약 의식 상태가 내재적으로 자기반성적이라면, 달리 말해 자하비(실제로 다르마끼르띠)가 그것이 있다고 주장하듯, 의식은 그 지향적 대상(들)의 재현적 내용을 훨씬 더 단순히 포함하기 때문이다. 각 상태는 그 상태가 주어진 누군가에게 최소 자아에 대한 전반성적 자기알아차림을 지닌다. 따라서 의식의 현상적 특징은 의식 상태가 의식하는 사항에 의해 소진되지 않는다. 다시 말해 경험에는 그 내용보다 더한 것이 있다. 그리고 의식에 대해 제 몫을 하는 모든 이론은 이렇게 미세하지만 본질적인 경험의 특질에 대해서 설명해야 한다.

그러나 반론을 간단히 말하자면(이것이 정말로 본 논문의 핵심이다), 자하비는 최소자아가 자아라고 성공적으로 보여주었는가? 그의 설명은 진정으로 의식에 대한 에고학적 개념인가? 자하비는 두 질문 모두에 긍정적으로 답한다. 자하비에 따르면 최소자아는 주체의 삶을 관통해 항상 잔존하는 의식의 불변하는 구조의 특질이다. 그는 "우리가 다양한 경험을 겪으며 살고 있지만 1인칭적 경험의 차원은 동일하게 남는다. … 그것은 변화하는 경험의 다양성을 관통해 1인칭 소여에 대한 불변의 차원이라고 기술될 수 있다"고 말한다(Ibid., 132). 표면상 이것은 우리가 사실상 각자의 삶의 과정을 관통하는 동일 자아라는 의미와 일치하는 듯 보이는 직관적 주장이다. (환기하자면 다르마끼르띠 역시 이 단일한 고정적 자아감이라는 직관력을 인정한다.) 그러나 최소자아에 대한 그의 현상학적 특성화를 감안할 때 자하비가 이런 주장을 하는 것이 당연한가? 필자는 그렇지 않다고 생각한다. 특히 최소자아가 정말로 자아라는 생각—자아를 불변하는 것(의식적 주체의 삶을 통해 동일한 것으로 머물러 있는 하나의 단일하게 통일되고, 지속하는, 조건화되지 않은 사물)으로 여기는 것—에 도전하려고 한다. 이 논문 말미에서 필자는 자하비가 말하는 최소자아가 아니라, 최소자아들에 대해 말할 때에야 겨우 보장된다고 주장할 것이다. 이러한 의미에서 그의 설명은 다르마끼르띠가 개진한 무아론과 현실적으로 양립할 수 있다.

7. 흐름, 구조 혹은 그 이외 무언가로서의 최소자아?

우선 불교도들은 자하비에게 다음과 같은 질문을 던질 수 있다. 정확히 우리 경험의 어떤 측면이 불변하는 것인가? 무엇이 동일하게 머무는 것인가? (자하비의 답변) 현상이 주어지는 그 안에서 1인칭이 '경험하는 차원'이다. 그리고 자하비가 계속할 이 대답은 그의 견해에 의식의 에고학적 이론이라는 자격을 부여하기에 충분하다. 하지만 이러한 생각을 도출하는 데는 적어도 두 가지 방식이 있는 듯하고, 자하비의 최소자아 논의는 때때로 이 두 선택지를 융합하는 것처럼 보인다. 필자는 그것이 개념적으로 구별할 필요가 있다고 말하고 싶고,—나아가 그것은 최소자아의 불변하는 '자아성'을 확립시키기에도 적합하지 않다고 본다. 단순화하기 위해서 (1) 흐름으로서 특징짓는 최소자아 vs. (2) 구조로서 특징짓는 최소자아에 대해서 이야기할 것이다.

다르마끼르띠처럼 자하비는 최소자아가 지향적 대상과 구별된다고 강조한다. 그것은 의식 대상관계의 작용 측면에 관한 것이다. 그러나 이때 최소자아는 우리의 의식 작용 자체와 구별되지 않는다. 오히려 자하비는 최소자아가 우리의 세계를 향한 의식 활동성의 바로 그 흐름의 일부라고 한층 더 강조한다. 마치 우리의 경험 이후에 전개된 것은 서사로 환원할 수 없는 것처럼 최소자아 역시 하나의 에고 지점도 아니며, 현상적 흐름 뒤에 있거나 분리된 정체성에 대한 뚜렷한 원칙도 아니다(Zahavi 2005 : 106). 다시 말해 그것은 "그 구조의 필수불가결한 부분(Ibid., 125)"으로서, 즉 "그 주어짐에 대한 특질 혹은 기능(Ibid., 106)"으로서 흐름 속에 국소화局所化되어 있다. 그러므로 최소한의 '흐름 자아'는 그 특징의 일부로서 상관적 역동성을 드러내 보인다. 그것은 세계와 마음의 마주함의 활동성 속에 내재적으로 이루어진다. 의식 흐름 내에서 이 국소화는 최소자아로 하여금 경험의 통일체에 대해 설명하게끔 하는 것이고, 또한 우리에게 과거와 현재 그리고 미래의 경험을 어떤 단일 지속 주체에게 귀속시키도록 이끄는 것이다.

이에 자하비의 다른 기술 중 일부를 주의 깊게 살펴보자. 자하비는 (자신의 견해로 강조하는) 에고학적 견해를 다음과 같이 쓰고 있다.

> 에고학적 이론은 내가 잉그리드 버그만의 영화를 시청할 때, 나는 영화에 지향적으로 향해 있을 뿐만 아니라 마찬가지로 그저 시청되고 있는 영화를 알아차리지도 않고, 나 또한 그것이 나에 의해 시청되는 중이라는 것, 다시 말해 내가 영화를 시청 중이라는 사실을 알아차리고 있음을 주장하려고 했다. 간략히 말해 경험의 대상(시청하는 중)이 있고 경험의 주체인 나 자신도 있다.
>
> Zahavi 2005 : 99

또 자하비는 비에고학적이거나 무아론을 특성화하는 말을 이어나간다.

> 대조적으로 비에고학적 이론은 … 모든 경험이 주체에 대한 것임을 부정할 것이다. 달리 말해 그것은 경험의 주체를 언급한 내용을 제거하려고 했고, 단지 영화를 시청하는 중에 대한 알아차림이 있다고 말하려고 했다. … 결과적으로 최소한의 자기알아차림은 경험하는 자아에 대한 알아차림으로서가 아니라 의식이 그 자신과 갖는 친밀acquaintance이라고 이해되어야 한다.
>
> Ibid., 100

하지만 여기에는 긴장이 있다. 최소자아가 단순히 1인칭 소여의 '특질이나 기능', 혹은 현상적 흐름의 '자기조명'이라는 자하비의 초창기 주장을 환기해보라(Ibid., 62). 사실상 자하비가 그것을 언급한 시점에서 최소자아가 현상적 의식의 1인칭적 특징과 동일시되는 자신의 논의를 이해하려면, 우리가 "전통적 문구인 '경험의 주체'를 '경험의 주관성' 문구로 대체해야"만 한다(Ibid., 126). 왜냐하면 자하비가 부인하는 전자는 자율적 흐름인 독립적 에고를 함의하는 것으로 보이는 반면, 자하비가 옹호하는 후자는 내적 흐름의 자아를 적절히 파악하기 때문이다. 따라서 최소자아는 단지 (자하비가 세밀하게 분석하는 다양한 특질을 포함하는) 경험의 주관성이다. 하지만 이것이 최소자아의 전부라면 자하비는 자신이 반대한다고 주장하는 비에고학적 견해의 부류를 지지하는 것처럼 보인다! 자하비는 현상적 흐름의 자기조명성을 특성화하는 어떤 것도 다르마끼르띠의 견해와 모순되지 않지만, 최종 단계를 제외하고 흐름 자아를 구체화하는 데 항구적이고 불변하는 무언가를 구성하려고 한다.[24]

"최소자아는 어디에 있는가?"라는 질문에 대해 자하비는 "의식 자체의 흐름에" 있다고 명확히 답한다. 그러나 우리가 이제 이전 질문으로 되돌아가 "경험의 어떤 측면(즉 흐름 자아)이 불변하는가?"라고 묻는다면, 자하비는 바로 대답할 수 없을 것이다. 흐름-자아로서-최소자아가 현상적 흐름의 동일한 측면들로 구성된다면 그것은 역동적으로 흐르고 상관적으로 구성된 흐름 자체이어서

---

24 공정히 말하자면, 자하비 자신은 의식에 대한 에고학적 견해와 비에고학적 견해 간의 단순한 구별(예로, Gurwitsch 1941)이 너무 투박하며, 따라서 의식과 자기의식의 관계를 특성화하는 보다 미세한 방식의 필요성에 주목한다(Zahavi 2005 : 146). 그러나 자하비가 다양한 경험의 '불변하는' 구조를 정확히 기술하려고 표명했던 바램(예로, 1인칭 경험 차원의 자아성)은—더욱이 이러한 구조들이 자아성에 대한 최소 형태로 인정된다는 그의 주장과 결부해서—비록 그의 특정 접근이 전통적 에고학적 견해들보다 한층 섬세한 면은 있지만, 자하비가 그 자신을 에고학적 진영과 동조하는 것으로 생각했음을 나타내는 것으로 보인다(참조. Zahavi 2005 : 99).

어쨌든 비항구적일 것이기 때문이다. 왜냐하면 그것은 고정된 것 혹은 본성에 대해서 공하기 때문이다.śūnya 달리 말해 연속적 작용과 내용에 대해 계속되는 상호작용을 통해 역동적으로 구성된 그 흐름은 연기적pratītya-samutpanna 본성을 나타낸다. 현상적 흐름과 같은 그 최소자아는 단지 그 흘러감의 1인칭 소여에서 현상적 흐름의 역동적 일관성을 가리킨다. 그러나 이 흐름(또는 실제로 그 흐름 자아)—그 근원적 무상성 외에—에서 고정적, 안정적 혹은 지속적 그 무엇도 존재하지 않는다. 그렇다면 불교도는 토마스 메칭거가 '현상학적 물화物化의 오류'(Metzinger 2003 : 22)라 불렀던 것, 즉 고정적이고 항구적인 나에 대해 나의 것임을 착각하는 것, 혹은 경험의 내재적 자기반성적 특징에 근거해 자하비를 비난할 수 있다고 본다. 마찬가지로 다르마끼르띠는 초의 형상을 조명의 지속하는 현존으로부터 매 순간 촛불의 유사함을 추리하는 것과 유사한 오류라고 주장하면서 그것을 인용하곤 했다. 개별적 의식 상태의 자기반성적 특징이 조명의 끊임없는 원천을 제공하더라도, 이 조명 이면의 자기반영성은 사실상 차별적이고 비항구적이고 쉼없이 흘러가는 상태의 속성이다.[25]

비에고학적 견해에 대한 자하비의 반론 전제는 그러한 견해가 그것에 진정한 '무아'를 제공하는 의식에 대한 그 특성화로부터 주관성을 제거해야 한다고 가정하는 것처럼 보인다. 또 자하비는 의식의 현상적 특징을 폐기하는 것으로 보이는 모든 의식 유형(예로, Dennett 1979, 1991)을 거부한다. 그러나 이제 명백해졌듯이, 이러한 전제 조건은 보장되지 못한다. 다르마끼르띠는 의식의 무아론을

25 그러나 이 반론의 대응은(이 책) 파싱의 논문을 보라.

주장하지만, 그런데도 주관성이 모든 의식 유형의 중심에 있어야 한다고 강조한다. 다만 그는 영속적 자아와 주관성을 동일시하는 자하비의 최종적이고 구체화하는 움직임을 거부한다. 다르마끼르띠에게 현행하는 현상 상태에 대한 자기반성적 특징은 실제 현상적 자아, 즉 이러한 상태의 내용이 현상적으로 현현하는 주체나 1인칭 관점을 다시금 가리킨다. 그러나 다시 말하지만, 이 현상적 자아는 잇따르는 작용과 대상의 동적 상호작용에 의존해 조건화되거나 잇따르는 작용과 대상의 동적 상호작용에서 일어난다. 쉽게 말해 자성을 전혀 갖고 있지 않음을 의미한다. 그것은 이 상호작용과 구별되는 어떤 사물이 아니다. 그것은 상호작용 자체이다. 이와 같이 끊임없이 새로운 작용과 내용의 계속되는 흐름 안에서 발생 소멸하는 것은 근본적으로 비영속적이다. 따라서 다르마끼르띠는 숫자상 구별되는 최소자아, 즉 의식에 대한 현행하는 에피소드의 기간 내에서 발생-존재(*지속)-소멸하는, 의존적으로 조건화된 시간 주체에 대해 이야기하는 데 만족할 것으로 보인다. 또한 최소자아에 대한 자하비의 이러한 분석이 옳다면, 그 역시 다수의 숫자상 구별되는 현상적 최소자아를 말하는 경우에만 보증되는 것으로 보인다.[26] 왜냐하면 자하비에 따르면 경험에 대한 1인칭 소여는 경험적 현상(즉 경험의 대상)에 의해 현상적으로 조건화되고,—또 역으로도 마찬가지이기 때문이다. 경험 현상은 결코 익명적으로 주어지지 않지만 늘 1인칭적으로 [주어진다]. 따라서 1인칭 소여와 경험 현상은 필연적으로 함께 주어진다. 그러나 경험은 항상 유동하는

---

26 이 역시 자하비를 갈렌 스트로슨 자신이 주목하듯 불교의 자아관과 일부 유사점을 공유하는 스트로슨에 한층 가까이 다가서게 할 것이다(Strawson 1999a : 8).

(1인칭적) 작용과 1인칭적으로 주어진 경험적 현상(즉 대상)의 끊임없이 흘러가는 흐름이어서—더욱이 자하비가 주장하듯, 그 현상적 최소자아는 그 경험과 동일한 것이어서—그 흐름 자아는 끊임없이 변하는 중이라는 결론에 도달한다. 달리 말해, 숫자상으로 동일한 현상적 최소자아는 결코 있을 수 없다. 오히려 현상이 1인칭 소여의 방식에서 현현하고 있음을 보장하는 각각의 최소자아에 대한 현상적 연속체가 있을 뿐이다.

그러나 이것은 문제의 결론이 아니다. 자하비도 가끔씩 그 흐름 특징에 관해서가 아니라 그 구조적 특징, 즉 순전히 의식에 대한 형식적 구조라고 이해된 최소자아를 특성화시키는 것처럼 보인다. 예컨대 그는 "우리가 의식 흐름에서 1인칭 방식의 소여에 관해 초점을 맞추는 한, 우리는 주체가 모든 타 주체들과 공유하는, 순수하고 형식적인 공한 개체성을 다루고 있다(Zahavi 1999 : 165)"라고 기술한다. 그러나 최소자아를 단지 의식의 공한 구조적 특질이라고만 한다면, 현상적 경험의 특징은 어떻게 개성이 부여되는가? 어떻게 주관성은 나의 주관성이 되는가? 의식의 순전히 형식적 특질은—그것이 최소자아성, 지향성, 그 장場과 같은 구조 혹은 그 밖의 다른 것이든 상관없이—자체적으로 현상적 특성을 드러내 보일 수 없기 때문이다. 형식적 특질은 의식에서 그것이 행하는 특정 방식을 일으키기 위한 가능성의 조건이다. 눈이 그 자신을 볼 수 없는 것과 거의 동일한 방식으로 그것은 의식에 주어질 수 없다. 이러한 특질은 작용과 내용의 동적 상호작용을 통해 현상학적으로 '충전될' 필요가 있다.

자하비는 이러한 반론을 수용한다. 그는 의식의 형식적 특질로서 최소자아의 현상적 특징은 다음과 같다고 말한다.

오직 인격적 수준에서, 최소자아의 개인사에서, 최소자아의 도덕적, 지적 신념에서 그 자신을 현현한다. 내가 나 자신을 한정하는 것은 이러한 작용을 통해서이다. 그것은 특징을 빚어내는 결과를 갖는다. 나는 나의 신념을 고수하는 한, 동일한 것으로 남아 있다. 그것이 변할 때 나는 변한다. 이러한 신념과 지지된 가치는 본성적으로 사회적이어서 우리는 다시금 그것의 전면적, 응결된 에고가 타자로부터 고립되어 생각되거나 이해될 수 없다는 사유에 직면하게 된다. 에고는 단지 인격화될 때 완전히 개체화되고, 또 이것은 오직 상호주관적으로 발생한다.

Zahavi 1999 : 166

그러나 이러한 반응이 갖는 문제는 그것이 나의 동일성의 독특한 특별함이 어떻게 구성되는지 설명하기 위해 서사적 자아의 개념화에 호소하는 것처럼 보인다는 점이다. 그리고 서사 역시 정의상 비영속적이라는 점을 제외하면 이것은 괜찮다. 그것은 다양한 저자들의 결과이고, 또한 지속적으로 재서술되고 수정된다. 더욱이 나는 거의 내 자신의 자서전의 단독 저자가 아니며, 따라서 나의 동일성은 상당부분 타자에 의해 조건지어진다. 따라서 나의 서사적 자아는 시대에 뒤쳐지거나 잊혀진 다른 요소를 버리는 한편 새로운 요소를 개시하면서 끊임없이 전개되고 변화한다. 자하비가 인용하듯, "그러므로 나, 우리 및 세계는 공속共屬한다."(Ibid., 166). 서사적 자아는 그 존재를 위해 타자에 의존하며 상관적으로 구성된다. 이를테면 불교도들이 주장하듯 그것은 본[성적 자]성이 결여되어 있어서 고정되거나 영속적 특성이 공하다. 부언하자면 어떻게 주관성이 개성화되는지 설명하기 위해 서사적 자아 유형에 의지하는 것은 여전히 앞서 논의된 난제, 즉 현상적 자기경험에 대한 전前 서사적 형태를 설명하는 데 실패한다. 따라서 전 서사적 흐름의 최소자아에 대한 논의에는 현상학적으로 말해서 어떻게 구조적 자아가 개성이 부여되는가에 대한 설명이 필요하다. 그러나 막 주장했듯이 자아를 특성화시키는 방식은 자아의 근원적인 불변성도 확립할 수 없다. 따라서 서사적 자아 유형 아니면 최소자아 유형에 (흐름으로서 아니면 혹은 구조로서 이해된 후자를 포함해) 호소함으로써 아직까지 우리는 견고하고 영구적인 또는 지속적인 자아를 가리키지는 않은 것으로 보인다.

8. 마무리하는 생각

이 논문에서는 불교철학이 (1) 그 현상적 특징을 전경으로 하지만 (2) 이 현상적 특징이 고정불변의 영구적, 혹은 무위無爲의 자아 존재의 수반을 부정하는 의식의 특성화를 제공한다는 점을 보여주려고 했다. 또한 현대의 두 가지 자아 유형인 서사적 자아와 최소자아를 검토했고, 나아가 전자가 후자와 분리 가능하고 실제 경험적으로 선행한다는 필자의 주장을 뒷받침하는 실증 연구를 끌어왔다. 최종적으로 최소자아에 대한 단 자하비의 명쾌한 변론을 자세히 살폈다. 필자는 자하비의 논의가 현상적 의식에 대한 일부 핵심적인 특색을 올바르게 해석했음에도 불구하고, 의식 주관의 삶을 관통해 동일체로 머물러 안정되고 고정적인 항구적 자아를 위한 필연적인 존재를 확립하는 데 실패했다고 생각하는 근거를 제시했다. 불교는—정반대를 제시하는 것처럼 보이는 자기경험에 대한 강력

하고 지속적인 형태가 있음에도 불구하고—우리를 근본적으로 공
호한 인격이라고 주장한다. 물론 이러한 주장이 궁극적으로 옳은지
는 지켜보아야 할 문제이다. 그러나 이상의 분석이 옳다면 이 견해
는 최소한 진지하게 생각해야 할 것이다.

참고문헌

Armstrong, D. (1968), *A Materialist Theory of Mind* (London : Routledge & Kegan Paul).

Bruner, J. (1986), *Actual Minds, Possible worlds* (Cambridge, MA : Harvard University Press).

Damasio, A. (1999), *The Feeling of What Happens* (San Diego, CA : Harcourt).

Danto, A. (1965), *Analytical Philosophy of History* (Cambridge : Cambridge University Press).

Dennett, D. (1979), 'On the Absence of Phenomenology', in Donald F. Gustafson and Bangs L. Tapscott (eds.), *Body, Mind, and Method* (Dordrecht : Kluwer).

_____ (1991), *Consciousness Explained* (Boston : Little Brown and Company).

Dreyfus, G. (1997), *Recognizing Reality : Dharmakīrti's Philosophy and its Tibetan Interpretations* (Albany : SUNY Press).

Dunne, J. (2004), *Foundations of Dharmakīrti's Philosophy* (Boston : Wisdom Publications).

Freeman, M. (1993), *Rewriting the Self : History, Memory, and Narrative* (London : Routledge).

Gallagher, S. (2000), 'Philosophical Conceptions of the Self : Implications for Cognitive Science', *Trends in Cognitive Sciences* 4 : 14-21.

_____ (2003), 'Self-Narrative, Embodied Action, and Social Context', in

Andrzej Wiercinski (ed.), *Between Suspicion and Sympathy : Paul Ricoeur's Unstable Equilibrium (Festschrift for Paul Ricoeur)* (Toronto : The Hermeneutic Press).

Gurwitsch, A. (1941), 'A Non-Egological Conception of Consciousness', *Philosophy and Phenomenological Research* 1 : 325–38.

Hutto, D., ed. (2007), *Narrative and Understanding Persons* (Cambridge : Cambridge University Press).

_____ (2008), *Fork Psychological Narratives : The Sociocultural Basis of Understanding Reasons* (Cambridge, MA : MIT Press).

Kriegel, U. (2003), 'Consciousness as Intransitive Self-consciousness : Two Views and an Argument', *Canadian Journal of Philosophy* 33 : 103–32.

Kugiumutzakis, G. (1985), *The Origin, Development and Function of Early Infant Imitation*, PhD thesis, psychology, Uppasala University, Sweden.

_____ (1999), 'Genesis and Development of Early Infant Mimesis to Facial and Vocal Models', in Jacqueline Nadel and George Butterworth (eds.), *Imitation in Infancy* (Cambridge : Cambridge University Press).

Lamarque, P. (2004), 'On Not Expecting Too Much from Narrative', *Mind and Language* 19 : 393–408.

Lycan, W. (1997), 'Consciousness as Internal Monitoring', in Ned Block, Owen Flangan, and Güven Güzeldere (eds.), *The Nature of Consciousness* (Cambridge, MA : MIT Press).

MacIntyre, A. (1981), *After Virtue : A Study in Moral Theory* (Notre Dame, IN : University of Notre Dame Press).

Meltzoff, A. and K. Moore (1977), 'Imitation of Facial and Manual Gestures by Human Neonates', *Science* 198 : 75–78.

_____ (1983), 'Newborn Infants Imitate Adult Facial Gestures', *Child Development* 54 : 702–9.

_____ (1997), 'Explaining Facial Imitation : A Theoretical Model', *Early Development and Parenting* 6 : 179–92.

Menary, R. (2008), 'Embodied Narratives', *Journal of Consciousness Studies* 15 : 63–84.

Metzinger, T. (2003), *Being No One : The Self-model Theory of Subjectivity* (Cambridge, MA : MIT Press).

Mokṣākaragupta (1985), *Bauddha-tarkabhāṣā*, edited by Badri Nath Singh (Varanasi : Asha Prakashan).

Neisser, U. (1988), 'Five Kinds of Self-knowledge', *Philosophical Psychology* 1 : 35–59.

Ricoeur, P. (1992), *Oneself as Another*, translated by Kathleen Blamey (Chicago : University of Chicago Press).

Rosenthal, D. (1993), 'Higher-order Thoughts and the Appendage Theory of Consciousness', *Philosophical Psychology* 6 : 155–66.

Rowlands, M. (2001), *The Nature of Consciousness* (Cambridge : Cambridge University Press).

Rudd, A. (2009), 'In Defence of Narrative', *European Journal of Philosophy* 17 : 60–75.

Sartre, J. (1943/1956), *Being and Nothingness*, translated by Hazel E. Barnes (New York : Washington Square Press).

Schechtman, M. (1996), *The Constitution of Selves* (Ithaca, NY : Cornell University Press).

_____ (2007), 'Stories, Lives, and Basic Survival : A Refinement and Defense of the Narrative View', in Daniel D. Hutto (ed.), *Narrative and Understanding Persons* (Cambridge : Cambridge University Press).

Shoemaker, D. (1968), 'Self-refernce and Self-awareness', *Journal of Philosophy* LXV : 556–79.

Siderits, M. (2007), *Buddhism as Philosophy : An Introduction* (Indianapolis : Hackett Publishing Co.).

Spence, D. (1982), *Narrative Truth and Historical Truth* (New York : W. W. Norton).

경험의 주체와 방법

Strawson, G. (1999a), 'The Self', in Shaun Gallagher and Jonathan Shear (eds.), *Models of the Self* (Exter : Imprint Academic).

_____ (1999b), 'The Self and the SESMET', in Shaun Gallagher and Jonathan Shear (eds.), *Models of the Self* (Exter : Imprint Academic).

_____ (2005), 'Introduction', in Strawson (ed.), *The Self?* (Oxford : Blackwell Publishing).

Taylor, C. (1989), *Sources of the Self : The Making of the Modern Identity* (Cambridge, MA : Harvard University Press).

Turner, J. (1991), 'To Tell a Good Tale : Kierkegaardian Reflections on Moral Narrative and Moral Truth', *Man and World* 24 : 181–98.

Velleman, J.D. (2006), *Self to Self : Selected Essays* (New York : Cambridge University Press).

Williams, B. (2009), 'Life as Narrative', *European Journal of Philosophy* 17 : 305–14.

Zahavi, D. (1999), *Self-Awareness and Alterity : A Phenomenological Investigation* (Evanston, IL : Northwestern University Press).

_____ (2005), *Subjectivity and Selfhood : Investigating the First-Person Perspective* (Cambridge, MA : MIT Press).

제 2 장

경험적 자아 :
반론과 분류화

2
경험적 자아 : 반론과 분류화

단 자하비(Dan Zahavi)

1. 머리말

사르트르의 『존재와 무 *L'être et le néant*』에 소개된 세 가지 구절의 의식관은 통상 현상학자들 사이에서 널리 인정되고, 필자도 지지하는 입장이다. 우선 이 구절들을 논의해보자.

> 그 자신을 향해 반성되는 의식을 드러내는 것은 반성이 아니다. 그와 정반대로 반성을 가능케 하는 것은 비반성적 의식이다. 데카르트적 코기토cogito의 조건인 전반성적 코기토가 있다.
>
> Sartre 2003 : 9

> 이 자기의식을 우리는 새로운 의식이 아니라 무언가에 대한 의식이 가능한 유일한 실존 방식으로 생각해야 한다.
>
> Sartre 2003 : 10

> [전]반성적 의식은 자기의식이다. 바로 그 의식의 있음을 정의

하기 때문에 연구되어야 할 것은 이러한 동일한 자기 관념이다.

Sartre 2003 : 100

이상에서 사르트르는 도대체 무엇을 말하고 있나? 우선 사르트르의 입장에서 경험이란 그저 존재하는 것이 아니라 암묵적으로 자신에게 주어진 방식으로 존재하고, 종종 언급하듯 경험은 그 자신에 대해서(*대자적 for itself)이다. 이 경험의 자기소여self-givenness는 단순히 그 경험에 부가된 성질, 한낱 광택제가 아니다. 오히려 사르트르에게 지향적 의식의 존재방식mode of being이야말로 대자적pour-soi이고, 자기의식적이다(Sartre 1967, 2003 : 10). 더욱이 사르트르는 문제가 되는 자기의식이 새로운 의식이 아님을 분명하게 강조한다. 그것은 경험에 부가된 무언가, 부가적 심적 상태가 아니라 오히려 경험의 본질적 특색이다.[1] 결과적으로 사르트르가 자기의식을 의식의 영속적 특색으로 말할 경우, 반성적 자기의식을 말하는 것이 아니다. 반성(혹은 고차원의 재현전화)은 의식이 자신의 지향적 목표를 그 자신에게 향함으로써 자신을 그 자신의 대상으로 삼는 과정이다. 하지만 사르트르는 이러한 형태의 자기의식은 (*다른 데서) 파생된 것이라고 말한다. 그것은 주체와 대상의 쪼개짐을 수반하므로 그러한 용어로 자기의식을 설명하려는 사르트르의 시도는 실패하게

---

1 나는 '본성적/내재적(intrinsic)' 용어 선택이 정확히 자기의식이 두 가지 심적 상태들 간의 관계 면에서 이해되는 자기의식에 대한 고차원적 또는 반성에 토대를 둔 설명과의 차이를 부각하기 위한 것임을 강조하려고 한다. 이 용어는 우리가 우리의 경험들이 다른 모든 것과 완전히 독립적으로 보유하는 특질을 다루고 있음을 가리키기 위한 것이 아니다. 달리 말해서, 자기의식을 경험의 본질적 특질로서 말하는 것은 문제의 (자기의식적) 경험 역시 지향적이고 세계를 향해 있다는 것을 부정하기 위함이 아니다.

되어 있다. 그것은 무한소급, 또는 의식적이지 않은 출발점을 발생시키므로, 사르트르는 두 선택지 모두 인정할 수 없다고 생각한다 (Sartre 2003 : 8).

사르트르에 따르면 바른 대안은 자기의식의 전반성적 실존과 비대상화 형태를 수용하는 것이다. 달리 말해 그의 설명에서 의식은 전반성적 소여와 반성적 소여라는 상이한 두 가지 방식을 지닌다. 반성적 자기의식이 항상 전반성적 자기의식을 전제로 하는 데 반해, 전반성적 자기의식은 반성적 자기의식에 독립적으로 지속할 수 있기에 우선권을 갖는다. 다시 말해서, 사르트르에게 전반성적 자기의식은 부록이 아니라 원본적인 지향적 경험의 구성적 계기일 뿐이다.

이어진 움직임에서 이후 사르트르는 비인격적이고 익명적인 것과는 동떨어진 의식이 정확히 이처럼 스며드는 자기소여self-givenness, 자기모방self-intimation(자기친밀) 혹은 반영성reflexivity으로 인해 근본적 자기임selfness 또는 자아성selfhood에 의해 특성화된다고 주장한다. 사르트르의 그 핵심 구절을 다시 반복하자면, "전반성적 의식은 자기의식이다. 연구되어야 할 것은 바로 그 의식의 있음을 정의하기 때문에 이러한 동일한 자기 관념이다."

2. 경험적 자아

사르트르의 최종적 주장을 해석하기 위한 한 가지 방법은 다음과 같다. (다른 현상학자들과 마찬가지로) 사르트르는 우리의 경험적 삶의 특수한 측면에 주목하고 있고, 우리에게 꽤나 가까운 그 한 가지는 너무 당연시되어서 간과하는 경향이 있다. 그림과 같이 다음의 예를 고려해보자. 우선 당신이 초록 사과를 보고, 이어서 노란 레몬을 바라보는 상황을 상상하자. 그런 다음 그 노란 레몬에 대한 당신의 시각이 그 노란 레몬의 회상에 의해 계속된다고 상상하자. 우리가 어떻게 그 현상적 복잡성을 기술해야만 할까? (그 사실을 생략하고서 상상력 속에서 끝난 문제가 더해졌다는 점) 그렇게 기술하는 꽤 자연스러운 한 가지 방법은 다음과 같다. 첫째, 우리는 특수한 대상(하나의 사과)에 향해진 특수한 유형의 지향적 작용(지각)을 가진다. 이후 우리는 그 지향적 작용 유형(그 지각)을 파지하지만, 또 다른 대상(레몬)이 그 사과를 대체한다. 최종 단계에서 우리는 그 두 번째 대상을 파지하는 동안 또 다른 작용 유형(회상)으로 그 지각을 대체한다. 이러한 [형상적] 변경을 통해 우리는 경험적 삶의 탐구가 단지 우리가 향하게 될 수 있는 다양한 지향적 대상에만 초점을 두어서는 안 된다는 점과 함께, 그것 역시 우리가 채택할 수 있는 상이한 지향적 유형이나 태도를 고려해야만 한다는 점을 확립하는 데 성공한다. 이건 모두 지엽적인 문제이다. 그러나 다음의 문제를 다시 고려해보자. 우리가 초록 사과를 지각했던 최초 상황과 노란 레몬을 회상했던 최후 상황을 비교한다면, 거기에는 그 대상과 그 지향적 유형 양쪽의 변화가 있어 왔다. 그러한 변화가 경험상 흐름에서 불변하는 어떤 것도 남기지 않는 것인가? 최초 경험과 최후 경험 간의 차이는 나의 현재 경험과 다른 누군가의 현재 경험 간의 차이만큼이나 급진적인가? 우리는 이것을 부인해야만 한다. 그것들의 유형이나 대상이 무엇이든 간에 그 상이한 경험이 공통적으로 지니는 무언가가 존재한다. 그 최초 경험은 최후 경험에 의해 파지되지 않을뿐더러, 그 상이한 경험 모두 동일한 근본적 1인칭적 특성에 의해 특징지어질 뿐이다. 그것은 모두 이른 바 나에 대해 있음對自性, for-me-ness 혹은 나의 것임mineness의 차원 (사르 트르는 라틴어 ipse로부터 ipseity—자기성—용어를 사용한다)으로 특징 지어진다. 그렇지만 이것의 나의 것임의 특별한 본성을 가리키는 것은 중요하다. 내가 다양한 부류의 외부 대상(차량, 나의 바지 혹은 스웨덴에 있는 집)을 보유하는 방식과 심지어 조금이라도 비슷한 방식으로 내가 그 경험을 지닌다는 것을 제안하기 위함이 아니다. 마찬가지로 일차적으로 대조 확인도 하지 않아야 한다. 어린아이들 은 소유대명사를 사용하기 시작할 때, "네 것이 아니야"라고 빈번 히 말한다. 그러나 후설이 자신의 수고 가운데 한 저작에서 고찰하 듯이, 경험적 삶을 특성화시키는 특유의 나의 것임Meinheit에 관한 한, 설령 그것이 자기와 타자의 식별을 토대를 구성하더라도 모든 대조되는 다른 것 없이도 이해할 수 있고 또 이해되어야 한다(Husserl 1973b : 351).

혹자는 나의 모든 경험에 대한 공통 속성, 즉 그것을 나의 것으로 분명히 확인하는 도장이나 표식이 없다고 반대할 수도 있다. 그러 나 이러한 반론은 틀린 곳에서 공통성을 기대하고 있다는 점에서 잘못 제기된 것이다. 문제의 나에 대한 것임이나 나의 것임은 진홍 색, 시큼한 혹은 부드러운 같은 성질이 아니다. 그것은 특수한 경험 내용, 특수한 대상what을 말하는 것이 아니며, 또한 그것은 그러한 내용의 통시적 또는 공시적 총합을 말하거나 문제의 그 내용 사이 에서 얻게 될지도 모를 어떤 다른 관계를 말하는 것도 아니다. 오히 려 그것은 차별된 주어짐, 혹은 경험의 방법how을 말하는 것이다. 그것은 경험의 1인칭적 현존을 말한다. 그것은 내가 체험하고 있는 경험이 다른 누군가보다 나에게 (필연적으로 더 낫다고 할 수 없지만)

다르게 주어진다는 사실을 말한다. 결과론적으로 경험의 나에 대한 것임이나 나의 것임을 부정하는 누구든지 다만 경험의 본질적 구성적 측면을 인식하고 있지 못하다고 주장될 수 있다. 이와 같은 부정은 1인칭 관점을 부정하는 것과 마찬가지일 수 있다. 그것은 내가 소유한 마음이 나에게 모두 주어진 것이 아니거나—나는 마음이 멍하거나mind-blind 자신이 멍할self-blind 수 있다—아니면 타자의 마음과 같이 정확히 동일한 방식으로 나에게 현전한다는 견해를 수반하게 될 것이다.

자아 관념을 전반성적 자기알아차림과 연계하기 위한 사르트르의 기본적 움직임은 다른 프랑스 현상학자인 미셸 앙리Michel Henry가 자아성의 가장 기본적 형태가 그 경험의 자기현현self-manifestation에 의해 구성된 것이라고 쓴 정형구에서 잘 파악된다(Henry 1963 : 581, 1965 : 53). 그러나 경험을 지니거나 체험하는 자아란 누구이며 무엇일까? 필자가 찬성하는 현상학적 설명은 상반된 두 가지 견해의 중도적 입장을 차지하는 것으로 보일 수 있다. 전자의 견해로는 자아가 심적 경험과 세속적 대상으로부터 존재론적으로 독립된 주관인 어떤 종류의 불변하는 영혼 실체이다. 후자의 견해에 따르면, 상호 관련되어 변화하는 다양한 경험 이외에 어떤 의식도 없다. 우리는 일부 전통적 표식을 채택하기 위해 각기 경험의 소유자로서 자아 및 경험의 다발로서 자아에 대해 이야기할 수도 있다. 이에 비해, 현재 검토되는 자아는—그것을 경험의 핵심자아라고 부르기로 하자—별개로 존재하는 개체entity가 아니라 단순히 특수한 경험이나 (하부) 경험으로도 환원할 수 없다. 만약 내가 두 경험, 즉 초록 사과의 지각과 노란 레몬의 회상을 비교한다면, 그 두 가지, 즉 각각의 대상과 현전화의 방식 간의 차이에 초점을 맞출 수 있지만 동일한 것으로 남아 있는 것, 즉 양쪽 경험의 1인칭 자기소여 또한 주목할 수 있다. 달리 말하면, 우리는 변화하는 경험의 다양성과 편재하는 1인칭 자기소여 차원을 구별할 수 있다. 또한 이 제안은 우리가 후자를 경험의 핵심자아와 동일시한다는 것이다. 그렇다면 이 견해에서 자아는 바로 그 경험의 주관성이라고 정의되고, 그 경험적 흐름에 대해 독립적으로 분리된 채 존재하는 무언가라고 간주되지 않는다.

우리는 1인칭 소여를 말할 때 1인칭 대명사를 사용해서 자기지시 self-reference를 생각하지 말아야 한다. 우리는 언어적으로 조건화된 자기지시를 전적으로 사고하지 않아야 한다. 또한 우리는 다른 개인과 달리 구별되는 개인으로서 자기 자신을 알아차리는 명시적이거나 비주제적 종류의 자기인식self-knowledge을 생각하지 않아야 한다. 그렇다. 1인칭 소여란 (자동사로서) 의식적 심적 상태가 원칙적으로 타자에게 제공될 수 없는 방식인 구별되는 주관적 현존을 지니고 그것이 있는 심적 상태를 지닌 주관에 주어진다는 사실을 가리키는 것이라 여겨진다. '구별되는distinct'이라고 말할 때, 그 주장은 경험의 주체가 그 구별되는 특성에 대해 명시적으로 알아차린다는 것이 아니다. 요점은 그 주관이 필연적으로 구별됨에 어떤 주의를 기울인다는 것이 아니다. 그러나 이 1인칭 소여란 말하자면, 마치 어린아이가 이것을 식별하기 이전에도 타자가 유용할 수 없듯이 어린아이가 그것을 명시적으로 알아차리기 이전에도 뚜렷하게 두드러진다.

이제 분명히 우리가 이러한 설명에 이의를 제기함과 동시에 상술할 수 있는 다양한 방식이 있다. 그것은 블록Block이 냉장고 환영 refrigerato illusion2이라고 불렀던 것에 빠지는 것인가? 우리의 일상적 깨어 있는 삶은 전반성적 자기알아차림에 의해서라기보다 오히려 몰두된 의식 없는 대처coping에 의해 특징지어지는가? 1인칭 소여와 나의 것임은 이어지는 심적 가다듬음metalizing과 주제화함theorizing을 통해 경험에 입력된 어떤 것인 사후 조작post hoc fabrication인가? 필자는 차제에 이러한 우려에 답할 시간이 없다(하지만 Zahavi 1999/2005/2009 를 참조하라). 필자는 계속해서 무아론 옹호자들이 제기해왔던 일부 비판에 직접적으로 맞서 대응하려고 한다. 더 구체적으로는 알바하리와 드레퓌스가 최근 행한 다양한 반론을 살펴볼 것이다.

3. 환영에 불과한 자아

알바하리의 저서『분석불교: 이중적 자아환영 *Analytical Buddhism: The Two-Tiered Illusion of Self*』에서 그녀의 기본 목표는 자아가 환영임을 주장하려는 것이다. 그녀가 끝내 부정하려는 자아 관념은 무엇인가? 그녀는 처음에 다음의 정의를 제공한다. 자아는 통일되고 행복을 추구하며 간단間斷 없이 영속하는 존재론적으로 구별된 경험의 소유자, 사유의 사유자 및 행위의 행위자인 인식 주체로 이해되어야 한다. 알바하리의 제안에서 흥미로운 것은 다수의 무아론 주창자들이 의식이 통일체, 간단없음 및 불변성에 의해 특징지어지고 있음을 부정했고 또 이러한 특색의 부정을 자아 실재의 부정에 상응하는 것으로 간주했던 반면, 알바하리는 세 가지 모두 의식의

---

2   역주) 냉장고 문을 열 때마다 항상 불이 켜져 있다는 이유로 그 냉장고 내부는 항상 불이 켜져 있다고 생각하는 오류.

실제 특질이라고 고려하면서도 자아를 환영으로 간주한다는 점이다(Albahari 2006 : 3).

그녀가 이것이 사실이라고 생각하는 이유를 보다 명확히 알기 위해 그녀가 도입한 소유권ownership의 다양한 형태, 즉 소유적possessive 소유권, 관점적perspectival 소유권 및 인격적personal 소유권의 구별을 상세히 살펴보자. 현 맥락에서 흥미가 덜한 소유적 소유권은 어떤 대상(차량, 바지 한 벌 등)이 사회적 관습의 권리에 의해 나의 것으로 간주될 수 있다는 사실만을 의미하는 것이어서 무시할 수 있다. 그러나 인격적 소유권과 관점적 소유권 간의 차이점은 무엇인가? 인격적 소유권은 자기 자신을 경험, 사고, 행위의 인격적 소유자와 동일시하는 문제이다. 다시 말해 그것은 특정 경험, 행위, 사고 등을 자기 자신의 것으로 전유하는 문제, 즉 그것을 나의 것으로 생각하거나 나의 일부로 파악하는 문제이다(또한 이것은 전반성적으로 또는 반성적으로 일어날 수 있는 어떤 것이다). 이와 대조적으로 관점적 의미에서 한 주체가 어떤 것을 소유한다는 것은 문제의 그 경험, 사고나 행위를 특정한 방식으로 그것을 경험, 사고하고 행위한 주체에게 현시하는 것이다. 따라서 내가 나의 사고나 지각을 관점적으로 나의 것이라고 말할 수 있는 이유는—우리가 이러한 약간 서투른 대화 방법을 양해한다면—그것이 나 이외의 다른 이에게 나타나는 것과 구별되는 방식으로 나에게 나타나기 때문이다. 그 주체 외부에 있는 대상에 관한 한, 관점적으로 소유되는 것은 대상이 아니라 대상이 그것을 통해 주체에 나타나는 특수한 방식이다(Ibid., 53).

알바하리는 인격적 소유 감각을 갖는 것과 자아감을 갖는 것 간에 긴밀한 연계가 있음을 주장한다. 주체가 특정 항목을 그 자신이나 자신의 일부와 동일시할 때, 그것은 문제의 항목에 대해 인격적 소유 감각을 품는 것이다. 그러나 바로 이 동일화 과정은 자기와 타자의 구별이라는 감각을 발생시킨다. 그것은 자아에 속한 것과 그렇지 않은 것 간에 느껴지는 경계선을 구성한다. 그렇게 함으로써 자아는 통일되고 존재론적으로 구별된 개체—다른 사물과 분리된 것—로 연출된다(Ibid., 73, 90). 이러한 방식으로 단순한 관점으로 이해되었던 그 주체는 실체적인 인격화된 개체로 탈바꿈한다(Ibid., 94). 달리 표현하면, 알바하리에게는 관점, 즉 관점적 소유권을 지님보다 자아임이 더 많은 의미를 갖는다.

관점적 소유권과 인격적 소유권 간의 차이점을 도출하는 한 가지 방법은 그 두 가지 간의 가능한 분리를 지적하는 것이다. 병리학은 일부 예를 제공하는 것으로 보인다. 탈인격화의 사례에서 우리는 관점적으로 소유된, 즉 주체 자신의 것으로 느껴짐 없이 계속해서 사고, 느낌 등을 주체에게 독특한 방식으로 현시하는 사고, 느낌 등을 발견할 수 있다(Ibid., 55). 따라서 알바하리의 해석에서 동일화 과정은 탈-인격화에 실패하고, 그 결과 문제의 경험에 관한 인격적 소유 감각은 전혀 발생될 수 없을 것이다(Ibid., 61).

이제 알바하리의 자아 회의론을 고려해보자. 자아가 실재를 결여한다는 것은 무슨 뜻인가? 자아가 환영이라는 것은 무슨 뜻인가? 알바하리의 설명에서 환영은 현출顯出, appearance과 실재의 갈등을 포함한다. 만약 x가 어떤 현출된 독립적 실재를 갖고 있지 않음에도 그러한 실재를 갖고자 한다면, x는 환영에 불과하다. 다시 말해 x가 실제 그렇게 행함이 없이 특정 방식으로 그 현출을 통해 존재하려고 한다면, 우리는 환영을 다루는 것이다(Ibid., 122). 그러나 그런 정의가 갖는 한 가지 분명한 문제점은 과연 그것을 자아에 적용하는 것이 의미가 통하는가이다. 자아는 그 자신의 현출 외부에 존재하려고 의도하는가, 아니면 자아의 실재가 주관적이거나 경험적인가? 이러한 고려사항은 알바하리로 하여금 환영 개념을 일부 재정의하게 한다. 만약 그녀가 자아를 비구축된 것, 즉 자아가 주체인 경험 및 대상과 별개라고 주장한다면, 또 자아가 실제로 단지 부분적일지라도 (다양한 경험의 에피소드를 포함하는) 관점적으로 소유할 수 있는 대상에 의존하는 것으로 판명된다면 자아는 환영이라고 간주되어야 한다(Ibid., 130).

알바하리 역시 자아와 자아감각을 구별할 필요성을 강조한다. x에 대한 감각을 갖는다는 것은 x가 존재한다는 것을 필연적으로 수반하지 않는다. 실제로 알바하리는 자아감각이 존재하고 실재하는 것으로 간주하면서도 자아 자체는 환영이라고 생각한다(Ibid., 17). 예상과 정반대로, 우리의 자아감각은 현실적으로 존재하는 존재론적으로 독립된 자아-개체에 의해 뒷받침되지 않는다. 오히려 실제 존재하는 일체는 알바하리가 목격자 의식witness consciousness이라고 칭하는 순수한 파악 근거와 더불어 다양한 사고, 정서, 지각 등이다. 자아감각을 발생시키는 것은 이러한 파악 근거와 함께 경험적 흐름이다. 그러나 만약 그렇다면 자아는 자아성의 본질적 속성, 즉 존재론적 독립성을 결여한다(Ibid., 72). 간단히 말해, 자아환영의 지위는 자아가 갖고자 하는 존재론적 위상을 갖지 않는다는 사실에서 비롯되기 때문이다. 사유는 독립적으로 존재하는 통일된 자아에 의해 소유되고 개시된 것처럼 나타나지만, 경험에 선행하거나 사유를 생각한다기보다 실제로는 정반대이다. 우리의 사고와 경험을 통일하는 것은 자아가 아니다. 우리의 사고와 경험은 수반되는 목격자 의식으로부터 일부 도움을 받아 스스로 그렇게 [통일]한다(Ibid., 130-2). 다시 말하자면, 비록 주체에게 마치 다양한 지향적 상태를 동일시하는 선행하는 자아가 있는 것처럼 보일지라도 문제의 현실은 자아가 이러한 반복적 동일화 작용을 통해 창조되고 구성된다는 것이다(Ibid., 58).

서두에서 말했던 것처럼, 알바하리 제안의 흥미로운 측면은 그녀가 전통적으로 자아에 귀속되는 꽤 많은 특질을 실재라고 생각한다는 점이고, 그것이—그녀의 관점에서—자아의 특질이라고 여겨진다면 그것은 단지 왜곡되고 환영에 불과하다는 것이다(Ibid., 74). 예를 들어 알바하리는 우리의 의식적 삶을 알아차림의 모든 양태에 공통적인 것, 즉 봄, 들음, 생각함, 느낌, 성찰함 등에 공통된 본성적이지만 정의하기 힘든 주관적 현존presence으로 특징지어지는 것으로 간주한다(Ibid., 112, 144, 156). 이러한 주관적 현전은 어떤 것에 상응하는가? 그것은 다양한 경험의 관점적 소유자임이라는 경험을 포함한다. 그것은 또한 통시적, 공시적 통일체를 포함한다. 우리가 다양한 대상을 경험하더라도, 또한 우리가 경험하는 대상이 한 계기繼起에서 다음으로 변화할지라도, 그것은 여전히 변화하는 그 자체 없이 변화를 관찰하는 간단間斷 없는 의식인 것처럼 나타난다(Ibid., 155). 사실 1인칭 관점으로부터 내가 다양한 경험을 지닌다고 말하는 것은 확실히 의미가 통하는 데 비해, 우리는 자동으로 그것을 동일 의식에 속한 것으로 느낀다. 알바하리에게 이 모든 특질은 목격자 의식에 귀속되고, 그녀는 우리가 자아로부터 목격자 의식을 구별해야 한다는 입장에서 단호하다. 그녀의 정의에서 후자는 자아와 무아 간에 느껴지는 경계선을 포함하는데 반해, 전자는 그렇지 않다.

요점을 개괄해보자. 알바하리에 따르면 우리는 우리 자신을 나머지 세계로부터 나를 구별하는 인격화된 경계선을 지닌 존재론적으로 고유한 주체로 현시됨 없이 알아차릴 수 있다. 우리는 우리 자신을 인격적 소유자, 생각의 사유자, 행위의 행위자로 알아차림 없이 알아차릴 수 있다. 생각나는 사례들은 병리학의 사례이다. 알하바리는 우리에게 간질자동증의 실제 생활의 사례와 전반적 이인증depersonalization의 가상 사례 모두 고려하도록 요구한다. 양쪽 사례에서 그 사람 혹은 환자는 그 환경에 깨어 있고 반응할 것이어서 현전하는 알아차림이 있을 것이다. 그러나 경계지어진 개별적 자아감은 없을 것이고, 인격적 소유권은 완전히 결여될 것이다. 나 또는 나의 것에 대한 감각은 없을 것이다(Ibid., 171, 177). 알바하리는 그러한 마음 상태가 병리학뿐 아니라 신생아와 원시적 생명체에서도 발견될 수 있다고 제시한다. 그 후 자신의 책 결론에서 지적하였듯이, 이것은 자신의 불교적 지향점이 명백해지는 지점이기도 하다. 만약 우리가 깨달음을 성취하게 된다면 '자아환영이 더해진 의식'에서 '자아환영이 없는 의식'으로 이동할 수 있고, 후자의 조건은 엄격히 말해 전반적 이인증과 동일하지 않다 하더라도—결국 고도로 발달한 인지 능력과 상호 관련된다—그것에 비견될 수 있다(Ibid., 161, 207).

4. 자아 대 무아

자아와 무아 기술에 관한 주창자들 간의 논쟁은 무아론이 무엇을 수반하는지에 대해 거의 동의가 없듯이, 자아가 무엇에 상당하는지에 대해 거의 의견 일치가 안 된다는 사실로 인해 복잡해진다. 『분석불교』에서 알바하리의 설명이 이에 관한 좋은 예이다. 우리가 방금 살펴본 것처럼, 알바하리는 기본적으로 자아 실재를 부정하고 그것을 환영이라고 주장한다. 그러한 한에서 그녀는 분명 무아론 옹호자로 간주되어야 한다. 그러나 동시에 알바하리는 다수의 옹호자들이 자아의 본질적이고 한정적인 특질로써 불변성, 비구축성, 존재론적 독립성, 전통적 자아 개념이라고 여기는 특색들을 자신의 목격자 의식에 귀속시킨다. 사실 필자는 '경험의 주체'에 대한 전통적 개념을 '경험의 주관성' 개념으로 대체하는 것을 제안한다. 전자의 표현은 자아가 경험과 별도로 혹은 그 위에 존재하는 어떤 것, 그런 이유로 경험과 분리된 채 마주칠 수 있는 어떤 것, 또는 심지어 경험이 간혹 결여할 수 있는 어떤 것임을 제시할 수 있고, 후자의 표현은 이러한 유형의 몰이해를 배제한다. 한편, 알바하리는 경험과 존재론적으로 구별된 주체를 생각하기 때문에 전자의 개념을 견지하려고 한다. 결과적으로 혹자는 알바하리의 공개적인 무아론에 대한 지지에도 불구하고 필자를 포함한 다수의 현대 자아 옹호론자보다 더 견실한 자아론을 취한다고 주장할 수 있다.[3] 물론 우리

---

3 알바하리가 자아의 비구축성(unconstructedness)을 부정하지만 자아를 목격자 의식에 귀속시킴을 고려하라. 그녀가 한 때 그것을 표현하듯이, "알아차림은 그것이 존재하려는 방식으로 존재하는 것으로 보여야 한다. 알아차림은 통일되고 중단됨이 없지만 직접적 고찰로 포착하기 힘든 목격하는 현존으로서 존재하려고 한다. 그 현상학이 의식 대상으로부터 빌려오려고 하지 않는 무언가로서 알아차림은, 만약 그것이 존재한다면, 사고, 정서나 혹 지각과 같은 어떤 관점적으로 소유할 수 있는 대상들의 내용에 의해 전적으로 구축되지 않고 존재해야 한다. 만약 분명한 알아차림이 … 그것의 실존이 (비구축된) 알아차림 그 자체보다 그러한 대상-내용에 의해 이루어진 것으로 드러난다면, 그것은 알아차림을 구축되고 환영적인 것으로 만들고 그로 인해 독립적 실재를 결여한다(Albahari 2006 : 162). 이것은 우리가 알아차림을 존재론적으로 독립된 영역으로 여기게 하는 것으로 보인다. 애초에 필자는 우리가 무엇 때문에 그러한 의식관을 지지하려 하는지 명확하지 않다.

는 이에 반대되는 움직임을 취할 수 있다. 나는 자아의 실재를 옹호하지만, 최신 논문에서 알바하리는 내가 말한 자아 개념이 너무 얇고 궁극적으로 지나치게 수정된 것이어서 무아론자의 견해와 비슷하다고 주장한 바 있다(Albahari 2009 : 80). 이런 비판을 처음 접했을 때 다소 의아했지만, 곧바로 알바하리의 주장이 타당하고 올바른 것임을 깨달았다. 그 모두는 무아론에 상당하는 무언가에 이르게 됨을 알았다. 최근에 가네리도 밝혔듯이, 무아론의 목적—우리가 결국 그것을 단수로 말할 수 있는 한—은 자아에 대한 그릇된 이해—고통을 영구화하는 것—를 규명하고 부정하기 위한 것인가에 대한 의문, 혹은 오히려 요점이 모든 자아 개념을 부정하고 불식하기 위한 것인가라는 의문에 대한 간단한 답은 없다(Ganeri 2007 : 185-6).[4]

드레퓌스는 이 책에서 제시한 논문에서 무아론은 자아 개체의 부정을 수반하지만 주관성의 부정을 수반한다고 해석할 필요는 없다는 견해를 명시적으로 변론했다. 그는 지속하는 경험 주체, 내적 통제자나 뇌 속의 난쟁이는 없다는 입장이다. 오히려 우리가 발견하는 것은 쉼없이 변화하는 의식 흐름이다. 이 흐름은 자기알아차림의 과정으로 생각된다. 드레퓌스는 결과적으로 의식은 편재하는 반영성reflexivity, 우리의 경험적 삶의 중요 부분인 기본적 자기현시self-presencing로 특징지어지고, 부가적이나 별개의 인식작용으로 생각되지 않는다고 주장한다. 결과적으로 드레퓌스는 일부 다발론자와 반대로, 우리의 경험적 삶에 부여된 1인칭 소여가 조작된 허구

---

4   두말할 나위 없이, 경험이 근본적으로 무아라는 주장과 자아의 해체나 소멸이 우리가 성취하려는 (해야만 하는) 궁극적 상태라는 주장 사이에는 상당한 차이가 있다.

인 것처럼 경험이 근본적으로 비인격적이라는 점을 부정한다. 오히려 우리 경험은 애초부터 본성적으로 자기명시화되어 있다 self-specified(이 책의 드레퓌스 197쪽). 그러나 드레퓌스가 함축적으로 주관성의 실재를 인정할 준비가 되어 있더라도, 우리가 이 주관성을 경계지어진 통일된 자아로 해석하는 순간 왜곡이 발생한다고 말한다(Ibid., 200). 쉽게 말해, 자기를 의식하는 경험의 일시적 흐름이라는 부정할 수 없는 현존은 지속하는 자아 개체의 존재를 동반하지 않으며, 오히려 드레퓌스의 견해에서 후자는 환영에 불과한 물화일 뿐이다(Ibid., 214). 더 구체적으로 말해, 드레퓌스가 관점적 소유권과 공시적 통일체를 유지하기를 원하고, 이 두 가지 특질은 주관성에 의해 보장된다고 주장하는 데 반면, 통시적으로 통일된 자아란 없다고 주장한다. 유년기에서 성년기까지 동일하게 상주하는 지속 개체는 어디에도 없다.

필자의 비판적 답변을 세 부분으로 나누어보자.

1. 우선 필자는 드레퓌스와 알바하리가 제시한 자아의 일의적 정의를 거부한다. 양자 모두 자아가 무엇인지에 대해 매우 자신 있게 설명하고, 그것을 정의한 후에 곧바로 그 존재를 부정한다. 그러나 그들이 제시한 정의가 지나치게 단순하다고 본다. 일부 학자들은 알바하리와 드레퓌스가 다루는 자아 개념을 명확히 변론했지만, 그들의 개념이 불충분한 개념, 특정한 고전적 자아 개념 혹은 특정한 상식 개념, 즉 우리의 민속심리학의 일부라는 주장에는 이의를 제기하지 않을 수 없다. 자아가—만약 존재한다면—변화하는 경험 흐름에서 동떨어진 채 또는 그 이상 존재론적으로 독립된

불변의 동일성 원리를 지닌 특정한 종류로 존재하는, 즉 태어나서 죽을 때까지 변하지 않고 잔존하는 어떤 것, 즉 언어습득·사회관계·주요 생활사건·개인 헌신·계획·가치에 전적으로 영향받지 않고 잔존하는 어떤 것, 성장하거나 번영할 수 없을 뿐더러 간섭받거나 산산이 부서질 수 없는 어떤 것이라는 주장을 다시 생각해보자. 솔직히 말해 그러한 개념은 '나는 누구인가'라는 우리의 철학적 사유 이전의 일상적 이해와 상당히 유사한 맥락이라고 보이지 않는다. 그 정의가 자아에 대한 ('하나의'라기보다) 전통적 철학 이해를 포착한다는 주장에도 필자는 이의를 제기하려고 했던 것이다. 잠시 (완전히) 임의로 선택되지 (않은) 실례인 아리스토텔레스나 몽테뉴에서 보이는 설명을 통해 숙고해보자(역사적 개관에 유용한 Sorabji 2006; Seigel 2005를 참조하라). 어쨌든 알바하리와 드레퓌스가 제시한 자아 정의를 현대적 논의에서 발견되는 자아 정의와 비교할 때, 후자의 논의가 훨씬 더 복잡하고 모호하며, 생태학적·경험적·대화적·서사적·상관적 신체화되고, 사회적으로 구성된 자아 개념을 포함한 훨씬 더 많은 자아 개념이 작동하고 있다는 것을 즉시 알 수 있을 것이다. 이 복잡성은 알바하리와 드레퓌스가 간과했고, 또한 그들은 그럼으로써—현재 자아에 대한 계발, 구조, 기능 및 병리학에 관심이 있는 대다수의 실증적 연구자들이 채택한 것을 포함해—다수의 현대적 자아 관념이 그들이 비판하는 개념과 상당히 다르다는 사실을 깨닫지 못하고 있다. 이것을 예시할 수 있는 단 한 가지 분야를 언급하기 위해 발달심리학과 스턴(1985), 나이서(1988), 로샤(2001), 홉슨(2002)이나 레디(2008)와 같은 발달심리학자의 연구를 고려해보자. 따라서 자아의 비존재를 말하기보다 자아회의론자들의 훨씬 더 온건한 주장에 만족해야 한다고 생각한다. 그들은 자신의 진술에 단서를 달아야 하는 대신 특별한 종류의 자아 존재를 부정해야 한다.

2. 알바하리와 드레퓌스 모두 주관성과 자아성을 구별할 것을 강조한다. 드레퓌스는 명시적으로 말하지 않지만, 알바하리가 필자의 자아 개념이 지나치게 얇고 최소한이며 과도하게 축소되고 수정된 것이라고 주장할 때 드레퓌스도 그녀의 의견에 동조하는 것으로 보인다. 그 답변으로서 필자의 얇은 자아 개념이 '자아' 용어의 모든 일상적 의미를 수용하거나 포착할 수 없음을 즉각 인정하려고 한다. 곧 다룰 것이지만 사실 일부 한계가 있는 것도 사실이다. 그것은 자아가 무엇을 의미하는지 철저한 이해를 제공하지 않고, 우리가 1인칭 관점, 나에 대한 것임 또는 나의 것임 같은 개념을 우리의 경험적 삶을 기술하는 데 채택한다는 사실, 후자가 기본적이고 편재하는 내적 반영성에 의해, 자기명시화와 전반성적 자기알아차림에 의해 특징지어진다는 사실이 '자아' 용어 사용을 보장하기에 충분하다고 생각한다. 자아를 말하지 못하는 우리의 경험적 삶의 기술이 오해를 불러일으키고 부적절하다고 주장될 때, 필자는 상당 부분 비인격성[비인칭성] 명제, 비소유 견해, 강력한 익명성 주장(혹은 우리가 문제의 입장을 무엇으로 부르던 간에)에 대한 반대 의견을 갖게 된다. 하나의 의식 흐름과 또 다른 흐름 간의 환원할 수 없는 차이뿐만 아니라 경험적 삶의 기본적 (형식적) 개체화 individuation에 대해서도 강조하고 싶다. 실제로 상호주관성intersubjectivity에 대한 만족스러운 설명을 가로막거나 지연하기보다 경험적 삶의 고유하고 본질적 개별화를 강조하는 것이 자아와 타자의 권리 관계와 차이를 갖기 위한 전제조건이다. 결과적으로 필자는 자아 실재

에 대한 철저한 부정이 어떻게 타자의 타자성을 변함없이 존중할 수 있는지 찾아볼 수 없다. 달리 말해, 필자는 하나 또는 두 개의 흐름이 있는지의 문제가 관습의 문제라고 생각하지 않는다. 우리가 빈번히 동일한 의견, 사고, 신념과 가치를 공유한다는 사실은 이것을 변화시키지 않는다. 와일드의 말을 빌리자면, "대부분 사람은 다른 사람이다. 그들 생각은 다른 어떤 이의 의견이고, 그들의 삶은 모방이며 열정은 인용이다."(Wilde 1969 : 97).[5] 그러나 거듭 말하지만, 이 관찰은 다른 논점을 목표로 삼는다.

　물론 혹자는 1인칭 소여가 개별화하는 원칙으로 작용하는 데 있어서 너무 형식적일 뿐이라고 주장할지도 모르겠다. 결국 모든 경험, 나의 것뿐 아니라 모든 이의 경험이 1인칭 소여에 의해 특징지어진다면 어떻게 그러한 소여가 나를 지칭하고 정의하는 역할을 할 수 있는가? 그러나 이 반론은 그것이 바로 1인칭 관점을 심각하게 받아들이지 못한다는 점에서 잘못되었다. 육체적이고 정신적 특징과 관련하여, 질적으로 동일한 두 명의 복제 인간을 생각해보자. (공간적 위치 측면을 제외하고) 3인칭 관점에서 두 가지를 구별하기란 실로 곤란할 것이고 그 경험 흐름 모두 개별화를 간직할 것이기 때문에, 1인칭 소여의 현존은 개별화의 기준으로서 쓸모없게 될 것이다. 실로 3인칭 관점에서 복제 A의 경험적 흐름을 특성화시키는 1인칭 소여와 복제 B의 경험적 흐름을 특성화시키는 1인칭 소여 간에 중대한 차이는 전혀 없을 것이다. 그러나 대신 우리가 1인칭 관점을 채택한다면 과연 어떻게 될지 비교해보자. 내가 그

5　역주) 오스카 와일드, 박명숙 역, 『심연으로부터』(파주 : 문학동네, 2015), 167쪽을 참조하라.

복제 인간 가운데 하나라고 가정해보자. 비록 나의 정신적-육체적 특징이 나의 '쌍둥이'의 특징과 질적으로 동일하더라도 나와 나의 쌍둥이 사이에는 여전히 중대하고 완전히 결정적인 한 가지 차이, 우리 둘 간의 어떤 혼동을 막을 수 있는 차이가 남아 있을 것이다. 그 차이는 어디에 있는가? 그것은 명백히 나의 복제 인간의 질적으로 동일한 경험이 나에게 1인칭적으로 전혀 주어져 있지 않으므로 나의 경험적 삶의 일부가 아닌데 비해, 나의 경험만이 나에게 현전화된 1인칭 방식으로 주어져 있다는 사실과 관련된다. 이전에 언급한 것처럼 그것은 타자가 간직했던 경험과 나의 경험을 가장 근원적으로 구별하는 특정한 내용이라기보다 특정한 1인칭적 방법how이다. 이것은 꽤 형식적이긴 하지만 경험의 주관성, 그 1인칭적 특성이 경험적 삶을 개별화한다고 강조하고 싶은 이유이다. 또 이것은 경험적 삶이 자아와 전통적으로 연계된 특색을 위한 가주어假主語로 기능할 수 있는 이유이다.

중요한 것은 이와 같이 경험의 1인칭적 특징을 강조한다고 해서 자아가 경험 혹은 둘러싸고 있는 세계와 독립적으로 존재한다는 의미에서 비구축되어 있다거나 비조건화되어 있다는 견해를 지지하는 것은 아니다. 또 자아와 세계 사이의 엄격한 구분을 포함한다는 의미에서 경계지어진 자아라는 견해를 동반하는 것도 아니다.[6] 적합한 예로 나이서와 하이데거의 자아 개념을 비교해보

---

6 이미 밝혔듯이—우리의 관심이 경험적 자아 개념에 한정되는 한—필자는 자아와 타자 사이에 확고한 경계가 존재한다는 견해에 동조한다. 제임스를 인용하자면, "절대적 차단, 환원할 수 없는 다원성이 법칙이다. 그것은 마치 초보적인 정신적 사실이 생각 혹은 이 생각 혹은 저 생각이 아니라, 그저 나의 생각, 소유되고 있는 모든 생각인 것처럼 보인다. 동시대임, 공간적 가까움, 속성과 내용의 유사성 또한 상이한 인격적 마음들에 속해 있다는 이 장벽에 의해 떼어내진 생각들을 함께 융

자. 나이서의 생태학적 자아 개념에서 모든 지각은 일종의 자기감수성을 갖고서 자아와 환경의 공동 지각을 내포한다(Neisser 1988). 하이데거는 자아의 연구를 하려면 우리의 지향적 경험을 살펴봐야 한다고 명시적으로 말했다. 그의 설명은 우리의 경험적 삶은 세계 상관적이어서 그 세계에 상관되어 있을 때 자아 현존이 있다는 것인데, 자기경험은 세계 내 자아의 자기경험이다(Heidegger 1993 : 34, 250). 그러나 자아와 세계 사이의 엄격한 경계를 부정하는 것, 자아와 세계가 서로 독립적으로 이해될 수 없다는 것과 그 둘 사이의 경계가 가소성과 이동성이 있을 수 있다는 것을 인정하는 것은 그 둘 간의 차이의 실재를 문제 삼는 것이 아니다. 일상적인 예로, 바다와 해변 사이의 늘 이동하는 경계를 생각해보라. 경계가 계속 움직인다는 것은 그 둘의 차이를 부정할 이유가 되지 못한다. 알바하리와 드레퓌스의 견해와는 다르게 필자는 비구축성과 경계성이 자아의 본질적 특색, 모든 실행 가능한 자아 관념이 포함해야 하는 특색이라는 것에 이의를 제기하려고 한다. 이 역시 필자가 주관성과 자아성을 구분하려는 시도를 반대하는 이유이다. 필자가 보기에 주관성의 실재를 지지하면서도 자아 존재를 부정하는 것은 주관성의 실재가 무엇인지 놓치는 것이다. 이것은 우리가 1인칭 관점을 진지하게 수용해야 한다는 생각에 립 서비스만을 더하는 것이다.

3. 필자의 세 번째 논평은 우리가 그 안에서 다루는 형이상학적 체계와 관련된다. 최근 수 년 동안 꽤 많은 사람들은 서구 현상학과

합시킬 수 없다. 그러한 생각들 사이의 틈새들은 본성상 가장 절대적인 틈새들이다."(James 1890 : 226).

불교에 수렴되는 생각이 있다고 강조했다. 혹자는 두 전통이 의식에 대해 잘 훈련된 1인칭 접근을 함양하려는 진지한 수고를 대변한다고 주장했고(cf. Varela & Shear 1999), 심지어 어떤 이들은 불교인식론을 말하기 시작했다(cf. Lusthaus 2002). 이 사실을 부정하지 않지만 불교에서 말하는 자아의 본성과 위상을 평가할 때 그 역시 강력한 형이상학적·해탈론적 관심사에 의해 추동되고 동기 부여되는 것이 사실이다. 또한 이것은 현상학과 크게 동떨어져 있다는 주장과 결론에 종종 도달한다는 사실을 간과해서는 안 된다. 예로, 수십억 개로 쪼개진 마음 상속(심상속)이 눈 깜짝할 사이에 발생한다는 아비달마적인 견해를 생각해보라(cf. Bodhi 1993 : 156).

데닛(1992)과 메칭거(2003) 모두 자아 실재를 부정한다. 그들이 이렇게 생각하는 이유 중 일부, 즉 자아는 허구라고 생각하는 이유 중 일부는, 그들의 견해에서 실재에 대한 근본적인 진정한 설명이 자아 없이도 가능하기 때문이다. 불교 형이상학자들 중 일부는 이러한 견해에 동조한다(이 책의 시더리츠와 맥켄지 참조). 우리가 필요 이상으로 개체를 확장시키지 말아야 한다는 생각에 동감하지만, 문제의 견해가 지나치게 소박하다. 동일한 설명에서 우리가 사회적 실재를 허구적이라고 언명하면 안 되는지 알기란 어렵다. 만일 어떠한 자아도 없다면 당신이나 우리도 존재한다고 할 수 없다. 또 실제로 왜 우리가 (의자, 카드놀이, 오페라 혹은 결혼 예식과 같은 일상의 대상과 사건을 포함해) 살고 있고, 알며, 마음을 쓰는 세계를 환영에 불과하다고 언명하면 안 되는지 알기란 어렵다. 다시 말해 그러한 견해는 우리의 생활세계를 복원하려는 현상학의 시도와는 상당한 거리가 있다.

앞 절에서 경험적 얇은 자아 개념을 논의했고, 이 견해를 제시하고 변론하려 했다. 그러나 궁극적으로 필자는 다차원적 자아 기술로 불릴 수 있는 것을 선호한다. 자아는 상당히 다면적 현상이어서 그 복잡성을 공정하게 다루려면 다양한 상호보완적 설명이 통합되어야 한다. 결론적으로 이상에서 변론한 얇은 개념은 충분하다고 생각하지 않는다. 그것은 여타 자아의 주요 측면을 파악하고 공정히 다루는 한층 두꺼운 개념으로 보완되어야 한다. 더 구체적으로, 우리가 계획을 짜고 약속을 행하며 책임감을 받아들이는 자아, 그것의 가치, 이념, 목표, 확신과 결정에 의해 정의되고 형태화된 자아를 감안하지 않는다면, 인간의 실재에 대한 우리의 설명은 부적절하다. 적절한 사례로 정서적 투입 문제를 고려해보라. 우리에게 문제가 되는 그것에, 우리가 마음을 쓰는 그것에, 우리가 무관심하지 않는 그것에 정서적으로 반응한다는 점을 고려해보라. 그런 의미에서 우리는 정서가 우리 자신에게 중요성, 의미, 가치를 지닌 것에 대한 평가를 수반한다고 주장할 수 있다. 수치심, 죄의식, 자부심, 희망, 참회와 같은 정서가 우리의 자아감각을 구성하도록 돕는 정도를 고려해보라. 현 맥락에서도 경계와 한계의 역할을 고려해보라. 당신의 한계는 당신이 준수하는 규범과 규칙을 표현한다. 그것은 당신이 인정할 수 있는 것과 인정할 수 없는 것을 표현한다. 그것은 당신의 온전함을 이룬다. 타인에게 당신의 경계를 존중하도록 요구하는 것은 당신을 하나의 인격으로 진지하게 대해줄 것을 요구하는 것이다. 이러한 경계에 대한 위반이나 침해는 침입으로 느껴지고 어떤 경우에는 모욕으로 느껴진다. 달리 말해 이러한 자아의 측면에 관한 한, 필자는 경계, 가치 및 정서가 매우 중요하다고 생각하지만 경계에 대한 강조가 태어나서 죽을 때까지 동일 지속하는 영혼 실체를 지지하는 것과 상당한 관련이 있다고 생각하지 않는다. 그리고 필자는 후자에 대한 반대가 왜 전자의 거부 또한 요구하는지 알 수 없다. 우리는 끊임없이 구축 중인 문화적, 사회적 및 언어적으로 내장된 자아에 대해 다루고 있다. 그러나 이러한 사실이 문제가 되는 자아를 환영에 불과하다고 언명하는 이유인 가? 즉 앞서 말한 형이상학적 전념으로 인해 그렇게 언명하는 것이 아닌 한, 필자로서는 왜 그런지 알 수 없다.

5. 통시적 통일체와 자아

이제 일부러 마지막을 위해 남겨둔 물음으로 결론을 맺고자 한다. 그것은 자아와 통시적 통일체의 관계에 관한 것이다. 지속성과 시간 지속은 자아를 한정하는 특질인가?

우리 모두는 변화와 지속에 대한 직접적 경험을 갖고 있다. 우리는 한 마리 새의 비행을 볼 수 있는 것과 같이 지속하는 음정이나 멜로디를 들을 수 있다. 이러한 현상학적 발견은 설명되어야 하고, 제임스, 베르그송, 후설, 나아가 최근의 다인톤을 비롯한 저명한 철학자들은 공시적으로 통일되지만 한낱 고립된 순간적 경험의 연속은 우리의 지속 경험을 설명하고 해명할 수 없다고 주장한다.

실제 대상을 시간에 걸쳐 지속하는 것으로 지각하려면 의식의 연속 국면은 어떻든 경험적으로 통일되어야 한다. 결정적인 난제는 무한소급을 초래함 없이, 즉 그 과제가 1차 의식을 통일하는 것 따위의 무한한 또 다른 시간으로 연장 의식(확장 의식)을 상정함 없이 이러한 시간 묶음을 설명하는 것이다. 그러나 의식의 통시적 통일체를 설명하기 위해 분리되지 않고 상주하는 불변의 어떤 초시간적 실체에 호소할 필요는 전혀 없다. 문제의 통일체를 이해하기 위해서 흐름 자체에 있다거나 혹은 초월해 있다거나 아니면 외부에 있다고 상정하는 무언가를 탐구할 필요가 없다. 오히려 후설을 따라 필자는 의식 흐름의 통일체가 내적 시간의식, 이른바 "근원인상−파지− 예지"로 부르는 것들의 상호작용으로 구성된다고 제안하는 바이다. 이미 주어진 것이라기보다 그것은 정립되거나 구성된 통일체이다. 이 곳은 후설의 난해한 설명의 복잡성을 철저히 규명하기 위한 자리가 아니지만(그럼에도 Zahavi 2003, 2004, 2007a 참조하라), 그의 해석상 현재 경험의 의식적 주어짐만큼 공시적인 어떤 것의 분석조차 시간성의 고려를 포함해야 할 것으로 보인다. 마찬가지 이유로 필자는 드레퓌스가 인정한 공시적 통일체와 그가 부정한 통시적 통일체를 예리하게 구분지으려는 시도를 부정하려고 한다. 당신은 (비록 하루살이처럼 그렇게 짧다 해도) 일정량의 통시적 통일체가 없으면 공시적 통일체를 가질 수 없다. 이와 달리 주장하는 것은 의식의 근본적 시간 특징을 상실하는 것이다. 이제, 통시적 통일체에 대한 우리의 경험이 결국 '다만' 현상학적이어서 결과적으로 어떤 형이상학적 영향을 결여한다는 것은 반박될 수 있을 것이다. 그러나 우리가 시간에 걸친 통일체의 현상학적인 경험을 이 통일체가 환영에 불과하며 따라서 그것은 의식의 진정한 형이상학적인 본성에 대한 어떤 것도 드러내지 않는다는 주장으로 반박할 수 있다고 생각하는 것은 현출−실재 [간의] 구별을 그 적절한 적용 영역 밖에서 활용하는 것이다. 이것은 문제의 그 실재가 어떤 그럴듯한 독립된 마음의 측면에서 정의된 것이라기보다 경험적 실재 측면에서 이해되어야 함을 고려하면 특히 그렇다. 비교를 위해서 통증의 사례를 살펴보자. 통증 경험이 통증의 실재를 위해 충분함을 누가 부인하겠는가? 달리 말해, 의식의 통시적 통일체의 실재를 논박하려고 한다면, 우리는 보다 확실한 현상학적 기술들을 가지고 그렇게 해야 한다. 의식의 통시적 통일체가 하부인격적 수준상의 어떠한 통일체와도 상응하지 않기 때문에 그것은 환영에 불과한 것이라고 주장하는 것은 당면 과제를 오인한 것이다.

그렇다면 좋다. 회의론자는 우리의 경험적 삶이 특정한 시간적 밀도와 연장을 지니고 있다고 인정하는 것이 태어나서 죽을 때까지 지속하는 자아의 존재를 인정하는 것과 같지 않다고 반박할 수 있다. '꽤 옳다'라고 필자는 답할 것이다. 하지만 갈렌 스트로슨이 일관되게 주장하듯이(Strawson 2000), 당신이 일시적이고 단기적인 자아의 존재를 변론하려고 한다면 전자조차 충분할지 모르고 필자는 드레퓌스가 그런 특수한 자아 개념에 반하는 주장을 제시했다고 생각하지 않는다.[7] 하지만 더 중요한 것은 드레퓌스가 자신의 사례에서 스위스에서의 아동기부터 미국에서 성장한 성인기에 이르기까지 지속된 실체가 있음을 부정하지만, 에피소드 기억의 사례에서 절대적으로 다른 두 종류의 인격, 기억하는 인격과 기억되는 인격을 갖지 않음을 분명 인정한다. 사실 그의 설명에서 우리는 1인칭 소여를 마음에 간직해야 하며, 설사 기억하는 인격이 어떤 면에서 기억되는 인격과 구별되더라도 그 차이는 분명 나를 타인과 구별하는 것만큼 큰 것은 아니다(이 책의 드레퓌스 209쪽). 기억하는 나의 현재 행위와 기억된 과거 행위 모두는 비슷한 1인칭 소여를 공유한

---

7 크루거는 무아론을 옹호하면서 누가[주체]는 어떻게[방법]에 대한 필요조건도 충분조건도 아니라고 주장한다. 이 견해를 뒷받침하기 위해 (최소자아보다) 최소자아들을 말하는 것이 합당할 수 있다고 거듭 밝힌다(이 책의 크루거 75쪽). 그러나 필자는 우리가 특정한 자아의 정의를 앞세워 유리하게 판을 짜지 않는다면 복수 자아들의 존재가 어떻게 무아론과 양립할 수 있으며, 더욱이 찬성하는 것으로 생각할 수 있는지 이해하는 데 상당한 어려움을 느낀다.

다. 결과적으로 그것은 타자의 경험과 그것을 구별하는 공통의 무언가를 지닌다. 드레퓌스가 계속 설명하듯이, 내가 과거 경험을 기억할 때 나는 단지 그 내용을 회상하지 않고 그것을 또한 나에게 주어진 것으로 기억한다. 이제 드레퓌스의 설명에서 과거 경험이 나의 것으로 기억되는 (그럼으로써 지속하는 자아 존재를 제시하는) 한 이것에 대해 왜곡하는 무언가가 있지만, 그가 계속 말하듯이 이것 역시 완전한 왜곡이 아니다(이 책의 드레퓌스 209쪽).

필자는 우리가 비의식적일 때 경험의 자아, 1인칭 관점으로부터 규정된 자아는 전혀 존재하지 않는다고 설명한다.[8] 그러나 이것은 자아의 통시적 통일체가 (꿈 없는 수면, 혼수 상태 등과 같은) 이른바

---

8 이 또한 필자가 경험적 자아 개념이 우리에게 시간을 관통하는 인격의 동일성과 지속에 관한 모든 관련 질문들을 해결할 것이라고 생각하지 않는 이유이다. 예를 들어 그의 인생 초기 단계에 그의 추후 인생과 경력 형성에 명백히 중요한 결정을 하는 사람의 사례를 고려해보자. 하지만 문제의 그 서사는 그 후 그 인격에 의해 잊혀졌다. 그는 더 이상 그것에 대한 1인칭 접근을 향유하지 않는다. 만약 우리가 우리 자신들을 경험의 핵심자아의 수단으로 설명할 수 있는 것에 한정한다면, 우리는 그 결정을 그의 것이라고, 그가 했던 것이라고 말할 수 없다. 또 우리가 과거 행위들에 대한 책임감을 더 이상 그것들을 기억하지 않는 어떤 개인에게 귀속시키기를 바랄 수도 있는 사례를 살펴보자. 그럼으로써 우리는 과거의 범죄자와 현재의 주체 간에 동일성을 상정하지만, 문제의 동일성은 다시금 경험적 핵심자아의 측면에서 설명할 수 있는 것이 아니다. 그러나 자아의 다차원적 설명을 필자가 동조하고 있음을 감안할 때, 우리가 자아에 대한 다층적 설명을 채택할 것을 촉구하고 싶다. 우리는 경험적 핵심자아 이상이고, 서사적으로 설정되고 사회적으로 구축된 인격들이다(cf. Zahavi 2007b). 우리는 우리 인생 이야기들이 다중적으로 저술된 것임을 잊지 말아야 한다. 우리가 누구인가는 우리 자신들이 배타적으로 결정하는 어떤 것이 아니다. 그 또한 우리가 타자에 의해 어떻게 보이는가에 관한 물음이기도 하다. 우리가 의식적이지 않을 때, 경험적 자아가 없더라도(1인칭 관점에서 정의된 자아가 없더라도), 남아 있는 자아에 대한 다양한 다른 측면들이 있고, 그것은 우리가 비의식적이라고 말하는 것, 다시 말해 우리가 비의식적일 때조차 지속할 수 있다고 말하는 것을 완전히 정당화한다. 이 문제에 관해 최근의 매우 정교하고 다소 형이상학적인 논의에 대해서 Dainton(2008)을 비교하라.

의식 흐름의 중단에 의해 위협받음을 필연적으로 함축하지 않는다. 왜냐하면 자아의 정체성은 시간적 연속체 측면보다 주어짐 측면에서 규정되기 때문이다. 달리 말해, 내가 하나의 1인칭 관점을 통해서 살고 있는 경험은 그 내용 및 시간적 위상과 관계없이 정의상 나의 것이다. 따라서 나의 것으로 과거 경험을 기억하는 것과 관련된 어떤 오류나 왜곡이 있다고 생각하지 않는다. 이것은 에피소드 기억이 오류가 없다고 분명 말하는 것은 아니다―필자는 나 자신에 대한 그릇된 신념을 갖고 있는지 모른다―다만 그것이 오인의 오류에 떨어지지 않는다고 주장할 뿐이다(Campbell 1994 : 98-99 참조). 그러나 그것은 경험의 1인칭 자기소여를 근거로 자아가 지속하고 영속한다는 증거로 볼 수 있다는 의미인가? 필자는 그것을 의미하지 않는다. 왜냐하면 이 논문에서 줄곧 논의된 자아는 경험적 자아, 1인칭 관점에서 규정되는 자아는 그 이상도 이하도 아니기 때문이다. 필자는 이러한 자아가 실재하고 실제적 통시성을 지닌다고 생각하지만, 앞서 말했듯이 그 (현상학적) 실재가 비경험적으로 지속하는 에고 실체를 반영하거나 상응하는 재현 능력에 의존한다고 생각하지 않는다. 그렇기는 해도 필자는 나의 것으로 하나의 과거 경험을 기억하는 데 왜곡이 수반된다고 생각하지 않지만, 인정컨대 중요하게도 다만 순수하고 단순한 일치 이상의 것이 있다고 부언해 보자. 에피소드 기억은 어느 정도 이중화나 분열을 동반한다. 그것은 일정 정도의 자기분할·자기부재·자기소외를 동반한다. 에피소드 기억은 차이와 더불어 일치를 동반하는 자기경험을 구성한다. 적어도 거의 이것은 현상학의 정설이다. 후설이 이미 강조했듯이 회상은 자기치환을 수반한다. 더 나아가 후설은 회상과 공감 사이의 구조적 유사성이 있다고 주장한다(Husserl 1954 : 189, 1966 : 309,

1973a : 318, 1973b : 416). 메를로퐁티에게도 관련된 사유가 발견된다. 그는 시간적 존재가 자기이해를 위한 조건이자 장애라고 말한다. 시간성은 우리에게 과거 경험을 반성적으로 탐구하기 위해 그것에로 회고하게 하는 내적 균열을 의미하지만, 이 균열도 우리 자신과 온전히 일치하는 데 방해한다(Merleau-Ponty 2002 : 402).

그러나 혹자에게 이런 대답은 만족스럽지 못할 것이다. 왜냐하면 출생에서 아동기·청소년기·성년기·노년기에 이르기까지 하나의 동일 자아가 있는지 없는지에 대한 실질적 쟁점을 피하는 듯 보이기 때문이다. 궁극적으로 이 질문은 자아가 일자이고, 더욱이 이 질문에 대한 답을 단순히 '예스' 아니면 '노'라고 전제함으로써 지나치게 단순화한 것이다. 이에 동의하지 않으며, 그 답은 우리가 어떤 자아 개념을 이야기하고 있느냐의 여부에 따라 달라질 것이다. 그렇지만 이런 난제에서 벗어나, 경험의 자아나 주관성 측면에서 정의된 자아가 장시간에 걸쳐 불변하게 지속하는가에 대한 여부 문제를 제기해보자. 바꿔 말해, 15년 전에 일어났던 에피소드를—1인칭 관점에서—기억할 때, 그 과거 경험을 나의 것으로 기억할 때, 우리는 경험적 자아가 동일하게 남아 있는 사례와 마주하는 것일까? 15년 전의 시원적 경험을 통해 살아온 경험적 자아나 과거 경험을 회상하는 오늘의 경험적 자아가 정확히 수치상 동일한 자아일까? 아니면 현재의 자아가 이전의 자아와, 즉 독특한 인과관계로 있는 두 개의 질적으로 유사한 자아들의 관계를 다루고 있는 것인가?

이런 종류의 형이상학적 물음과 마주했을 때 필자가 애초에 망설였던 이유는, 이 자아가 현상학의 전통에서 다뤄왔던 방식이 아니라는 사실에서 기인한 망설임이라고 고백해야겠다. 그러나 놀랍게도 필자는 여기에서 변론을 시도하려고 한다. 의식 흐름이 처음에는 나의 것으로 시작할 수 있지만, 결국 타자의 반직관적인 것으로 전환될 수 있다고 생각한다(Dainton 2008 : 18 참조). 더욱이 의식 흐름을 다수의 존재론적으로 구별된(그러나 질적으로 유사한) 단기간의 자아로 형성되어 있다고 강조하는 순간 필연적으로 그것들의 관계에 관한 물음에 직면하게 된다. 그 관계는 나의 자아와 타자의 자아 간의 관계와 흡사하다. 그렇지만 이런 제안은 어떤 현실적 대안을 찾을 수 없는 터무니 없는 것이다.

유사성이 동일성에 상응하지 않더라도, 확실히—혹자는 반대하겠지만—우리는 의식 흐름이 어떻게든 통시적 동일체를 포함한다는 주장과 의식 흐름이 경험적 연속체를 포함한다는 주장을 구별할 필요가 있다. 현 맥락에서 해법은 그 구별의 적절성과 중요성에 의문을 던지는 것이다. 달리 말해, 의식 흐름으로 제공되는 연속체continuity, 공유된 1인칭 소여로 제공되는 통일체unity는 필자가 보존하기를 갈망하는 이같은 종류의 경험적 자기동일성을 위해 충분하다. 만일 당신이 이것이 불충분하다고 여긴다면, 필자는 당신이 틀린 종류의 동일체identity를 찾고 있다고 생각한다.[9]

---

9   여기서 동일성에 대한 두 가지 개념인 동일함으로서의 동일성(mêmeté)과 자아성으로서의 동일성(ipséité)에 대한 리꾀르의 세심한 구별을 말할 수 있다(Ricoeur 1990). 첫 번째 동일성 개념, 동일함이라는 동일성(라틴어 idem)은 동일한 것을 거듭해서 재(再)동일화될 수 있는 것으로, 변화에 저항하는 것으로 생각한다. 문제의 이 동일성은 시간에 걸쳐 동일한 것으로 남아 있는 불변의 실체 또는 기체의 동일성이다. 이와 대조적으로 두 번째 동일성 개념인 자아의 동일성(라틴어 ipse)은 리꾀르의 설명에서 어떤 불변의 핵심인 인격의 지속과 관련이 전혀 없다. 첫 번째 동일성 개념에 대한 물음들이 무엇(What)이라는 질문 형태를 취한다면, 두 번째 동일성 개념에 대한 물음들은 누가(Who)라는 질문 형태를 취하며 1인칭 관점에서 접근해야 한다.

참고문헌

Albahari, M. (2006), *Analytical Buddhism : The Two-Tiered Illusion of Self* (Houndmills : Palgrave Macmillan).

_____ (2009), 'Witness-Consciousness : Its Definition, Appearance and Reality', *Journal of Consciousness Studies* 16/ I : 62–84.

Bodhi, Bhikkhu, (ed.) (1993), *A Comprehensive Manual of Abhidharma* (Seattle, WA : Buddhist Publication Society).

Campbell, J. (1994), *Past, Space, and Self* (Cambridge, MA : MIT Press).

Dainton, B. (2008), *The Phenomenal Self* (Oxford : Oxford University Press).

Dennett, B. (1992), 'The Self as the Center of Narrative Gravity', in F.S. Kessel, P.M. Cle, and D.L. Johnson (eds.), *Self and Consciousness : Multiple Perspectives* (Hillsdale, NJ : Erlbaum).

Ganeri, J. (2007), *The Concealed Art of the Soul : Theories of Self and Practices of Truth in Indian Ethics and Epistemology* (Oxford : Oxford University Press).

Heidegger, M. (1993), *Grundprobleme der Phänomenologie (1919/1920).* Gesam tausgabe Band 58 (Frankfurt am Main : Vittorio Klostermann).

Henry, M. (1963), *L'essence de la manifestation* (Paris : PUF).

_____ (1965), *Philosophie et phénoménologie du corps* (Paris : PUF).

Hobson, R.P. (2002), *The Cradle of Thought* (London : Macmillan).

Husserl, E. (1954), *Die Krisis der europäischen Wissenschaften und die tranzendentale Phänomenologie : Eine Einleitung in die phänomenologische Philosophie*, Husserliana 6 (Den Haag : Martinus Nijhoff).

경험적 자아

121

_____ (1966), *Analysen zur passiven Synthesis : Aus Vorlesungs- und Forschungsmanuskripten 1918-1920*, Husserliana 11 (Den Haag : Martinus Nijhoff).

_____ (1973a), *Zur Phänomenologie der Intersubjektivität : Texte aus dem Nachlass. Erster Teil : 1905-1920*, Husserliana 13 (Den Haag : Martinus Nijhoff).

_____ (1973b), *Zur Phänomenologie der Intersubjektivität : Texte aus dem Nachlass. Dritter Teil : 1929-1935*, Husserliana 15 (Den Haag : Martinus Nijhoff).

James, W. (1890), *The Principles of Psychology I* (London : Macmillan and Co.).

Lusthaus, D. (2002), *Buddhist Phenomenology : A Philosophical Investigation of Yogācāra Buddhism and the Ch'eng Wei-shih Lun* (London : Routledge).

Merleau-Ponty, M. (2002), *Phenomenology of Perception* (London : Routledge).

Metzinger, T. (2003), *Being No One* (Cambridge, MA : MIT Press).

Neisser, U. (1988), 'Five Kinds of Self-knowledge', *Philosophical Psychology* 1/1 : 35-59.

Reddy, V. (2008), *How Infants Know Minds* (Cambridge, MA. : Harvard University Press).

Ricoeur, P. (1990), *Soi-même comme un autre* (Paris : Seuil).

Rochat, P. (2001), *The Infant's World* (Cambridge, MA. : Harvard University Press).

Sartre, J. (1967), 'Consciousness of Self and Knowledge of Self', in N. Lawrence and D. O'Connor (eds.), *Reading in Existential Phenomenology* (Englewood Cliffs, N.J. : Prentice Hall).

_____ (2003), *Being and Nothingness* (London : Routledge).

Seigel, J. (2005), *The Idea of the Self : Thought and Experience in Western Europe Since the Seventeenth Century* (Cambridge : Cambridge University Press).

Sorabi, R. (2006), *Self : Ancient and Modern Insights about Individuality, Life and Death* (Oxford : Clarendon Press).

Stern, D. N. (1985), *The Interpersonal World of the Infant* (New York : Basic Books).

Strawson, G. (2000), 'The phenomenology and ontology of the self', in D. Zahavi (ed.), *Exploring the Self* (Amsterdam : John Benjamins).

Varela, F. and Shear, J. (eds.) (1999), *The View from Within : First-Person Approaches to the Study of Consciousness* (Thorverton : Imprint academic).

Wilde, O. (1969), *De Profundis* (London : Dawsons).

Zahavi, D. (1999), *Self-Awareness and Alterity : A Phenomenological Investigation* (Evanston, IL. : Northwestern University Press).

_____ (2003), 'Inner Time-Consciousness and Pre-reflective Self-Awareness', in D. Welton (ed.), *The New Husserl : A Critical Reader* (Bloomington, IN. : Indiana University Press).

_____ (2004), 'Time and Consciousness in the Bernau Manuscripts', *Husserl Studies* 20/2 : 99–118.

_____ (2005), *Subjectivity and Selfhood : Investigating the First-Person Perspective* (Cambridge, MA. : MIT Press).

_____ (2007a), 'Perception of Duration Presupposes Duration of Perception—or Does it? Husserl and Dainton on Time', *International Journal of Philosophical Studies* 15/3 : 453–471.

_____ (2007b), 'Self and Other : The Limits of Narrative Understanding', in D. D. Hutto (ed.), *Narrative and Understanding Persons* (Cambridge : Cambridge University Press).

_____ (2009), 'Is the Self a Social Construct?', *Inquiry* 52/6 : 551–573.

제 **3** 장

열반과
소유자 없는 의식

3
열반과 소유자 없는 의식

미리 알바하리(Miri Albahari)

1. 머리말

최근에 어떤 불교도 친구가 말했다. "이 세상에는 아마도 한두 명쯤의 아라한은 있을 것 같네." '아라한'은 불교 수행에서 최상선 summun bonum을 성취한 자를 일컫는 불교 용어이다. 이 상태는 '정각' 혹은 열반으로 알려져 있다. 불교 전통 안에서 열반에 대한 정확한 기술은 각기 다르지만, 대부분은 '나'와 '나의 것'이라는 것에 수반 되는 느낌과 자아감각은 소멸된다는 데 동의할 것이다. 자아감각의 소멸과 함께 정신적으로 고통을 받는 기능도 소멸된다. 동기 구도 면에서 급진적인 전이를 보인다. 열반을 성취한 이들은 더 이상 어떤 사태로부터도 희열을 갈구하지 않는다. 가족을 잃거나 병마에 서 고통받는 일은 이들의 평정심을 훼손하지 못한다. 아라한은 다 른 기준으로 작동한다. 우리 대부분이 그러한 상황 속의 '나'와 동 일시하지 않는 것은 불 속의 불타는 잎과 동일시하지 않는 것과 같다. 그럼에도 이들은 여전히 커다란 희열, 천진무구함, 자비를 지니고 세상에서 자유자재하게 행동한다.

내 불교도 친구가 말한 '아마도'란 그런 이들이 극도로 희소함을 강조하려고 한 말이다. 불교 전통에서는 자아환영을 유지하는 데 필수적인 갈애와 애착의 유혹이 너무나 강렬해서 이것들을 제거하려면 일생 동안 헌신적 수행을 뒷받침해야 한다고 말한다. 철학자인 나는 '아마도'를 다른 방식, 희소성의 표시가 아니라 양상modality의 표시로 여기는 데 관심을 둔다. 인간의 두뇌와 마음이 그대로이면서 아라한으로 존재한다는 것이 진정 심리학적으로 가능한 일인가? 사람들이 실제 자아감각에서 자유롭게 되어서 더 이상 그들의 신체나 마음과 동일시하지 않지만, 여전히 세상에서 고통없이 자유자재하게 행동할 수 있을까? 혹은 수많은 일반인들을 비구·비구니가 되게 유혹한 그런 견해가 종교적 환상에 빠지게 한 것은 아닌가? 열반 가능성에 대한 중대한 탐구는 마음의 형이상학에 관하여 열반이 상당한 함의를 지닐 수 있음에도, 아직 주류 분석철학으로 진입하지 못하였다. 서양철학에서는 특이자의 경우 병리적 손상으로 생각하고 일반인의 마음 구조에 초점을 두는 경향이 있었다. 열반이 가능한 것으로 밝혀진다면, 마음의 비범한 능력을 분석하여 꽤 많은 가치를 배울 수 있을 것이다.

열반이 표현될 수 있다면(이 자체 논쟁거리임), 그것은 상당히 다면적 것이어서 어떠한 연구도 단행본 안에서 모든 측면을 충분히 다룰 수 없다. 불교 전통 역시 열반이 정확히 어떻게 이해되냐에 따라 구분된다는 사실에서 한층 복잡해진다. 나의 해석은 열반과 무아의 관계에 특히 초점을 두고, (간략하게 '빠알리 불교'이하 상좌부불교[1]라고 부르는) 철학적 논의가 담겨 있는 빠알리 경전의 복원본에

---

1   역주) 알바하리가 Pāli Buddhism이라고 부르는 것은 빠알리 니까야를 사용하는

바탕을 둔다. 우리는 여기에서 많은 사람들이 고전적으로 '불교적'이라고 여기는 정설에 도전하여 살펴볼 것이다.

필자는 대다수 불교 전통에서 열반은 무아라는 통찰을 수반하면서, '나'와 '나의 것'에 대한 특정 느낌을 (이 핵심 개념들이 어떻게 이해되든 상관없이) 타파한다고 말하였다. 따라서 열반 가능성을 탐구할 때 선택된 불교 전통에 대해 다음과 같이 질문할 가치가 있다. 우리의 생각과 경험을 향해 지녔을 자아감각과 소유권(혹은 '나의 것임')이라는 편재하는 느낌 간의 가장 그럴듯한 관계는 무엇인가? 의식의 어떤 형태가 이러한 소유권 느낌이 파괴되었을 때 살아남을 수 있는가? 소유자 없는 의식은 평상심의 기저에 깔린 특질이 될 수 있는가? 본고의 목적은 상좌부 불교에 대한 필자의 초기 연구에서 발생했던 의식, 소유권 및 무아에 대한 가장 두드러진 점을 한데 모아 그 주제의 후속 작업과 관련하여 몇 가지 주장을 더욱 발전시키는 것이다.[2] 열반의 심리학적 가능성에 대한 예비 검토마저도 일상적 마음(*평상심)의 구조를 조명하는 데 도움이 되는 차이점 도출에 소중한 훈련이 될 수 있을 것으로 기대한다.

본문은 3절로 구성되어 있다. 1절에서는 필자가 주장하는 상좌부 불교의 가장 핵심적인 자아 개념, 즉 환영에 불과한 지위를 가진 것으로 알려진 자아의 윤곽을 보다 상세히 그려낼 것이다. 그것은 (비육체적 영혼과 같은) 추상적이거나 초세간적 개념이 아니라, 우리

남방 불교권의 상좌부 불교 혹은 테라바다 불교를 지칭한다.

2 필자의 책 『분석불교 *Analytical Buddhism*』(2006)와 논문(2009)에서 비롯된 본고의 다수의 개념과 주장 가운데 일부는 여기서 한층 더, 간혹 다른 각도로 서술된다 (상좌부 불교에서 무아에 대한 필자의 해석을 지지하는 것과 같은) 기타 주장들은 전혀 새로운 것이다(필자의 열반 및 무아 해석에 관한 상세한 경전에 따른 변론은 Albahari 2006의 2~3장에서 찾아볼 수 있다).

대부분이 자신으로 여기는 것을 묘사하는 개념일 뿐이다. 실제 그런 이유가 아니라면 열반을 성취하는 과정에서 자아감각을 상실할 가능성과 거의 관련이 없을 것이다.

2절에서는 (*상좌부 문헌에서 해석된) 열반의 성취 과정이 자아환영 구조에 중요한 제약을 두어 무아에 대한 서구의 표준적인 설명과는 구별될 것이라고 주장할 것이다. 각각의 사람이 생각과 지각을 포함한 다양한 대상의 흐름을 어느 정도 알아차리는 것으로 보이며, 이러한 대상이 우리의 인식적 알아차림에서 하나의 관점으로 현전하는 것처럼 보이는 것은 논란의 여지가 적다. 이 관점은 공시적이면서 깨어 있는 매 순간 통시적으로, 통일된 것으로 나타난다. (나는 이런 관점을 '관점적 소유자'라 부른다.) 그러나 이 관점적 소유자는 실제로 존재하는가? (흄이 개척한) 무아론에 대한 다수의 서구 이론에서 이러한 통합된 인식적 관점은 자아환영의 핵심에 위치한다. 인식적 마음은 일체 무상한 심적 현상으로, 그것을 고찰하는 통합된 관점의 환영을 창조하는 심적 기능론과 상호작용하는 생각과 지각 (등)의 다발이 실제 제공된다고 주장된다. 여기서 중요한 것은 다른 전통의 불교학자들이 불교 무아론을 전형적인 다발이론bundle theory의 한 유형으로 묘사한다는 점이다. 나는 다른 데서 무아의 다발이론이 빠알리 경전에 있는 특별한 경전으로 뒷받침되지 않는다는 점을 논의했던 것과 달리, 이 논문의 목적은 주로 철학적이다. 이를 위해 나는 불교 경전을 다발론적 환원론으로—이 환원주의가 (이 책에서 마크 시더리츠가 논의했던) 비반성적이든 (이 책에서 조르주 드레퓌스, 에반 톰슨, 매튜 맥켄지, 조엘 크루거가 논의했던) 반성적이든 간에—해석하는 데 맞서는 새로운 주장을 펼칠 것이다. 열반에서 무아의 진리가 (예컨대 철학적 분석을 통해) 단지 추론적이라기보다

(예컨대 명상을 통해) 경험적으로 알려지는 것이라는 해탈론적 불교 교설을 진지하게 받아들인다면, 다발로 된 마음은 올바른 방식으로 알려질 수 없을 것이라고 주장할 것이다. 대신 자아환영의 핵심이 (실재하는) 통합된 관점에 경계를 설정하고, 소위 '인격적 소유자'로 교체하는 듯 보이는 인격화된 동일성에 있다고 주장할 것이다. 또 '나는 누구인가' vs. '나는 무엇이 아닌가'라는 의미를 뒷받침하는 이 경계가 자아감각의 제거를 모색하는 초기불교 수행의 진정한 목표라고 주장할 것이다. 자아감각의 해체 후 남는 것은 통일된 관점적 '목격자 의식'이므로, 그것이 인격적 자아환영을 결여하는 한 본질적으로 소유자가 없게 된다.

만약 열반이 가능하고 필자의 주장이 수용된다면, 그것은 평상심이 어떻게 구조화되는지에 대한 함의를 갖게 될 것이다. 인격적-소유자-자아는 환영이 되는 반면, 일상적 자아 의식에서 나오는 통일된 목격자 의식은 실재할 것이다. 그러므로 이 마음은 자아의 '다발로 된' 환영이라기보다 '이중적으로 된 것'임을 보여줄 것이다. 3절에서는 이중적 자아환영이 평상심에서 예시된다고 가정하는 개별 이유를 일부 제시할 것이다.

2. 자아의 핵심 개념

만약 열반이 자아환영을 꿰뚫어 봄이라면, 그 가능성의 탐구는 [자아환영을] 통해서 보이는 자아의 부류를 분명히 해야 한다. 이것은 단 자하비(이 책의 98쪽)와 조엘 크루거(이 책의 55쪽)가 주장하는 것처럼, 자아의 정의가 매우 많다면 특히 중요하다. 이 경우 '자아'

는 우리 대부분이 존재감을 지니고 있는 핵심적인 무언가를 묘사한다는 것 역시 중요하다. 예컨대 불교 경전상 '자아'는 주로 불멸의 영혼을 가리킨다고 할 때, 자아환영을 통한 봄의 전망prospect은 그 존재를 전제하지 않는 대다수 사람들에게 무관할 것이다.[3] 이 외에도 초기불교 경전에서 보이는 자아 개념을 발췌하고, (흄, 제임스, 데닛과 같은) 다수의 서구 철학자들이 시사하는 것과 긴밀히 부합하는 이 자아 개념이 우리의 사고와 생활 방식에 전제되어 있다고 주장하는 데 일정 시간을 할애할 것이다.[4] 비록 자하비와는 반대로, "우리는 누구인가에 대한 우리의 전-철학적, 일상적 이해와 부합하는"(이 책의 자하비 63쪽) 대단한 개념이라고 강조할 것이지만, 지면 관계상 여기에서 그 주장을 재인용하지는 않겠다. 따라서 이 절의 목적은 특히 관점적 소유권과 인격적 소유권 간의 차이를 도출하는 과정에서 자아로 상정된 것의 핵심적 특징으로 간주되는 것을 상술하는 것이다. 이미 암시했듯 이 차이는 자아가 어떻게 환영에 불과하고 자아 해체 후에 무엇이 존속하는지에 대한 설명에서 핵심적으로 중요한 부분이 될 것이다. 본질적으로 이렇게 일반적으로 상정된 자아는 인격화된 경계와 세계에 대한 관점을 지닌 통일되고 간단없는 지속하는 경험의 주체이다. 생각과 경험에 의해 구축된 것이 아니라 그 뒤에 서서 어느 정도 담당하는 것은 사유자, 소유자 및 행위자이다.

무엇보다 우선 (우리가 있음의 의미를 갖는) 자아는 경험의 대상이

---

3 이것은 붓다가 브라만 전통 사상가들에게 재생의 수레바퀴로 기능하는 영원하고 비육체적이며 불가분의 실체들을 포함하는 정교한 이론적 자아관에 탐닉하지 말라고 경고했음을 부인하는 것은 아니다.

4 Albahari 2006 : §2-4 참조하라.

나라 주체이다. '주체'는 1인칭 관점의 내적 토대인 평범한 자아의 측면, 즉 세계를 파악하는 인식의 체화된 관점을 기술한다. 주체의 작동방식modus operandi은 다양한 지각적·의식적 방식을 통해 단순히 사물을 관찰하거나 목격하는 것이다. 이에 '목격자 의식'이라는 용어를 사용하여 모든 인식적·지각적·의식적 파악 방식에 공통된 순수한 관찰 요소를 설명한다.[5] 한편 이 용어는 종종 불이론 베단따 학자들이 부가적인 형이상학적 의미로 사용하거나(예, Bina Gupta 1998), 혹은 경험적 대상과의 의존 관계를 표현하기 위해 사용되기도 한다(예, 이 책의 볼프강 파싱). 이런 까닭에서 이 용어를 중립적으로 사용하려고 한다. 그렇지만 필자의 용례는 파싱의 목격자 의식이 ('보는' 사물이 아니라) '단지 봄 자체'이고 우리의 인식적 삶에 경험적으로 현전하고 있음을 표현한다는 점에서 파싱의 용례와 상당히 일치한다(이 책의 파싱 310-311쪽). (이후 파싱처럼 목격자 의식은 통일되고 어느 정도 간단없지만, 중요하게도 이것은 필자의 용어 정의에 들어가 있는 것이 아님을 밝혀두는 바이다.)

여기서 '대상'이라는 용어는 생각, 지각, 나무, 신체, 행위, 사건과 같이 (목격하는) 주관이 주의를 기울일 수 있는 모든 것을 설명하는 데 사용한다. 의식이 있는 모든 생물은 다른 생물들이 직접적으로 접근할 수 없는 관점에서 고통이나 생각, 그리고 그 자신의 신체와 같은 대상을 (목격자 의식을 통해) 관찰할 수 있는 고유한 위치에 특유한 형태로 자리잡는다. 다양한 대상이 한 주체의 관점으로 나타나는 한, 이 직접적 1인칭적 방식에 나타난 주관은 대상들의 관점

---

5   목격자 의식의 실재에 대한 상세한 정의와 변론은 Albahari(2009)를 참조하라. Albahari(2006)에서 목격자 의식 개념을 상좌부 불교에서 인격을 구성하는 다섯 가지 유위법 가운데 하나인 식온(識蘊) 개념과 특별히 연관시켰다.

적 소유자로 칭해질 수 있다. 반면 관점적 소유자 또는 최소 주체는 자아 안에 새겨지지만, 그 자체로 자아에 해당하지 않는다. 그것은 오히려 1인칭 관점을 위한 단순한 토대에 지나지 않는다. 관점적으로 소유된 대상이 관점적 소유자로서 주관과 맺는 관계는 단 자하비가 말하는 경험의 '1인칭 소여' 또는 '나에 대해 있음'이라 부르는 것과 부합하며, 그것은 우리가 '나의 두통', '나의 신체', '나의 행위'에 대해 이야기할 때마다 작용한다. 그러나 나에 대해 있음은 흐름을 경험하는 주관이라기보다 경험의 흐름 차원인 만큼, 나에 대해 있음은 최소자아이거나 주관이라고 주장한다는 점에서 필자는 자하비와 견해를 달리한다(이것은 후반부 논의에서 다룰 것이다).[6]

주목할 점은 주체(와 보다 넓은 자아)가 관점적으로 소유된 한 대상에 대한 초점 방식에서 그 자체로 직접 나타날 수 없다는 사실이다. 따라서 미세한 현상적 특징(과 이로 인한 자신에 대한 감각)을 갖는 것처럼 보이는 것은 명상 수행 중에 향상될 수 있지만, 주체는 그 자신의 초점에 주의를 기울이는 시야에 대해 영속적으로 파악하기 어렵다. 파악하기 어려움elusiveness이란 따라서 최소 주체의 핵심 속성이다. 이에 비해 이 책의 갈렌 스트로슨은 주체가 현 순간에 그 자체를 있는 그대로 주의깊게 (혹은 '주제적으로') 알아차릴 수 있다고 주장한다.

필자가 지적했듯이, 자아는 세계에 대한 관점으로 파악하기 어려운 주체 이상의 것이다. 그것은 여러 가지 다양한 역할들과 동화된 주체이다. 무엇보다 중요한 것은 인격적 소유자의 역할이다. 한

6 예로 Zahavi(2005a : 9-10, 2005b : 122-123)를 보라. 목격자 의식과 나에-대해 있음 (for-me-ness, 대자성) 간의 구별은 Albahari(2009 : 67-68)에서 보다 자세히 언급되어 있다.

인격적 소유자, 하나의 나는 그저 비인격적 관점이 아니라 동일성 (혹은 '나 - 는 - 누구 - 임')을 지닌 주체이다. 인격적 소유자로서 이 동일성과 관련해 (생각이나 느낌과 같이) 관점적이든 (집이나 차와 같이) 소유적이든 상관없이 다양한 항목에 대해 존재하는 소유권 역시 하나의 인격적 '나의 것임mineness' 차원을 띤다. 예를 들어 마이클 잭슨 팬으로서 느낀 동일성과 관련해서 그 예능인의 친필 서명이 있는 레코드판은 소유물로서 그저 소유된 것이 아니라 사적인 것으로 느껴진다. 이런 식으로 그 대상들은 대상의 소유자로서의 법적 지위를 합법적으로 인정하는 것을 넘어 나의 것임의 의미로 따뜻하게 스며든다. 이와 반대로 대상에 대한 인격적 소유권이나 나의 것임이라는 감각은 나임me-ness이라는 감각을 고양시키면서 인격적 소유자로서 우리의 고정된 자기동일성의 한 면을 드러내는 것처럼 보일 것이다. 동일성을 느끼는 것은 (성별, 인종, 성격 특성, 기본 역할과 같은) 특정 생각들이 주체의 관점에 적용되어서 세계가 그것들의 필터를 통해서 접근된 듯 보이는 동일화를 통해 분명해질 것이다. 데이비드 벨만을 인용하자면, 동일화는 인격의 한 부분이 "[자신의] 생각에 반성적 측면을 현시할" 때 발생해서 우리의 "심적 기준"이 된다(Velleman 2002 : 114). 동일시되는 가장 기본적이고 침투적인 역할은 관점적 소유자의 역할일 뿐이다. 이와 같이 주체는 단순히 (어떠한 감각 양상을 통해서든) 비인격적 심신 관점에서 세계와 그 대상에 접근하지 않는다. 그것은 나, 자아가 비롯되는 구체적 장소라는 관점과 깊게 동일시한다. 그 이후 관점적 소유권과 함께 인격적 소유권 감각은 우리가 '나의 생각', '나의 두통', '나의 행위' 같은 일을 넌지시 언급할 때마다 거의 늘 작동한다.

반면 욕구와 애착의 느낌은 인격적 소유권(과 이로 인한 인격적 소유자로서의 동일성) 감각에 대한 가장 두드러진 현상적 지표이겠지만, 이 느낌은 존재하는 그러한 소유권 감각이 있기 위해 현전할 필요가 없다. 이것은 생각, 감각 및 우리의 신체와 같이 많은 일상적 현상의 사례에서 특히 그렇다. 그러한 항목이 '나의 것'으로서 인격적으로 부여되는 순전한 편재성 때문에 정상적인 경우, 그러한 '나의 것임'의 뚜렷한 현상적 성질을 식별할 수 없다. 왜냐하면 그것이 발생할 때 대부분 이들은 그것이 결여한 것이 어떤 모습인지 알지 못하기 때문이다. 인격적 소유권 감각이 상실되거나 절충된 듯 보여서, 관점적·소유적 다양성과 함께 소유권에 대한 이러한 다른 주요 유형(혹은 감각)이 있다는 사실을 환기시키는 것은 주로 병리학적 장애이다. 예를 들어 질병불각증의 주체는 마비된 팔이 그에게 '속해 있지 않다'라고 느낀다. 한편 탈인격화 주체는 상당수 그의 생각으로부터 소유권의 분리를 공통적으로 감지한다.[7] 반면 이 인증의 사례에서 인격적 소유권 느낌feeling의 결여는 전체화되지 않는 경향이 있고(예로, 그들은 여전히 자신들에게 닥친 끔찍한 조건의 주체로서 동일시한다), 그럼에도 그것들이 분리된 듯 느끼는 그러한 생각들의 관점적 소유자와 동일시되지 않는 점이 두드러진다. 그렇다면 어떤 대상과 관련해 인격적 나의 것임의 결여는 인격적 나[에게]임의 결여와 병행한다. (인격적 소유권 감각에서 가능한 유예는 숙면하는 동안 그것의 유예가 실재에 대한 결여를 입증하는 것이 아닌 것처럼

---

7 인격적 소유권 감각에서 분리 수준이 행위체(agency) 양식을 통해 종종 발생할 수 있고 그처럼 우리는 다른 누군가가 조현병(schizophrenia)에 나타난 '사고주입' 가운데에서처럼 특정 사고방식을 기술했다고 느낀다. 필자가 행위체 감각이 인격적 소유권 감각에 근거해 있다고 간주하듯이, 사고의 저자로서 동일화하는 타협은 그 인격적 소유자로서 동일화하는 어떤 수준의 타협이라는 일반적 요점은 남아 있다.

독립적 실재를 결여한 소유권을 저절로 입증하지 않는다는 사실을 주목해보자. 이 점은 후반부에서 다시 다룰 것이다.)

'인격적 소유자' 역할에 포함되는 것은 우리가 우리 자신이라고 간주하는 자아 유형을 훨씬 자세히 기술하는 동일성의 다른 빈번한 방식이다. 그러한 방식과 긴밀히 연관된 두 가지 양태는 행위자agent와 사유자thinker이다. '행위자'는 행위를 개시하는 능력이 있는 소유자 주체이다. 관점적으로 소유된 행위에 대한 자긍심이나 수치심은 행위자로서 관점적 소유자와 동일시하는 명백한 양식이어서, 우리는 "나는 이러한 행위의 개시자이다."라고 깊게 느낀다(올림픽 메달의 자랑스러운 승자에 대해 생각해보라). 그러한 정서 역시 우리 자신을 사태의 흐름에 의한 수동적 결정과 정반대로, 스스로 다른 행동 방침보다 특정 행동 방침의 능동적 선택을 가능하게 하는 특별한 인과적 힘을 지니고 있다고 여기는 증거를 제공한다. 이를테면 죄의식을 느끼는 것은 우리가 특정한 방식으로 행동하지 않았더라면 하는 가정—이에 따라, 주장컨대 우리가 다르게 행동했더라면 하는 가정—을 함축한다. 지향적 행위는 생각에서 비롯되므로 사유자는 긴밀히 연관된 동일성 양식이다. 우리가 우리 자신을 본질적인 사유의 내용으로 보기보다는 사유의 창안자, 조정자 혹은 관찰자로 생각한다는 점은 중요하다. 속성의 측면에서 보면, 상정된 자아는 비구축된unconstructed—사고, 지각 따위의 내용으로부터 비구축된—어떤 것, 즉 그것들의 산물이라기보다 전례인 기저에 있는 어떤 것이다.

소유자 혹은 행위자와 같은 일반적 역할을 하거나, 아니면 자신이 누구인지에 대한 구체적인 생각(예로, 여성 아이스댄싱 챔피언)에 상관없이, 동일성의 의미는 그 동일성으로 경계지어진 포착하기 어려운 느낌을 유발한다. 세계와 그 대상과 직면한 주체는 따라서 한낱 하나의 관점으로서가 아니라 하나의 관점을 가진 고유하고 경계지어진 것으로서만 반성적으로 현존한다. 경계지어져 있음(*유계성 boundedness)이라는 이 속성은 상정된 자아에 단연 핵심적이다. 그것은 관점적인 것을 하나의 인격적 소유자로 전환시킨다. 더욱이 경계지어진 자아는 상이하고 유동하는 (인격적 소유자/행위자/사유자, 여성/스케이터/챔피언과 같은) 역할과의 일치가 바로 그 동일한 주체 안에서 아주 매끄럽게 통합된 듯 나타난다는 점에서 완벽히 통일된 것처럼 보인다. 다가오는 의례에 대한 흥분의 느낌은 동시에 모든 다양한 역할을 촉발할 수 있지만, 그것은 주체에게 마치 각각의 역할이나 동일성이 수적으로 구별된 자아나 유일한 자아 안에서 다양한 격실에 상응하는 것처럼 느껴지지 않는다. 통일체의 장은 그것에 의해 관점적으로 인격적으로 소유된 대상에서 공유하는 그 주체의 역할을 넘어 확장된 듯 보인다는 것은 중요하다. 주체에게 속한 것처럼 느껴지는 지각, 생각 및 경험은 주체의 바로 그 동일한 의식의 장에 속한 것처럼 제시되어서 다음과 같이 말하는 것이 자연스러워 보인다. "나, 자아는 백색 얼음과 환호하는 관중을 동시에 알아차리고 있다" 혹은 "몇 분 전에 백색 얼음을 보았던 바로 그 동일한 자아는 관중의 환호를 들었다." 의식의 통일체가 독자적인 철학적 주제인 반면, 여기서 요점은 통일체unity가 현 논의에서 관건이 되는 공통적으로 상정된 자아에 대한 주요 특색이라는 점이다.

　통일체는 공시적이자 통시적이다. 간단間斷 없음은 자아의 통일체가 통시적으로 연장되어 있다고 하는 측면을 기술하고, 또 이것을 (1) (매우 짧은 [시간] 간격에 걸쳐서 시간적으로 정돈된) [그럴듯한]

가상 현재specious present[8] (2) 하나의 가상 현재에서 그다음에 이르는 기간 (3) 숙면에서 깨어 있거나 생애에 걸쳐 지속하거나에 상관없이 장기간으로 구분하는 것이 유용하다. 불변성은 이렇게 가정된 동일성의 현상적 측면—모든 종류의 변화를 신체와 인격으로 착각하게 만드는, 정확히 동일한 근본적인 '나에게' 있는 그것에 대해 파악하기 어려운 느낌—을 파악한다. 그로써 경험의 흐름 이외에도 흄이 주목하였다는 것으로 유명하지만, 그 경험을 관찰하고 깨어있는 에피소드의 범위를 넘어 전형적으로 지속하는 나에게 간단없는 배경이 되는 의미가 있다. 예를 들어 우리는 깊은 잠에서 깨어나자마자 어제 밤—혹은 4년 전—의 쑥스러운 모험을 움찔하면서 회상할 수 있고, 이것은 후회스러운 행위의 관점적 소유자와의 강한 암묵적 동일화를 가리킨다. 혹은 우리는 미래에 대한 화려한 계획과 함께 깨어나기도 한다. '종적인' 자아와 같은 그런 동일화는 인격적 소유자가 있음의 의미를 결속시키는 것을 도와서, 그 자아는 안토니오 다마지오(1999)가 '자전적' 차원(비록 이 특질이 자아에 대해 본질적인 듯 보이지 않을지라도)이라고 부르는 것을 떠맡는다.[9]

필자는 자아가 생각에 의해 구축된 것이 아니라 생각의 기저에 있고 기원하는 것으로, 즉 그 부산물이라기보다 그 선례라고 암묵적이지만 깊이 추정되는 맥락에서 비구축성을 언급했다. 이렇게 가정된 특질은 실제로 완전한 자아를 뒷받침한다. 사유자로서 자아

---

8 역주) 변화 및 지속이 직접적으로 경험된다는 짧은 시간 길이를 말한다.

9 갈렌 스트로슨은 "우리는 우리 자신을, 우리가 현재 스스로 경험하는 자아나 인격을 우리가 (훨씬 더) 과거에 있었던, (훨씬 더) 미래에 있게 될 무언가로서 간주하지 않는다"고 '에피소드' 인격을 정의한다(Strawson 2008 : 210). 스트로슨은 이것을 그들의 더 앞선 자아들과 미래 자아들과의 동질감을 갖는 '통시적(Diachronic)' 인격들과 대비시킨다.

는 행위자, 소유자, 경험자 및 관찰자 역할과 함께 통일되어 있는 그 파악하기 어려운 간단없이 경계지어진 주관으로서 암묵적으로 현전하기 때문에, 비구축성의 특질은 자연스럽게 자아의 각 역할과 속성으로 연장될 것이다. 그러므로 자아가 참으로 그 현전화의 방식에 따라 존재한다면, 그 각각의 특질은—그것에 대해 암묵적으로 대립된 것으로 보이는 대상(생각, 경험, 지각)들의 흐름의 부산물이 아니라 선례로서—비구축될 것이다.

3. 상좌부 불교에서 해석된 것처럼 열반은 어떻게 자아 환영을 구조화하는가

이 자아는 어떻게 일상적 용어로 환영에 불과한 것으로 될 수 있는가? 그것은 한 가지 이상의 방식으로 환영에 불과한 것일 수 있는가? 이 절에서는 무아에 대한 표준적 서구 '다발이론'이 상좌부 불교에서 묘사하듯 열반이 가능하다면, 무아가 어떻게 이해되어야 하는지와 현저히 다르다고 제안하는 이런 질문들을 다룰 것이다. 앞서 말했듯이, 이것은 불교 무아론을 다발이론 유형으로 제시하는 불교 환원론의 전형적 형태에 대한 중대한 도전을 포함할 것이다.

일반적 용어로 어떤 것을 환영에 불과한 것이라고 하는가? (망상과 환각을 포함해) 환영은 본질적으로 현출顯出과 실재 사이의 불일치를 수반해서 사실 어떤 것이 실제로 그러한 방식이 아닐 때 특정 방식으로 나타나는 것이다. 전형적 사례는 (두 선이 실제로 동일한 길이임에도 동일하지 않게 보이는) 뮐러 라이어 착시,[10] 만취한 이의 환각,[11] 외계 생명체들에 의해 주시되는 감각을 포함한다. 이 모든 사례에 나타난 세계는 현출의 매개체가 지각적이거나 의식적이거나 간에 그 세계가 나타나는 방식을 사실과 부합하게 뒷받침하지 않는다. 만약 자아가 환영에 불과하다면 (주관성의 세계를 포함하는) 세계는 마찬가지로 자아의 특징적 현출 양식을 통해 현전하는 규정적 특징 가운데 최소한 한 가지라도 전달에 실패해야 한다.

자아가 그 모든 규정적 특색에도 불구하고 완전히 비구축된 어떤 것이고자 한다는 점을 고려할 때, 자아를 환영에 불과한 것으로 역할을 부여하는 직접적 방식은 최소한 이 특색 가운데 한 가지만이라도 자아가 대립되어 보이는 그러한 생각, 경험, 지각 내용으로부터 구축된 것이라는 주장을 시사한다. 이로써 자아는 근본적으로 보이는 것처럼 될 수 없을 것이다—그것은 생각과 경험에 대한 전례라기보다 오히려 (최소한 어느 정도) 부산물일 것이다. 달리 말하면, (비구축된) 자아에 철저히 근거한 (실제로 동일한) 자아감각은 이러한 자아 이외의 요소에 근거를 두게 될 것이다.

자아감각 단어는 '자아'와 '자아감각'이 종종 혼동되므로, 여기서 정리해보자. 자아감각은 자아라는 반성적 느낌이나 의식적 인상과 관련한 자아 현출顯出이다. 논의 내내 이런 느낌이 주의기울임의

---

10 역주) 뮐러 라이어 착시(Müller-Lyer Illusion)는 19세기 후반 독일의 심리학자이자 사회학자인 프란츠 칼 뮐러 라이어(Franz Carl Müller-Lyer)가 처음 고안했다. 이것은 동일한 길이의 두 수직선 끝에 추가된 화살표 핀의 방향에 따라 원래 길이보다 더 짧거나 길게 보이는 착시 현상을 말한다.

11 역주) 만취한 이의 환각(hallucination of the pink elephant)은 1941년 디즈니 만화 《아기 코끼리 덤보》에서 덤보가 술에 취해 환각 중 노래하고 춤을 추는 장면에서 유래된 말이다. 이후 술에 찌들거나 알코올 중독자가 술에 취한 상태에서 환각을 보는 것을 익살스럽게 표현할 때 사용한다.

범위에서 파악하기 어렵지만 충분히 실제적인 것으로 생각해왔다. 문제가 되는 것은 그 내용의 진실성이다. 사실 자유방임적 자유의지의 존재를 부인하는 이들이 그런 자유의지의 공통 느낌을 거부하지 않듯이, 자아 존재를 부인하는 철학자들도 일반적으로 자아감각을 부인하지 않는다. 실제로 자유의지론자의 자유의지가 (비록 항상 그렇지는 않지만) 종종 행위자로서의 능력을 지닌 한 자아에 귀속되는 것처럼, 그것은 주체에 대한 논쟁의 역사로 인해 어떻게 (우리가 우리라고 가정하는) 자아의 특색이 실재를 반영하는 데 실패할 수 있는지, 달리 말해 어떻게 자아감각이 자아에 근거하는 데 실패하는지에 대한 유용한 실례를 제공할 수 있다.

이어서 (그 과거 존재가 어떻든지 간에) 다른 행위 과정에 대해 한 가지 행위 과정을 시작할 수 있었던 개체에게 어떠한 존재론적 여지도 남기지 않는 결정주의가 맞다고 가정해보자. 우리(대부분의 인간)가 이러한 논란의 여지가 있는 종류의 행위체agency를 지닌 자아감각 (죄의식과 같은 정서를 통해 입증 가능한 느낌)을 갖는다고 가정해보자. 자유의지의 느낌은—그것(*행위체)을 행사하는 것처럼 보이는 것에 대해서만이 아니라—그러한 행위체를 실제 행사하는 개체로서의 의식적 내용을 반성적으로 전달할 것이다. 그러므로 결정주의가 그러한 행위체의 실재를 배제시킨 것이라면, 자유의지론 행위체로서 자아감각은 그것이 보이는 것처럼 현행적인 행위체인 자아의 근거가 될 수 있는 것이 아니라, (적어도 부분적으로) 자아가 존재론적으로 대립되는 것으로 보이는 생각과 느낌에 관한 내용의 근거가 될 수 있다. 달리 말해, 생각과 느낌은—실제로는 그러한 행위체의 원천이 없을 때—생각과 느낌과 행위에 대해 자유의지론의 통제를 행사할 수 있는 행위체의 원천 있음의 의식적 인상 조성을 돕게 될 것이다. 따라서 자유의지론 행위체로서의 자아는 생각(등)의 내용에 의해 만들어진 환영일 것이다. 그것은 지향적 행위를 창작하면서 전적으로 생각 배후에 서 있는 무언가로서, 그것이 존재하려는 본질적 방식으로 존재하는 데 실패할 것이다.

개괄하자면, 만일 자아가 존재한다면 그것은 비구축된 필수적 역할과 특색을 지닌 개체일 것이다. 이러한 역할이나 (행위체와 같이) 특색 가운데 적어도 한 가지라도 심적으로 구축된 것으로 밝혀진다면, 그렇게 정의된 자아는 존재하지 않을 것이다. 자아 존재를 부정하려는 대다수 시도의 핵심이 되는 일반적 (그러나 비공식적) 전략은 따라서 자아의 핵심적 특색 중 최소 하나 이상이 심적 구축이라고 주장하는 것이다. 이 전략적 작전을 고찰하는 것은 전형적인 서구의 무아 해석에서 만일 열반이 가능하다면 자아가 존재할 수 없다는 방식과 어떻게 차이가 있는지 한층 정확히 식별하는 데 도움이 될 것이다. 이러한 분석을 당면한 설명과 비교하기에 앞서, 우선 서구의 표준적인 무아 해석을 검토할 것이다.

일반적인 학자들은 데이비드 흄David Hume(1711-1776)이 서양철학의 무아론을 선도했다고 여기고, 그의 저술을 통해 불교의 무아론과 비교하곤 했다. 그는 거기에 있는 듯이 나타나 서로 다른 지각을 통일하는 통일체를 설명하는 데 있어 끊어지지 않는 토대를 이루는 존재가 있다는 주장을 대신해 다음과 같이 말한다.

> 상상할 수 없는 속도로 서로 계기繼起하며 영속적 흐름과 움직임 속에 있는 상이한 지각의 다발 또는 집합 … 그[마음] 안에 어느 한 순간도 제대로 어떤 단순성[통일성]이 없을 뿐만 아니라, 우리가 그 단순성과 동일성을 상상해야 할지도 모를 자연적 성

향이 무엇이든 간에 다른 것 안에 있는 동일성 역시 없다.

Hume 1739 : I,IV,vi

동일성 감각에 대한 설명은 다음과 같다.

> 우리가 사람의 의식에 귀속시키는 동일성은 오직 허구적인[즉
> 구축된] 것이고, 또 우리가 채소와 동물의 몸에 귀속시키는 것
> 과 같은 종류의 것이다. 그러므로 그것은 다른 기원을 가질 수
> 없지만, 대상과 흡사한 것에 대한 상상 속에서의 작동과 흡사한
> 것으로부터 진행해야 한다. … 동일성[과 단순성]은 이러한 상
> 이한 지각에 실제로 속해 있고 또 그것들을 통일하는 무언가가
> 아니지만, 우리가 그것에 대해 숙고할 때 상상 속에서 그 관념의
> 연합으로 인해 그 속성으로 돌리는 성질일 뿐이다.

Ibid.

흄은 자아의 통일체와 동일성의 나타남을 현행하는 비구축된 통
일체('단순성')와 쉼 없는 불변의 동일성('비중단됨'과 '불변성')을 포
괄하는 요소에 의해서가 아니라, "우리가 그것에 대해 숙고할 때
상상 속에 나타난 그 관념의 연합"과 같은 심적 요소에 의해 뒷받침
된다고 여긴다. 달리 말하자면, 자아란 통일체와 (장·단기간) 동일
성이 위상을 구축했다는 사실로 인한 심적 구축이다. 따라서 환영
은 통일체의 특질과 간단없는 동일성이 통일체와 동일성에 대한
우리의 감각을 객관적으로 뒷받침하는 비구축된 실체, 자아에 대한
것이다. 사실은 자아나 마음에 있는 이러한 인상을 실제로 뒷받침
하는 통일체나 동일성에 관한 어떤 원칙도 없다. 단지 기억과 상상

에 의해 작동되었을 때 통일체와 동일성을 지닌 개체의 인상을 만드는 급속하게 찰나적인 다양한 지각만 있을 뿐이다.

통일체와 간단없는 영속성을 자아가 구축된 것에 핵심적인 것으로서 역할을 부여하면, 이로 인해 환영에 불과한 지위가 사실상 무아에 관한 모든 서구적 설명에 공통적 전략임이 드러난다. 예를 들어 윌리엄 제임스는 우리가 통상 자아에 귀속시키는 통일체와 간단없음이 구축된 것임을 명확히 한다.

> 상식은 모든 자아의 통일체가 사후에 확정된 유사성이나 연속성의 단순한 현출이 아니라고 주장한다. 상식은 그것이 실제 소유자[통일체의 원천], 어떤 종류의 순수한 정신적 실체에 속하는 실재를 수반한다고 확신한다. 이러한 실체와의 관계는 자아의 구성요소를 그것이 생각에 대해서 하는 것처럼 결합하게 만드는 것이다.
>
> James 1890 : 337

소위 자아의 통일체와 간단없음에 대한 제임스의 입장에 대해서 오웬 플래너건은 "경험의 가능성에 대한 사전 조건이 아니라 사후 구축이다"라고 인용한다(Flanagan 1992 : 177-8). 플래너건이 무아론을 변론하는 입장은 주로 (이것을 운행하는 행위체와 같은 다른 특질과 함께) 통일체와 간단없음의 특질을 통해서 환영에 불과한 자아의 지위를 부여한다는 점에서 제임스의 입장을 따른다.

> 두 가지의 환영이 있다. 한편으로는 경험을 조직하고 행위를 일으키며 인격으로서 우리의 변하지 않는 동일성을 설명하는 자아, 에고, '나', 다른 한편으로는 경험의 흐름이다. 만일 이러

한 견해가 빗나간 것이라면 무엇이 더 나은 견해인가? 그 더 나은 견해란 있는 것, 그리고 있는 모든 것이 경험의 흐름이라는 것이다. "어처구니없다! 그렇다면 생각이란 대체 무엇이란 말인가?"라는 반응이 나온다. 답변은 "생각 자체가 사고자이다."(James 1892 : 83)[12]라는 것이다. … 우리는 에고가 없다.

Flanagan 1992 : 178

유사한 주제에 대해 대니얼 데닛은 다음과 같이 기술한다.

이 종種의 각각의 정상적 개인은 하나의 자아를 만든다. 그 두뇌로부터 말과 행위의 그물을 엮어내지만, 다른 창조물처럼 그것이 행하는 것을 알 필요가 없다. 그냥 할 뿐이다. … 우리의 이야기는 엮어지지만 대부분 우리가 그것을 엮은 것은 아니다. 그것이 우리를 엮어낸다. 우리 인간의 의식과 서사적 자아성은 그 원천이 아니라 부산물이다. … 서사의 이러한 줄이나 흐름은 마치 단일한 원천으로부터인 것처럼 분출한다. … 모든 청중에 대한 효과는 그들로 하여금 그들의 말이 그들이고 그들에 대해 통일된 행위자를 상정하도록(하는 것을 힘쓰도록), 요컨대 서사적 중력의 중심을 상정하도록 고무하는 것이다.

Dennett 1991 : 418

이 사상가들은 자아를 구축함으로써 환영에 불과한 지위를 공시적이자 통시적으로 동시에 이해되는 중심적인 통일 주체에게 부여

---

12 플래너건은 William James(1892), *Psychology : The Briefer Course*, G. Allport (ed.)., New York : Harper and Row, 1961을 인용한다.

함으로써 서양철학에서의 자아 부정 방식을 정형화한다. 그 설명은 통일체와 간단없음의 인상이 정확히 어떻게 구축되는가에 대한 세부 내용—예컨대 어떤 심적 기능이 환영에 기여하는가와 같이—에서 견해를 달리하지만, 그들 모두는 주로 이 방식을 통해서 자아 존재를 부정한다. 통일체와 간단없음의 인상은 그것이 경험 흐름의 반대편에 서 있는 최소자아(혹은 관점적 소유자)를 규정하듯, 반대되는 것처럼 보이는 별개의 심적 현상의 다발로부터 완전히 조작되어야 한다. 본질적으로 그것은 자아의 다발이론으로 알려진 것이다.

이제 다음과 같이 질문해보자. 자아를 환영에 불과한 것으로 이해하는 이 방식은—최소 주체로서의 자아에 관한 통일체와 간단없음에 대해 비구축된 실재를 부정하는 다발이론으로서—상좌부 경전에 기술된 것처럼 만약 열반이 가능하다면 우리가 '무아'의 위상을 어떻게 이해해야 하는지와 부합하는가? 머리말에서 주목했듯 이것은 불교철학 전통의 전형적인 무아론에 대한 이해 방식이다. 이 목표에 맞춰서 다양한 다발이론 유형들이 있다. 더 극단적 유형(아비달마 전통에서 영향을 받은 비반영적 환원론)은—공시적이든 통시적이든—통일체의 모든 인상이 찰나적이고, 인과적으로 연계된 집합체의 존재론에서 구축된 환영에 불과한 것이라고 주장한다. (유가행 경량부에 의해 주로 영향을 받았고, 필자가 '반영적 환원론'이라 칭한) 다발이론의 덜 극단적 유형은 (가상 현재의 길이만큼) 그 자체를 반성적으로 알아차리고 있는 각각의 인식 경험에 걸쳐 어느 정도의 공시적 통일체가 존재하도록 허용한다.[13] 그렇지만 그러한 시간적

─────
13 필자의 '반영적 환원론(reflexive reductionism)' 용어 사용은 어떻게 그 주창자들이 그들의 입장을 지칭했을지(그들은 자신들의 사용 맥락에서 그것을 '환원론'이라고 불렀던 것은 아닐 것이다)를 반영하기보다 다발이론에 대한 동조를 묘사하려

통일체는 가상 현재를 넘어 확장되지 않으며, 또 그것은 어떤 주체에 속한 것이 아니라 변화하는 의식의 흐름을 형성하는 별개의 경험에 속한 것이다. 따라서 전반적인 불교 전통 내에서 모든 다발이론의 변형은 (최소한의) 주체의 작동방식으로서 경험의 흐름과 떨어져 서서 쉼 없이 주시하는 통일된 목격자 의식의 비실재성이나 환영에 불과한 지위를 뒷받침한다. 이 책에서 드레퓌스는 반영적 환원론을 다발이론으로 간주하지 않지만, 이 논의의 목적을 위해 다발이론으로 간주한다는 점에 주목하자. 이제 경전에 나타난 열반을 최소한 깨어 있는 삶의 영역 내에서 주시하는 목격자 의식의 쉼 없는 통일체를 수반하는 것으로 변론하고 제시하는 주장이 대다수 불교철학의 전통에 정면으로 맞서고 있다. 따라서 그러한 측면은 다수의 '불교도들'이 반박할 것임은 잘 알고 있다. 그렇다면 좋다! 여기서 주장하려는 것은 다발이론보다 차라리 필자의 입장이 초기불교 경전에 대해서 한층 일관된 철학적 재구성을 제공한다는 것이다. 비록 이 입장이 경전에 명시적으로 언급된 바는 없지만 초기불교와 상당히 일맥상통한다.

논의를 시작하기에 앞서, 반영적, 비반영적 각종 환원론이 어떻게 구별될 수 있는지 좀 더 설명이 필요하다. (이 책의 드레퓌스, 톰슨, 맥켄지, 크루거가 다양한 형태로 논의한) 반영적 환원론에 따르면 "의식은 대상을 인식하는 그 자체를 인식한다."(이 책의 시더리츠 511쪽) 따라서 의식에는 경험 자체를 인식하는 것 외에 더 이상의 것이 없다. 달리 말해, 의식의 즉각적 대상은 (블루베리와 같이) 세계 밖에 있는, 즉 외계에 있는 대상이 아니다. 그것은 대상을 의식함에

고한 것이다.

대한 현상적 경험이고, "파란색을 봄에 대한 경험은 단지 파란색을 그 형상으로 지니는 인식의 발생일 뿐이다"(이 책의 시더리츠 509쪽). 따라서 상이한 의식 흐름은 다양한 방식의 경험 흐름에 상응한다. 즉 별도의 인식 주체는 결코 없다. (이 책에서 시더리츠가 논의한) 비반영적 환원론의 방식으로는 의식은 자기친밀적self-intimating이지 않다. 다시 말해, 그것은 그 지향적 내용을 형성하는 (경험을 포함하는) 다양한 감각적, 또는 심적 대상과 결합해 일어나는 대상 지향적인 알아차림이다. 이제 비반영적 환원론에서 출발해 차례 대로 각 유형을 다룰 것이다.

불교의 비반영적 환원론에서 "의식은 감각 능력(*능취能取)과 감각 대상(*소취所取) 간의 접촉에 의존하여 일어난다. … 꽃의 색깔을 대상으로 간취하는 의식은 한 찰나 후 그것의 향기를 대상으로 간취하는 그것과 구별되어야 한다."(이 책의 시더리츠 503쪽). 각 찰나의 의식은 정보를 그다음 찰나로 전달한다. 각 찰나들 사이의 시간적 간격은 전혀 없다. 대상 지향적인 의식의 각 찰나 합성체는 (만약 그것이 반영적 환원론과 대조적으로 단지 목표인 심적 또는 감각 대상의 발생 이상이라면) '인식적'으로 분류되게 하고 (마치 빙빙 돌리는 불 깡통에 나타난 불에 대해 인식하는 통일된 원의 환영이 그 불에 대해 각각의 구별된 발생의 불변적 화염 본성에 의해 생성되는 것처럼) 자아환영의 핵심인 간단없이 주시하는 의식의 환영이 생성되게 하는, 짐작컨대 불변적 관찰요소를 새겨 넣었을 것이다. 이제 그 차이에도 불구하고 불교 전통이 열반을 지적 수수께끼풀이라기보다 우선적으로 1인칭 경험적 관찰에 기반한 심적 실재의 본성에 대한 변혁적 통찰을 수반하는 것으로 수렴될 것이라고 생각한다. 우리는 철학을 익히고 실험 결과를 도출하는 것만으로 깨달음을 이룰 수 없다.

그렇다면 불교의 (비반영적) 환원론 구도에서 열반을 성취한 '인격'
은 그 본성을 찰나적이고, 인과적으로 결합된 개별 무더기蘊들의
다발이라고 봄으로써—그렇게 알고 있는 의식을 포함해—자아환
영을 직접적으로 '간파하게' 될 것이다. 우리가 이전부터 깊게 각인
된 가정—현상 흐름을 주시하는 간단없이 통일된 인식적인 자아가
있다—은 의식 자체가 흐름의 일부로 각인될 때 극적으로 반전될
것이다. 미얀마의 명상 지도자 마하시 사야도 존자는 환원론자의
그림에 신빙성을 더해주는 방식에서 예리한 수준의 알아차림을
기술한다.

> 그리고 그러한 신체적 과정을 주목하는 의식의 해체는 그 신체
> 적 과정의 해체와 함께 그에게도 명백하다. 또한 다른 신체적,
> 심적 과정을 주의하는 가운데 그것들의 해체 역시 동일한 방식
> 으로 그에게 명백해질 것이다. 결과적으로 전신의 어떤 부분을
> 주목하더라도 그 대상이 먼저 사라지고, 그 후 그 대상을 주목하
> 는 데 집중한 의식도 그 뒤를 이을 것이라는 앎이 그에게 생겨났
> 다. 이로부터 명상자는 각 계기적 쌍의 사례에서 어떤 종류의
> 대상 해체와 그 대상을 주목하는 의식의 해체를 분명하게 이해
> 하게 될 것이다. (이것은 오직 주목함에 집중한 이에 의한 직접적
> 체험을 통해 도달된 이해만을 가리킨다는 점을 명심해야 한다.)

Sayādaw 1994 : 23

사야도 존자가 암시하듯이, 열반은 '단순 추론에서 추출된 견해'
와는 상반된 '직접 체험을 통해 도달된 이해'를 동반해야 함을 고려

하면, 문자그대로 수용하면, 명상수행자가 깨닫는 의식이 무상하다는 것을 경험상 깨닫게 된다는 구도상 일관되지 않은 무언가가 있다고 생각한다. 이 구절을 이해하는 최선책은 명상수행자가 (대상들로 인해) 의식으로 여기는 다른 방향—불교 환원론을 수반하지 않는 구도—을 실제로 깨닫고 있음을 가정하는 것이다. 따라서 상좌부 경전이 의식을 무상한 것으로 말할 때, 이것은 의식의 지향적 내용—의식이 향하고 있는 것—이 항상 변화하고 있음을 의미한다. 한 찰나에 초록색과 둥근 것에 대한 인식이 있고, 그다음은 아삭아삭한 것과 사과 맛에 대한 인식이 있다. 그렇지만 이것은 이러한 대상을 향해 지향된 관찰 요소가 그 자체로 발생하고 소멸한다고 말하는 것과 다르다. 그렇다면 상좌부 불교의 이러한 해석에 반하는 필자의 주장은 무엇인가?

우선 필자가 주장하고 있지 않은 것에 대해 명확히 해보자. 통일된 간단없는 의식의 인상이 환원론자의 존재론하에서 불가능하다고 주장하는 것이 아니다. 대신 열반 속의 마음을 이해하기 위한 시원적 양식이 경험적이라는 관념에서 한발 더 나아가 인식론적 측면에 기반한다고 주장한다. 열반은 종종 상좌부 경전에서 가치론적 측면이 아닌 인식론적 측면에서 '궁극적'으로 기술된다. 열반의 관점에서 행해진 언급은 권위가 있는 것으로 생각된다. 철학적이나 과학적 발견에 의해 박탈될 수 있는 관념은 결코 없다. 예를 들어 상좌부 경전에서 붓다나 아라한이 "조건화된 현상(*유위법有爲法)과 같은 것이 무상하고 고통을 조장하며 자아가 없다"고 말하는 것이 착오라는 어떤 암시도 없다. 이것을 '경험 조건'이라고 부르겠다.

경험 조건 : 열반 상태에서 지식/지혜/통찰의 시원적 양식은 1

인칭 경험에 바탕을 두고, 1인칭 관점은 3인칭 이론적 관점보다 권위를 갖는다. 인식적 마음의 본성과 관련해 1인칭적 열반의 관점과 3인칭 이론적 관점 간에 갈등이 있을 경우, 1인칭 열반의 관점이 이론적인 것을 능가한다.[14]

여기에서 (열반 가설 상) 경험 조건은 현상의 무상성을 의식하는 의식의 측면이—적어도 각성覺醒 동안—변화하는 흐름과 별개가 아

---

14 이 논문 말미에서 경험 조건이 현출들을 살리기 위해 제시된 방법으로 재등장하지만, 여기에서 경험 조건을 독립형 조건으로 변론하고 있지 않다는 점에 유념하자. 그렇지만 불교 전통들을 가로지르는 열반 개념과 관련하여 경험 조건은 보다 자세한 변론이 필요할 수 있다. 예컨대 이 책에서 시더리츠는 유가행파 주관적 관념론에서 의식은 본성상 궁극적으로 비이원적으로 간주됨을 지적한다. 열반의 현실화는 그것의 대상을 지닌 외계가 있다는 관념의 완벽한 해체—시더리츠에 따르면 주체/객체 균열에 의존해야 하는 주관적 내면감의 해체—를 수반할 것이다. 따라서 "유가행파의 주관적 관념론은 알바하리가 주장한 관점적 자아의 명시적 부인을 수반한다."(이 책 519쪽). 이와 같이 이상적 열반 상태가 내면성의 의미나 1인칭 관점을 전혀 수반하지 않는다면 어떻게 열반의 권위가 1인칭 관점으로 지시될 수 있을까? 여기서 우리는 조심스럽게 접근해야 한다. '1인칭 관점'이나 '내면성'은 모호하다. 만약 그것이 '이중적 주체/객체 구조에 한정된 경험'을 의미한다면 궁극적 비이원적 의식이 이 구조를 결여해야 하고, 이에 따라 1인칭 관점도 궁극적 권위를 결여해야 한다는 점에 동의할 것이다. 그러나 "그것이 비이원적 의식을 경험하는 것과 같은 어떤 것이 있음"—또한 다른 논문(2006)에서 필자가 이것이 무엇을 의미할 수 있는지 다소 상세히 전달하려고 한 것—을 의미한다면, '1인칭 관점'은 비이원적 의식에 의해서 부인되지 않을 것이다. (열반은 경험되는 것이지, 추리되지 않는다는 점에 많은 시사점이 숨겨져 있을 것이다.) 그럼에도 불구하고, 필자는 대상이 경험되고 있는 한 그 관점적 주체를 갖는 이원적 (주체/객체) 1인칭 관점은 피할 수 없음을 강조하려고 했다. 그리고 열반의 관점에서 판단 영역이 그 대상과 관련한 주관적 경험에 대한 것이라면, 그 경험 조건은, 비록 좁게 해석하더라도, 온전히 남아 있다. 만약 그것이 마치 대상들이 (주체의) 간단 없는 인식적 알아차림에 의해 목격되고 있는 중인 것처럼 보일 수밖에 없다면, (만약 열반이 가능하다면) 비록 간단없는 알아차림이 그 본질적 성질에서 주체의 관점으로 한정되지 않더라도, 이것은 실제로 사물이 있는 방식일 것이다.

닐뿐더러 환원될 수도 없다고 주장할 것이다. 다음과 같은 질문을 시작해보자. 환원론 설명에서 (무상한 의식에 의한) 무상한 의식의 인지는 어떻게 이루어지는가? 매 찰나의 의식이 그것 자신의 오고 감을 반성적으로 관찰하는 것은 가능하지 않을 것이다. 우리가 반성적 의식을 다루고 있든지 혹은 다루지 않든지 관계없이 그것은 그것 자신의 오고 감에 현전되고 있는 의식의 연속이라는 모순 상태를 동반하게 될 것이기 때문이다. 그러므로 식별하는 의식의 무상성(혹은 통시적 분열)은 어떤 환원론적 설명에서도 회고적으로 경험되고 있음에 틀림없다.[15] 그렇다면, t_3에서 식별하는 의식이 의식적 연속들 $t_1 - t_n$의 인과적 고리 속의 연속적 일원이고 또 그것이 그 고리의 이전의 일원들의 무상성을 (기억 또는 파지를 통해서) 회고적으로 식별한다고 가정해보자. 이것은 그것 자신(t_3)을 포함할 수 없으므로 그것은 그것 자신이 이후의 의식인 t_5에 의해서 무상한 것으로서 회고적으로 식별되기 이전에, t_1과 t_2의 연속들로부터, 말하자면, 숫자상 전이轉移를 식별해야 할 것이다. 그리고 이곳은 필자가 비반영적non-reflexive 환원론의 문제점으로 보는 곳이다. 왜냐하면 t_3가 t_1로부터 t_2로의 전이를 경험적으로 구별할 수 있는 유일한 방법이 t_1이 t_2로의 변화하는 내용—각각의 의식이 향하게 되는 대상—을 식별하는 것이기 때문이다. 그러나 이것은 우리에게 각각의 연속에서 관찰하는 구성요소가 실제 숫자상 별개라고 말하지 않는다—그것은 우리에게 대상들이 숫자상 별개라고 말할 뿐이다. 그 기저에 놓여 있는 '대상적' 시나리오가 (만약 그 문제에 대해 심화

---

15 필자는 반영적 환원론자들이 이 측면을 인정하려고 할지 명확하지 않고, 그리고 그들의 방식으로 논쟁에 참여하고 싶기 때문에 식별하는 의식의 불명료성과 관련해 일어날 수 있는 어떤 문제도 논외로 할 것이다.

된 진리가 있다면) 다른 대상을 간취하는 간단없는 의식의 환영을 생성하면서 숫자상 별개로 식별하는 의식의 인접한 고리에 대한 것이거나, 아니면—사물이 어찌 보이는가에 따라서—다른 대상을 의식하는 중인 간단없이 식별하는 의식에 대한 것이라고 현상학적으로 말할 방법은 사실상 전혀 없다. 그것은 관찰하는 구성요소가 비반영적 의식 각각의 연속을 인식적으로 부여하고, 인접한 숫자상 전이가 경험적으로 식별될 수 있게 하는 어떠한 표시도 남기지 않으면서 질적으로 불변하는 이유이다(각각의 전이에서 약간의 충격 [덜컥거림]이 있다면 모를까 말이다). 따라서 각 의식의 연속에 대해 관찰하는 구성요소는 1인칭 경험적 관점에서—기저에 놓여 있는 존재론과 관계없이—간단없는 것처럼 보일 것이다. 토마스 메칭거 (2003)의 구절을 활용하자면, 마음은 식별하는 의식의 무상성과 관련해서 어떤 기저에 놓인 존재론이 주관적 경험에 접근하기 어렵게 될 정도까지 '현상적으로 투명하게' 될 것이다. 이것이 비반영적 환원론의 문제점이다. 우리는 무상성과 무아로의 열반의 통찰을 그릇된 것으로부터 올바른 관점으로 이동하면서 경험적으로나 의식적으로 극적인 것이 될 것이라고 기대해야 한다. 그러나 만약 (그릇된) 간단없는 상태를 올바른 (별개의) 상태로부터 현상적으로 식별하는 방법이 전혀 없다면, 이것이 어떻게 발생할 수 있겠는가?

이 점에서 비반영적 환원론자는 다음과 같이 대답할 것이다. 만약 식별하는 의식의 본성이 어떤 식으로든지 결정될 수 없다면, 우리가 그것이 별개라고 결론내리지 못하는 것처럼 그 식별하는 의식이 간단없는 것이라고 결론내리지 못한다. 이곳이 경험 조건이 관여하는 곳이다. 만약 열반의 1인칭 관점이 우리의 심적 생활의 본성에 관해 권위를 지닌다는 점과 또한 열반의 관점으로부터 그것이 (깨어있는 삶을 관통해 유지된) 하나의 계기로부터 그다음으로 간단없이 관찰하는 의식이 존재하는 것처럼 보일 수밖에 없다는 점이 인정된다면, 그 현출과 상충하는 감추어진 존재론은 없을 것이다. 사물은 그것이 보이는 것처럼 있을 것이다. 현출과 실재는 만나게 될 것이다. 시더리츠에 따르면 식별하는 의식을 별개라고 추리하는 것은 경험 조건과 반대로 철학적 추리에 대한 방법과 함께 3인칭 관점을 권위 있는 것으로 간주하는 것과 연관된다. 사야도 존자의 말을 빌리자면, 그것은 '단순한 추리로부터 유래된 견해'를 '직접경험을 통해 도달된 이해'보다 우선시하는 것이다. 만약 식별하는 의식이 별개라고 판명된다면, 이에 따라 비반영적 환원론 유형과 상응할 수 없다.

반영적 환원론이 다소 더 나은가? 의식의 각 계기 안에서 주시하는 불변의 요소가 하나의 의식 계기로부터 그다음으로 숫자상 전이를 식별할 수 없게 되었기 때문에, 비반영적 환원론이 지닌 문제가 발생했다. 반영적 환원론은 이 문제에 굴복하는 것처럼 보이지 않는다. 왜냐하면 간단없이 불변하는 의식적 관찰의 어떤 인상도 보다 예리하고 철저한 검토하에서 사라져야 하기 때문이다. 왜 그러한가? 의식에는 단순히 경험 자체의 흐름(예를 들어 시각적, 청각적, 자기 수용적) 이외에 존재하는 것이 없고—각각의 경험을 하나의 대상으로 간주하여 별도로 주시하는 구성요소가 없기 때문이다. 각 경험은 그 자체를 반성적으로 알아차리고 있고, 그것은 경험을 의식적 경험으로 만드는 것이다. 또한 각각의 의식적 경험이 질적으로 다르기 때문에 그것은 의식의 한 계기(즉 t_1)가 소멸하고 다른 계기(t_2)가 시작했을 때 (즉 t_3에서) 충분히 회고적으로 말할 수 있다. 따라서 의식의 각 반성적 계기는 무상한 것으로 경험적으로 식별할 수 있을 것이어서 경험 조건의 함정에 빠지지 않는다. 권위를 지닌 이 1인칭 관점으로부터의 조사결과는 변화하는 현상을 간단없이 관찰하는 최소한의 통일 주체가 실제로 존재하고 있음을 자아환영의 선상에서 주장하는 모든 이론을 능가할 것이다. 별개의 불변적 경험의 주체에 대한 어떤 인상도 우리의 의식적 삶에서 변화의 정도에 불충분한 주의를 기울이게 하는 (이론적 첨가와) 인지 과정을 통해 생성될 것이다. 따라서 열반은 우리가 가정했던 것보다 훨씬 더 극적인 변화의 정도가 흐름을 관찰하는 간단없는 자아(혹은 사실상 주체)를 지지하지 않는다는 실제 사실에 대한 통찰을 수반할 것이다.

비반영적 환원론이 의식에 대한 불변하는 관찰적 구성요소에 수치적 단절성을 부여함으로써 경험 범위를 넘어서는 반면, 반영적 환원론은 의식적 경험에 다양한 것 말고도 더 많은 것이 있음을 인정하지 못하므로 경험 범위 이하로 기술한다는 것을 반대하고 싶어할 수도 있다. 왜냐하면 열반의 1인칭 관점에 대한 바로 그 관념이 우리의 의식적 삶에 한갓 경험의 다양성 말고도 더 많은 것이 있음을 전달하지 않는가? 또한 이 차원이 불변하는 관찰 주체를 가리키는 것은 아닌가? 만약 반영적 환원론이 1인칭 관점을 배제시킴으로써 의식적 경험의 현상학을 기술하는 데 실패한다면, 그것은 적어도 경험 조건을 만족시킬 수 없을 것이다.

이러한 반론은 이제 곧 밝혀지겠지만 반영적 환원론—또는 인도, 중국, 티벳 불교철학의 특정 학파에서 기술되어 왔던 유형—를 잘못 해석하고 있다(이 책의 톰슨, 드레퓌스, 시더리츠, 맥켄지, 크루거가 논의한 입장과 비교). 만약 반영적 환원론을 지지하면서 개진된 이 같은 현상적인 고려들을 보다 면밀히 살펴보면, 1인칭 관점이 무시되지 않음을 알 수 있을 것이다. 예컨대 이 입장에 관한 이 책의 드레퓌스 논의는 경험의 '1인칭 자기소여'를 이야기한다. 현상학적으로 고무된 그의 입장에서 1인칭 소여 개념은 흐름을 주시하는 주체에 부여하기보다 경험 흐름에만 부여하는 핵심 교의를 반영적 환원론과 공유하는 자하비(Zahavi 2005; 이 책)에 의해 소상히 소개되었다. (흐름 안의 가상 현재 사이의 통시적 통일체에 대한 주장으로 그는 완숙한 반영적 환원론자와 구별된다.) 자하비는 1인칭 소여 가운데 우리의 의식적 경험은 매우 비인격적이거나 익명적이지는 않지만, "내가 겪으며 살아가고 있는 경험이 나 이외의 다른 누군가에게라기보다 나에게 다르게 (그렇지만 반드시 더 나은 것이 아니지만) 주어지는"(이 책의 자하비 97쪽) 것과 같은 방식으로 근본적 자기소여에 의해서 구조화된다고 주장한다. 따라서 초록 사과에 대한 나의 경험이 철수의 경험과 유사하더라도, 그 경험은 철수의 경험과 딱 들어맞지 않는 '나의 것'이라는 방식으로 집합되는 나의 경험들 속의 하나의 관점적 소속감을 갖는다. 자하비는 계속해서 말한다. " … 경험의 나에 대해 있음for-me-ness(대자성對自性) 혹은 나의 것임mineness(사유성私有性)을 부정하는 사람이야말로 경험의 본질적인 구성 측면을 인식하는 데 실패한다. 이러한 부정은 1인칭 관점에 대한 부정에 상응할 것이다."(이 책의 자하비 97-98쪽). 혹은 에반 톰슨이 말하듯 (만약 기억으로부터라면) 경험은 "1인칭적으로, 즉 내가 이전에 겪으며 살아온 경험으로서 안으로부터 주어진다."(이 책의 톰슨 271쪽). 달리 말해 모든 우리의 경험은 하나의 관점을 통해 제공되고, 우리 각각의 경험이 반성적으로 지녔던 이 관점적 나에 대해 있음은 (경험들이 동일한 나에 대해 있는 것으로 보이기 때문에) 시간에 걸쳐서 우리의 경험적 삶에 통일체의 인상을 제공하면서 우리의 1인칭 관점을 구성한다.

그러나 이것이 우리의 경험을 참되게 기술할 수도 있지만, 반면 비반영적 환원론을 괴롭혔던 문제 유형이 다시 대두되는 위협에 직면하고 있다. 그러한 상황에서 우리는 하나의 불변하는 관찰자를 가리킬 수 있는 숫자상 별개로 인접한 (질적으로 불변하는) 나에 대해 있음을 의미하는지, 아니면 한갓 하나의 간단없는 나에 대해 있음을 의미하는지 현상적으로 어떻게 구별할 수 있을까? 반영적 환원론자는 재차, 이것은—우리가 구별할 수 있다는—그들의 입장을 오해하는 것이라고 응답할 것이다. 마치 실에 꿰인 다양한 색상을 지닌 구슬들의 동일한 광택이 우리가 각양각색의 구슬들을 분간하는 데 전혀 방해되지 않듯이, 낱낱의 의식적 경험에 속한 동일한 반성적 나에 대해 있음은 우리가 다양한 특성의 다른 경험들을 식별하는 데 방해하지 않는다. 기억해두자. 반영적 환원론에서 경험 안의 질적 변화는 의식 내의 숫자상 전환에 상응한다. 공시적 통일체를 위한 토대로서의 주체와 함께 (적어도 가상 현재의 범위를 넘어선) 통시적 통일체는 근본적으로 환영이다.

그러나 우리는 이제 이 주장이 경험의 흐름과 떨어져 서서 주시하는 불변의 개별 주체에 관해 흔히 주장되는 관념은 어떻게 되는지 의문을 품을 수 있다. 흄, 제임스, 데닛 같은 철학자들이 현상학적으로 우리의 경험을 기술할 때—또 사실상 이 책 앞에서 열거된 자아의 의미에 대해서—똑같은 오류를 범하고 있지 않은가? 주시하는 최소주체는 현상학적으로 면밀하고 철저히 검토할 때 사라지는 한낱 경솔한 이론적 물화物化에 불과한가? 그것은 옹호자에 따라서 그렇게 보이기도 한다. 일반적으로 반영적 환원론자들은 별개의 관점적 관찰자(혹은 관찰 요소)가 의식적 삶의 현상학이나 존재론으로 도입되어서는 안 된다는 데 단호한 입장이다. 이 입장을 따르는 자하비는 '자아'를 경험의 주관성, 즉 "자아는 불변하는 경험의 주관성으로 정의되고, 경험의 흐름과 독립적으로나 분리되어 존재하는 무언가로 여겨져서는 안 된다."(이 책의 자하비 107쪽)라고 재정의하기까지 한다.

현 단계에서 중요한 문제는 우리의 의식적 삶에 내재된 불변의 관찰 요소(혹은 관점적 소유자)가 실제로 있는지에 대한 것이 아니라, 있는 듯 보이는지—또 더 정확히는 틀림없이 (현상적 철저한 검토를 견뎌낸 그러한 것이) 있는 듯 보여야만 하는지—이다. 필자는 나에 대해 있음이 우리 경험을 특징짓는다는 데 동의하고, 반면 그것이 각각의 경험에 대해서 마치 구슬 위의 반사 광택보다 훨씬 더 드라마틱하게 우리의 의식적 삶을 구조화한다고 주장한다. 그것은 필연적으로 우리의 경험을 주체와 대상으로 이분화시킨다. 우리의 다양한 경험이 나에 대해서—또한 시간에 걸쳐서 바로 동일한 나에 대한 것인 한—그 경험이 지향하는 관점적 '내'가 있는 듯 보일 것이라는 점은 피할 수 없다. 더 단순히 말하자면, 대상들이 하나의 주체에 주어진 것으로 경험되는 한, 대상들을 주어지게 하는 하나의 주체가 반드시 있어야 할 것으로 보인다. (이 책 439쪽에서 갈렌 스트로슨은 주관성이 있는 한, 논리적 사실로서 최소 주체가 반드시 있어야 함을 옹호하면서—비록 필자가 그 주체를 실재라고 주장하는 데까지 이른 것은 아니지만—이 입장의 논리적 귀결을 주장한다.) 이것은 경험에 대한 현상학이 그 1인칭 소여를 지닌 단순한 흐름 이상을 포함하고 있음을 강력히 시사한다. 흐름으로부터 떨어져 서 있는 하나의 관점적 소유자가 1인칭적으로 '주어진' 경험을 의식하는 듯 보이는 것은 현상적 필연의 문제이다.[16]

반영적 환원론자들이 1인칭 소여를 귀속시킴은 경험을 주어지게 하는 주체의 (규정하기 모호한) 현출을 수반한다는 점에 동의하면서, 그들의 현상학적 입장을 재평가한다고 가정해보자. 그들은 현출에도 불구하고 어떤 별도의 경험 주체도 없다고 강조함으로써 여전히 그들 입장의 존재론적 측면을 자유롭게 변론할 수 있다. 만약 이 평가에서 그들이 옳다면, 그 목격하는 주체는 그렇지 않을 경우 다양한 경험 흐름의 불변하는 차원에 의해 기투企投된 단순한 환영이 될 것이다. 만약 주체 실재론자가 그들의 존재론적 평가에서 옳다면, 관찰하는 주체의 현출은 어떻게 사물들이 실제로 있는지 반영할 것이다. 그리고 이 점이 반영적 환원론이 곤경에 부딪치는 곳이다. 관찰요소의 간단間斷 없음에 관한 논쟁이 1인칭적 현출을 초월하는 철학적 분석에 호소하지 않고 해결할 수 없듯이, (경험을 주어지게 하는) 관찰하는 최소 주체의 비현실성 여부에 관한 논쟁은 사물들의 현출 방법에 대한 이해 없이는 도저히 해결할 수 없다. 그러므로 반영적 환원론자들이 경험 주체가 실제적이라기보다 비현실적이라고 가정하는 것이 옳다면, 이 사실로의 열반의 통찰은 경험에 바탕을 둔 것이라기보다 순전히 지적인 것이어야 할 것이다. 그릇된 관점에서 올바른 관점으로의 잠재적 전이를 특징짓게 하는 경험적 통로가 전혀 없다면, 무아로의 드라마틱한 열반의 통찰은 설명되지 않은 채 남겨질 것이다.

그러나 앞서 언급한 것처럼 상좌부 경전에서는 그 문제를 해결하지 않은 채 남겨두지 않는다. 문제는 열반의 1인칭 관점에 특권을 주는 경험 조건에 의해 조정된다. 만약 변화하는 경험의 최소 주체가 있음을 열반의 관점에서 보아야 한다면, 이것은 이론적 추리에

---

16 필자는 Albahari(2009)에서 또 다른 시각으로 이런 논법을 펼쳤다.

의해 침해될 수 있는 단순 현출이 아닐 것이다. 열반 현출의 한계가 심적 실재의 범위를 좌우할 것이다. 그러므로 (상좌부 경전에 기술된 것처럼) 열반이 가능하다면, 반영적 환원론은 경험에 대해 불변하며 간단없이 관찰하는 주체를 제거하는 데 비반영적 유형보다 그다지 낫지 않을 것이다. 결론적으로, 열반의 인지 변형은 우리의 정신생활이 그러한 관점적 소유자를 결여하며 완전히 찰나적 의식을 구성한다는 사실로의 통찰이 될 수 없다.

이것은 다음과 같은 의문을 남긴다. 상좌부 불교에서 표현하듯 열반이 실현 가능하려면 어떤 특질에 의해 자아가 구축된 (따라서 환영에 불과한) 것이라고 말해야 하는가? 우리는 자아의 구축된 위상을 볼 수 있게 하는 인지 변형을 어떻게 해석하는가? 필자는 인격적 소유권과 경계성 (및 그것이 그 행위의 인격적 소유자로서 동일성을 필요로 할 정도까지 행위체)이 구축되어야 할 자아의 가장 가능성 있는 특질이라고 주장한다. 다시 말하자면, 인격적 소유자는 (관점적 소유자의 기본적 역할을 포함해) 다양한 역할과 동일시되었던 관점적 소유자여서, 이같이 순전히 목격하는 관점은 하나의 동일성 (하나의 '나')을 지닌 확정적 사물로 공고화된다. (한낱 관점적으로가 아닌) 인격적으로 그 생각·지각·느낌·경험·소유물들을 소유한 것은 인격화된 경계들을 지닌 하나의 주체이다. 통상 편재하는 경계지어진 동일성 감각과 타협하는 것으로 알려진 병리학이 있음을 고려하면, 경계진 동일성의 모든 감각이 상실된 전체적 비인격화와 유사한 상태를 충분히 생각할 수 있다. 어떻게 보아도 병리학적이지 않을 테지만, 이것은 무아의 실제로의 전환적 체험의 통찰을 뚜렷이 알 수 있는 가능성을 열어놓는다.

이 가설을 토대로 자아환영은 동일화 기제를 통해 일어날 것이다. (반복하자면) 동일화는 심적 내용을 주체의 관점으로 전유하는 것이어서, 그 내용은 세계가 접근하게 하는 관점을 한정하는 듯 (이로 인해 여과하는 듯) 보인다. 그 숙달되지 않은 관점에서 그것은 동일화가 구축하는 것이 아니라 자아의 영원한 이전 실존의 다양한 측면들을 드러내는 것처럼 나타날 것이다. 그러나 그 경계지어진 자아는 사실상 이 가설을 토대로 동일화 과정을 통해서 구축될 것이다. 표면상 이것은 맥켄지가 '자기전유self-appropriation' 과정을 기술하는 방식과 유사하게 들린다(이 책의 맥켄지 427쪽). 그렇지만 한 가지 중대한 차이점이 있다. 맥켄지의 불교(반영적 환원론의 유형)에 대한 해석에서 간단없는 최소 주체는 (다발이론과 같은 방식으로[à la]) 주체에 구축된 위상을 부여하면서 전유 행위로부터 창발하는 반면, 필자의 불교 해석에서 간단없는 최소 주체는 전유의 비구축된 토대이다. 동일화의 각각의 작용을 지닌 관점적 소유자는 그 비구축되고 통일되어 있으며 간단없는 목격자 의식을 자아환영으로 불러와서, 경계지어진 자아가 이러한 성질들의 생성자인 듯 나타난다. 그리고 동일화의 각각의 작용과 함께, (최소 주체에 의해 동일시된) 개별적 심적 내용은 주체의 관점적 전망을 왜곡해서 비구축된 자아가 경계지어진 인격적 소유자인 듯 나타난다. (2중의 구축된/비구축된 기여에 의거하여 필자는 그것을 자아의 이중적 환영이라 부른다.) 통일체와 간단없음이 인격적으로 경계지어진 듯 보이는 하나의 주체에 귀속된 만큼, 비구축된 특질들은 그 자체로 어느 정도 왜곡을 겪을 것이다. 따라서 생각·느낌·지각·경험들은 통일된 관점에서 작동하고 담당하는 인격적 경계를 지닌 어떤 이임이라는 감각이 있는 한 인격적으로 통일된 소유자에게 제공된 듯 보일 것이다. 인격적으로 통일된 소유자/행위자/사고자는 목격자 의식의 자연스러운 (계기에서 계기로의) 간단없음이 삶의 역사 및 계획하고 기억하고 심사숙고하고 희망하며 기대된 미래를 지닌 경계지어진 자아의 인상으로 주름잡힘에 따라서, 한층 두꺼운 통시적 통일체의 형태를 취하게 될 것이다.

이러한 분석에 따라 무아로의 깊은 전환적 통찰로서의 열반이 명상을 통한 목격자 의식의 숙련된 사용에 의해 모든 심적, 육체적 현상들로부터의 완전한 비동일화를 초래하는 과정의 정점으로 이해되어야 한다고 제안한다.[17] 그 결과는 자아환영의 해체일 것이다. 비동일화 과정이 얼마나 정확히 작동할 수 있는지 심화 연구가 필요한 주제이지만, 필자가 주장하는 전반적 개념은 다음과 같다. 동일화는 고도로 비영구적인 심적 내용(대상들)을 주체의 1인칭 관점으로 전유하는 것이다. 대상들이 자아의 '비구축된' 동일성의 일부로서 주체의 관점으로 전유되는 것으로 남아 있는 한, 비영구적인 대상들로서 그 위상은 효과적으로 볼 수 없게 되어서 주체는 그것들의 오고감의 변화를 알지 못한다(*변화맹). 명상 과정은 주체의 주의집중을 심적 현상들이 변화하는 정도에 따라 점차 통찰력 있도록 훈련할 것이다. 대상들이—가변적 대상들로서—그것들이 실제로 있는 것에 대해서 보이고 있는 한, 그것들은 동시에 주체의 관점에 전유될 수 없다. 외삽법外揷法에 의해, 계기에서 의식적 계기로의, 그 무상성의 참된 상태에 있는 모든 관점적 대상들에 대한 전면적 관찰은 그것들

———
17 모든 현상들로부터 비동일화를 통해 열반을 성취하기 위한 일반적인 전략은 빠알리 경전에서 유명한 『無我相經 Anattā-lakkhaṇa Sutta』로부터 뒷받침된다. 여기서 붓다는 그의 제자들에게 심신 대상의 모든 범주들에 대한 인격적 소유권과 동일화 감각을 방기하도록 충고하는데, 거기에는 다음과 같은 통찰이 있다. "이것은 나의 것이 아니다. 이것은 나의 자아가 아니다. 이것은 나인 것이 아니다."

가운데 어떤 것과도 완벽히 동일화할 수 없음을 함축할 것이다. 그 주체가 한층 증대되는 명료성을 가지고 (그 해체를 통해) 동일화가 작동하는 기제를 반복적으로 관찰함에 따라 비동일화 과정이 추가 탄력을 얻을 것이라고 기대한다. 마치 마술가의 속임수가 발각될 때 속지 않듯이, 동일화의 베일을 벗길 때 자아 동일성의 내용에 속지 않을 것이다. 의식의 실제 본성을 동일화의 사슬에 구속되지 않는 것으로 보는 것이 열반의 통찰이 실제 수반하는 것이다. 그러한 깨달음을 고려할 때, 이제 아라한이 "나는 경계지어진 자아가 아니다—나는 목격자 의식이다"라고 믿는다고 주장하고 싶을 수 있다. 그러한 믿음이 더욱 심화된 동일화 및 이에 따라 새롭게 구속하는 동일성을 초래하므로 이 주장은 그릇된 것이다. 그럼에도 불구하고 열반은 비인격적 의미에서, 의식은 인격적 의미에서 소유자 없음이라는 직접적 깨달음을 수반하는 것이라 할 수 있다.

4. 평상심에 대한 함의

서두에서 열반의 심리학적 가능성의 탐구가 우리에게 어떻게 평상심의 구조물을 이해해야 하는지에 대해 중요한 함의를 지닐 수 있음을 시사했다. 또한 열반이 상좌부 불교에서 기술한 것처럼 실제 가능하다면 어떻게 무아론을 가장 잘 해석할 것인지에 관한 입장을 변론했다. 이처럼 열반이 심리학적으로 가능하다면, 그것은 평상심의 구조에 상당한 제약을 둘 것이어서 적어도 그것은 (a) (구축된/비구축된 기여자들과 함께) 규정된 '이중적' 방식으로 구축된 (b) 자아환영을 품는다. (반대로, 자아 존재나 무아의 다발이론이 옳다고 판명된다면, 열반은 필자가 설명한 것처럼 심리학적으로 가능하지 않게 될 것이다.) 이 절에서는 자아가 이중적 환영임을 상정하는 일부 독립적 사유들을 개괄할 것이다. 반면 이것이 열반의 심리학적인 가능성을 입증하기에 충분하지 않다면, 그것이 가능함을 상정하기 위한 논거를 강화할 것이다.

필자는 이 과제를 두 부분으로 나눈다. 첫째, 마음이 자아의 이중적 환영과 양립할 수 있는 어떤 구조를 지니는 일부 실증적 증거를 시사함을 통해서, 둘째, (구축된/비구축된 기여자와 함께) 자아의 이중적 환영에 의해 실제 가장 잘 설명되는 구조를 제시하는 한 가지 주장을 통해서 이 과제에 접근한다.

마음이 자아의 이중적 환영과 양립할 수 있는 방식으로 구조화될 수 있다고 상정할 만한 이유가 있는가? 어떤 부류의 실증적 증거가 그러한 가설에 이바지할 수 있을까? 필자는 적절한 종류의 증거가 인격적 소유권에 대한 어떠한 감각 없이 관점적 소유권의 현존(과 이로 인한 목격자 의식)이 있는 듯 나타나는 신경심리학 문헌에서 확립된 논거들을 포함할 것이라고 주장한다. 이러한 조합이 결국 열반의 '소유자 없는' 의식에서 살아남는 것이기 때문이다. 인격적 소유권 느낌의 잠재적 부재는 인격적 소유권이, 그것에 대해 구축되어 있을 (이로 인해 해체할 수 있을) 개연성을 증대시키면서, 의식적 삶에 본질적이 아니라는 일부 증거를 제공할 것이다. 역으로, 의식적 삶에 대한 관점적 소유권의 영속적인 지속은 그것이 (인격적 소유권 감각을 약화시키기 위한 시도에 활용될 수 있는) 마음의 본질적이고 비구축된 특질일 개연성을 증대시킬 것이다.

그렇다면 인격적 소유권 없는 인격적 소유권에 대한 (불교 영역 밖의) 가장 명확한 증거가—고귀한 열반과 상당히 반대되는—병리학적 뇌 상태에 있다는 것은 아이러니일 것이다. 본고의 서두에서 필자는 장애가 누군가의 생각, 느낌과 신체에 걸쳐 일정 정도 관점적 소유권이 아닌 인격적 소유권과 타협하는 듯 나타나는 비인격화와 질병불각증anosognosia의 병리학을 은연중에 말했다. 예를 들어 비인격화에 관한 에피소드에서 종종 관점적으로 소유된 생각 흐름과의 분리감에 대한 보고가 있어서 "내게 떠오르는 생각이 나에게 속한 것이 아니다"와 같은 표현을 듣는 것은 드물지 않다. 이러한 사례들에서 절충된 소유권 유형이 인격적이고 관점적이 아님을 의심할 여지가 없을 것으로 보인다. 그럼에도 그러한 주체들이 통상 그 조건으로 고통받음을 보고한다는 바로 그 사실은 그들이 여전히 고통스러운 증상의 주체 및 그로 인해 자신을 곤경에 의해 경계지어진 것이라고 여기는 인격적 소유자로서 동일시함을 의미한다. 필요한 것은 인격적 소유권 느낌들의 완전한 결여와 결부된 관점적 소유권의 증거이다.[18]

필자는 그러한 증거가 유아나 일반 마취약에서 깨어난 사람뿐만 아니라 간질자동증, 무동무언증無動無言症, 알츠하이머 질환의 말기 발병을 겪는 병리학적 장애에서도 흔히 찾을 수 있다고 주장한다 (Damasio 1999 : 98). 뇌 발작으로 야기되는 간질이나 결신자동증의 에피소드에서 환자들은 자신들이 어떠한 행동을 하든지 갑자기 얼어붙을 것이고, 몇 초간의 가사假死 상태 후 완전히 멍한 표정으로

---

18 창조적 흡수[통합]와 고도로 집중된 '유동 상태들(flow states)'은 관점적 소유권이 현존하면서 인격적 소유권[의 감각]이 떨어져 나간 상태들에 대한 더 좋은 사례들을 제공한다고 생각할지 모르겠다. 아마도 이것은 참일 것이다. 그러나 필자로서는 (열반의 심리학적 가능성을 따라서 전제로 하는) 아라한(arahant)인 어떤 이가 지녔던 것으로 [보기엔] 부족한 그러한 상태들이 인격적 소유권의 잔여[감각]가 전혀 없는 사례들에 대한 명백한 문서화된 증거를 제공하는 것인지 아닌지 확실치 않다.

(산책같은) 단순 행동을 하게 된다. 에피소드에서 막 회복된 어리둥절한 환자는 방금 일어났던 일에 대해 전혀 기억할 수 없을 것이다. 그러한 환자들을 돌봤던 다마지오는 다음과 같이 기술한다.

> [그 환자는] 자신의 지각적 시야 안으로 들어온 다음 대상을 처리하기에 충분할 만큼 깨어있고 주의를 기울인 채 있을 수 있었지만, 우리가 그 상황으로부터 추정해낼 수 있는 한, 그것이 그의 마음속에서 진행된 것의 전부이다. 소망하고 원하고 고려하고 믿는 개별 생명체의 계획, 사전 숙고, 감각도 결코 없었을 것이다. 과거와 예견된 미래를 지닌 자아감각, 식별 가능한 인격—구체적으로, 핵심자아와 자전적 자아란 결코 없었을 것이다.
>
> Damasio 1999 : 98

이 인용문은 (본고에서 기술되었던 자아감각과 긴밀히 부합하는) '핵심자아core self'의 정지를 통해서, 그대로 드러난 관점적 소유권이 환자가 자신의 환경에 최소로 반응하기에 충분할 만큼 단순히 깨어있음으로 남아있는 데 비해—동일화와 정서적 관심의 산물과 함께—인격적 소유권의 느낌은 완전히 부재할 수 있다고 상정하는 데 좋은 증거를 제공한다.[19] ('자전적 자아'는 우리의 인격적 역사와 예측되는 미래에 대한 생각이 우리의 것이라고 추정되는 동일성과 통합되게 하는 핵심자아의 연장이다.)

이 사례(와 기타)는 이중적 자아환영 유형과 잘 양립할 수 있는

---

19 다마지오(1999) 자신은 '의식'을 '자아감각을 지닌 의식'이라고 의례적으로 정의함으로써 잔유하는 의식적 알아차림의 가능성을 언어적으로 배제하는 듯 보인다. 명백한 이유로 인해 필자는 이러한 조치를 거부한다.

정신세계mindscape의 실제 가능성을 보여준다. 그러나 그것(*사례와 기타)은 현상을 가장 잘 설명하기 위해서 그 자체가 이중적 유형을 보이지 않는다. 배제할 필요가 있는 적어도 두 가지 경쟁적 설명이 있다. 우선 자아가 실제로 마음의 비구축된 특질로서 존재한다는 것과 또 그러한 사례에서 발생했던 일들은 자아가 통째로 줄곧 지속된 반면 자아감각은 중지되었다는 것일 수 있다. 가장 열렬한 자아 실재론자들조차도 자아감각이 숙면의 에피소드 중에 중단됨을 부정하고 싶지 않을 것이다. 그들은 자아가 이러한 무의식적 국면 중에도 중단없이 지속하기 때문에 우리는 깨어나자마자 그 자아가 잠자리에 들었던 바로 그 동일한 자아였음을 바로 상정한다고 주장할 것이다. 그렇다면 무엇 때문에 자아는 간질자동증 중에 지속할 수 없는가? 둘째, 자아가 비록 환영일지라도 인격적 소유권과 관점적 소유권이 동시에 구축된 사례는 있을 수 없는가? 다발론자는 인격적 소유권의 구축된 본성을 설명하는 다마지오 방식에 어떤 불만을 가질 필요가 없다. 그것들은 실제 다마지오 자신이 그렇게 하듯이, 자아의 심적 구축물에 통일체와 간단없음을 추가한 것일 뿐이다. 이 가능성을 배제하기 위한 열반에 대한 제약적 가정은 전혀 없다. 따라서 자아에 대한 이중적 환영을 변론하기 위해 각각의 이러한 경쟁적 설명들을 제거하는 일은 꼭 필요하다. (a) 인격적 소유권은 구축된/환영에 불과한 것인 한편 (b) 관점적 소유권은 그렇지 않다.

우선 자아에 대한 실재론의 망령을 고려해보자. 인격적 소유자로서 자아가 그 주장처럼 비구축된 것이라기보다 오히려 구축된 것이고 환영에 불과한 것이라는 가설을 지지할 이유가 있는가? 비구축된 자아 가설의 장점은 그것이 현현들을 보존한다는 점이다. 모든 조건이 그대로라면 현현들을 보존하지 않는 것보다 보존하는 것이 훨씬 낫다. 우리는 어떻게 현현들이 그것들이 지니는 특질을 갖는가라는 복잡한 이야기를 자세히 설명할 수는 없다. 그러나 모든 조건이 여기에서 같은가? 종종 환영 가설을 지지해 현출의 진실성을 부정하는 주장 뒤에 숨어 있는 것은 우리가 지지하는 존재론이나(처치랜드Churchland의 제거적 유물론eliminative materialism의 엄격함을 고려해보라) 세계와 그 주체들의 작용에 관한 과학 이론(색채 환영 이론들을 고려해보라)에서 어떠한 항목들이 허용될 수 있는지에 관한 형이상학적 가정들이다. 자아의 경우 두 요인 모두 작동한다. 예컨대 다마지오는 자아의 경계지어진 측면이 어떻게 발생하고 (또한 어떻게 그것이 병리학에서 사라질 수 있는지)에 대해 동기가 부여된 과학적 설명을 제공하며, 그 때문에 필자는 (비록 부분적으로 사변적일지라도) 이 측면에 대해 완전히 타당한 설명을 자아에 전혀 호소하지 않고도 찾아볼 수 있다고 낙관한다.[20] 필자의 형이상학적 가정은 만약 과학이 알려진 속성들과 기제들을 사용하면서 타당하게 현상들을 설명할 수 있다면 필요 이상으로 실체들을 증대시킬 수 있는 데이터를 설명하기 위해 형이상학적으로 과도한 대안에 호소하는 것을 피하는 것이 더 낫다는 것이다. 동일화의 기제를 설명하는 데 필요한 과학적으로 실행 가능한 구성요소들과 비교해 볼 때, 비구축된 자아는 형이상학적으로 사치스러운 실체이다.

이제 두 번째를 살펴보자. (전체로서) 인격적 소유자가 구축된 것

---

20 더 구체적으로, 다마지오(1999)는 인격적 소유권과 동일화를 추동하는 욕구 중심적 정서의 느낌들을 경계지어진 자아감각을 구축하는 데 본질적이라고 생각한다. 이러한 가설 증거는 그러한 정서의 모든 징후들이 간질자동증 등의 에피소드들 안에 완전히 있지 않다는 점이다. 필자의 다른 논문(Albahari 2006 : ch.8)에서 욕구중심적 정서와 자아감각의 긴밀한 존재론적 관계가 불교의 가르침(욕구를 만족하는 데 정서적 투사하는 것, Pāli. taṇhā, Skt. tṛṣṇā)과 현저히 일치한다고 주장했다.

이라고 인정할 때, (인격적 소유자의 요소인) 관점적 소유자가 [구축된 것]이 아니라고 상정할 이유가 있는가? 필자는 지금까지 관점적 소유자의 현출이 실재이고—따라서 흐름이 주어진 통일된 주체가 있어야 할 것으로 보인다는 점만을—주장했다. 그러나 관점적 소유자가 동일화의 토대로서 작동하더라도 그 주장처럼 비구축된 것이라기보다 심적 구축 그 자체라고 판명될 수도 있다. 그러한 경우에 그것은 그 심적 구축이 동일화가 아닌 다른 어떤 통로를 통해서, 흄의 주장처럼 기억과 상상의 선천적 작용을 통해서 발생할 수 있다고 상상하는 듯 보인다. 그러한 경우 (마치 그것이 목격하는 관점에 적용하듯이) 통일체와 간단없음의 구축된 통합은 불교 수행이 가능하다고 생각하는 방식으로 자아환영을 제거하는 어떤 희망도 배제하면서 우리가 이제까지 알아차릴 수 있었던 한계점하에서 발생할 수 있다. 그러한 가설의 장점은 이전 주장과 매우 유사하다. 형이상학적으로 신비한 양﹅에 호소하는 이론보다 생각, 지각, 기억, 상상 및 뇌와 같이 상대적으로 알려진 양﹅에 호소하는 이론을 지지하는 것이 훨씬 더 과학적이지 못한 것으로 보인다. 관점적 소유자에 자격을 부여하는 본질적으로 통일되고, 불변하며 간단없는 목격자 의식의 현존은 보다 친숙한 심리학적 요소에 대한 환원에 저항하기 때문만이 아니라, 생각이나 지각과 달리 과학적 내성적 방법 모두에 한층 더 저항하게 하면서 주의를 요구하는 관찰로 파악하기 어렵기 때문에 더욱 신비로운 것으로 보인다.

필자는 다른 논문(Albahari 2009)에서 통일된 관점적 주체가 (환영의 가능성 조건들이 자리 잡기 위해서 그곳에 어떤 관점적 주체가 있어야 함을 요구하듯이) 환영에 불과한 것이 될 수 없다고 주장했다. 이제 필자는 그러한 (통일된) 주체의 실재를 위해 경험 흐름의 가능성을 위한 조건들에 초점을 두는 상이하지만 연관된 주장을 제시하려고 한다. (주관적 삶에 대한 실재를 모두 부정하는) 제거적 유물론 유형들을 차치한다면,[21] 다발이론의 주장자들은 (만약 그들이 그러한 인상에 동의한다면) 통일된 관점적 주체의 모든 인상이 개별적이고 인과적으로 연계된 다양한 유형의 경험 흐름으로부터의 환영에 불과한 기투projection라고 강조할 것이다. 왜 환영에 불과한 것인가? 흐름으로부터의 인과적 기투인 까닭에 주체는 그것이 주장하듯이 흐름에 의해 비구축된 것이 아닐 것이다. 그렇다면 흐름이 주체(혹은 그곳에서 그 현출)를 야기한다는 것은 무슨 의미인가? A가 B를 야기하기 위해서는 A가 어떤 식으로든 B와 독립적으로 존재해야 한다. (A는 B와 동시에 발생하면서 B없이 발생할 수 없을지라도 말이다.) 따라서 다양한 경험 흐름은 그것이 '나타나'게 하는 '관점'과 어떤 식으로든 독립적으로 존재해야 한다―필자는 이것이 타당하지 않다고 생각한다. 여기서 그러한 경험들이 바로 그 본성에 의해서 1인칭적으로 주어진 주관적 현상들이라고 주장하는 반영적 환원론자들은 옳다. 그러나 그들은 그 경험들이 주어진 실제의 '1인칭'(관점적 소유자)을 인정하는 데까지 이르지는 않는다. 경험들은 1인칭적으로 주어진 것으로 그것들 자체로 그것들 자체에 대해 존재해야 한다. 앞 절에서 이 가능성을 인정했지만, 면밀히 검토해보면 거의 모순에 가깝다. '(실제의) 1인칭 관점에 주어진' 이외에 '1인칭 소여'는 대체 무엇을 의미한단 말인가? (그것은 '환영에 불과한 관점에 주어진'을 의미할 수 없다!) '1인칭 소여'는 이러한 측면에서 성공적인 용어이다. 그것으로부터 경험이 관찰되는 관점에 대한 경험의 주어짐은

---

21 필자는 Albahari(2006 : 165-7)에서 무아에 관한 제거적 유물론 유형을 논의했다.

그것에 대해 경험이 주어진 관찰적 관점의 실재를 수반한다. 따라서 다양한 경험 흐름이 1인칭적으로 주어진다면 존재론적으로 관점적 소유자보다 선행할 수 없고 (또 이로 인해 관점적 소유자의 현출을 야기할 수 없다).

그러나 (경험들이기 위해) 그러한 경험들은 공시적으로 통일된 관점에 나타나야만 하는가? 그렇다면 우리가 주어진 시간에 어떤 대상-경험을 가장 단순한 감각 아래까지 내려가 고려한다면, 그것을 우리가 동시에 알아차리는 차원들로 분석하는 것은 항상 가능할 것이다(예를 들어, 쭉 뻗은 하늘을 봄은 동시에 색상의 상이한 위치를 알아차리고 있음을 수반한다). 따라서 경험의 차원들은 그것을 관찰하는 유일한 관점에 공시적으로 현존해야 한다. 그 경험들은 반드시 통시적으로 통일된 관점에 나타나야 하는가? 아비달마 논사들에도 불구하고, 필자는 어떻게 경험이 일어나는 순간 사라지면서 문자 그대로 찰나에 현존할 수 있는지 이해할 수 없다. 왜냐하면 그 경우 어떻게 그것이 결국 존재한다고 말할 수 있겠는가? 이 점에서 이 책의 드레퓌스에 대한 자하비의 비판에 동의한다. 제아무리 짧게 체험된 경험이라도 그것은 어느 정도의 시간 간격이 있어야 한다. 그렇지 않으면 그것은 수학적 좌표, 단순한 추상과 같다. 따라서 어떤 경험 흐름이 발생하기 위해서 그것은 어떤 관점에 대해 발생해야 하고, 또 그 내용이 알아볼 수 있을 정도라도 존재하려면 최소한의 가상 현재specious present 동안만이라도 그러한 관점에 통일되어 있어야 한다. 요컨대 경험 흐름이 나타나는 통일된 최소 주체(들)에 존재적으로 선행하고 (야기하는) 경험 흐름이 있을 수 없는 것은 물리적 대상들이 나타나는 공간보다 존재론적으로 선행하고 (야기하는) 물리적 대상이 없는 것과 같다. (관점적 소유자와 같이[à la]) 어떤 통일된 최소 주체는 경험 흐름에 의해 야기될 수 없다. 그것은 의식적 에피소드 그 자체에 필수적이다.

이 주장은 환영에 불과한 지위로부터 관점적 소유자가 목격자 의식을 통해서 어떤 가상 현재에서 그다음까지 (또 이로 인해 각각의 깨어 있는 에피소드 기간 동안) 쉼없이 불변 지속하는 것으로 보이는 장기간의 통시적 통일체에 면죄부를 주는 것인가? 그렇지 않다. 그곳에서 각각 그다음을 조건짓는 개별적인 불변의 관점적 소유자들의 흐름이 있음은 개념적으로 가능해서 오직 단 하나의 쉼없는 불변의 흐름의 목격자가 있는 것처럼 보인다. 그 상황은 현상학에 직접 호소해서는 해결될 수 없기에, 가장 유망한 전략은 1인칭 관점에 특권을 부여하는 경험 조건의 유형을 지지하는 것이 당연할지 모르겠다. 이러한 원칙상, 이론과 경험 사이의 충돌은 실재에 대한 논쟁 영역이 체험적인 것에 한정될 경우, 후자를 지지해서 해결될 것이다. (가상 현재들의—가상 현재들 간의—통시적 통일체를 변론하는) 매우 흥미로운 구절에서 자하비는 정확히 그러한 원칙에 호소한다.

이제 통시적 통일체에 대한 우리의 경험이 '단지' 현상학적이어서 결국 어떤 형이상학적 영향을 결여하고 있다는 것은 반박될 것이다. 그러나 우리가 시간에 걸친 통일체의 현상학적인 경험을 이 통일체가 환영에 불과하며 따라서 그것이 의식의 진정한 형이상학적인 본성에 대해 어떤 것도 드러내지 않는다는 주장으로 반박할 수 있다고 생각하는 것은 현출-실재 간의 구별을 그 적절한 적용 영역 밖에서 활용하기 위함이다. 이것은 문제가 되는 실재가 어떤 그럴듯한 개별적 마음의 측면에서 정의되기보다 현실적 경험의 측면에서 이해되어야 함을 감안하면 특히 그렇다.

비교를 위해 고통의 예를 살펴보자. 고통 경험이 고통의 실재를 위해 충분하다는 것을 누가 부인하겠는가? 달리 말해, 우리가 의식의 통시적 통일체의 실재를 논박하려면, 우리는 보다 확실한 현상학적 기술로 그렇게 해야 한다. 의식의 통시적 통일체가 하부인격적 수준의 어떠한 통일체와도 상응하지 않기 때문에 환영에 불과하다는 주장은 당면 과제를 오인한 것이다.

Zahavi, 이 책 115-116쪽[22]

이러한 유형의 경험 조건은 추가 변론과 상술을 요구하지만(즉 그것이 자유의지론자의 자유의지나 자아 존재를 쉽게 허용하지 않아야 하지만), 그것은 일정 정도 각 찰나마다 쉼없이 불변하는 목격자 의식이 실재한다는 방향으로 확립되어 나아간다. 이것은 결국 일정 정도 그러한 목격자 의식에게 구축된 지위를 부여했던 다발이론이 오류라는 방향으로 확립되어 나아간다.

앞서 필자가 주장했던 열반 가능성은 이중적 자아환영을 함의한다. 이 절에서는 (a) 마음의 건축물이 관점적 소유권으로 보일 수 있는 무언가의 현존과 함께 인격적 소유권 감각의 부재를 허용한다는 점에서 이중적 자아환영 유형과 실증적으로 양립할 수 있음과 (b) 이 실증 자료에 대한 최상의 설명은 (자아실재론이나 다발이론과 상반되는) 이중적 자아환영을 지지한다고 주장했다. 이것은 열반 가능성에 독립적 지지 수단을 제공한다.

---

22 자하비는 현상학이 통시적으로 통일된 목격자 의식을 지지하지 않는다고 주장할 것이다. 필자는 왜 그것이 올바른 현상학적 기술인지 보여주었기를 희망한다.

5. 결론 : 당면 과제

열반은 자아환영의 원인이라고 제시된 설명 위에서 관점적 소유자가 '우리는 누구인가'에 관해 견지된 어떤 관념으로부터 탈동일시하는 과정일 것이다. 경계지어진 인격적 소유자라는 감각은 열반에 본질적인 (인격적으로) 소유자 없는 의식을 벗어나 점진적으로 침식될 것이다.

열반의 심리학적 가능성을 입증하면서 마음의 구조물을 그러한 탈동일화에 잠재적으로 적합하게 확립한 후 한 가지 용이한 과제가 앞에 놓여 있다고 가정할 수 있다. 이것은 진실과 거리가 멀다. 한 가지 주요 걸림돌은 필자의 이전 주장들을 지지하는 역할을 한 바로 그 사례 연구들과 관련된다. 다마지오가 현저히 부재한 인격적 소유권 감각을 넌지시 언급한 모든 사례의 병적 이상은 매우 심각해서 환자는 세상에서 정상적으로 기능할 수 없다. 소유자 없는 의식은 오작동하는 의식이 되어 왔다. 이러한 종류의 고려들에 입각해 다마지오는 "이 책에서 개념화된 것처럼 자아감각을 포함하는 의식 상태가 생존을 위한 필수불가결한 것"이라는 결론에 도달한다(Damasio 1999 : 203-4).

따라서 열반의 심리학적 가능성을 변론하는 것들에 대한 주요 과제는 어떻게 자아감각이 쇠약하게 하는 병리 현상을 회피하는 방식들로 침식될 수 있는지 보여주는 것이다. 한 가지 단서는 명상 중에 함양된 몰입의 성질에 있을 수 있다. 다마지오가 열거한 인격적 소유권 감각이 완전히 멈춘 모든 사례에서 몰입의 성질은 비정상적으로 저하되어 있었다(예로, 간질자동증, 알츠하이머, 무동무언증). 따라서 명상 상태에서 함양된 고차원적 몰입은 특히 다마지오가 고차원적 몰입을 심적 예민함의 신뢰할 만한 지표로 주목했듯이 그 병리학적 부작용들을 상쇄할 수 있다(Ibid., 182-3). 명상의 신경심리학적 유용성을 서술하는 연구들이 증대하는 것과 더불어, 실증적으로 뒷받침하는 방책도 마련되고 있을 것이다.[23]

---

23 초고에 대한 비평적 피드백을 해주신 마크 시더리츠, 에반 톰슨, 단 자하비 그리고 익명의 검토자들에게 감사드린다. 안식년 휴가 동안 비평적 피드백을 검토할 수 있게 장소를 제공한 캘거리대학교의 철학과에도 감사드린다.

참고문헌

Albahari, M. (2006), *Analytical Buddhism: The Two-Tiered Illusion of Self* (Houndmills : Palgrave Macmillan).

_____ (2009), 'Witness-Consciousness : Its Definition, Appearance and Reality', *Journal of Consciousness Studies* 16, I : 62–84.

Damasio, A. (1999), *The Feeling of What Happens : Body and Emotion in the Making of Consciousness* (London : William Heinemann).

Dennett, D.C. (1991), *Consciousness Explained* (London : Penguin Books).

Flanagan, O. (1992), *Consciousness Reconsidered* (Cambridge, MA : MIT Press).

Gupta, B. (1998), *The Disinterested Witness : A Fragment of Advaita Vedānta Phenomenology* (Evanston, IL : Northwestern University Press).

Hume, D. (1739-40/1978), *A Treatise of Human Nature*, ed. L. A. Selby-Bigge and P. H. Nidditch (Oxford : Oxford University Press).

James, W. (1890/1981), *The Principles of Psychology : Vol. 1. The Principles of Psychology* (Cambridge, MA : Harvard University Press).

Metzinger, T. (2003), *Being No One : The Self-model Theory of Subjectivity* (Cambridge, MA : MIT Press).

Sayādaw, Mahāsi The Venerable (1994), *The Progress of Insight : A Treatise on Satipaṭṭhāna Meditation*, translated from the Pāli with notes by Nyānaponika Thera (Kandy, Sri Lanka : Buddhist Publication Society).

Strawson, Galen. (2008), 'Episodic Ethics', in *Real Materialism and Other Essays* (Oxford : Clarendon Press).

Velleman, J.D. (2002), 'Identification and Identity', in Sarah Buss (ed.), *Contours of Agency : Essays on Themes from Harry Frankfurt* (Cambridge, MA : MIT Press).

Zahavi, D. (2005a), 'Commentary on : Metzinger. T. *Being No-one : The Self-Model Theory of Subjectivity*', *Psyche II*, 5.

_____ (2005b), *Subjectivity and Selfhood : Investigating the First-Person Perspective* (Cambridge, MA : MIT Press).

제4장

자아와 주관성 : 중도적 접근

4

자아와 주관성 : 중도적 접근

조르주 드레퓌스(Georges Dreyfus)

1. 머리말

최근 몇 년간 의식에 관한 주제는 철학자들과 인지 과학자들 사이
에서 상당히 주목받고 있다. 새로 재개된 이러한 관심은 간혹 '의식
붐consciousness boom'이라고 기술되고, 심적 현상의 주관적 차원이 현
과학적 접근의 틀 속에서 개념화하기 어려울 수 있음에도 마음과학
의 논의 안에 포함시키려는 새로운 의지에 따라 조성되었다. 그러한
의지는 종종 다소 과민하고 소심했지만, 마음과학 분야에서 이전에
소홀히 해왔던 마음과 수행에 관한 견해를 고려하게 하는 진실한
것이었다. 의식은 무시나 숭배의 신비 현상이 아니다. 훌륭한 연구
대상으로 차츰 부각되는 명상도 마찬가지이다. 이처럼 새로 발견된
개방성에 의거해 아시아, 특히 인도인의 마음관 또한 포함되기 시작
했다.[1]

---

1 명상의 과학적 연구에 대한 탁월한 논의로 Lutz, Dunne & Davidson(2007 : 499-554)
을 참조하라.

이러한 포용성은 분명 환영할 일이지만 그렇다고 쉬운 일만은 아니다. 인도인의 사고는 종종 비전문가들이 쉽게 범접할 수 없는 언어로 표현되어 있다. 인도인들도 현대의 논의 맥락 속에 융해되는 것이 늘 수월하지는 않다는 문제점을 제기한다. 따라서 전통 인도인들의 마음관을 새로운 마음과학 안에 수용하기는 쉽지 않고 현안 과제도 아니다. 그것은 그 전통학자 측의 인도 전통에 부합하는 복잡한 번역 과정을 요구한다. 이 과정은 가끔 새로운 자료에 대한 철학적인 탐구와 더불어 옛 전통을 현대의 관심과 연결하는 데 필요한 철학 개념의 발전도 포함한다. 이 과정은 최근에 시작되었지만,[2] 인도인의 마음관과 의식관을 현대적인 논의로 잘 이해하고 융해하였다고 자신있게 말할 수 있으려면 아직 갈 길이 멀다.

이 논문[3]의 목적은 일부 불교 견해들을 현대적 의식 논의에 연계시킴으로써 이 과정에 기여하기 위함이다. 하지만 이 주제를 다룰 때 '불교 의식관'을 제시하는 어떤 주장도 하지 않을 것임을 확실히 해 둔다. 불교는 마음에 대한 거대하고 다양한 견해들을 수용하기 위해 수 세기에 걸쳐서 변화 발전한 다원적 전통을 갖고 있다. 따라서 '불교 의식관'이라고 정의할 수 있는 한 가지 견해란 없다. 더욱이 의식처럼 난해한 개념 탐구는 쉽게 풀릴 수 있는 문제로 생각해서는 안 된다. 불교 전통은 심적인 것과 관련된 풍성한 자료를 담고 있지만 그렇다고 그러한 풍성함이 항상 명확한 것은 아니다. 따라

2   예로 Waldron(2002), Dreyfus & Thompson(2007)을 참조하라.

3   이렇게 어려운 관념들을 정리하는 데 도움을 주신 모든 분들께 감사를 표하고 싶다. 그 모두를 언급할 수 없지만 특히 유익한 논평과 피드백을 주신 조셉 크루즈, 에반 톰슨, 마크 시더리츠, 존 턴, 미리 알바하리, 제프리 홉킨스, 제럴드 헤스, 제이 가필드, 로버트 로저 등과 이 밖에 많은 분들께 감사드린다.

서 불교 의식관이 포함하는 것은 불교 전통의 풍성함이 하나로 종료된 최종 산물이라기보다 현대적인 담론과 차츰 연결되어 진행 중인 해석 과정으로 봐야 한다.

불교 맥락 속에서 의식을 논할 경우 자아라는 또 다른 대주제를 다루지 않을 수 없다. 불교는 종종 현대철학 텍스트에서 로크, 흄, 파핏에게 귀속되는 인격의 다발이론bundle theory과 유사하게 자아의 실재를 철저히 부정한다고 알려져 있다. 이러한 인격의 무아론은 어떤 자아 개체self-entity의 실재에 대한 철저한 부정만 수반할 뿐 아니라 의식과 경험 및 주관성과 같은 관념 역시 제거할 수 있다고 이해되기도 한다. 본고에서는 인격의 다발이론이 불교 전통 내에서 지지를 받지만 흔히 말하듯 보편적으로 인정되는 것은 아니며 '불교 인격관'을 확실히 드러내지도 않는다고 주장할 것이다. 어떤 경우, 인도불교사상가의 상당수는 자아를 심신 복합체에 기반을 두지만 환원될 수 없는 과정으로 존재한다는 입장을 옹호하면서, 모두 함께 무아론을 부정한다(Priestly, nd.). 그렇지만 압도적인 무아관으로 모인 대다수 사상들조차도 무아 패러다임 내에서 인격을 개념화하는 방식에 대해 상당한 차이를 보인다. 이것은 특히 유가행파 전통에 해당하는 듯 보이고, 그들은 자아는 없지만 반영적 주관성 관념에 초점을 둔 인격에 대한 설명, 즉 여기서 보여주듯 인격의 다발이론을 훨씬 초월하여 의식과 경험과 같은 관념을 제거하는 것과 뚜렷하게 대비되는 견해를 제공한다.

불교 의식관·인격관을 주장하는 데 원전이 2차 문헌보다 더 잘 변론할 수 있다. 그럼에도 역사적이고 정확한 번역보다는 철학적인 재구성을 하는 방향으로 제시할 것이다. 따라서 인도와 티벳 문헌에서 선보였던 제 견해들을 반드시 채택하지 않고 이 출처에서 자유롭게 추출할 것이다. 예컨대 필자가 보기에 현대 관심사와 관련된 심리학적이고 철학적인 풍부한 통찰을 담고 있지만 아직 온전히 활용하지 못한 아비달마, 특히 유가행파 및 그 티벳 전승학파의 판본에 의거할 것이다. 그럼에도 유가행파의 인격관·의식관을 논할 때, 그 견해가 관념론의 형태를 띠는지 논의하는 문제는 다루고 싶지 않다.[4] 여기서 필자의 관심사는 항상 형이상학적 존재론적 문제들과 유용하게 연계되지 않는 의식적 현상학적 고려들에 한정되는 것으로, 상당한 차이를 보인다.

이어지는 내용에서는 순전히 존재론적 고려에 초점을 두기보다 우리 자신에 대해서 갖는 감각을 검토하는 현상학적 논의에 입각한 관점 내에서 불교철학의 인격 본성을 논의할 것이다. 불교의 주관성에 대한 설명은 객관적 자아 개체로서가 아니라 자기알아차림의 과정으로서 필요하다고 주장하면서 자아와 주관성 간의 구분 분석에 기초할 것이다. 이런 주장을 관철하려면 현상학적 전통과 주관성 견해, 특히 현상학이 현대 인지과학과 분석철학의 맥락 속에서 의식을 설명할 수 있는 성과를 보여준 단 자하비의 저술을 통해 논의할 것이다. 또 무아 패러다임 속에서 주관성에 대한 설명의 기초로서 주관성과 자아를 원칙적으로 구분짓는 미리 알바하리의 중요한 서술을 검토할 것이다. 자하비나 알바하리처럼 순전히 철학적이거나 교리적인 사항들에 본 논의를 한정시키지 않고, 일부 현대 신경과학자들의 자아 논의 특히 안토니오 다마지오의 논의에 연계시키고자 한다. 본고의 두 번째 부분에서 불교 전통, 특히 아비

---

4   이 주제는 여기서 열거할 수 없을 만큼 엄청난 문헌의 초점이 되어 왔다. 두 편의 흥미로운 최신 논문인 Lusthaus(2002)·Hopkins(2002)를 참조하라.

달마의 유가행파가 주관성을 개념화하기 위해 제시한 자료 중 일부를 탐구할 것이다. 그 속에서 아뢰야식의 개념화처럼 유가행파 교설을 종종 오인했던 연구성과들을 제시함으로써 우리의 주관성 이해를 도울 것이다. 이 과정에서 우리는 출세간적 열반의식보다는 세간적 의식 과정의 형태로 주관성을 설명하는 방도를 찾을 필요가 있다고 주장하면서, 초월적 주체에 대한 알바하리의 견해에 이의를 제기할 것이다. 또 이 유가행파의 아뢰야식설이 어떻게 존 썰John Searle을 포함한 기타 사상가들이 언급한 의식의 전체적 본성에 대한 현대적 문제와 연관되는지 보여줄 것이다. 이렇게 함으로써 현대 현상학에 의해 알려진 불교관이 환원론적 주관성 부정과 물화적物化的 자기 개체의 수용 사이에서 어떻게 중도로 나아갈 수 있을지 보여줄 것이다. 샤프Sharf처럼 데닛Dennett에게서 영감을 받은 학자들이 경험 관념을 부인하는 것은 불교관 전반을 이해하는 데 장애를 준다고 본다. 따라서 불교 의식관·인격관을 기술하는 데 경험 관념의 중심성 역할에 관한 언급으로 마무리할 것이다.

2. 유가행파에 고무된 의식관

여기에서 변론하는 불교 마음관의 개념 토대는 아비달마 전통에 기반을 둔다. 요컨대 아비달마의 목적은 지속하는 통일 주체의 상정을 약화시키는 언어로 유정有情의 경험과 그 경험에 주어진 세계 영역을 분석하기 위함이다. 아비달마불교는 경험의 기본 요소들을 적합한 범주로 열거해 묶으면서 분석한다. 아비달마불교의 이러한 기획은 불교철학의 주요한 두 교설인 무자성과 의타기성이라는 관념에 의존한다. 이 견해는 경험에 주어진 현상을 일원화된 고정 실체가 아니라 복잡한 인과망 속에서 일어난 시원적 사태들의 복잡하고 순간적인 구성물로 본다. 이것은 실체적인 자아가 아니라 다층적인 심신 사태들의 복잡한 배열형태에 의존해 존재하는 구성물에 불과한 인격에 해당한다(온蘊; 집합체들).

이 무아관은 인지 실행의 통제를 통해서가 아니라 그 힘이 환경에 따라 달라지는 경쟁 요인들의 상호작용에 의거해 전개되는 인지 과정을 이해하는 데 중대한 결과를 초래한다.[5] 인지 과정을 관장하거나 목격하는 지속 경험의 주체, 내부 통제자 혹은 뇌 속의 난쟁이 homunculus란 없다. 오히려 알아차림의 순간들은 의식에 필연적인 모든 기능을 수행하고 구성한다. 매 순간의 알아차림은 (앞선 알아차림의 순간, 대상, 감각 토대 등) 다양한 조건에 의존한다. 발생 후에 그 기능을 실행하고 다음 순간의 알아차림을 일으킴으로써 제임스의 생각 흐름이나 후설의 심적 유동flux과 크게 다르지 않은 의식 흐름이나 상속[6]을 형성하고 사라진다. 그러므로 아비달마에서 마음은 존재나 실체가 아니다. 그것은 생각, 기억, 지각 등을 생산하는 기제인 사물이 아니라 최소한 간접적이나마 현상학적으로 분석 가능한 복잡하고 다층적인 심적 사태들의 생성과 소멸로 상속되는 쉼없이 흘러가는 과정일 뿐이다.[7]

---

5   Bodhi(2000 : 158, 165)는 이 점을 잘 설명하고 있다. 중심적 단위(unit)의 존재에 대한 이러한 부정은 불교의 의식 분석에서는 거의 말하고 있지 않은 의식의 존재론적 토대(하부인격적 뇌 상태(sub-personal brain states))가 아니라 의식의 현상학과 관련이 있음을 확실히 해야 한다.

6   santāna, Tib. *rgyud*

7   이하에서 분명해지겠지만 우리는 현상학적으로 이용 가능한 것과 내적 성찰할 수 있는 것 간의 구분이 필요하다. 숙면 상태에서 일어나고 있는 것과 같은 다수의

이러한 심적 사고방식은 마음의 존재론에 관한 현대의 논의와 관련이 있다. 우리가 각양각색의 삶을 겪는다는 세계관을 지지하는 불교가 종종 사태 이원론[8]을 주장하는 것으로 제시됨(그리고 그것이 적절함)에도 불구하고, 아비달마 마음관은 현대의 수많은 마음관과 존재론적으로 양립 가능한 중립적 방식으로 수용될 수 있음에 주목해야 한다. 왜냐하면 아비달마 심적 분석의 주요 관심사는 그 기획에서 중심적 부류의 분석에 즉각적으로 유용한 기반인 심적 과정의 존재론적 토대 분석이 아니라 현상학적으로 분석 가능한 심적 과정요소들의 복잡성에 대한 기술이기 때문이다.

필자는 심적 사태들의 현상학에 대한 발견과 존재론적 문제에 한정하면서 이러한 관점을 포용하는 마음관을 변론할 것이다. 대다수 아비달마학파들에서 나타난 심신 복합체의 실재 요소들과 허구/환영에 불과한 자아 간의 구별을 이해하는 것은 이같은 맥락에서이다. 아비달마 전통학파에서 이런 구별은 일부 존재론적 함의를 갖는 사태 이원론의 근거를 제공한다고 주장하지만, 그 범위를 현상학적 영역으로 한정할 것이다. 여기서 실재인 것으로 취해진 인지과정들은 더 이상 현상학적으로 분석 가능한 보다 기초 요소들로 환원 불가능하기에 그렇게 취해진 것이지, 우주의 궁극적인 빌딩

인지 과정들은 일상적 의식의 임계점 아래에 놓여 있어서 내적 성찰이 가능하지 않지만, 그것들이 우리의 경험들에 흔적을 남기는 한, 비록 간접적이기는 하지만 현상학적으로 이용 가능하다.

8 불교의 이원론 형태에 대해서 Jackson(1993)을 보라. 그러나 불교의 이원론이 실체의 두 가지 유형이 아닌 사건의 두 가지 유형이 있다고 주장하는 점에서 데카르트적 이원론과 구별된다고 명확히 해둘 필요가 있다. 따라서 그것은 자연화되기(naturalized)에 한층 용이할 것으로 보인다. 역주) 콰인의 『자연화된 인식론 *naturalized epistemology*』 참조.

블록 (구성요소)으로 간주되어서 그런 것은 아니다. 왜냐하면 그 존재론을 고려한다면, 우리는 하부인격적 뇌 상태 영역에 대한 관계라는 난제에 직면할 수밖에 없기 때문이다.[9]

아비달마에서 마음은 우리가 말했던 심적 상태들로 구성된다. 각각의 상태는 다양한 특성의 심적 요소들로 부여된[10] 알아차림의 한 가지 계기繼起[11]라고 개념화할 수 있다. 심적 요소들이 이 알아차림을 한정하고 그것을 즐거운 것 혹은 즐겁지 않은 것, 집중된 것 혹은 산만한 것, 고요한 것 혹은 동요하는 것, 긍정적인 것 혹은 부정적인 것 등으로 결정하는 데 비해, 의식[12]으로도 기술되는 알아차림은 대상을 알아차리고 그것을 의식한다는 점에서 일차적이다. 바수반두Vasubandhu, 세친는 의식을 '각각의 대상을 파악하는 것'이라고 기술한다.[13] 이와 유사하게 상좌부 아비달마 기초 매뉴얼은 그것을 '단지 대상을 의식하는 과정에 다름없는 것'이라고 정의한다 (Bodhi 2000 : 27). 아비달마 전통 안팎의 대다수 불교논사들은 심적인 것을 다양한 특성을 지닌 알아차림의 연속들로 구성된 것으로 기술하는 데 동의한다. 그들이 동의하지 않는 것은 의식이 그 대상을 의식하는 방식에 대한 분석이다.

(설일체유부, 상좌부 등의 다양한 학파에 속한) 다수의 아비달마 논사들은 의식이란 마음이 대상 자체를 파악하는 실재와의 적나라한 접촉으로 이루어진다고 주장한다. 이 논사들은 대상 자체를 넘어서

---

9   이 주제에 대해서 탁월하지만 결론이 없는 논의를 한 Kim(1998)을 참조하라.
10 caitesika, Tib. *sems byung*, 心所(심소_마음부수)
11 citta, Tib. *sems*, 心(심_마음)
12 vijñāna, Tib. *rnam shes*, 意識(의식)
13 Poussin(1971 : I. 30). 불어의 영어 번역은 필자의 것이다.

있는 지향 대상이나 인식의 매개자로서 어떠한 현출顯出도 상정하지 않는다. 때로 경량부나 유가행파 전통에 속한다고 기술된 다른 이들은 실재와의 적나라한 접촉을 말하는 사고가 의식의 본성을 설명하는 것이 아니라고 주장했다.[14] 마음이 대상을 파악한다는 것은 대체 무엇을 의미하는가? 파악이란 심화된 해명을 필요로 하는 과정에 대한 은유(신체적으로 파악하는 것)이거나 해석 능력을 상실한 절망적인 순진한 견해일 것이다. 이 사상가들에 따르면 의식은 그 대상을 직접적으로가 아니라 그 현출의 드러남을 통해서만 파악한다. 대상은 의식에 직접적이거나 적나라하게 나타나지 않고 인지 과정에서 그것이 일으키는 '현상적인 양태',[15] 즉 의식의 장 내에서 그 현현을 통해서 나타난다.[16] 그렇다면 대상에 대한 알아차림은 의식 자체로서 대상의 현상적인 양태를 바라봄이다. 이 견해는 의식이 본성상 자기를 알아차린다는 의미를 가진다.

디그나가Dignāga, 480-540는 자기의식설을 통해 이 의식관을 명확히 표현했다. 다르마끼르띠Dharmakīrti, 600-660는 자기의식을 우리가 자신의 심적 상태들을 우리 자신의 것으로 표명할 수 있기 때문에 갖는

----

14 우선 대상지향적(object-directed) 또는 반영적(反影的, reflexive) 의식을 이해하는 두 가지 방식은 인도철학에서 의식을 개념화하는 두 가지 다른 방식으로 나타난다. 예를 들어 브라만적 실재론에 입각한 니야야학파의 의식은 무엇보다 또 다른 대상을 비추는 것이기에 자기알아차림은 필연적으로 반성적(reflective)이라고 주장한다. 반면 관념론적 베단따학파의 의식은 그 스스로를 직접적으로 알아차리면서도 대상을 간접적으로만 알아차린다는 점에서 '자기조명(svayamprakāśa)'이라고 주장한다. 또한 Ram-Prasad(2007)를 참조하라.

15 역주) 행상(行相, ākāra, Tib. rnam pa), 글자그대로 'aspect'

16 Chim Jampeyang(1989 : 126-127). 한 가지 유사한 견해가 Sazang Mati Penchen (n.d), 32-33에 보인다. 이 논의는 티벳 종의체계 범주들(doxographical categories)을 따른다. 이 범주들에 대한 현대적 학문 연구는 Mimaki(1979)를 참조하라. 이 범주들에 대한 비판은 Cabezon(1990 : 7-26)을 참조하라.

감각인 통각이라고 제시하면서 이 견해를 전개했다.[17] 이 자기알아차림은 그것이 내적 심적 상태들을 그 대상으로 간주하지 않기 때문에 자기성찰적이거나 반성적이지도 않다. 오히려 그것은 심적 상태들에 대한 비주제적 알아차림을 우리 자신의 것으로 초래하여 인격이 자동적으로 그(녀)가 누구의 경험을 경험하고 있는지 아는 각각의 심적 에피소드에 대한 자기명시적self-specifying 기능이다. 이 자기알아차림은 내적 성찰, 우리의 심적 상태의 일부에 주의집중을 위한 토대를 제공하는 전반성적pre-reflective인 것이다. 따라서 여기서 작동하는 반영성reflexivity은 별도의 인식을 요구하지 않으며, 그저 인식의 장 안에서 현상적 양태를 바라봄을 통한 의식 분석의 필연적 결과이다.[18]

그렇지만 의식의 장 내에서 대상 형상을 경험하는 의식에 대한 설명은 유가행파 전통에서 최종적 결론을 제공하지 않을 것이다. 왜냐하면 그것은 이미 경험된 대상(즉 파악되는 측면인 소취행상)이라는 의식과 그 대상에 대한 경험함(즉 파악하는 측면인 능취행상)이라는 의식 간의 기본적 이원성을 전제하기 때문이다. 이 이원성은 우리의 알아차림과 철저히 분리되면서 외부 대상에 대한 우리의 경험을 우리에게 직접적으로 유용한 것으로 개념화하는 일상적 방식을 위한 토대이다. 그러나 이 견해는 그릇된 것이다. 왜냐하면 의식이란 실재와 단절된 것도, 실재와 직접 접촉하는 것도 아니기

---

17 이 주요 교설에 대한 논의로는 Dreyfus(1997 : §19. 25)를 참조하라. 자기의식에 관한 초기 견해들은 Yao(2005)를 참조하라.

18 여기에는 후설과 사르트르가 잘 표현한 전반성적 자기알아차림을 포함하는 현상학적 의식관과 분명한 유사성이 있다. 마음을 분석한 현대 인지과학과 분석 심리철학의 입장들에 대한 탁월한 논의로는 Zahavi(2005)를 참조하라.

때문이다. 오히려 의식은 그것이 지각하는 대상을 구성함으로써 나아간다. 우리는 우리의 심적 구성 이외에 실재와 접촉할 수 없으며, 우리의 심적 생활과 명백히 구별되는 것으로서 우리에게 즉각적으로 주어진 것으로 보이는 어떠한 실재도 사실상 이 심적 생활, 그것의 타고난 기질, 기대감, 왜곡 따위들과 환원할 수 없이 얽혀져 있다.[19]

불교의 몇몇 명상 전통에서는 창공을 배경으로 구름이 흘러가는 것처럼 의식이 무상한 인지 에피소드가 발생하는 빛나는 자기현시 self-presencing를 배경으로 현출하는 앎의 비이원적 방식의 경험을 언급한다. 예를 들어 대원만Tib. rdzogs chen이라는 티벳의 닝마Nyingma 전통은 자기알아차림이 있는 동안 청아하고 빛나는 것으로서 알아차림의 견해를 제시한다. 창공이 구름 사이에서 그 모습을 드러내듯 알아차림이란 생각의 틈을 통해 빛나는 것이라고 기술한다. 한편 수행자가 어떻게 그러한 심연 상태로 진입하는가에 대해서 다음과 같이 설명한다.

> 그것[알아차림]이 스스로를 주시할 때, 이러한 관찰에는 아무것도 보이지 않는 선명함이 있다. 이 알아차림은 직접적이고 적나라하며 선명하고 비정립적이며 공하고 청아한 비춤이고, 독특하고 비이원적 투명함과 공성空性이다. 그것은 영원하지 않고 비확립적이다. 그것은 허무주의가 아니라 밝게 빛나는 생생함이다. 그것은 하나가 아니라 다양하게 알아차리고 분명하다.

---

19 이것은 일상적 대상 세계가 우리에게 비매개적으로 주어져 있고, 단순히 저 바깥에서 우리를 향해 손에 닿을 만큼 존재한다고 상정하는 면에서 후설이 기술한 '자연적 태도(natural attitude)'와 다르지 않다. Welton(1999 : 60)을 참조하라.

그것은 다양하지 않지만 불가분리의 일미一味이다. 그것은 바로 이 알아차림에 다름 아니다.[20]

이상의 명상 지침은 자기알아차림이 있는 가운데 분명하고 내용이 없는 것으로서 알아차림의 경험에 대한 대강을 제공한다. 이것, 즉 알아차림은 또한 우리가 통상 그것을 통해 실재를 대하는 이원론적 구조에 의해 가탁假託된 왜곡 없이 그 자체를 경험하는 상태인 '알아차림 그 자체Tib. sems nyid'라고 기술된다. 이 상태에서 의식은 그것이 어떤 내용으로부터도 자유롭지만 경험에 대한 우리의 보편 개념인 통상의 주관-객관 구조로 환원될 수 없는 기본적 자기현전화나 반(영)성을 갖고 비추므로 아무것도 없는 것이 아닌 까닭에 공하게 현출한다. 이 비이원적 상태는 적어도 부분적으로 수많은 유가행파 수행자들이 의식을 그 가장 심오한 수준에서, 다시 말해 이원론적 왜곡에서 벗어나 그 자체를 직접 체험함으로써 이해하는 것과 상통하는 듯 보인다. 우리는 경험이 이중적 구조를 갖고 있다고 생각하지만 실제 이중성은 그 본성에 대한 정확한 반영이라기보다 우리가 경험을 해석하는 방식의 결과이다. 그 가장 기본적 상태에서 의식은 그 대상과 별도로 존재하지 않는다. 주관-객관 형태(*능취행상 - 소취행상) 모두는 오직 알아차림의 단일한 장場일 뿐인 의식 위에 가탁된 것이다.

비이원적 알아차림에 대한 이러한 기술은 여기서 상술된 주관성 견해를 이해하는 데 중요하지만, 철학적 분석을 위한 도전도 불러

20 Karma Chagme(1998 : 108). 유가행파 전통과 관련된 닝마의 마음관에 대한 비판적 연구는 분명 흥미롭게 보이지만 좀 더 설명이 필요하다. 또 상좌부 전통 내에 흥미로운 유사점들이 있다. Collins(1982 : 246-47)를 참조하라.

일으킨다. 이러한 입장에서 의식은 비이원적이며 따라서 개념화의 범위를 넘어서 있다. 그것은 직접적으로 체험될 수도 있고 혹은 그러한 상태에 이르는 방법에 관한 유익한 은유와 지침에 의해 간접적으로 환기할 수도 있지만 기술될 수는 없다. 그러므로 한갓 이런 분석 수준에만 의존해서는 주관성 견해를 뚜렷이 표현하기란 어렵다는 것을 알 수 있다. 그렇게 하기 위해 우리는 비이원적 알아 차림이 이중적 현현으로 나타나는 분석 수준으로 한 등급 낮추길 원할 수도 있다. 이것은 의식이 그 대상 형상을 취함으로써 그 현상 적 형상을 드러내는 것으로 이해되는 분석 수준이다. 그리해서 알 아차림 역시 그것이 파악하는 측면(*능취행상)에서 그 자체를 드러낸 다.[21] 이러한 주관-객관의 이중성은 우리에게 주관성의 본성을 이 해하게 하고 또 우리 자신을 자아 개체가 지속하는 것으로 한층 더, 그리고 조야하게 왜곡하는 것과 구별하게 한다. 따라서 이어지 는 내용에서 이러한 일상적 주관성 분석 수준을 알아차림에 주어진 대상의 경험으로 구성된 것으로 가정하고, 주관성을 한정된 자아로 물화하는 더 거친 수준의 왜곡과 구별할 수 있다고 주장할 것이다.

이 논의의 결말은 유가행파에게 의식이란 단순히 지향적(그것이 무언가에 대해서 있다는 사실)이지 않고 현상적이어서 반성적이라는

---

21 다르마끼르띠 전통에서 이 두 가지 분석 수준은 때때로 형상허위론(alīkārāvāda, Tib. *rnam dzun pa*)와 형상진실론(satyakārāvāda, Tib. *rnam bden pa*)으로 언급되기도 한다. 전자의 관점에서 의식은 그 본성상 비이중적인 것, 다만 순전한 반성적 알아 차림 위에 가탁되는 현상적 행상(行相, form) 혹은 양태(樣態, aspect)라고 여겨진 다. 후자의 관점에서 현상적 행상은 또한 비이중적 알아차림의 왜곡이라고도 간 주되지만, 이러한 왜곡은 의식의 본성상 어떤 토대를 지닌 것이라고 이해된다. 양 자가 적대적인 견해라기보다 다른 분석 수준을 제공하는 상호보완적인 것으로 볼 수 있다고 제안할 것이지만, 여기서는 후자의 관점을 따를 것이다. 이 두 견해 에 대한 논의로는 Dreyfus(1997 : §27)를 참조하라.

것이다. 의식은 대상에 대한 파악일 뿐 아니라 그 경험에 대해 전반
성적으로 알아차리면서 대상을 특정 방식으로 경험하는 주관성에
대한 대상의 현출 방식의 드러남이기도 하다. 따라서 의식은 다양
한 현상적 성질(고통의 느낌, 시각적 인상, 생각, 원하는 것 등)에 대한
자기알아차림 경험의 상속이라고 가장 잘 이해되고, 토마스 네이글
Thomas Nagel의 말을 빌리자면 "그(녀)가 대상을 파악할 때 주체가 이
또는 저 경험을 체험하는 것이 무엇인지 이야기하는 것은 합당하
다."(Nagel 1974).

일부 현대 마음 철학자는 이 현상적 성질을 대상을 파악하는
경험적 성질인 '감각질qualia'로 표현한다.[22] 이 용어가 의식에 고유
한 현상학적 데이터를 지칭하는 한에서 그 사용은 아무런 특별한
문제를 일으키지 않는다. 그렇지만 의식을 물화해 그것을 우리들
마음의 데카르트적 극장 안에서 움직이고 목격자에 의해 명증성과
확실성을 가지고 알려질 수 있는 사적이고 형언할 수 없으며 투명
한 개체들에 대한 내적 성찰로 만드는 커다란 위험이 있다.[23] 마음
과 감각질의 본성에 대한 이러한 이해는 여기서 제시된 설명과는
크게 이질적이다. 우선 첫째, 극장의 비유는 우리의 심적 생활이
마치 쇼가 연속 장면들로 구성된 것처럼 고통의 이미지나 느낌
같은 명확히 표현되는 경험 상태로 구성되어 있음을 시사한다. 그
러나 명확히 기술된 상태는 좀처럼 현상학적 데이터 범위를 철저히
다루지 않는다.[24] 우리의 심적 생활에는 이와 같은 유형과 일치하지
않지만 그럼에도 의식의 구성요소인 산만한 느낌, 막 시작 단계의

---

22 현대 마음철학의 다양한 견해에 관심 있는 독자는 Chalmers(2002)를 참조하라.
23 이 같은 다채로운 표현은 Dennett(1991)에 의거한다.
24 이 점은 Petitot, Varela, Pachoud, Roy(1999 : 11)가 강력하고도 설득력 있게 피력한다.

감정, 모호한 인식 따위와 같은 수많은 양태가 있다. 더욱이 극장의 비유는 의식이 내적 성찰로 파악된 명확히 기술된 상태임을 암시한다. 하지만 이것은 옳지 않다. 의식의 현상적 양태는 내적 성찰에 의해 파악되어진 것으로 환원될 리 만무하다. 왜냐하면 우리는 다만 전반성적으로 경험하는 것의 일부만을 내적 성찰할 수 있기 때문이다. 의식의 현상적 본성에 대한 주장은 의식이 반성적이지만 그 내용이 내적 성찰할 수 있는 심적 상태로 환원될 수 있는 것은 아니라는 점을 수반한다. 아래에서 밝혀지겠지만, 의식은 다만 점진적이고 부분적으로만 꿰뚫어볼 수 있는 항상 변화하는 다층적 층위로 구성된 엄청나게 깊고 복잡한 흐름이다. 또 결정적으로 더 중요한 사실은, 극장의 비유가 필자의 설명 중심축인 무아 입장과 어마무시하게 상반된 견해인 관찰자와 관찰되는 것의 구분을 상정하는 본질적인 이원론이라는 점에서 잘못되었다. 의식은 한 명의 목격자에 의해 심적 상태를 이원론적이고 회고적으로 부여하는 특성이 아니라, 자기명시화되는 한에서 심적 상태의 고유한 특성일 뿐이다.

여기서 주장된 견해와 의식 자신의 내용에 접근할 특권을 지닌 투명한 자아로서 의식에 대한 데카르트적 견해 간의 차이는 이러한 견해에서 의식하고 있는 것이 무엇인지에 대한 우리의 일상적 감각이 대부분 커다란 환영임을 깨달을 때 분명해진다.[25] 한 가지 수준에서 그것은 '변화맹change blindness', '주의 과실attentional blink' 등과 같은

---

25 필자는 오웬 플래너건(O. Flanagan)이 정의한 데카르트주의, 즉 '각각의 인격은 "그(녀)의 마음의 내용과 관련해 인식론적으로 특권적 위치에 있다."(1999 : 66)라는 견해를 사용한다. 이것이 실제 데카르트 자신의 입장과 일치하는가는 다른 문제이다.

다양한 현상이 암시하듯, 항상 변화하는 세계에서 고정성의 환영을 창조함으로써 실재를 왜곡시킨다(Palmer 1999 : 537-9). 고정성의 환영은 우리의 경험의 대상과 관련될 뿐 아니라, 곧 보게 되겠지만 우리 자신을 이러한 대상을 유용하는 고정된 자아 개체로 생각하는 방식과 연관된다. 이것은 즉각적으로 주어지지만 완전히 분리된 객관적 실재에 대해 갖는 감각인 일상적 경험의 토대 역할을 하는 바로 그 주관-객관 구조와도 관련된다. 다른 고정된 존재를 마주하는 우리가 세계 안에서 고정된 자아인 세계를 생각하는 것은 바로 이러한 기초 위에서이다.

그렇지만 의식적 경험을 비이중적이고 왜곡된 것으로 보는 이러한 견해는, 필자의 주장을 위해 데닛을 인용하듯이, 의식이 그(녀)의 경험에 관한 주체의 믿음으로 전적으로 환원할 수 있는 완전한 환영일 뿐이라고 주장하면서 어떠한 주관적 관념도 제거하려는 이들의 견해와는 상당히 다르다는 점도 명확히 해두어야 겠다.[26] 여기에서 상술된 불교 관점에서 본 우리의 오류는 사물이 우리에게 나타난다고 생각하는 것이 아니라 사물이 우리에게 나타나서 우리 자신의 심적 창조물을 실재라고 여기는 방식에 동조하는 데 있다. 이러한 견해는 양 극단의 입장을 피하는 절충점을 모색하기 위한 것이다. 의식의 투명성을 부인함으로써 사고, 느낌, 감정에 대해 확실성을 갖고 알게 하는 투명한 주체에 대한 데카르트적 주장인 물화物化, reification의 극단을 피하려고 한다. 필자는 1인칭과 3인칭 관점 간의

---

26 데닛의 경험관에 대한 심화 논의로는 *Phenomenology and Cognitive Sciences* 6(2007)의 특집호를 참조하라. 체험들, 특히 시각적 체험들이 풍부한 현상학적 내용을 지닌다는 우리의 감각이 거대한 환영인지 아닌지에 대한 이슈를 둘러싼 논쟁적 견해는 *Journal of Consciousness Studies* 9.5-6(2002)의 특집호를 참조하라.

현상학적 비대칭을 주장하고, 또 (~)으로 현출되는 것being appeared to이라는 사실을 진지하게 수용하여 주관적 경험에 대한 어떠한 관념도 완전히 제거한다는 또 다른 극단을 벗어나려고 한다. 이하에서 명확해지겠지만, 양 극단은 인지과정을 정당하게 다루지 않고 그 복잡성을 설명하지 못하는 지나치게 단순화한 의식 유형들을 제공한다.[27]

그렇지만 이 반성적 의식관에서 무아론과 관련된 중요한 물음이 제기되지 않을 수 없다. 왜냐하면 의식이 자기알아차림을 수반한다면 하나의 통일된 주체, 그리고 다수의 집합체를 지칭하는 데 사용되는 유용한 표식이 아니라 자아가 존재한다는 결론에 도달하는 것이 아닌가? 또 이와 같다면, 확실히 자아를 부정하는 대다수 불교 철학의 토대와 상충되는 표현이 아닌가? 다음의 내용에서 주관성과 자아 간의 중요한 구별을 통해서 이 질문에 답할 것이다. 이러한 구별은 불교의 인격 철학 내에서 일상적 주관성을 부여하는 합당한 지위를 부여하면서 무아론을 변호하기 위한 강력한 토대를 제공할 수 있다.

3. 의식과 주관성, 그리고 자아

의식과 자아 관념 간의 연계에 관한 이 물음은 고전적 정형화와

---

27 하지만 명상이 중심 역할을 하는 불교 같은 전통에서 기대할 수 있는 명상 체험에 대한 이 같은 풍부한 현상학적 논의는 아직 산출되지 못했고, 혹 그런 논의가 있더라도 서구 학자들이 심도 있게 분석하지 못했음을 지적할 필요가 있다. 도처에서 흥미로운 발표는 있지만, 필자가 아는 한, 활용 가능한 기술적 설명 범위는 여전히 매우 제한되어 있다.

우리 가운데 일부가 불교 관점에서 현대적 논의를 다루기 위해 참여하는 시도 모두의 측면에서 불교철학을 위해 분명 중요하다. 또한 지난 몇 년 동안 자아에 관한 주제가 새롭게 주목을 받은 서양철학 전통 내의 중요 논의와 유사하다. 파핏, 데닛, 스트로슨, 메칭거 같은 사상가들은 종종 불교 관점을 명시적으로 언급하면서 자아에 대한 급진적 부정을 옹호했다. 현상학적 전통 내에서 사르트르는 자신의 탁월한 저서 『자아의 초월성*La Transcendence de l'ego*』에서 에고는 의식의 자기알아차림의 흐름에 기초해 반성적으로 구성된다고 주장하면서 유사한 관점을 견지한다.

다른 사상가들은 이러한 무아 관점을 부정했다. 예컨대 단 자하비는 자신의 탁월한 저서 『자아성과 주관성*Selfhood and Subjectivity*』에서 전반성적 알아차림을 함축하는 것과 같은 현상학적 의식관은 자아에 대한 어떤 생각 없이 행하는 것이 불가능하다고 주장한다. 자하비에게—필자가 그를 정확히 이해하고 있다면—자아란 주관성에 대한 일관성 있는 설명에 필수적인 작용 초월적이고 계기 초월적인 동일성 극을 제공하는 불변의 실제 구조에 바탕을 두고 있다. 주관성은 주체가 경험을 할 때, 누가 경험을 하고 있는지에 대해서 의심의 여지가 없다는 사실인 '1인칭 자기소여'를 수반한다. 나의 경험 양상과 내용에 관해 상당히 많은 불확실성이 있을 수 있다. (나의 경험은 즐거웠나, 혹은 중립적이었나? 나는 정말로 보았는가, 아니면 단지 상상을 했던 것인가? 나는 초콜릿을 맛보았는가, 아니면 인공 조미료를 맛보았는가? 등) 그러나 그 경험을 했던 이가 나인가 아니면 다른 어떤 이인가는 의심할 여지가 없다. 자하비가 말하듯, "내가 하나의 경험을 겪고 있을 때, 나는 그러한 경험의 주체가 누구인지 의심할 필요가 없다."(Zahavi 2005 : 124). 그러나 자하비에게 '1인칭 자기소여'는 그것과 관련해 경험이 나의 것임을 내가 결정할 수 있는 어떤 불변성의 극을 필요로 하는 주관적 경험만으로는 충분하지 않다. 자하비는 다음과 같이 설명한다.

> 어떤 단일한 경험의 자기소여는 이 유형의 자기알아차림이 발생하기 위한 충분조건이 아니라 필요조건이다. 후자는 단순하고 즉각적 자기알아차림 그 이상을 수반한다. 그것 역시 간극이 놓여 있는 차이나 거리를 수반하고, 다시 말해 그것은 종합을 수반한다. 이것은 자아가 단일한 경험에서 작용-초월적 동일성으로서 주어질 수 없기 때문에 그러하다. 우리는 어떤 것과 마주치는 몇 가지 경험들을 비교함으로써만 변화하는 상황들에 걸쳐 그 동일성을 유지할 수 있다.
>
> Zahavi 2005 : 131

자하비에게 주관성은 통일체unity를 함의한다. 나는 단지 우연히 연계되는 다양한 경험들만을 의식하지 않는다. 오히려 나는 경험들이 하나의 단일한 자아에게 일어나는 것으로 의식한다. 이 특이점은 공시적(내가 되돌아갈 수 있는 무언가)일 뿐 아니라 동시에 통시적이기도 하다. 경험의 주체로서 나는 시간적 거리를 가로질러 경험들을 지니고 있는 것으로 나 자신을 알아차린다. 따라서 내가 경험을 회상할 때, 나는 과거와 현재의 주체들을 가로지르는 한갓 통일체를 투사하고 있는 것이 아니라 통일된 자아인 내가 앞서 경험했던 것을 알아차리고 있는 중이라는 것이다.

이 현상학적 자아 변론은 여기서 상술된 불교 의식관에 대한 중대한 도전을 대변하고, 필자는 자아 옹호자와 그 대론자 간에 펼쳐진 논쟁의 핵심적 쟁점으로 생각되는 통시적 통일체 문제에 초점을 맞춘다. 왜냐하면 의식이 전반성적으로 자기알아차리는 것이라면, 다시 말해 (일상적) 경험이 본성적 나의 것임을 지님으로써 주어진다면 경험이 나의 것이라고 말해질 수 있는 이와 상관된 '나'가 반드시 있어야 한다는 결론에 도달하지 않겠는가? 또 그렇다면 이것은 현 순간의 초월적 자아의 존재를 보여주는 것이 아니겠는가? 이러한 도전은 보다 풍부한 불교 인격관을 해명하는 반가운 기회로 보인다. 이 관점은 자아 개체의 존재론적 반론을 설명하고, 불교의 인격관 범위 내에서 수행에 근본적이고 그것 없이는 불교 전통의 다양한 측면을 이해할 수 없는 경험 측면까지도 포함한다.

자하비의 주장에 답하려면 불교철학의 인격관을 다룬 미리 알바하리Miri Albahari의 최신 논문을 논의에 포함하는 것이 유용할 수 있다. 알바하리의 예지력 넘치는 주저인 『분석불교』(2006)를 정확히 이해하고 있다면, 그녀는 불교철학 맥락에서 적합한 인격관은 자아와 주체 간의 중대한 구분을 요청한다고 말한다. 전자가 해체되어야 할 환영인 데 비해, 후자는 상당히 실제적이다. 알바하리에게 주체는 목격할 수 있는 능력으로 특징지어진다. 그녀는 다음과 같이 말한다.

포괄적으로 말해서, 주체의 작동방식modus operandi은 관찰하고, 알고, 목격하고, 그리고 의식적으로 알아차리는 현실화된 능력처럼 보인다. 나(*알바하리)는 이 모든 파악 방식을 감당하는 '목격함'(혹은 '목격하고 있는 의식')이란 용어를 사용할 것이지만, 내가 그렇게 하는 경우는 이같은 파악의 현상적 사례들을 이야기할 때만 채택할 것이다. '현상적'이라는 말을 나는 파악하고 있을 것 같은 무언가의 있음을 의미한다. … 최소로 해석하자면, '목격함'이란 이러한 파악들이 주의집중에 상관없이, 인간이든 아니든 상관없이, 모든 종들의 의식적 경험함, 지각함, 사고함, 내적 성찰함을 포괄하는 현상적 파악함의 가장 광범위한 방식으로 기술할 수 있다.

Albahari 2006 : 7-8

위 알바하리의 주장은 현상학적 의식관과 잘 부합하는 듯 보인다. 내가 경험을 겪을 때 이 경험은 한낱 복잡한 비인격적 흐름에 있는 요소가 아니다. 오히려 그것은 즉각적으로 어떠한 오류의 가능성도 없이 나의 것으로 주어진다. 이 자기소여는 알바하리가 주체와 의식적 경험을 지닌 모든 종들을 목격하는 능력에 대한 관념을 의미하는 것에 상응하는 듯 보인다. 의식이란 우리의 경험들을 즉각적으로 알아차리는 능력이다.

알바하리에게 주체란 주체가 자아라는 그릇된 가정의 결과인 자아와 예리하게 구별된다.[28] 이와 같은 환영은 주체가 그 집합체와 동일시되는 동일화 기제에 바탕을 둔다. 이를테면 내가 진정으로 건강하게 느낄 때 나는 신체와 동일시한다. 그것은 마치 주체가

---

28 알바하리는 다음과 같이 말한다. "불교의 입장에서 우리는 목격 주체가 다양한 온(蘊, khandās)을 가정하는 바로 그 행위를 통해 자아임(being)이라는 (심각하게 잘못된) 가정을 행한다는 것을 이해해야 한다."(2006 : 51) 목격하는 의식이 그 자체를 자아라고 착각하고 있음을 함의하는 듯 보이는 이 정형구는 문제가 있다. 알바하리가 주장하듯, 만약 주체가 그 현존에서 제약 없고 간단(間斷)됨이 없다면, 그것은 오류일 리가 없으며 따라서 그릇된 가정을 행할 수 없는 것으로 보인다. 오히려 논의가 필요한 것은 다른 심적 상태들(욕망, 무지)이 주체를 자아라고 여긴다는 점이다. 이하에서 밝힐 테지만, 사실상 이것은 유가행파의 견해이다.

건강하다고 느껴진 신체와 융합된 것과 같다. 다른 때, 나는 나 스스로를 "나는 정말 영리하다"고 생각하도록 착각하게 하면서 나의 마음과 동일시한다. 이처럼 주관성은 심신 복합체의 다양한 부분의 전유를 통해 시간에 걸쳐 지속하고 경계지어진 개체로서 한낱 목격자 이상으로 동일시된다. 알바하리는 다음과 같이 자아를 정의한다.

> 자아란 경계지어지고 행복을 추구하는/고통을 피하는 (목격하는) 인격적 소유자이자 통제하는 행위자이고, 또한 한층 장기적 지속 과 불변성을 지닐 뿐 아니라 한 계기에서 그다음 계기로 간단없이 불변하는 현존을 지니고 통일되고 비구축된 주체라고 정의된다.
>
> Albahari 2006 : 73

알바하리에게 자아는 주체에게 자신이 갖고 있지 않은 주관적 특성, 특히 경계지어진 인격적 소유자, 통제하는 행위자 같은 것들을 부여하는 것이라고 이해된다. 자아는 주체를 심신 복합체의 특정 측면의 인격적 소유자라고 동일시하는 데서 발생한다. 우리가 건강한 느낌을 갖는 주체로 보게 하는 반성적 렌즈를 제공하는 것은 신체이다. 이와 같이 주체를 동일시하는 필터는 묶여 있음의 감각을 창조한다. 나는 한낱 신체의 건강을 목격하는 주체가 아니라 이 건강한 신체에 의해 정의되고 구분되는 것이다. 이 묶여 있다는 감각은 이처럼 동일시된 것과 다른 모든 것들 사이의 경계를 만든다. 이와 같이 자아 편에 있는 것과 타자인 다른 모든 것들 사이에는 나의 인지적 우주 안에서 근원적인 이원화가 형성된다. 이러한 경계는 실제로 꽤 유동적이다. 여러 경우에 나는 심신 복합체의 다른 측면과 동일시한다. 심지어 좋아하는 스포츠 팀과 나를 동일시할 수도 있다. 그렇지만 나는 보통 이 유동성을 알아차리지 않는다. 왜냐하면 내가 나의 인격의 이러저러한 측면과 동일시할 때 나 자신을 여타 세계로부터 확고히 분리된, 자명하게 엄격히 기술된 존재로 생각하기 때문이다. 이러한 엄격한 분리 감각은 또한 특별함이라는 특성을 수반한다. 나와 여타 세계간에 만들어진 분리는 매우 강력한 감정으로 가득차 있다. 나는 여타 세계와 다를 뿐 아니라 나 이외의 무엇이나 누군가보다 더 중요한 유일한 일자로서 다른 무엇보다도 한층 더 특별하다. 마지막으로 나는 또한 심신 복합체와 그 행위를 담당하는 자율적 행위자이다. 나는 나의 모든 움직임을 자유롭게 결정하고 개시하는 실체, 즉 자유의지의 자리이다. 나는 나의 행위를 통제하고 행하는 저자이다(Albahari 2006 : 73).

알바하리의 논의가 매우 사려깊고 대다수 불교논사들의 자아 부정이 무엇을 뜻하는지 훨씬 정확히 기술함으로써 불교철학에 지대한 공헌을 하고 있다. 일부 티벳 불교논사들이 주장했듯이, 불교논사들이 자아 부정이 무엇을 뜻하는지 정의하지 않고 무아론을 이해하기란 어렵기 때문에,[29] 이 점은 중요하다. 대다수 불교 전통의 논의 목표 대상인 자아는 알바하리의 기술과 매우 잘 부합한다고 생각한다. 예컨대 17세기 겔룩빠 논사인 잠양 셰빠Jamyang Zhaypa, 1648-1722는 자아와 오온의 관계를 상단商團 행수와 그가 이끄는 상단의 관계로 명시적으로 비유한다.[30] 즉 상단에 속한 한 구성원에

---

29 종카빠는 자아 동일화에 대한 논박이 통찰 과정에서 중요 단계라고 주장했던 가
    장 유명한 불교논사들 가운데 한 명이다. 실제로 무아론에 대한 그의 전면적 접근
    은 논박이 되는 자아와 세속적으로 존재하는 자아 간의 명시적 구분에 기반을 둔
    다. Tsongkhapa 2002 : III.126를 참조하라.
30 잠양 셰빠에게 이 사례는 가장 미세한 형태의 자기기만이 아니라 대다수 불교학
    파에 의해 반론되는 자아(그가 반론의 조대한 대상이라고 부르는 것)를 분명히 보

불과하지만 나머지 상인들에게 명령하는 상단 행수와 마찬가지로, 비록 자아는 오온과 별개의 것은 아니지만 오온을 총괄하는 것으로 오인된다. (자아의 존재방식이 아니라) 우리가 일상적으로 자아를 어떻게 오인하는지 보여주려고 심신 복합체를 담당하는 우두머리로 비유한 내용은 여러 경전에서 부정되는 자아감각에 상응한다. 그 예로 붓다는『쌍윳따 니까야Saṃyutta Nikāya』III.66-67에서 이러한 주장을 한 것으로 제시된다.

> 몸이란 자아가 아니다. 만약 몸이 자아라면 질병을 초래하지 말아야 할 것이다. "나의 몸이여 이렇게 되어라! 나의 몸이여 이렇게 되지 말거라!"라고 말할 수 있을 것이다. 그렇지만 몸은 자아가 아니어서 질병을 초래하고, "나의 몸이여 이렇게 되어라! 나의 몸이여 이렇게 되지 말거라!"라고 말할 수 없다.
>
> Gethin 1998 : 136

여기서 모두 들여다 볼 수 없지만 다른 데서도 이러한 제어 불능에 관한 붓다의 교설은[31] 나머지 세계로부터 명확히 구분된 채 특별한 관심을 받을 만한 지속 실체로서뿐만 아니라 그 오온을 제어하고 행위를 담당하는 행위자로서 정의되는 자아감각을 상당히 명시적으로 가리킨다. 환영의 본성을 밝히려는 불교의 논의 목표 대상

여준다. 종카빠처럼 잠양 셰빠는 귀류논증파(Prāsaṅgika) 추론의 특별한 목표 대상인 자아에 관한 한층 미묘한 수준의 오해가 있다고 생각한다. Hopkins(2003 : 651, fn.B); Lopez(2006 : 170)를 참조하라.

31 빠알리 경전은 두 가지 다른 주장을 제시한다. 첫째는 상주하는 자아를 논박한다. 반면 둘째는 부분 – 전체론적(mereological) 고려에서 자아를 반박한다. Collins(1982 : 97-103)를 참조하라.

은 우리의 행위자 감각과 밀접히 관련된 경계지어진 자아감각이다.

그러므로 이제 우리는 여기서 자하비의 도전에 대응하는 불교 토대를 갖춘 것으로 보인다. 이러한 대응은 나는 누구인가에 대한 두 감각의 구별에 기반을 둔다. [첫째] 주체 또는 오히려 주관성, 즉 인격의 핵심이 되는 1인칭 자기소여를 지닌 순간적 심적 상태의 연속체(이에 대해 곧 다시 언급할 것이다)와 [둘째] 찰나에 소멸하는 자기명시화된 복합적 경험 흐름이라기보다 시간에 걸쳐 지속하며 경계지어진 행위자로서 주관성의 환영적 물화物化인 자아가 그것이다. 그러므로 내 마음의 연속체 안에서 일어나는 지각·사고·기억은 비인격적이지 않다. 그것들은 누가 이 경험의 주체인가에 대한 의심이 있을 수 없다는 점에서 분명 나의 것이다. 그러나 자기알아차림이라는 주관적 상태가 연속하고 있음에도 불구하고, 이 경험들이 나의 것임을 내가 확정할 수 있는 것과 관련해서 경험의 전후 순간에 지속 존재하는 초월적 작용으로서 동일성-극이 있음을 수반하지는 않는다.

그렇지만 우리는 내가 과거 기억을 회상하는 상황에 대해서 의심할 수도 있다. 내가 스위스에서 보낸 학창 시절을 기억할 때, 기억하는 인격인 나는 기억되고 있는 이와 동일한 인격처럼 보인다. 이것은 환영인가? 혹은 이 경험을 이해하는 유일한 방식은 기억하는 사람과 기억되는 사람의 동일성이 확립될 수 있는 것과 관련해 초월적 순간 구조를 상정하는 것이라고 주장하는 자하비가 옳은가? 필자는 무아론 옹호자들의 대답이 상당히 명확하다고 생각한다. 통시적 통일체의 자아감각은 많은 점에서 변화를 알아차리지 못하는 데서 기인하는 자아환영의 핵심이다. 스위스의 나의 어린 시절부터 북미에서 성장하기까지 지속하는 어떤 존재는 없다. 이것은 우리가 기억하고 있는 사람이 그 기억되는 사람과 다르다고 말할 수 있음을 의미하는가? 불교논사들은 기억하는 사람과 기억되는 사람이 같지도 않고 다르지도 않다고 주장하면서 이 마지막 지점에서 종종 망설인다.[32] 이렇게 다소 수수께끼 같은 말은 무엇을 의미하는가? 우리는 이를 악물고 분명히 기억하는 사람과 기억되는 사람이 다르다고 말하면 안 되는 것인가?

여기서 상술된 불교의 인격 관념의 핵심인 1인칭 자기소여의 중요성을 명심하는 것이 대단히 중요하다. 어떤 면에서 기억하는 사람이 기억되는 사람과 다를지라도 이 차이가 나를 다른 사람들과 구분짓는 것은 아니다. 달리 말하자면, 내가 스위스에서의 어린 시절을 기억할 때 나의 과거 경험의 대상만을 기억하고 있는 것이 아니라 이 과거 경험을 겪었던 주관적 상태 또한 기억하는 것이다. 비록 이 심적 상태들이 기억하는 상태와 동일하지 않더라도, 그 모두 유사한 1인칭 자기소여, 다른 누군가와 공유되지 않는 공통성을 공유한다. 나의 기억 기저에 있는 통일성 감각은 나의 과거 경험을 기억할 때 단지 그 내용을 회상할 뿐 아니라 나에게 주어진 것으로 기억한다는 사실에서 비롯된다. 경험을 겪었던 내가 기억하는 나와 같을 수 없다는 것은 사실이다. 따라서 내가 이러한 경험을

---

32 예를 들어 짠드라끼르띠는 다음과 같이 말한다. "마이뜨레야(Maitreya)와 우빠굽따(Upagupta)는 다른 사람이어서 그들의 구성요소들은 동일한 연속체에 포함될 수 없다."(Huntington 1989 : 164). 고전적 입장에서 기억된 사람과 기억하는 사람이 동일하지도 다르지도 않다는 불교관은 자아 부정에서 유래한 것으로 해석된다. 자아가 없기 때문에 엄밀하게 세속적 방식을 제외하고는 기억하는 사람이 기억된 사람과 동일인지 묻는 것은 의미가 없다. 이러한 해석이 옳더라도 그 전모를 제공할 수 없으므로 기억된 경험들의 자기소여에 대한 논의가 기억된 사람과 기억하는 사람이 동일하지도 다르지도 않다는 주장에 대한 이해를 돕는다.

나의 것임으로 회상할 때, 이 기억은 일부 왜곡을 동반한다. 그러나 내가 이러한 기억을 1인칭 방식으로 기억하는 한, 이 기억함은 완전히 환영에 불과한 것 또한 아니고 이 기억을 다른 이의 기억과 구분하는 어떤 것을 파악하는 것이다. 그러므로 불교논사들이 기억하는 사람과 기억되는 사람이 동일하지 않지만 경험이 그들에게 주어지는 방식을 공유하기 때문에 완전히 다르지도 않다고 주장하는 것은 틀리지 않다.

더욱이 무아 옹호자들 역시 우리의 주관적 삶이 경험의 다양성을 통해 지속하는 작용 초월적인 동일성 극을 요구한다는 자하비의 가설에 대해 의심을 제기하는 타당한 이유가 없는 것만도 아니다. 이 작용 초월적인 극의 본성은 대체 무엇인가? 자하비는 자아란 다양한 경험을 공유한 1인칭 자기소여의 불변 구조로 구성된다고 답한다. 이 구조는 경험에 필요한 시간성의 과정을 지지한다. 우리는 다만 한 경험에 이은 다른 경험을 갖는 것이 아니라 그것들이 시간적 순서로 정렬한 것으로 지각한다. 이 시간성 과정은 과거 경험을 기억하고 새로운 것을 예기하는 파지적retentive · 예지적protentive 능력에 바탕을 둔다.[33] 필자의 이해가 맞다면, 자하비는 폭포에 나타난 무지개의 사례를 든 제임스와 비슷하게, 자아를 시간화된 경험을 통해 존재하는 불변의 구조로 이해하고 있다(Zahavi 2005 : 67). 그러나 이 은유적 표현은 자아의 존재를 증명한다기보다

---

33 이상에서 후설의 가장 위대한 통찰 가운데 하나인 시간의식의 복잡한 주제를 간략히 살펴보았다. 과거 계기들의 파지와 미래 계기들의 예지를 말하는 (후설의) 의식관이 불교의 반실체론과 양립할 수 없다는 것이 아니라 오히려 그 철학적 기획을 심화시키는 중요 단서들을 제공한다. 이 난해한 주제에 대한 명쾌한 해설은 Zahavi (2005 : 49-72)를 참조하라. 신경과학과 관련한 논의로는 Thompson(2007 §7)을 참조하라.

그러한 실재에 대한 의문을 던지는 것이라고 생각된다. 여기에서 무엇이 도대체 실재한다는 말인가? 무지개, 아니면 폭포, 그 물 또는 햇빛인가? 무지개가 햇빛과 물의 낙하로 만들어진 시각적인 환영이라는 예처럼 통일된 자아로 생각되는 구조는 흘러가는 경험 위에 가탁된 추상적인 구조가 아닌가?

대다수 불교 전통의 핵심인 유명론 관점에서 이 자기소여의 통일체는 인과적으로 엮인 시간화된 경험 흐름에 바탕을 두고 개념적으로 구축된다. 여기에 그 관점이 반영된 아비달마 전통에서 실제로 있는 것은 실재를 구성하는 유효한 인과 요소들(법들)이다. 우리가 시간 순서로 겪는 다양한 순간 경험들과 그에 대해 갖는 기억들이다. 우리가 그것들을 공유하는 것으로 여기는 통시적 통일체는 다만 각각의 경험이 1인칭 방식으로 주어지고 시간 순서 안에서 각인된다는 사실에 기반한 기억으로 구성된 구축물이다. 따라서 다양한 경험을 가로지르는 것으로 생각되는 통일체가 실재와 완전히 분리된 것은 아니지만, 완전히 실재적이지도 않다. 실제 존재하는 것은 복잡한 인과 관계망을 개념적으로 나타낸 허구이다. 그것은 불교도들이 세속제라 부르는 실재를 파악하는 임의적 방편이지만, 실재 구조에 인과적으로 유효한 부분이 아니다.

그렇다면 인격은 비인격적 요소들의 집합에 부여된 한낱 임의적 허구라는 결론에 이르는 것인가? 또 그렇다면 우리가 애초에 반대하려고 했던 인격의 다발이론으로 회귀하는 것이 아닌가? 이 논의에서 도출해낼 수 있는 결론은 꽤 자명하다. 여기서 주장된 인격관은 인격 개념으로 귀속하기 위한 필수 토대를 이해하는 데 다발이론과 차이가 있다. 다발론자들은 인격을 비인격적이고 익명적 요소들의 복합체와 연속체를 설명하기 위해 개념적으로 구축된 것이기에 이 요소들에 귀속된 인격 특징은 사후 조작을 통해서만 일어난다고 주장한다. 인격이 개념적 허구라는 것에 동의하지만, 현상학적 수준에서 이 개념 귀속에 필요한 특정 경험에서 최소한의 현존 자기의식은 있다. 우리 자신에게 인격성을 부여할 때 우리는 심신 복합체의 비인격적 요소들에 회고적으로 전가함을 통해서가 아니라, 경험의 자기소여의 토대 위에서만 그렇게 한다. 그것은 중립적 방식으로 주어지고 연이어 회고적으로 우리의 것으로 만들어지는 것이 아니라, 최소한의 나(물화된 자아가 아닌 전반성적 자기알아차림이라는 늘 변화하는 경험 흐름)에 속해 있는 것으로 일어난다. 따라서 우리 자신을 인격으로 파악하는 토대인 경험은 비인격적이지 않고 본성상 자기명시화된 것이며, 이것이 경험의 주체가 누구인지에 대한 의심의 여지가 없는 이유이다.[34] 이러한 관점에서 불교의 무아론은 한낱 인격의 동일성 문제를 다루는 존재론적·형이상학적 해석이 아니다. 그것은 통상 우리 자신에 대해 갖는 다양한 의미로서의 현상학적 탐구이자 왜곡된 것을 보다 실제적 자아감각과 구별하려는 탐구이다. 우리의 논의에서 생각할 수 있는 최소한 두 가지 방식—주관적 경험의 일시적 흐름이라는 방식(이것은 차후에 더 다룰 것이다)과 행위자 감각이 부여되는 한정적이고 지속적인 자아의 존재에 초점을 맞추는 방식—이 있다. 티벳불교의 일부 논사들이 '선천적 자아집착'[35]으로 설명하는 후자를 약화시키려는 불교식 자아전변self-transformation 기획은 나는 누구인가에 대한 이 두 감각의

---

34 경험적 수준과 전(前) 인격적 수준 모두에서 이 자기명시화 과정에 대한 심화논의로는 Legrand(2007)를 참조하라.

35 Tib. *bdag 'dzin lhan skyes* (*俱生我執구생아집)

구별에 기반을 둔다(Hopkins 1983 : 96-109). 따라서 이런 관점에서 자아가 존재하려면 선천적 자아감각과 부합해야 한다.[36]

이 주장은 적어도 두 개의 물음이 예상된다. 첫째, 이상의 불교도들이 범부에게 선천적 자아감각이 있고 그 내용이 그들의 표현처럼 심신 복합체를 담당하는 우두머리라는 주장은 옳은가? 둘째, 이상의 불교도들이 자아가 존재하려면 우리가 일상적으로 갖는 자아감각에 부합해야 한다는 주장은 옳은가? 알바하리의 현상학적 자아관이 첫 번째 질문에 긍정적으로 답하는 데 일조한다. 필자 역시 (이에 관해 차후 더 논의할 것이다), 일부 현대 인지과학에서의 자아 논의들—심화 연구만이 더 확실한 결론에 도달하게 하겠지만—은 불교의 자아 기술이 실제로 어떤 토대가 없지는 않다는 일정 정도의 확신을 준다. 두 번째 질문은 여기서 다룰 수 없는 형이상학적 거대 담론을 던지고 있지만, 필자는 갈렌 스트로슨이 다음과 같이 말할 때 옳은 방향으로 가고 있다고 생각한다.

여기서 나는 근본적 의존이 있다고 생각한다. 자아의 본성에 관한 형이상학적 탐구는 자아감각에 대한 현상학적 탐구에 종속적이다. "심적 자아와 같은 그러한 사물이 있는가?"라는 사실적 물음은 "어떤 (진정한) 자아감각이 존재하는 어떤 것에 대한 정확한 재현인가?"라는 질문과 같다고 말함으로써 표현될 수 있는 형이상학적 물음에 대한 어떤 수용 가능한 대답에는 강력한 현상학적인 제약이 있다.

Strawson 1997 : 409

---

36 이것은 주체-대상 구조가 사라지는 한층 심오한 수준을 명백히 무시하는 것이다.

스트로슨의 자아 본성에 관한 탐구는 우리가 실제로 우리 자신을 생각하는 방식과 관련될 필요가 있다. 형이상학적 고려가 현상학에 의해 제약된다는 이 필요 요건은 불교식 접근과 매우 밀접한 관련이 있다. 왜냐하면 무아론의 목표는 우리를 자아감각에 의해 형성된 (애착·염오와 같이) 부정적 습관에서 벗어나게 하려는 목적인 명상 훈련 프로그램을 뒷받침하기 위한 것이기 때문이다. 따라서 그러한 교설이 효과적이려면 그저 3인칭 관점에서 고려되는 일부 추상적 특색이 아니라 우리 자신에 대해 실질적으로 사고하는 방식을 언급할 필요가 있다. 분명 그러한 가설은 도전에 직면할 수 있지만, 그것이 불교식 접근의 핵심이라는 점은 부정하기 힘들다. 더욱이 스트로슨처럼 필자도 그것이 상당히 유의미하다고 생각한다.

자아 탐구에서 1인칭적 차원의 이러한 우위 또한 여기서 상술된 불교 입장이 자아가 시간 경험의 가능성 조건을 제공하는 불변의 구조에 바탕을 둔다는 자하비의 견해와 어떻게 구별되는지 이해하는 데 도움을 줄 것이다. 여기서 상술된 불교 관점에서 볼 때, 추정적 자아는 한갓 존재론적 물음의 대상이 아니라 그것이 존재할 경우, 우리가 통상 우리 자신을 생각하는 방식에 부합해야 한다. 여기서 제시한 것처럼 이것을 할 수 있는 몇 가지 방식이 있다. 우리 자신을 변화하는 주관성으로 혹은 심신 복합체를 담당하는 지속 실체로 생각할 수도 있겠지만, 이러한 방식의 어떤 것도 불변의 구조라는 자아관에 부합하지 않는다. 그러한 추상적인 구조 관념은 초월론적 분석의 일부이고, 그 자체로 여기서 추구된 경험적 현상학과는 상당히 거리가 있다.[37] 이 초월론적 접근은 인격성의 가능성 조건을 생각하는 유익한 방법이 아닐 수 있다. 그럼에도 그것은 우리 자신에 대해서 생각하는 일상적인 방식과 부합하지 않으므로, 형이상학적 자아 탐구가 일상적인 자아감각에 대한 검토를 바탕으로 해야 한다는 요구사항을 충족하지 못한다.

4. 다양한 자아감각과 인지과학들

이상의 인격 본성에 관한 논의는 최신 인지과학에서의 자아 논의, 특히 다마지오가 말한 원(형)자아proto-self, 핵심자아core self, 자전적 자아autobiographical self에서 흥미로운 유사점이 있다. 다마지오의 자아성 설명의 출발점은 내가 어떤 행위를 하든지 간에 항상 그 행위를 하고 있는 이가 다른 누군가가 아닌 바로 나라는 감각을 갖는 느낌이다. 따라서 나의 의식적 삶에는 자아감각의 조용한 현존, 내가 바쁘게 활동하고 있는 한 결코 흔들리지 않는 현존이 있다.[38] 이 자아감각은 생명체의 삶을 가로질러 안정적으로 남아 있는 핵심자아에 상응한다. 그것은 전적으로 인간적이지 않고 관습적 기억, 언어나 추리에 의존하지 않는다. 그러나 그것은 연속적이지는 않지만 우리가 참여하는 모든 행위에서 끊임없이 새로이 재생되면서 일시적으로 발생한다. 그것은 또한 본질적으로 동일 방식으로 끊임없이 재창조되지만 매우 안정적이다. 이 핵심자아는 원자아에 바탕

---

37 필자가 여기서 '실증적(empirical)'이란 용어를 다소 느슨하게 사용하고 있음을 분명히 밝혀 둘 필요가 있다. 특히 그것은 과학적 접근에 대한 어떤 연계를 가리키고자 함이 아니라, 다만 여기서 기술된 아비달마 견해가 후설의 초월론적 접근과는 중요한 방식에서 구별된다는 것을 시사하기 위함이다.

38 Damasio(1999). 또한 이 다마지오의 논의는 Zahavi(2005 : 138-9)와 Albahari(2006 : 182-8)가 제시한 유용한 요약본에 의거한다.

을 두고 있으며 유기체의 육체적 경계 내에서 항상적 통제 유지를 담당하면서 유기체를 살아 있게 유지하는 데 필요한 기능을 조정하는 중립 체계이다. 이처럼 그것은 의식적이지 않고, 핵심자아로서 재현될 때만 그렇게 된다. 마지막으로 핵심자아는 기억과 언어를 통한 재현을 통해 연장된다. 이 연장된 자아는 시간의 구속 없이 우리 삶 전반을 뒤덮는다. 이 자아감각은 타자와의 상호작용에서 생겨나 서사적으로 구축된다. 따라서 매킨타이어가 말하듯이, "우리는 결코 우리 자신 서사의 공동 저자 이상이 (또한 때때로 이하가) 아니기 때문에"(MacIntyre 1985), 그것은 우리의 독점적 창작물이 아니다.[39]

이 세 가지 수준의 자아성 제시는 자아와 주관성 간의 우리의 구별 및 심신 복합체의 인도를 관장하는 수령으로서의 자아감각에 대한 우리의 기술, 불교적 주장과 수행에 의해 약화될 감각과 상당히 밀접한 관계가 있어 보인다. 핵심자아관은 행위체의 기본적 수준에 바탕을 둔 (그릇된) 자아감각에 대한 불교의 기술과 상당히 밀접하게 연관되는 것으로 보인다. 우리가 일상생활에서 관여하는 단순 행위(의자잡기, 냄비 들기, 어떤 장소에 가기)에서 우리는 우리가 통제하고 있다고 느낀다. 우리는 행위를 하고 착수할 것을 자유롭게 결정하고 성공적 결론을 도출하기 위해 힘쓴다. 명백히 우리의 행위 결과는 우리의 통제하에 있지 않지만, 그 행위 자체는 통제하에 있거나 그렇게 생각된다. 이 기본적 행위체 감각, 즉 필자가 심신 복합체의 인도를 관장하는 능동적 존재에 대해 갖는 감각은 다마지오가 말한 핵심자아와 상당히 잘 부합한다.

---

39 A. MacIntyre(1985 : 213). Zahavi(2005 : 109)에서 재인용.

그러나 우리의 자아감각은 단순히 통일체를 만들고 그 심신 복합체를 조정하는 방법이 아니다. 그것은 또한 우리 유기체의 온전함을 유지하는 데 필요한 행위를 위한 정서적 재원을 동원하는 방법이다. 우리는 고통스럽거나 즐거운 자극에 반응해서 계획하고 작용하여 우리 자신을 보호하지 않지만, 우리의 행위는 신속한 결정과 에너지의 동원을 허용하는 정서적 반응에 의해 이끌리고 향상된다. 이 정서는 반사작용이 그러하듯이 우리가 기계적으로 행동하도록 밀어붙이지는 않지만, 오히려 우리에게 인지적으로 영향을 준다.[40] 그것은 우리가 위험에 처해 있는지(두려움), 호의적 상황에 있는지(기쁨) 혹은 막 경쟁자를 만나게 될 것인지(질투)를 전하면서 우리가 마주하고 있는 상황의 성질을 알려준다. 정서의 효과성은 그것이 상황의 즉각적 평가로 이끄는 강력한 정보를 제공해서 우리가 행위를 준비하게 한다는 것이다. 그러나 이 효과성은 우리가 누구인가에 대한 우리의 핵심적 의미를 언급한다는 사실에 의해 크게 증진된다. 내가 특별히 두렵다고 느끼는 것은 위험에 처해 있는 이가 바로 나이기 때문이다. 분명히 나는 타자를 두려워할 수 있지만 우리는 모두 내가 나 자신에 대해 갖는 두려움과 완전히 낯선 이들에 대해 갖는 두려움 간의 차이를 알고 있다. 정서의 힘을 설명하는 것은 내가 자신에 대해 갖는 이 우선적이고 비대칭적인 관심사에 기인한다. 이 관심사는 여타 세계와 분리되어 있지 않을 뿐더러 특별함의 의미도 부여된 자아의 한정적 본성

---

40 정서들이 그 세계의 완전한 의미에서 필연적으로 인지적인지는 복잡한 문제이다. 프린츠는 정서들이 인지적이 될 필요가 없고, 자신이 신체화된 평가들이라고 칭하는 것이 될 수 있음을 보이는 흥미로운 분석을 제공한다(Prinz 2004). 그렇다 하더라도 그것들은 우리에게 인지적으로 영향을 미친다.

의 결과이다. 제임스의 말을 빌리자면, 이것은 '관심의 집'[41]임을 설명하고 정서에 특정한 효과성을 부여하는 것이다.

이 핵심자아 감각은 유기체의 실제적 표현이 아니다. 오히려 그것은 유기체가 효과적으로 행위하고 그로써 그 온전함을 유지하기 위해 (마술처럼) 만들어내는 유령이다. 이러한 관점에서 자아는 어떤 진화론적 장점을 가지고 유기체가 항상적 경계 보존을 위해 만들어내는 구축물일 것이다. 인간에게 이 자아감각은 점진적으로 출현하고 돌보미들과 세계 간의 긴 상호작용을 통해 성숙한다. 그것은 신생아들이 환경의 요구에 대해 선천적으로 조율된 반응의 첫 번째 시기 뒤에 한층 통합된 인지적 유형을 형성함으로써 그들의 돌보미를 인식하기 시작할 때인 생명의 최초 몇 주에 시작한다. 이 단계에서 유아들은 감각 정서적 일관성을 지닌 작은 별개의 섬들에 의해 형성됨으로써 세계에 대한 매우 한정된 감각 안에서 제한된 범위의 행동을 한다. 그들은 자신에 대해 어떠한 명시적 감각도 갖고 있지 않지만, 한정된 방식으로 자신의 감각적 경험을 변환시킬 수 있을 만큼 초기 자아감각을 지니는 것으로 보인다. 이 핵심자아 감각은 유아들이 이전에 개별적으로 경험했던 풍경을 구별하고 조정할 수 있게 되는 후속 단계(특히, 단 이에 한정되지만은 않지만 감각 운동 단계)에서 극적으로 발전한다. 이것은 그들이 사람들과 초보적 수준의 행동만이 아니라 완전한 일련의 행동을 통해 상호작용하게 한다. 유아들은 돌보미와 시각적 접촉의 맥락에서 시끄러운 발성을 통해 대화를 시작한다. 그들은

---

41 James(1983 : 285). 자아감각이 초래하는 진화론적 장점에 대한 유사한 주장은 Humphrey(2006)를 참조하라.

또한 뻗고 잡기 시작하면서 자신의 돌보미와 놀기 시작한다. 그러한 것들은 보다 연속적 방식으로 경험되는 완전히 발달된 행위체 agency 감각의 초기 출현 징후들이고, 이로써 개별적 상황의 시공간적 경계를 넘어 연장된다. 그것은 또한 유아들이 자신의 신체를 바라보고 능력 유형을 형성하기 시작할 때 반성적 자기현전화의 최초 씨앗이 이식되는 기간이다. 자아와 관련한 이러한 인지 능력과 정서 능력은 현 논문의 범위를 멀리 벗어나 있는 다양한 단계를 거쳐 더욱 발달한다.[42]

이러한 발달 과정을 통해 출현하는 핵심자아 감각은 가장 기초적 수준에서 우리의 행동 방식의 핵심이다. 그것은 아주 어린 시절에 시작하고, 인간 행위자와 관련된 모든 인지 능력 및 정서 능력과 함께 인격이 자율적이게 하는 방식으로 점진적으로 성숙한다. 이러한 발달은 우리 자신을 현재의 즉각성에 제한되기보다 장기간에 걸쳐 연장되는 것으로 이해하도록 하는 상징 능력에 의존한다. 그러나 이 연장된 자아감각의 존재는 우리의 핵심자아 감각이 언어습득에 의해 크게 연장되더라도 상징적 능력 발달 이전에 존재하기 때문에 언어에 의해 형성되지 않는다는 사실과 혼동해서는 안 된다. 따라서 연장된 자아와는 대조적으로 그것은 심지어 어떤 상징적 능력이 부재하더라도 조율된 방식으로 행동할 수 있는 모든 동물에 존재한다.

---

42 필자의 논의는 Case(1991)에 기반한다. 여기서 행한 몇 가지 논점들은 초기 발달 과정(필자의 역량을 상당히 초월한 난해한 주제)을 적합하게 논의하는 것이라고 할 수는 없지만, 다만 자아에 대한 일부 불교 논의들이 일부 현대 관심사들과 교차하는 방식을 분명히 보여주려는 것임을 밝히고자 한다. 여기서 이토록 흥미로운 논문으로 필자의 관심을 이끌어준 R. Roeser에게 감사드린다.

이 핵심자아 감각은 앞서 소개했던 심신 복합체의 CEO에 대해 갖는 '선천적 자아집착' 관념이라는 티벳불교의 기술과 부합하는 것으로 보인다(이상을 참조). 티벳 논사들은 이 핵심자아 감각을 초보적이더라도 상징적 능력을 바탕으로 발달한 연장된 자아감각인 '후천적 자아집착'43과 구별한다. 그럼에도 불교 관점에서 이 핵심자아 감각의 현존과 상징 체계를 통한 그 연장은 진화론적이고 발달상의 장점을 가지고 있을뿐더러, 우리를 고통의 조건 (불교도들이 말하는 고품, duhkha, 즉 고통, 질병, 불만족, 쉼 없는 투쟁 등)에 속박하기도 한다. 그것은 우리를 갈애와 노여움 같은 괴로움을 주는 상태, 자아 환영의 감각에 바탕을 둔 상태에 구속되게 한다. 그러한 자아감각 없이도 여전히 정서를 경험하겠지만, 그것들은 일상적으로 갖는 매우 강력한 힘과 결부되지 않기 때문이다. 그렇다면 우리는 보다 자유롭게 행위하는, 즉 우리의 통상적 자기중심적 반응 패턴과 부정적 습관에 의해 강제되지 않고 행동하는 능력을 가질 것이지만, 여전히 정서가 제공하는 힘의 원천에 다가갈 수 있을 것이다.

경계지어진 자아감각에서 벗어날 수 있는 사고는 꽤 급진적이고, 특히 행동의 본성과 관련한 많은 물음을 제기한다.44 만약 자아 해체가 행위자 감각의 소멸이거나 최소한의 급진적 전변을 동반한다면, 그러한 해탈한 인격(아라한)은 어떻게 행동하는가? 이 문제는 그러한 사람을 행동하도록 추동할 수 있는 의도뿐만 아니라 행동에 필요한 통일체의 종류와도 관련된다. 어떻게 자아 없는 인격이 관

---

43 Tib. *bdag 'dzin kun gtags* (*분별아집分別我執)
44 행위체와 그 자아 관념과의 관계에 관한 지극히 흥미로운 논의로는 Roessler & Eilan(2003)을 참조하라.

련성을 느끼고 행동할 수 있는가? 우리의 일상적 자기 기반의 행위자 감각으로부터 구별되는 그러한 행위자 감각의 현상학은 무엇인가? 이것은 이 짧은 논문에서 다룰 수 없는 중요한 문제이다.[45] 그렇지만 한 가지 분명하게 짚어둘 점은 불교 관점에서 자아 해체는 주관적으로 의식하는 인격에 영향을 주지 않는다는 점이다. 이 점은 다수의 현대적 논의에서 종종 의식과 자아를 암묵적으로 동일시하고 있기에 중요성이 없는 것은 아니다. 예를 들어 다마지오는 종종 핵심자아를 핵심의식과 동의어로 말하면서 두 개념을 교대로 사용한다(Damasio 1999 : 7, 10, 27). 일반인들이 두 가지를 종종 함께 사용하는 점을 고려하면 이러한 혼재는 어느 정도 이해할 수 있다. 그럼에도 불구하고 불교 관점에서 일반인들조차 그 두 가지는 동일하지 않다. 그러한 차이를 강조하는 것은 불교철학이 자아의 현대적 논의에 기여하는 공헌 가운데 하나인 것으로 보인다.

이 점을 분명히 하기 위해서 아비달마 논의로 되돌아가 유가행파 전통에서 상술하는 주체의 본성 그 자체를 검토할 필요가 있다. 이것은 불교철학의 인격관에 대한 알바하리의 공헌을 면밀히 검토하고, 그녀가 주체를 초월적인 목격자 의식으로 서술하는 데 대한 대안을 주장하는 기회가 될 것이다. 다시 말해, 주관성과 자아 간의 구별을 위한 설명을 강화할 수 있게 하고 인지과학 내에서 이 주제의 현대적 논의와의 연관성을 보여주게 될 것이다.

---

45 이 문제에 관한 일부 통찰력 있는 사유에 대해서 Siderits(2003) 5장을 참조하라.

5. 주관성의 본성

알바하리에게 주체는 자아와 예리하게 구분되어야 한다. 자아와 반대로 주체는 그 자체로 일상적 심리 상태에서 발견될 수 없고, 단지 알바하리가 '열반 의식'으로 부르는 것에서만 찾을 수 있다. 이러한 의식은 완전히 해탈한 인격인 아라한Arhat이 경험하는 심리 상태이다. 그것은 무위無爲이기에 시간, 공간, 속성 및 관계의 한계를 초월해 있다. 그것은 모든 고통이나 인간의 한계로 오염되지 않은 무량한 평온과 행복을 동반한다. 그 작용방식은 목격함이어서 비록 무지에 빠진 범부들이 그 자체로서 이용할 수는 없지만, 일상적 심리 상태에 퍼져 있다(Albahari 2006 : 29). 이러한 주체관은 다소 놀랍고 종종 불교 자료보다 베단따와 더 공통점을 갖고 있는 듯하다. 이것은 그러한 입장을 뒷받침할 수 있는 불교 자료가 전혀 없다고 말하는 것이 아니다. 알바하리는 자신의 입장을 적어도 부분적으로 뒷받침하는 빠알리 경전을 조금 인용하지만, 사실 필자는 여전히 설득되지 않았다고 밝혀야 겠다. 우선 알바하리는 앞에서 주장한 것처럼 모든 불교 전통 내의 다양한 견해를 고려할 때 견지될 수 없는 특정 주장인 그녀의 견해를 '불교 입장'으로 제시한다. 그녀의 견해는 분명 불교관으로서 자격이 있고 비록 보편적으로 수용되지 못하지만 범부가 지닌 깨달은 마음상태tathāgatagarbha(여래장)라는 관념으로 친숙한 특정 대승불교의 전통적 견해에 의해 잘 뒷받침될 수 있다.[46] 그러나 더욱 중요하게도, 초월적이고 정적인 현존으로서 주관성에 대한 이런 기술은 항상 변화하는 주관성의 본성에 정면으

---

46 이 개념에 대한 설명은 Ruegg(1969, 1989)를 참조하라.

로 역행하는 듯 보이기에 거의 도움이 되지 않는다. 왜냐하면 우리의 정신생활에서 늘 현존 감각을 지니더라도 이 항상성은 불변하는 현존이라기보다 끊임없이 변하지만 늘 새로워지는 알아차림의 배경으로 더 잘 설명될 수 있는 것으로 보이기 때문이다. 이것은 알바하리의 분석을 완전히 거부해야 한다는 것을 의미하지 않는다. 다만 '그 주체'를 어떤 종류의 초월적 개체로 이야기하는 것을 피하고, 대신에 의식과 신체화의 관계에 특히 집중함으로써 주관성의 본성을 상술하기 위한 보다 근거 있는 방식을 발견할 필요가 있다. 그렇게 하기 위해 유가행파 문헌에 나타난 제8식의 논의로 넘어갈 것이다.

대다수 아비달마 체계는 다섯 가지 신체 감관眼耳鼻舌身 의식들(=전5식前五識)과 한 가지 정신意 의식을 더해 6식을 이야기한다. 각 감관의 식 유형들은 감관 토대, 즉 다섯 가지 신체 감관 중 하나와 그 대상의 접촉에 기대어 발생한다. 이 알아차림은 찰나에 발생하고 다른 알아차림의 계기繼起로 교체되면서 즉각 소멸한다. 아비달마에서는 이 제6식에 대해서 각기 다른 입장을 보이지만 전5식과 함께 감관 의식으로 간주한다.[47]

아상가Asaṅga, 310-390 같은 일부 아비달마 논사들은 이 6식들이 모든 알아차림이 가능한 형태를 면밀하게 다루지 않았다고 주장한다. 이들은 이 목록에 더해 두 가지 알아차림 유형인 아뢰야식[48]과 마나스식[49]을 추가한다.[50] 영구적·중립적·잠재적 기저의식인 아뢰야

47 이 제6식의 본성에 대한 심화 논의로는 Guenther(1976 : 20-30)를 참조하라.
48 阿賴耶識, 根本識, ālaya-vijñāna, Tib. *kun gzhi rnam shes*
49 kliṣṭa-manas, Tib. *nyon yid.* 문자그대로, 고통 받는 심리 상태, 즉 염오식(染汚識).
50 Rahula(1980 : 17). 상좌부 아비달마는 별개의 아뢰야식을 인정하지 않지만, 삶을 구성하는 의식인 유분심(有分心, bhavanga citta) 개념은 상당히 유사하다. 바왕가 (bhavaṅga)의 복잡성에 대한 견해에 대해서 Waldron(2003 : 81-87)을 참조하라.

식 관념은 전통과 현대의 불교학자들 모두에게서 다양한 반응을 촉발시켰다. 콘즈Conze는 이 관념에 대해 가장 노골적으로 비판을 가했을 것 같은 학자로서 "개념적 흉물"이라고 서술했다(Conze 1973 : 133). 그가 비판한 까닭은 인격의 핵심으로 무상과 변화를 강조하는 불교 전통에서 아뢰야식 관념은 자아의 영원성을 재도입하는 것이라고 보았기 때문이다.

아뢰야식설이 전통적으로 대두된 이유는, 우리가 자아가 없는 마음의 단순한 정신 상태의 연속이라면 과연 우리의 정신생활에 연속성이 있을 수 있을지에 대한 답변이기 때문이다. 만일 마음이 단지 무상한 심적 상태의 연속이라면 경향성과 습관은 과연 어떻게 전달되는가? 또 더 중요하게는 그렇게 고정되지 않은 형태 속에서 불교도들은 여러 생에 걸친 연속성을 전제하는 업설業說을 어떻게 설명할 수 있는가? 아상가는 이를 여전히 찰나적이고 보다 영구적·중립적 의식 형태로 있지만, 잠재적 기저의식subliminal 형태로 매 순간 새롭게 창조된다고 대답했다. 아뢰야식은 앞서 현행식現行識[51]이라고 기술한 6식들과 구별될 것이다. 잠재적 기저의식(문자그대로, 불분명한)으로서 아뢰야식은 통상 눈에 띄지 않고 흘러간다. 그 현존이 주목받거나, 적어도 추리될 수 있는 것은 오직 혼절이나 숙면 같은 특수한 상황 속에서이다. 중립적인 이 의식은 개인에게 축적된 모든 기본적 습관, 성향, 경향성 및 업의 잠세력[습기]vāsanā의 저장창고로 역할할 수 있으므로 어느 정도의 연속성을 부여한다. 이에 따라 그것을 '근본식basic consciousness'이라고 일컫는다.[52]

---

51 pravṛttivijñāna, Tib. ’jug shes
52 산스끄리뜨어 ālaya는 집, 창고, 기초 등으로 주석되고 종종 '장식(*藏識, store consciousness)'이라고 번역되기도 한다. 필자는 보다 의미 있는'근본식'이란 용어

필자는 불교철학에 관심이 있는 이들이 종종 소홀히 다뤄왔던 교리에 대한 철학적인 변론을 제공하기 위해, 그러한 아뢰야식의 존재에서 제기된 주장이 갖는 난제를 여기에서 간략히 살펴보고자 한다. 하지만 그렇게 하려면 유가행파 문헌의 축자역逐字譯보다는 이러한 교리에 대한 철학적인 해석을 자유롭게 제공할 것임을 분명히 밝혀둔다. 맞이해야 할 첫 번째 질문은 잠재적 기저의식 형태의 존재에 관한 주장에 의해 제기된다. 즉 그것이 현행現行하지 않다면 어떻게 의식 형태라 말할 수 있겠는가? 여기서 상술된 관점으로 보면, 의식은 실체가 아니라 직·간접적인 현상학적으로 관련되어 끊임없이 변하는 정신 상태임을 기억해야 한다. 거기에는 우리의 일상적 알아차림의 장 외부에 있는 수많은 정신 과정이 있다. 예를 들어 뇌는 항상적으로 생체 기능을 조절하는 데 관여한다. 또 대부분은 알아차림의 임계점에 훨씬 못 미치는 외부 자극에 노출된 신체를 늘 모니터링하고 있다. 그러나 이 과정의 대부분은 우리가 그것들을 알아차리지 않기에 통상 의식의 시야purview 속에 포함되지 않는다. 따라서 유가행파에서 아뢰야식의 시야 속에 포함시키는 과정은 상당히 실제적이지만 알아차림의 장 외부에 놓여 있어 '의식'이라는 용어 사용을 보장하지 않는 것으로 보인다. 사실상 그것들은 생물학적 동일성이 유지되게 하는 항상성homeostatic 조절 과정의 무의식적 수준, 즉 다마지오가 말한 원자아proto-self와 부합한다.

유가행파 반응은 아뢰야식의 범위 내에 포함되는 정신 과정이 알아차림의 일상적 형태 외부에 있을 수 있지만 원칙적으로 현상학

를 선호하며 티벳어 *kun gzhi*에도 상응한다. (*그럼에도 역자는 필자가 이하 본문에서 사용한 '근본식' 용어를 '아뢰야식'으로 번역했음을 밝혀둔다.)

적 탐구에서 제거되지 않는다는 것이다. 따라서 그것은 총체적으로 무의식적이라기보다 알아차림의 형태로 생각할 수 있다. '무의식적' 알아차림이라는 이 견해는 놀랍게 보일 수 있지만 일부 현대 사상가들에 의해 변론되어 왔다. 예컨대 로버트 한나Robert Hanna와 미셸 메즈Michelle Maiese는 정보처리와 주관성 간의 연계가 심오하고 본능적이라고 주장했다(그들이 '심의식설'이라 칭하는 것)(Hanna and Maiese 2009 : 28-57). 그들에게 일상적 알아차림의 임계점하에서 일어나는 모든 인지과정은 그럼에도 최소한의 의미에서 의식적이다. 이것은 의식과 신체화가 말하자면 시종일관 아래로 향해가는 고유한 상관관계를 지니기 때문이다. 우리가 살아 있는 한, 신체 자체는 일상적 알아차림의 임계점하에서 일어나는 많은 인지과정과 연계된 그것에 대한 주관적 느낌을 갖는다. 따라서 이 과정은 모두 현상학적 탐구 범위의 외부에 있는 것이 아니다. 종종 무의식 상태의 패러다임으로 인용되는 숙면조차도 그것에 대한 어떤 현상학적 느낌을 갖는다. 우리가 겪는 것은 항상 변하는 경험의 흐름 일부이고 또한 이와 같이 파지把持된다. 우리가 숙면에서 깨어날 때 이전에 아무 일도 없었다고 느끼는 것이 아니라 이를테면 혼수 상태와 같이 상이한 경험의 특정 방식에서 나왔다고 느낀다.[53]

일상 의식보다 깊은 수준에서 기능하는 아뢰야식 관념은 의식과 무의식 간의 분명한 경계에 대해 이의를 제기함과 동시에 다마지오가 말한 무의식적 원原자아 관념에 잘 부합한다. 다마지오의 무의식적 원자아와 대조적으로, 유가행파 문헌은 통상 의식으로 규정되

---

53 우리가 곧 살펴볼 것이지만, 유가행자들에게 의식은 심지어 혼수 상태에서조차 그 기본적 형태로 존재하고 있음에 주목할 필요가 있다.

는 것도 아니지만 완전히 무의식적이지도 않은 알아차림의 기본적 수준이 있다고 주장한다. 이 관점에서 의식적인 것과 무의식적인 것 간의 분리는 정도의 문제가 된다. 아뢰야식은 가장 기본적 수준의 의식을 정서적으로나 의식적으로 구조화하는 암묵적으로 선호되는 패턴과 함께 한층 능동적이고 현행적인 알아차림 형태가 일어나게 하는 수동적 수준인 의식의 기준선이다. 따라서 의식은 잠재적subliminal 알아차림의 시작 단계 수준에서 내가 현 순간에 충전적으로 현전하는 듯 보이는 마음챙김mindfulness의 가장 명확한 상태에까지 이르는 다층적인 과정이다. 이와 같이 그것은 단순한 양자택일의 구분으로 포착될 수 없다.

유가행파 문헌은 아뢰야식을 신체에 스며있고 살아있는 신체와 죽은 신체 간의 차이를 설명하는 것으로 기술하면서, 우리의 신체화 감각과 연계된 것으로 제시한다(Lamotte 1973 : 58). 이러한 형태의 의식은 앞서 넌지시 내비친 암묵적 신체 감각과 그 주변 환경과의 관계에 부합하는 것으로 보인다. 이 신체 감각은 수동적이고 이제 시작 단계에 있지만 한층 두드러진 요소를 이해하게 하는 의식적 배경을 제공한다. 예를 들어 나는 길 위를 걷고 있다고 하자. 갑자기 내가 걷던 길이 끊어지고 균형을 잃는다. 이 지점에서 나는 나의 신체가 추락한다고 분명히 알아차린다. 그러나 이 사건 이전에 내가 나의 신체를 완전히 알아차리지 못했다는 것은 사실이 아니다. 오히려 나는 나의 전신, 그것의 살아 있음의 감각, 특정 공간에서의 점유, 그 움직임, 목전에 있는 환경과의 관계 등을 포괄했던 잠재의식을 지녔다. 나의 추락이 파악된 것은 이 어둑하지만 패턴화된 알아차림의 공간에서부터이다. 나는 나의 신체가 단단한 땅 위에 있었지만 별안간 추락하고 있다는 감각을 지녔기 때문에 놀랐다.

이것은 나의 신체 감각이 알아차림의 잠재적 수준에서 예리한 초점으로 출현하는 때이다. 일부 현상학자들이 작동적 정향定向, operative orientation이라고 기술한 이러한 배경background의 알아차림은 모든 성향을 포함하고 더욱 분명한 알아차림 형태에 대한 의식적 배경 backdrop을 제공하는 잠재적이지만, 구조화된 알아차림 공간인 유가행파의 아뢰야식 관념과 다르지 않아 보인다.[54]

아뢰야식은 또한 앞서 언급한 다발이론을 넘어서는 인격에 관한 표현을 제공한다. 유가행파의 관점으로는, 야뢰야식은 인격 관념의 핵심에 서있다. 인격the person이 그(녀) 자신을 하나의 인격a person으로 이해하는 것은 그 토대 위에서이다. 왜냐하면 인격이 그(녀) 자신을 마음이나 신체와 동일시하든 상관없이, 이러한 동일시가 일어나는 것은 항상 아뢰야식의 배경에서이기 때문이다. 이것은 일부 유가행파 문헌에서 아뢰야식을 인격으로 기술하는 이유이다. 예컨대 『대승밀엄경大乘密嚴經』에서는 아뢰야식을 "결과의 자아, 원인의 자아, 또는 신체화된 것의 신체에 의존하는 내적 자아"라고 표현한다(Hopkins 2003 : 439). 이것은 아뢰야식의 경이로운 특성으로, 이에 기반한 인격은 항상 변화하는 계기적繼起的 경험의 과정을 자기동일시하고 자기의식화하는 것이다. 유가행파는 제8 아뢰야식을, 제7 마나스식이 자아로 오인하는 토대라고 이해한다. 이처럼 핵심자아 감각은 아뢰야식을 경계짓고, 우리 행위를 통제하며 시간을 관통하여 지속하는 개체로 오해하면서 구축된다. 따라서 아뢰야식이 인격 관념과 긴밀한 연계가 있더라도, 그것은 (계기 초월적인) 지속하는 것

---

54 이 관념에 대한 통찰력 있는 논의에 대해서 Steinbock(2005)을 참조하라. 필자가 근본식을 작동적 정향과 동일시하는 것은 근본식설에 대한 다소 자유로운 해석임을 밝혀둔다.

도 아니며 경계지어지거나 행위체agency 감각이 부여된 것도 아니다.

인격과 아뢰야식의 긴밀한 연계는 유가행파의 견해를 뒷받침하기 위한 주장에서 명확히진다. 여덟 가지 주장 중 첫째는 출산 과정의 맥락 속에서 인격과의 긴밀한 연계를 통해 아뢰야식의 존재를 추리한다. 이것은 다양한 과거와 미래의 생애에 걸쳐 연장되는 연속성의 일부라는 전통 인도불교의 핵심적인 인격 개념이므로, 따라서 여덟 가지 주장 중 요점에 해당한다.[55] 일반적으로 환생reincarnation으로 잘못 기술되는 이 연속성은 다양한 삶을 겪는 연속하는 개체의 존재를 수반하는 것으로 이해되는 것이 아니라, 오히려 끊임없이 변화하지만 항상 새로워지는 알아차림의 과정을 토대로 하는 것으로 이해된다. 그것은 이 생애에서 의식이 지속하는 개체가 아니라 다만 변화하지만 연계되어 1인칭 방식으로 주어진 심적 상태와 다름이 없다. 대부분 아뢰야식설은 다양한 삶의 연속성을 통해 지속하는 실체도 없는 사건 존재론 내에서 어떻게 가능할 수 있는지 보여주려는 시도이다.[56]

유가행파의 아뢰야식설은 그러한 의식이 없다면 죽음과 태어남의 과정이 만족스럽게 설명될 수 없다는 주장이다. 왜냐하면 6식들이 적합한 대상들과 오로지 만날 때에만 발생하고 간헐적으로 다만 작용하기 때문이다.[57] 죽음과 태어남의 순간에 모든 거친(*조대粗大한)

---

55 이상에서 논의한 근본식에 대한 주장들은 쫑카빠가 젊은 시절에 쓴 저술에 바탕을 두고 있다. Sparham(1993 : 123-142)을 참조하라.

56 찰나적 심적 상태의 흐름으로서 의식의 공시적 분석과 삶들의 다양성을 설명하기 위해서 어떤 종류의 연속체를 상정하는 통시적 필연성 간의 불교적 의식관 내의 긴장에 관한 상세한 연구로는 Waldron(2003)을 참조하라.

57 자아의식 또한 근본식의 부재 속에서 죽음과 재생의 의식을 위한 후보로서 적합하지 않다. 왜냐하면 에고 의식이 근본식을 그 대상으로 간주하고 이로써 이 의식

심리 상태는 중지되었고, 인격은 혼수 상태의 잠재의식으로 떨어진다. 그러한 상태에서 현행하는 알아차림 형태는 일어날 수 없다. 그렇지만 전통 불교의 관점에서 볼 때 의식은 현전할 필요가 있고, 그렇지 않다면 죽음과 태어남은 있을 수 없을 것이다. 유가행파에서 죽음과 태어남의 과정을 겪는 의식 흐름은 늘 잠재적 심리 상태로 새롭게 재구성되는 근본식이다. 우리가 살아 있는 한, 인격이 이러한 과정을 겪는 것이 어떤 것인지에 관한 최소한의 느낌인 현전하는 주관성의 요소가 있다. 유가행파에서 '인격임'이란 계속 진행 중인 식물인간 상태의 과정이 일어나는 단순한 '신체임' 이상을 수반한다. 오히려 그것은 경험의 주체, 즉 자기 신체의 소유권 감각을 지님을 함축한다. 나는 나의 신체를 소유할 때, 즉 그러한 경험이 아무리 막 시작 단계일지라도 내가 경험을 겪는 것으로 나의 신체를 느낄 때만 존재할 수 있다. 그러한 소유권 감각은 정도차를 가지고 다가오는 현상적 나의 것임을 함축한다. 나는 내가 잠자고 있거나 깨어 있을 때 동일한 방식으로 나의 신체를 알아차리지 않는다. 그러나 유가행파는 사람이 살아 있는 한, 아무리 최소한일지라도 내부로부터 자신의 신체를 경험하는 늘 계속되는 감각이 있다고 한다.

알바하리가 관점적 소유권이라고 적절히 기술하는,[58] 내부로부터 신체를 경험하는 이 감각은 주관성을 특징짓는 것이어서 인격이기도 하다. 이러한 소유권 감각은 지극히 최소한일 수 있지만 유가

————

을 전제로 하기 때문이다. Sparham(1993 : 126).

58 알바하리(2006 : 53)는 관점적 소유권, 즉 내부로부터 신체에 서식하는 인상과 인격적 소유권, 즉 자신의 신체에 대한 소유자로서 자기 자신을 동일시하는 감각을 구분한다.

행파에게는 필수적이다. 그것은 우리가 우리의 사고와 행위의 저자라는 감각인 행위체 감각sense of agency과 구분될 수 있다. 자신의 사고 과정을 통제하지 못한다고 느끼는 일부 조현병 환자의 사례에서처럼 그러한 감각은 해체되기도 한다. 이 불행한 이들에게 손상된 것은 그들의 소유권 감각이 아니라 행위체 감각이라고 주장하는 것은 타당한 것으로 보인다. 그들은 내부로부터 그들의 사고 과정과 신체를 여전히 경험하고 있는 듯 보이지만, 그들의 주관성에 대한 모든 통제 감각을 상실했고 그것이 자신의 것이라고 느껴진다는 점에서 더한층 무서운 것임에 틀림없는 경험인 모든 환영적 창조물에 속절없이 노출되어 있다.[59]

주관성의 다른 중요한 차원은 근본식의 존재에 관한 두 번째와 다섯 번째 주장에 의해 제시된다. 이 두 주장은 다중 감각 경험의 가능성으로부터 근본식의 존재를 추론한다. 내가 발을 딛는 곳을 꽤 주의 깊게 지켜보면서 좁은 길을 따라 걷고 있다고 가정해보자. 동시에 나는 내가 조심할 필요가 있구나! 라고 생각하는 것뿐 아니라 나의 발이 땅에 접촉하는 느낌에 대해서도 알아차리고 있다. 유가행파는 이 다중감각 경험이 근본식 없이는 가능하지 않을 것이라고 주장한다. 이러한 결론은 얼토당토않게 보일 수 있지만, 주관성의 중요한 차원, 즉 그 공시적 통일성을 가리킨다. 말하자면 나는 보고 생각하고 느끼는 것이 여러 가지 '나'라고 느끼지 않는다. 오히려 이러한 다양한 경험을 동시에 겪는 이가 단일한 주체라고 느낀다. 이 주관적인 공시적 통일성은 유가행파 체계에서 다양한

---

59 갤러거(2000 : 203-239)는 유사한 논점을 제기했고, 이를 자하비(2005 : 143-144)가 인용하고 있다.

감각 방식을 위한 배경을 제공하는 아뢰야식에 의해 규정된다. 따라서 인격은 다양한 경험을 동시에 겪고 있는 단일한 주체라는 감각을 지니고 또 그 점에서 모든 의식 활동이 아뢰야식을 배경으로 발생하므로, 알바하리가 틀린 것도 아니다.[60]

　다중감각 경험에서의 이 주장은 상좌부 견해와 다소 구별되는 인지 과정의 설명을 제시한다. 유가행파와 같이 상좌부는 심적 과정이 잠재적 수준의 알아차림의 연속체[61]로부터 출발한 것으로 여긴다(Bodhi 2000 : 156-165). 이 연속체는 늘 감각자극에 의해 흥분되어서 잠재적 지각 활동으로 부산하다. 조건이 현전할 때 대상은 여섯 가지 감각의 문 가운데 하나를 통해 이 대상을 분명히 의식하기 위해 그 잠재적 상태로부터 드러나는 연속체를 끌어내는 데 충분할 만큼 두드러지게 된다. 이러한 관점에서 의식은 한 번에 하나의 대상만을 고려할 수 있다. 따라서 상좌부에서 잠재적 알아차림이란 유가행파의 아뢰야식 관념과 대조적으로 늘 현전하는 것이 아니라 집중된 인지적 활동이 없을 때만 현전한다. 이러한 관점에서 우리가 다양한 감각 대상을 동시에 경험하는 것에 대해 갖는 인상은 변함없는 의식 배경 때문이 아니라 하나의 감각 양태에서 또 다른 것으로 전이하는 마음의 엄청난 속도에 의해 만들어진 환영일 뿐이다. 그렇지만 두 견해 모두에서 주관적 통일체가 개념화된 현상학적 기술과 방식 면에서 차이가 있음에도 불구하고 경험이 공시적·주

60　Sparham(1993 : 127-131). 다중 감각 경험으로부터의 이 논증은 상좌부 아비달마 입장과 현저하게 구별되는 마음관을 제시한다. 이 후자의 관점에서 다중 감각 경험의 인상과 이에 따른 주관적 통일체의 인상은 하나의 감각 양태에서 또 다른 감각 양태로 이동하는 의식의 엄청난 속도에 의해 창출된 환영들이다.

61　bhavanga citta, 유분심(有分心)

관적으로 통일되어야 한다는 요구가 견지된다.

의식 문제에 대한 최근 논문에서 썰Searle은 여기서 제시된 것과 다르지 않은 의식관을 옹호했다. 썰은 인지과학에서 지배적 패러다임인 의식의 빌딩 블록 이론building block theory을 비판하고 의식이 뇌에 의해 어떻게 발생되는가라는 난제에 대한 총체적이지만 자연주의적 접근방식인 통일장場 의식 이론을 옹호한다(Searle 2000). 썰이 볼 때 빌딩 블록 접근법은 수많은 문제에 직면한다. '의식의 신경학적 연관성'(이하 NCC)을 탐색하는 원자론적 기계론적 접근에 매몰되어, 그것은 결합 문제, 즉 모든 다양한 자극이 하나의 단일한 의식적 경험으로 통일된다는 사실을 어떻게 설명할 것인가라는 문제에 대한 해결책을 제시할 수 없다. 특정한 심적 상태에 대한 NCC 연구가 이 심적 상태 이전에 존재했던 필수적 의식 배경을 무시하기에, 썰이 보기에 빌딩 블록 이론은 이 문제를 해결할 수 없다. 따라서 NCC 탐색은 결코 의식 자체에 도달할 수 없다. 그렇게 하려면 우리는 의식을 하나의 통일장, 우리가 깨어 있는 한 계속 이어지는 기저가 되는 배경 알아차림으로 생각할 필요가 있다. 필자가 썰을 옳게 이해하고 있다면, 그의 견해는 기저가 되는 배경 의식인 유가행파의 아뢰야식설과 다르지 않다. 그러나 썰과 달리 이 의식은 깨어있음 상태를 넘어 꿈과 심지어 숙면 상태조차 포괄하는 것으로 확대된다. 그러나 두 견해 모두 의식의 공시적 통일체가 기억을 바탕으로 한 구축물이기에 일정 정도 환영에 불과해서 통시적 통일체와 예리하게 구분될 필요가 있다는 사실을 매우 강조한다.

그것으로부터 한층 능동적으로 집중된 심적 과정이 발생하는 자기알아차림의 잠재적 수동적 배경을 제공하는 것이 이 아뢰야식이다. 유가행파에 따르면 거의 연이어 현전하는 이러한 심적 과정 가운데 하나는 주관성을 지속하는 자아로 여기는 오인이다. 이것은 우리가 심신 복합체를 담당하는 경계지어지고 지속되는 개체entity 임에 대해 갖는 감각인 자아환영을 만들어 내는 자아의식으로 기술되는 것이다. 유가행파의 특이점 가운데 하나는 이 자아감각을 별개의 의식 유형으로 기술하는 데 있다. 여타 아비달마 부파가 이 자아감각을 제6식(*의식)의 일부로 간주하는 데 비해, 유가행파 전통은 다마지오의 핵심자아 감각과 상당히 유사하게 우리가 관여하는 모든 활동에 대해 우리의 심적 연속체 안에서 끊임없이 새롭게 재생되는 사실을 강조하기 위해 그것이 별개의 제7식임을 주장한다. 우리는 그것을 직접적으로 알아차리지 못할 수 있지만 활동에 관여하는 한 우리를 자기중심적 관점으로 묶을 뿐 아니라 우리의 행위를 뒷받침하는 이 자아감각에 의해 영향을 받는다.

이것은 의식이 어떤 단순 현상이 아니라 데닛과 다른 학자들에 의해 '틈이 있음being gappy'으로 제시되는 의식관과 현저히 다른 차원의 분석인 섬세한 연구를 통해서만 드러나는 다양한 층위를 갖는 정도를 보여준다(Denett, 1991). 한층 뚜렷하고 피상적인 의식형태에는 간격이 있을 수 있지만 더 깊은 차원에서는 늘 새로워지는 심적 현존의 배경만 있을 뿐이다. 이 배경은 항상 변화하고 있다는 점에서 비연속적일 수 있지만, 늘 새로워짐으로써 늘 거기에 있으면서 그것으로부터 한층 집중된 인지과정이 출현하는 알아차림의 배경을 제공한다.

필자는 알아차림의 비이원적 본성 관념의 중요성을 강조하고 주관적 및 대상적 영역을 명확히 구분짓는 우리의 상식이 기만적이라고 주장함으로써 의식 분석을 시작했다. 의식의 비이원적 본성이 어떤 심오한 명상 상태에서 드러날 수 있지만, 이러한 체험이 우리가 일상적으로 '주관성'이 의미하는 것을 충분히 설명할 수 없다. 그렇게 하려면 우리는 일상 경험, 특히 그 반영적 측면에서 그것들이 비이원적 의식 구조에서 출현할 때 일상 경험의 구조를 분석해야 한다. 이 분석을 통해 우리는 일상적 주관성이 더욱 집중된 의식 활동 형태의 출현을 위한 토대를 제공하는 심적 현존의 늘 새로워진 배경 존재에 어떻게 의존하는지 이해한다. 그렇지만 유가행파에게 이 아뢰야식은 가장 근원적 수준의 의식이 아니라는 점은 확실히 해 둘 필요가 있다. 아뢰야식은 필자가 처음에 말했던 알아차림의 이원론적 왜곡의 일부이다. (현상학적으로 말해서) 의식이 비이원적 방식으로 자기를 의식하는 더 깊은 수준이 있다. 유가행파와 여타 관련 전통은 이러한 형태의 비이원적 알아차림을 확대된 명상 수행을 통해 체험 및 실현할 수 있다고 말한다. 이로써 모든 의식 형태로부터 제약받지 않고 알아차리는 명징성뿐인 아뢰야식이[62] 이원성에 의해 창출된 의식적, 능동적, 정서적 실타래를 풀 수 있는 지혜로 전환된다. 이것이 어떻게 행해지고 무엇을 함의하는지는 여기서 논의될 수 없는 난해한 주제이지만, 유가행파 전통의 심연까지 제대로 다루려면 이 해탈론적 차원을 명심할 필요가 있다.

---

62 이것은 미팜(Ju Mipham)이 행한 기술이다. 영역 Doctor(2004 : 355). 이 저자를 아는 독자들은 유가행파의 심리관에 대한 필자의 접근이 미팜이 해석한 샨따락시따(Śāntarakṣita, 725-788) 견해의 유가행파 심리관과 다소 유사성을 지닌다는 점에 주목할 수 있다. 그렇지만 여기에서의 논의는 희화할 수 있을 정도로 단순화된 것임 또한 밝혀둔다. 특히 필자는 일상적 심리 상태와 깨달은 심리 상태의 관계와 관련된 다수의 극도로 복잡한 쟁점들을 개략적으로 일별하고 있다. 이 주제에 관한 미팜의 견해에 대해서 Hopkins(2006)를 참조하라.

6. 결론 : 우리는 여전히 경험에 대해서 말할 수 있는가?

이 논문 전반에서 의식에 대한 주제를 논의하기 위해 인문학 내에서 경험 개념을 둘러싼 의혹을 무릅쓰고 그 개념을 상당히 자유롭게 사용했다. 경험 관념에 대한 이 반론은 그것이 일부 방면에서 심적 과정의 주관적 측면을 정신과학 범위 안에 포함시키려는 의욕이 있을 때 등장했기에 더욱 불행하다. 불교학 내에서 이 경험 비판의 가장 선구적 변론자는 이 관념 사용에 맞서 탁월하고 도발적 주장을 한 로버트 샤프Robert Sharf였다. 경험을 불교의 정당성과 설명을 위한 형이상학적 토대를 제공하는 것으로 여기는 이전의 과장된 강조에 대응하면서, 샤프는 종교가 보다 교육받은 대중 가운데 신뢰성을 약화시켰던 의혹에서 벗어날 수 있는 사적 영역을 조성하기 위해 경험 관념을 비밀스러운 신학적 기획의 일부로 사용하는 이들을 비난했다. 샤프가 올바르게 주장하듯, 문헌·의례·제도의 의미가 수행자들의 마음에 어떤 내적 체험을 끌어내기 위한 것이라고 주장하는 것은 신뢰할 수 없다. 이것은 몇몇 희소한 표현에 집중하고 왜곡하기 위해서 종교적 전통 내에서 일어나는 대부분을 무시하기 때문이다.

그렇지만 샤프의 도전적이고 반가운 경험 비판은 멀리 나아가 샤프가 볼 때 데카르트적 형이상학에 가망없이 빠져 있는 바로 이 관념 사용에 대해 문제점을 제기한다. 데닛Dennett을 찬성하는 입장에서 인용하면서 샤프는 다음과 같이 자신의 주장을 펼친다.

> 체험을 공개 조사를 빠져나갈 주관적 '심적 사건'이나 '내적 과정'으로 생각하는 특정 경향이 있다. 체험을 이러한 맥락에서

생각하면, 비물질적 토대나 심령장心靈場, 외부의 물질세계가 반영 또는 재현된 내적 공간으로서의 마음 이미지를 회피하기 어렵다. 체험 내용과 같이 체험의 의미는 완전히 투명한 것으로 보일 수 있다는 바로 그 이유로 인해 학자들은 체험 범주를 검토하지 않은 채 남겨둔다. 체험은 우리에게 지각의 매 순간 즉각적으로 주어질 뿐이다. 이러한 마음 그림은 (비록 데카르트의 실체 존재론에 동의하는 이가 거의 없을지라도) 데카르트와 '비물질적 실체'로서의 그의 마음 관념에 뿌리를 둔다. 또한 데카르트식 관점에 따르면 우리는 체험이 즉각적으로 현전하는 한, 체험 그 자체는per se 의심할 수 없고 반박할 수 없다고 추정한다.

Sharf 1998 : 94-116

샤프가 행한 모든 요점을 여기에서 언급할 수 없지만 그가 행한 데닛식式 비판 대상과 본 논문에 영향을 미친 현상학적 견해 간에는 근본적 차이점이 있음을 분명히 해야 한다. 샤프는 경험에 대한 비판에서 경험의 사용은 필연적으로 사적이고 투명하며 오류 면책적인 것으로서의 의식관을 함축하는 것으로 상정한다. 본 논문에서는 그것이 전혀 사실이 아님을 보여준다. 경험 관념이 종종 분명하게 정의내리기 어려운 주관적 측면을 갖는 마음관을 수반하지만, 이것은 마음이 외부의 정밀조사에 면책된 사적 영역에 둘러싸여 있음을 수반하지는 않는다. 사실상 후설, 하이데거, 셸러, 메를로퐁티 같은 현상학자들은 인간 경험에 대한 관심이 결코 마음을 투명한 절대적 사적 영역에 봉인함을 함축하지 않는다는 것을 보이기 위해 엄청난 노력을 기울였다. 이와 반대로 이 사상가들은 주관성의 불투명성과 한계를 강조했고, 경험에 관한 설득력 있는 설명은 우리의 마음속에서 일어나는 일을 떼어낼 수 없지만 그 상호주관적 차원을 고려해야 함을 주장했다. 이러한 차원은 신체가 상호작용하는 방식으로부터 공감(감정이입empathy)의 역할과 상징적으로 매개된 사회적 상호작용의 위상에 이르기까지 다양하고 복잡하다.[63] 그러나 이 모든 사상가들은 이러한 차원을 고려할 때만 경험 개념에 수반되는 적절한 감각을 지닐 수 있기를 바랄 수 있다는 결론에서 일치한다.

따라서 '경험'이라는 용어 사용은 인격에 대한 불교적 설명에서 주관성의 중요성을 시사하지만, 그것은 샤프가 희화한 데카르트식 입장을 수반하지 않는다는 점을 확실히 해두고자 한다. 필자 생각에 이제는 경험 개념을 회복할 때이고 또 그 사용이 필연적으로 가망없는 형이상학의 수렁에 빠진 비밀스러운 신학적 기획에 이른다는 가정을 피해야 할 때이다.[64] 또 이러한 회복이 불교 및 그 철학 연구에서 본 논문을 훨씬 뛰어넘는 중요성이 있다. 그것은 불교철학 시야 내에 명상 체험에서 유래한 관념에 한층 구체적으로 의존하는 전통적 견해를 포함하게 할 것이다. 이것은 그 견해가 (따라서 그 명칭도) 종종 명상 체험에서 유래했을 것이지만, 여기서 보인 것처럼 불교 마음관의 설명에 그들이 제공한 상당한 자료에도 불구하고 불교학 내에서 일부 의혹에 둘러싸인 채 남아 있는 유가행파 전통의 사례일 것이다. 이것은 그다지 철학적 중요성 없이 그저 실용적인 것으로 생각되는 탄트라(밀교) 전통에도 해당한다. 그 철

---

63 상호주관성에 관한 다양한 견해들의 간략한 요약문은 Zahavi(2005 : 147-177)를 참조하라. 공감 역할에 대한 심화 논의로는 Thompson(2007 : 382-411)을 참조하라.
64 샤프에 대한 답변과 티벳 불교 내의 경험의 장소에 관한 변론은 Gyatso(1999)를 참조하라.

학적 내용의 경시는 여기서 분석될 수 없는 많은 요소에 기인하지만, 불교 의식관과 인격관의 관계를 이해하는 데 관심 있는 이들의 시야에서 탄트라 자료를 제거하는 불행한 결과를 초래했다. 탄트라 전통 문헌 자료, 역사적 진화 및 토착 문화와의 관계에 상당한 관심이 경주되었다. 그것 모두 고려할 가치가 있는 중요한 주제이지만, 인격, 의식, 신체화 등에 대한 우리의 이해에 미치는 탄트라 관념들의 영향과 같은 중요 탐구 영역은 배제된다. 이러한 견해를 불교철학의 범위에 포함시키려면 요가 수행의 맥락에서 의미 있는 관념을 수용해야 하고, 아울러 우리의 담론 범위 내에 전통의 경험적 측면을 포함하는 데 열린 마음을 지녀야 할 것이다. 그럴 경우에만 불교 학자들은 의식과 인격에 관한 불교의 다양한 여러 관점들을 공정하게 평가할 수 있고, 우리의 의식을 이해하는 데 상당히 기여할 수 있을 것이다.

참고문헌

Albahari, M. (2006), *Analytical Buddhism* (New York : Macmillan).

Bodhi, Bikkhu, ed. (2000), *A Comprehensive Manual of Abhidhamma* (Seattle, WA : BPS Pariyatti Editions).

Cabezon, J. (2002), 'The Canonization of Philosophy and the Rhetoric of Siddhānta in Indo-Tibetan Buddhism', in P. Griffiths and J. Keenan (eds.), *Buddha Nature : A Festschrift in Honor of Minoru Kiyota* (San Francisco : Buddhist Books International).

Case, R. (1991), 'Stages of Development of the Young Child's First Sense of Self', *Developmental Review* 11 : 210–230.

Chalmers, D. (2002), *Philosophy of Mind* (Oxford : Oxford University Press).

Chim Jampeyang (*mchims 'jam pa'i dbyangs*) (1989), *mDzod 'grel mngon pa'i rgyan* (Xining : China's Tibetan Cultural Press).

Collins, S. (1982), *Selfless Persons* (Cambridge : Cambridge University Press).

Conze, E. (1973), *Buddhist Thought in India* (Ann Arbor, MI : University of Michigan Press).

Damasio, A. (1999), *The Feeling of What Happens* (San Diego : Harcourt).

Dennett, D. (1991), *Consciousness Explained* (Boston : Backbay).

Doctor, T. trans. (2004), *Speech of Delight : Mipham's Commentary on Śāntarakṣita's Middle Way* (Ithaca, NY : Snow Lion).

Dreyfus, G. (1997), *Recognizing Reality : Dharmakīrti's Philosophy and Its Tibetan Interpretations* (Albany, NY : SUNY).

자아와 주관성

Dreyfus, G. and Thompson, E. (2007), 'Indian Theories of Mind', in P. Zelazo, M. Moscovitc, and E. Thompson (eds.), *The Cambridge Handbook of Consciousness* (Cambridge : Cambridge University Press).

Flanagan, O. (1995), *Consciousness Reconsidered* (Cambridge, MA : MIT Press).

_____ (1999), *The Science of the Mind* (Cambridge, MA : MIT Press).

Callagher, S. (2000), 'Self-Reference and Schizophrenia', in D. Zahavi (ed.), *Exploring the Self* (Amsterdam : Benjamin).

Gethin, R. (1998), *The Foundations of Buddhism* (Oxford : Oxford University Press).

Guenther, H. (1976), *Philosophy and Psychology in the Abhidharma* (Berkeley, CA : Shambala).

Gyatso, J. (1999), 'Healing Burns with Fire : The Facilitations of Experience in Tibetan Buddhism', *Journal of the American Academy of Religion* 67 : 113–147.

Hanna, R. and Maiese, M. (2009), *Embodied Minds in Action* (Oxford : Oxford University Press).

Hopkins, J. (1983), *Meditation on Emptiness* (London : Wisdom).

_____ (2002), *Reflections on Reality : The Three Natures and Non-Natures in the Mind-Only School* (Berkeley, CA : University of California Press).

_____ (2003), *Maps of the Profound : Jam-yang-shay-ba's Great Exposition of Buddhist and Non-Buddhist Views on the Nature of Reality* (Ithaca, NY : Snow Lion).

_____ trans. (2006), *Fundamental Mind : The Nyingma View of the Great Completeness* (Ithaca, NY : Snow Lion).

Humphrey, N. (2006), *Seeing Red : A Study in Consciousness* (Cambridge, MA : Harvard University Press).

Huntington, C. (1989), *The Emptiness of Emptiness* (Honolulu : University of Hawaii Press).

Jackson, R. (1993), *Is Enlightenment Possible?* (Ithaca, NY : Snow Lion).

James, W. (1893), *Principles of Psychology* (Cambridge, MA : Harvard University Press).

Karma Chagme (1998), *A Spacious Path to Freedom*, trans. by A. Wallace (Ithaca, NY : Snow Lion).

Kim, J. (1998), *Mind in a Physical World* (Cambridge, MA : MIT Press).

Lamotte, E. (1973), *La Somme du Grand Véhicule d'Asanga* (Louvain : Université de Louvain, Institut orientalist).

Legrand, D. (2007), 'Pre-reflective self-as-subject from experiential and empirical perspectives', *Consciousness and the Cognition* 16 : 583–599.

Lopez, D. (2006), *The Madman's Middle Way* (Chicago : University of Chicago Press).

Lusthaus, D. (2002), *Buddhist Phenomenology* (New York : Curzon).

Lutz, A., Dunne, J., and Davidson, R. (2007), 'Meditation and the Neuroscience of Consciousness : An Introduction', in P. Zelazo, M. Moscovitc, and E. Thompson (eds.), *The Cambridge Handbook of Consciousness* (Cambridge : Cambridge University Press).

MacIntyre, A. (1985), *After Virtue : A Study in Moral Theory* (London : Duckworth).

Mensch, R. (2001), *Postfoundational Phenomenology* (University Park, PA : University of Pennsylvania Press).

Mimaki, K. (1979), *Le Chapitre du Blo gsal grub mtha' sur les Sautrāntika (Présentation et edition)* (Kyoto : Zinbun Kagaku Kenkyusyo).

Nagel, T. (1974), 'What it is like to be a bat', *Philosophical Review* 83 : 435–450.

Palmer, S. (1999), *Vision Science* (Cambridge, MA : MIT Press).

Petitot, J., Varela, F., Pachoud, B., and Roy, J. M. (1999), 'Beyond the Gap : Introduction to Naturalizing Phenomenology', in Jean Petitot, Francisco J. Varela, Bernard Pachoud, Jean-Michel Roy (eds.), *Naturalizing Phenomenology* (Palo Alto, CA : Stanford University Press).

Poussin, L de la Vallée (1971), *L'Abhidharmakosha* (Bruxelles : Institut Belge des

Hautes Etudes Chinoises).

Priestley, L. (nd.), 'Pudgalavada Buddhist Philosophy', in the Internet Encyclopedia of Philosophy : http://www.iep.utm.edu/p/pudgalav.htm.

Prinz, J. (2004), *Gut Reactions : A Perceptual Theory of Emotions* (Oxford : Oxford University Press).

Rahula, W. (1980), *Le Compendium de la Super-doctrine d'Asaṅga* (Paris : Ecole Francaise d'Extreme Orient).

Ram-Prasad, C. (2007), *Indian Philosophy and the Consequences of Knowledge* (Burlington, VT : Ashgate).

Roessler, J. & Eilan, N. (2003), *Agency and Self-Awareness* (Oxford : Oxford University Press).

Ruegg, D.S. (1969), *La Théorie du Tathagathagarbha et du Gotra* (Paris : Ecole Francaise d'Extreme-Orient).

_____ (1989), *Buddha-Nature, Mind and the Problem of Gradualism in a Comparative Perspective* (London : School of Oriental and African Studies).

Sazang Mati Penchen (*sa bzang ma ti pa chen*) (nd.), *Dam pa'i chos mngon pa kun las btus pa'I 'grel ba shes bya rab rab gsal snang ba* (Beijing : People's Publishing House).

Searle, J. (2000), 'Consciousness', *Annual Review of Neuroscience* 23 : 557–578.

Sharf, R. (1998), 'Experience' in M. Taylor, ed., *Critical Terms for Religious Studies* (Chicago : University of Chicago Press).

Siderits, M. (2003), *Personal Identity and Buddhist Philosophy* (Burlington, VT : Ashgate).

Sparham, G. (trans.) (1993), *Ocean of Eloquence : Tsongkhapa's Commentary on the Yogācāra Doctrine of Mind* (Albany, NY : SUNY Press).

Steinbock, A. (2005), 'Affection and Attention', *Continental Philosophy Review* 37(1) : 21–43.

Strawson, G. (1997), 'The Self', *Journal of Consciousness Studies* 4.5–6 : 405–428.

Thompson, E. (2007), *Mind in Life* (Cambridge, MA : Harvard University Press).

Tsongkhapa, (2002), *Great Treatise on the Stages of the Path to Enlightenment* (Ithaca : Snow Lion).

Waldron, W. (2002), 'Buddhist Steps to an Ecology of the Mind : Thinking about "Thoughts Without a Thinker"', *Eastern Buddhist* xxxiv 1 : 1–51.

_____ (2003), *The Buddhist Unconscious* (London : Routledge Curzon).

Welton, D. (1999), *The Essential Husserl* (Bloomington : University of Indiana Press).

Yao, Z. (2005), *The Buddhist Theory of Self-Cognition* (London : Routledge).

Zahavi, D. (2005), *Subjectivity and Selfhood* (Cambridge, MA : The MIT Press).

제 5 장

자아와 무아?
기억과 반성적 알아차림

5
자아와 무아?
기억과 반성적 알아차림

에반 톰슨(Evan Thompson)

1. 머리말

이 논문은 의식은 본질적으로 자기알아차림self-awareness을 내포하
는가?, 자기알아차림은 자아 존재를 함축하는가?라는 두 가지 상관
된 난제에 초점을 맞춘다. 두 질문에 대해 '그렇다'라고 답하겠지만,
두 번째 질문에 대한 긍정은 제한이 있을 것이다.

두 가지 구별된 철학적 전통과 논쟁을 대치시킴으로써 이 두
난제에 답할 것이다. 전자는 인도 및 티벳의 불교철학에서 반성적
알아차림svasaṃvedana에 관한 논쟁이다. 후자는 서구 현상학에서 의
식의 에고학적 개념 vs. 비에고학적 개념 간의 논쟁이다.[1]

---

1   충실한 논의를 위해서 이 두 논쟁들을 서구철학과 인도철학에서 각기 적어도 두
    가지 다른 광범위한 논쟁들—고차원 의식 이론들 vs. 동위(同位) 이론들(Genarro
    2004; Kriegel & Winniford 2006) 및 자기알아차림에 대한 반성주의(reflectionist)/타
    자조명성(paraprakāśa) 이론들(예로, 니야야학파) vs. 반영성(reflexivity)/자기조명
    성(svaprakāśa) 이론들(예로, 유가행파)—과 관련해서 고려해야 할 것이다. 하지만
    여기서는 지면 관계상 이 논쟁들을 추후로 미루기로 한다. 심화 연구로는 MacKenzie
    (2007)와 Ram-Prasad(2007 : 51-99)를 참조하라.

2. 의식은 본질적으로 자기알아차림을 포함하는가?

2.a 자기알아차림 명제

현상학적 전통에서 발견된 핵심 주장 가운데 하나는 지향성(의식의 대상 지향성)이 본질적으로 자기알아차림을 포함한다는 것이다. 다시 말해 지향적 경험 또한 필연적으로 자기경험이다. 다음의 인용문 모두 이 명제를 표현한다.

> 모든 경험은 '의식'이고, 의식은 '~에 대한 의식'이다. … 그러나 모든 의식은 스스로 경험된erlebt 것이고, 그러한 한에서 또한 '의식적bewußt'이다.
>
> Husserl 1991 : 291

> 의식은 그 자신에 대한 의식(*자기의식)이다. 이것은 의식의 존재 유형이 그 자신을 의식하는 것임을 말하는 것이다. 그리고 의식은 그것이 초월적 대상에 대한 의식인 한에서 그 자신을 알아차린다.
>
> Sartre 1991 : 40

> 아는 의식이 그것의 대상에 대한 앎이 되는 필요충분조건은 그것이 그 앎이 됨으로써 그 자신의 의식이 되는 것이다.
>
> Sartre 1956 : liii

> 모든 의식은 존재하는 것에 대한 의식으로 존재한다.
>
> Sartre 1956 : liv

무언가에 대한 모든 생각은 동시에 자기의식이며, 그것에 실패할 때 그 생각은 대상을 지닐 수 없다.

Merleau-Ponty 1962 : 371

여기에서 정확히 어떤 종류의 자기의식이 쟁점이 되는가? 만약 지향적 경험 역시 필연적으로 자기경험이라면 우리는 어떤 종류의 자기경험에 대해서 말하고 있는가?

2.b 전반성적 자기알아차림

현상학자들은 고차원 의식 이론(예, Rosenthal 2005)과 반영주의/자기알아차림의 타자조명론parAprakāśa을 부인함에서 일치한다(MacKenzie 2007; Ram-Prasad 2007 : 51-99). 이 이론들에 따르면 자기알아차림은 구별된 1차 심적 상태를 그 지향적 대상으로 삼는 2차 의식 상태의 산물이다. 이에 반해 후설을 비롯한 이후 현상학자들은 지향적 경험이 전반성적으로 자기를 알아차린다는 것과 전반성적 자기알아차림이 타동사적 (대상을 향한) 의식이 아니라는 것, 모두를 주장했다(Zahavi 2005). 달리 말해 모든 지향적 경험은 그 지향적 대상을 현시하고 (혹은 재현전화하고) 동시에 그 자신을 개시하지만, 이 자기개시는 자동사적intransitive이다. 여기에서 문제되는 자동사성intransitivity의 종류는 "나는 노래한다"가 ("당신은 무슨 노래를 부르고 있습니까?"라고 묻는 것이 여전히 타당한) 자동사적 방식으로 은폐되거나, 억압된 타동사성transitivity이 아니라 오히려 "내가 점프한다"가 ("당신은 무엇을 점프 중 입니까?"라고 묻는 것이 의미가 없는) 자동사적 방식에서의 절대적 자동사성이다(Legrand 2009). '무엇이라는 물음'이 지향적 경험의 타동사적 구성요소에서 일어날 수 있더라도, 그것은 전반성적 자기알아차림의 자동사의 구성요소에서는 일어날 수 없다. 요약하자면, 이 견해에서 한 대상에 대한 모든 타동사 의식은 전반성적으로 자동사적으로 자기의식적이다. 또는 사르트르가 말하듯이 "대상에 대한 모든 정립적 의식은 필연적으로 그 자신에 대한 비정립적nonpositional 의식이다."(Sartre 1969 : 114).[2]

2.c 시간의식으로부터의 논증

현상학 전통에서 자동사의 전반성적 자기의식 개념은 시간의식과 시간성에 대한 고려사항과 긴밀히 연계된다. 후설(1991)에 따르면 시간의식의 현상학적 구조는 전반성적 자기알아차림을 수반한다. 시간 현상(지속, 변화, 연속 등)에 대한 우리의 의식에서 세 가지 지향적 과정은 함께 작동하고 서로 분리되어서—근원인상primal impression, 파지retention, 예지protention—각기 스스로 작동할 수 없다. 예를 들어 멜로디 각각의 지금 국면now-phase, 현재 들리는 각 음에는 (1) 지금 국면을 향해 배타적으로 지향된 상응하는 근원인상 (2) 방금 들었던 음인 그 멜로디의 방금 흘러간 국면을 향해 지향된

---

2 다음의 구절들과 비교해보자. "특유의 불투명성을 지닌 대상은 의식 이전이지만, 의식은 그 대상을 의식함에 대한 단순한 순수의식이다. 이것은 그 존재 법칙이다. 우리는—반성적 의식 사례를 제외하고—이 의식에 대한 이러한 의식이 정립적이지 않음, 즉 의식은 대자적으로 그 자신의 대상이 아님"(Sartre 1991 : 40-41)을 추가해야 한다. "우리는 이제 의식에 대한 최초 의식이 왜 정립적이지 않은지 이해한다. 그 이유는 최초의 의식이 의식인 것에 대한 의식이기 때문이다. 단번에 그것은 그 자신을 지각에 대한 의식으로서 그리고 지각으로서 확정한다. … 우리는 이러한 자기의식을 어떤 새로운 의식으로서가 아니라, 그저 무언가에 대한 의식이 가능한 실존의 유일한 방식으로서 간주해야 한다."(Sartre 1956 : liv).

파지 (3) 막 일어나려고 하는 것으로 지향된 멜로디의 음인 즉각적인 미래 국면에 대한 예지가 있다. 간단히 설명하기 위해 파지를 거론해보자. 의식에 관한 어떤 주어진 지금 국면도 대상에 대한 그 의식의 방금 지나간 국면을 유지함으로써만 그 지향적 대상의 방금 지나간 국면을 유지한다. 예컨대 나는 내게 막 들렸던 음에 대한 나의 알아차림을 통해서만 과거로 미끄러져 [들어가는] 멜로디의 음을 알아차린다. 따라서 의식은 파지에서 그 자신을 알아차리고 있을 뿐만 아니라, 시간에 걸쳐 대상을 알아차리기 위해 파지적으로 자신을 알아차리고 있어야 한다. 이 파지의 자기알아차림은 타동사적 의식(대상을 향한 지향성)의 형태가 아니다. 오히려 그것은 수동적 자기관련성self-relatedness인 자동사적 반영성reflexivity이다. 이로써 시간의식은 전반성적 자기알아차림을 수반한다. 엄밀히 말하자면, 내적 시간의식—시간에 따라 유동하는 우리 경험에 대한 암묵적 알아차림—은 가장 근본적으로 의식 흐름에 대한 전반성적 자기알아차림이다(Zahavi 2005 §3).

2.d 반영적 알아차림 명제

이제 불교철학으로 전환해보자. 인도, 중국, 티벳 불교철학의 특정 학파에서 우리는 의식, 혹은 알아차림이 반영적reflexive이라는 견해를 발견한다(Williams 1998; Yao 2005). 산스끄리뜨어 용어로는 반영적 알아차림, 자기알아차림, 자기의식 등으로 다양하게 번역되어온 svasaṃvedana(스바삼베다나)이다. 이 개념을 수용하는 불교철학 체계에서 그것은 한 대상에 대한 알아차림과 동시에 앎이 그 자신을 알아차리고 있음을 의미하며, 이러한 종류의 자기알아차림이나 반영적 알아차림은 비이원적, 즉 능(주체) - 소(대상) 구조를 수반하지 않는다고 설명된다(Sopa & Hopkins 1976 : 78). 흔히 사용된 등불에 대한 비유나 직유直喩는 그 대상에 대한 조명에서 동시에 그 자신도 비추는 등불의 비유이다(Williams 1998; Yao 2005).

2.e 표상주의를 논외로 둠

불교철학에서 반영적 알아차림 명제는 서구 철학자들이 말하는 표상주의 지각론과 연계된다. 디그나가와 다르마끼르띠에 따르면 의식은 그 대상을 직접 파악하는 것이 아니라, 오히려 의식 위에 각인된 채 남겨진 대상의 현상적 형상인 행상行相, ākāra을 통해 파악된다. 왜냐하면 의식의 즉각적[=비매개적] 대상은 현상적 행상이고, 또 현상적 행상은 의식에 내재되어 있기 때문에 모든 의식은 단순히 그 즉각적 대상을 향해 지향됨으로써 그 자신의 특질을 향해 지향된다. 그러므로 (행상을 통해) 외계 사물을 드러내는 과정에서 의식 역시 그 자신을 드러내기 때문에 의식은 반영적이다(Dreyfus 1997; Dunne 2004).

필자는 표상주의를 논외로 두기 위해 표상주의에 대한 이 전통적 연계를 언급한다. 이 논문에서 자기의식에 대해 필자가 고려하는 관점에서 우리는 표상주의로부터 반영적 알아차림 명제를 분리할 수 있다. 여기서 필자의 관심은 현상학적 명제로서 반영적 알아차림 명제이다.[3]

---

3 불교철학의 반영적 알아차림 명제 역시 서구 철학자들이 형이상학에서 관념론이라고 칭했던 것(이른바 유식무경(唯識無境), 즉 의식 이외에 외계 대상은 존재하지 않는다)과 연합한다. 불교 관념론에 관한 자세한 내용은 시더리츠(2007 : 146-179)

2.f 샨따락시따의 반영적 알아차림

필자는 샨따락시따가 반영적 알아차림을 이해한 것처럼 그것에 집중할 것이다(Blumenthal 2004). 샨따락시따를 선택한 이유는 그가 의식의 본성을 반영적 알아차림이라고 주장하기 때문이다.[4] 샨따락시따는 반영적 알아차림을 감각성sentience과 비감각성을 구별하는 것이라고 말한다. 의식의 본성은 반영적 알아차림이고, 반영적으로 알아차리지 않는 것은 비감각성이다(『중관장엄론中觀莊嚴論』 16, 영역(Blumenthal 2004 : 237)). 작용은 그 자신을 향해 지향될 수 없고 단지 대상을 향해 지향되어야 한다는 반론에서 그는 반영적 알아차림은 행위자-행위-대상 구조를 갖지 않는다고 답한다. 달리 말해 알아차림의 반영적 (자기 관련) 측면은 자동사적이다.

2.g 기억 논증

반영적 알아차림 명제에 대한 주요 논증 가운데 하나는 디그나가에서 유래된 것으로 보이지만, 반영적 알아차림 명제를 부인하는 자들뿐만 아니라 옹호하는 자들에 의해서도 광범위하게 논의된 이른바 기억 논증이다(Williams 1998 : 9-10; Yao 2005 : 115-7). 이 논증에서 기억은 이전 경험을 필요로 한다. 회상할 때 우리는 지각된 대상과 내가 이 대상을 지각했음을 모두 상기해서, 경험의 주관적 측면 (나의 지각함)을 상기하기 위해 추가의 고차원적 혹은 반성적 의식

를 참조하라.

4 중관논사로서 샨따락시따는 심적 현상을 포함하는 현상들이 궁극적인 자성을 지닌다는 견해를 부정하기에, 그가 말하는 '본성(nature)'은 궁극적 자성이 아니라 의식의 특성에 대한 세속적 구별을 의미한다.

은 요청하지 않는다. (즉 시원적 경험은 단순히 그 대상을 지각하는 것의 하나였을 뿐 아니라 대상을 지각하는 우리 자신을 경험하는 것의 하나였기도 하다.) 따라서 반영적 자기알아차림, 혹은 자기의식은 시원적 경험에 귀속되었다.

이 논증에 대한 고전적 정형화는 "나는 이 대상을 지각했다"라는 명시적 나 의식I-cognition을 포함하기 때문에 에고학적이다. 그렇지만 어떤 명시적 나 의식 없이 비에고학적으로 논증을 재정형화하는 것도 가능하다. 기억은 이전 경험을 필요로 한다. 다시 말해 회상할 때 우리는 지각된 대상과 이 대상에 대한 과거의 봄seeing을 모두 상기해서 경험의 주관적 측면(봄)을 상기하기 위해 추가의 고차원적 혹은 반성적 의식은 요청하지 않으며, 따라서 반영적 자기알아차림 혹은 자기의식은 시원적 경험에 귀속되었다(즉 시원적 경험은 단순히 그 대상을 지각하는 것의 하나였을 뿐 아니라 대상에 대해 봄을 경험하는 것의 하나였다).

우리는 반영적 경험이 에고학적인가에 관한 쟁점을 예단하고 싶지 않기에 현 단계 논의에서는 비에고학적 개념이 선호된다. 이 쟁점—의식의 에고학적 개념 vs. 비에고학적 개념—은 이 논문에서 추후 다룰 것이다.

기억 논증에 대한 한층 형식적 제시가 유용할 것이다. 아래에서는 샨따락시따가 제시하고 (우리가 그 비판을 곧 검토할) 그의 귀류논증 중관학파 논적論敵들이 이해하는 논증을 재구성할 것이다.[5]

---

5 필자는 이러한 논증의 입론자(=논주)들이나 비판자(=논적)들의 전통적인 표현과 달리 해서, '재구성'이라고 표현하고 있음에 유념할 것을 제안한다. 그럼에도 불구하고, 재구성 표현은 논증의 핵심을 이루는 철학 명제와 추론을 파악한다.

1. 우리가 어제의 선명한 푸른 하늘을 기억(말)할 때, 단순히 그 푸른 하늘을 기억할 뿐만 아니라 그 푸른 하늘을 봄도 기억한다. 달리 말해, 우리는 단지 본 대상을 기억할 뿐만 아니라 봄의 시각적 경험도 기억한다. 그러므로 기억은 지각 (본 대상)의 대상적 측면과 지각(봄)의 주관적 측면 모두를 포괄한다. (현상학적 주장)
2. 그러므로 시원적 경험의 주관적 측면을 상기하기 위해 어떤 부가적인 의식도 필요하지 않다. (현상학적 주장)
3. 어떤 것을 기억하기 위해서 우리는 그것을 경험했어야 한다. (개념적 주장)
4. 현재 기억의 특질을 위한 인과적 토대는 과거 경험의 상응하는 특질이다. (인과적 주장)
5. 따라서 과거의 시각적 지각은 본 대상과 함께 봄의 경험을 포함했음에 틀림없다. 다시 말해, 지각은 시각적 지각으로서 그 자체에 대한 알아차림을 포함했음에 틀림없다. 즉 그것은 반영적으로 자신을 알아차렸음에 틀림없다. (결론)

　　이상의 논증이 연역적으로 유효 혹은 합당한가는 논란의 여지가 있다. 그럼에도 이 추론식은 가장 잘 된 설명이라고 본다. 현상학적 증거로서 첫 번째와 두 번째 명제를 고려하면, 이러한 증거에 대한 최상의 설명은 (그래서 논증이 주장하는 바는) 반영적 알아차림 가설이다. 이런 식으로 이해할 때 논증은 설득력이 있다. 이런 이유를 설명하려면 이제 필자가 성공적이지 않다고 주장할 기억 논증에 대한 비판을 살펴보도록 하자.

2.h 기억 논증에 대한 반론들

제이 가필드Jay Garfield는 최근 논문(2006)에서 귀류논증 중관학파 논사들인 (귀류 중관논사들로서 반영적 알아차림을 부정하는) 짠드라 끼르띠Candrakīrti, 샨띠데바Śāntideva, 쫑카빠Tsong Khapa가 행한 기억 논증에 대한 두 가지 반론을 제시하고 지지한다.

첫 번째 반론 : 명제 1은 입증되지 못한다. 이 명제는 현행 기억이 단순히 우리가 (그 대상을) 인식했었음에 대한 기억이라기보다 오히려 우리가 인식하고 있음(시각적으로 알아차리고 있음)의 기억이어야 한다고 가정한다. 그러나 기억에 대한 이러한 주장[*의 타당성]은 확립될 필요가 있다.

두 번째 반론 : 명제 4는 입증되지 못한다. 반영적 알아차림이 기억의 원인이었다거나 혹은 기억에 대해 유일하게 이치에 맞는 원인이 반영적 알아차림이라는 것은 증명되지 않았다. 더욱이 대안적이고 한층 단순한 설명이 가능하다. 우리는 우리의 봄을 반영적으로 알아차림 없이 푸른 하늘을 본다. 이러한 지각은 푸른 하늘에 대한 잇따르는 기억을 초래하고 이 토대 위에서 우리는 하늘에 대해 시각적으로 알아차렸음을 추리한다. 이 견해에서 우리는 본원적 지각의 주관적 측면을 추리한다. 그것은 기억에 직접 주어지지 않고, 따라서 본원적 지각 경험에서 반영적으로 현전되지 않았다.

여기 가필드가 제시한 샨띠데바의 비유가 있다. "곰 한 마리가 동면 중에 쥐에게 물렸고, 부상 부위에 감염이 발생했다. 곰은 그 당시에 물렸다는 경험을 인식하지 못했더라도 봄에 깨어날 때 감염된 부상의 통증을 경험하고, 그것을 토대로 쥐한테 물렸음을 경험했다는 것을 안다."(Garfield 2006 : 210).

이상의 반론에 답하려면 후설의 기억 분석에서 그 전거를 도출해보자. 윌리엄스는 서구의 특정 맥락에서 있는 후설이 불교의 기억 논증을 잘 알지 못했다고 밝히지만(Williams 1998 : 237), 후설은 기억과 시간의식에 관한 자신의 저술에서 비슷한 생각을 했음을 알 수 있다(Husserl 1991, 2005).

2.i 첫 번째 반론에 대한 답변

기억 논증에 대한 첫 번째 전제는 기억에 대한 현상학적 주장과 관련된다. 예컨대 내가 어제의 푸른 하늘을 기억할 때, 청색의 기억과 청색을 봄의 기억이 있다. 반론은 기억에 대한 이 주장[*의 타당성]이 확립될 필요가 있다는 것이다. 이 주장을 확립하거나 적어도 지지하는 한 가지 방식은 그것을 기억에 대한 현상학적 설명 위에 정초하는 것이다. 후설은 우리가 필요로 하는 것을 에피소드 기억의 지향적 구조에 대한 현상학적 분석 형태로 제공한다.

현전화presentation와 재현전화representation라는 지향적 작용에 대한 후설의 구별에서 논의해보자(Marbach 1993 : §2,3). 지각은 현전적이고, 상상과 기억은 재현전적이다. 우리는 지향적 대상과 지향적 작용이라는 두 가지 측면에서 이 구별에 접근할 수 있다. 예를 들어 식탁 위에 있는 청색 그릇에 대한 지각과 같은 지각 경험의 대상은 그 '신체적 존재bodily being'에서 현전하는 것으로, 따라서 직접적으로 접근 가능한 것으로 경험된다―우리는 그것을 다른 관망 지점[관점]에서 조망하고, 그것을 취해 더 가까이서 살펴보는 등등을 할 수 있다. 청색 그릇에 대한 시각적 기억과 같은 재현전적 경험에서 대상은 이러한 방식으로 현전하고 접근 가능한 것으로 경험되는 것이 아니라 오히려 부재하는 것으로 [경험되는 것이다]. 하지만 이 부재는, 그 경험이 정확히 부재로서의 대상에 대한 것이어서, 현상적 부재이다. 신체적 현존과 부재 사이의 지향적 대상 측면에서의 이 차이는 현전화와 재현전화 사이의 지향적 작용 측면에서의 차이에 상응한다. 재현전화의 경험은 그 신체적 존재 [면]에서 현상적으로 부재한 동시에 심적으로 촉발되거나 생성됨으로써 그 대상을 지향한다. 이러한 방식으로 대상은 지각적으로 현전화된 것이라기보다 오히려 심적으로 재현전화된 것이라고 말한다. 경험을 재현전화하게 하는 것은 바로 그 대상이 현상적으로 부재하면서도 심적으로 촉발되거나 초래된 것임에 주목할 필요가 있다. 대상은 다시 심적으로 촉발되거나 초래된 것이 아니다. 후자[재현전화]의 특징은 기억에 속하지만 창조적 상상이나 자유로운 환영에 속한 것은 아니다.

에피소드 기억에서 상황이나 사건은 현재로서가 아니라 한갓 과거로서 경험된 것이므로 부재한다. 그러므로 과거 상황이나 사건은 그것을 대상으로 간주하는 지향적 의식에 의해 필연적으로 재현전화된다. 현상학적인 문제는 이 재현전화가 어떻게 주관적으로 작동하는가이다. 기억에 대한 상상 이론에 따르면, 기억할 때 우리는 과거에 경험된 무언가의 심적 형상을 파악한다. 이 이론이 갖는 한 가지 문제점은 기억에서 우리는 우리 자신을 우리가 기억하는 것(우리가 기억하는 것의 형상이나 그림)처럼 무언가를 상상하는 것으로 여기지 않는다는 점이다. 우리는 우리 자신을 이전에 현전했던 대상 자체나 이전에 발생했던 사건 자체를 기억하는 것으로 간주한다. 이 문제를 처리하는 일반적인 방식은, 우리가 기억하는 것이 심적 형상이 아닌 과거의 발생이지만 우리가 심적 형상을 통해 과거를 기억하는 것이라고 주장하는 것이다. 그러나 이러한 움직임은 형상이론에서 현재 지녔던 형상이 어떻게 기억 경험을 과거의 무엇인양 산출해낼 수 있는지 설명하지 못한다는 더 깊은 문제점을 부각한다. 과거 경험의 재현전화라는 후설의 기억 설명은 이러한 난제의 극복을 목적으로 한다(Bernet 2002; Marbach 1993 : 78-83).

후설은 우리가 과거의 일어남, 상황 혹은 사건을 기억할 때 그러한 일어남, 상황 혹은 사건에 대한 우리의 이전 경험 또한 암묵적으로 기억한다고 제시한다. 따라서 기억에서 우리는 무언가(부재하는 그 과거)를—현재에 존재하는 심적 그림의 의미로—영상에 의해서가 아니라 과거에 일어났다고 믿는 경험을 재현전화하는 심적 활동을 통해 파악한다. 당연히 우리는 에피소드 기억 경험에서 명시적으로 이 믿음을 품어야 할 필요가 없다. 오히려 기억함에서 재현전화된 경험은 과거에 발생된 것으로서 단지 주관적으로 주어진다. 기억에서 우리는 이 과거 경험을 단지 수정된 방식으로, 즉 정확히 재현전화된 것으로서, 따라서 지금 일어나는 것이 아니라 과거로 상정된 것으로서, 있었던 그대로 재산출하고 재경험한다. 다시 말해 과거의 경험은 문자 그대로 혹은 실제로 현재 재생산된 것이 아니라, 오히려 기억의 지향적 내용 일부로 재생산된 것이다(Marbach 1993 : 61). 후설이 자주 쓰는 표현에 의하면, 현재의 기억은 '실제로' 과거 경험을 포함하지 않지만, 대신 지향적으로 내포하고 이러한 방식으로 '지향적으로 함축한다'(Husserl 1983 : 294; Marbach 1993 : 34-36, 69-70).[6]

---

6 이 지향적 함축이 추리와 관련한 것으로 생각되지 않다는 점에 주목할 필요가 있다. 오히려 이 구상은 기억할 때 우리는 그것의 지향적 대상과 함께 그것의 전반성적이고 자동사적 자기알아차림을 함께 구성하는 과거 경험을, 말하자면 재(再)체험한다는 것이다.

이 견해에서, X를 기억하는 것은 과거에 일어났던 것으로서 주관적으로 주어진 (혹은 보다 인지주의적 방식에서 과거에 일어났다고 믿어진) X의 경험을 재현전화함으로써 자신을 X로 지향하거나 지칭하기나 심적으로 향하는 것이다. 기억의 지향적 대상은 과거의 경험이 아니라 보통 과거의 일어남(X)인 점에 주목하라. 달리 말해 그것은 주관적 측면(현상학 용어로 '노에시스')이 아니라 보통 경험의 대상적 측면('노에마')이다. 만약 기억의 지향적 대상이 이와 같이 과거 경험 그 자체, 즉 경험의 주관적 측면이라면, 기억은 반성적 기억이다. 그렇지만 통상 과거 경험을 재현전화함은 과거 사건이나 상황에 대한 우리의 기억에서 암묵적 및 전반성적으로만 고려된다. 따라서 기억은 비반성적이다.

후설에 따르면 현재와 과거 사이의 현상적인 시간적 거리는 기억함의 현재 작용이 대상과 그것에 대한 흘러가는 의식을 모두 촉발하고 있는 한에서만 가능하다. 기억함의 작용이 과거의 대상만을 재산출한다고 가정한다면, 우리는 이러한 대상이 어떻게 과거에 있음, 혹은 과거에 속한 특성을 유지하는지 설명할 수 없다. 어제의 푸른 하늘은 사라졌기에 그것을 재산출하는 유일한 방법은 형상의 형태에 있다. 그러나 만약 어제의 푸른 하늘이 현재에 파악된 심적 형상으로만 현현했다면 이러한 형상이 어떻게 과거에 있음pastness의 특성을 유지할 수 있는가? 현재에 회상된 대상이 과거임의 특성을 유지하는 이유는 기억하는 의식이 두 가지 차별적인 지향적 작용—과거의 대상을 불러오는 현재의 작용과 그 대상에 대한 과거의 지각—을 구성하기 때문이다. 다시 말해 현재의 기억은 실제 과거의 지각을 포함하지 않는다. 쉽게 말해 현재의 기억은 과거의 지각을 지향적으로만 내포한다. 따라서 과거의 대상을 의식적 재현전화하는 데 기억함 역시 이전 의식에 대한 의식적 재현전화이기 때문에, 기억함의 경험은 이중적 의식과 관련된다. 과거가 현재에 기억될지라도, 현재와 분리된 채 남아 있는 과거를 설명해주는 것은 바로 이 이중화(*가탁)이다(Bernet 2002; Stawarska 2002).

이상의 기억에 대한 설명은 분명히 기억 논증 명제 I에서 행해진 현상학적 주장의 근거가 된다. 어제의 푸른 하늘의 기억은 푸른 하늘을 보고 있는 어제의 경험을 지향적으로 함의한다. 그러므로 기억 논증에 대한 논적論敵이 기억의 현상학에 대해 보다 월등하거나 최소한 비등하게 만족할 만한 대안적 분석을 제공할 수 없다면, 전제 I은 설명이 필요한 기억에 대해 확립된 현상학적 자료로 간주될 수 있다. 반영적 알아차림 명제—기억 논증의 결론—는 그러한 설명을 제공한다고 주장한다.[7]

2.j 두 번째 반론에 대한 답변

이 반론은 반영적 알아차림 명제가 제공하는 것보다 기억에 대해 대안적이고 한층 나은 설명을 제시할 것을 주장한다. 우리는 과거 대상에 대한 우리의 현재 기억에 근거해서 그 알아차림이 발생 시점에서 자신을 알아차렸어야 할 필요없이 추론에 의해 그 대상을 알아차렸음을 안다.

이 반론에 답하기 위한 기초 작업은 첫 번째 반론에 대한 답변에

---

7 물론 여기서 필자는 샨따락시따가 명시적으로 지지하는 어떤 것을 넘어서 진행한다. 실제로 그는 필자가 여기서 사용하는 이같은 현상학적 추리를 받아들이지 않을 것이다. 그럼에도 필자의 목적은 샨따락시따가 기억 논증에 대한 가필드의 반론에 어떻게 답할 것인지 설명하려는 것이 아니라 후설 현상학이 이런 반론들에 대한 효과적인 해결책을 줄 수 있음을 보여주기 위함이다.

서 이미 마련되었다. 대안적 제안은 에피소드 기억의 현상학적 구조를 설명하지 않는다.

그 제안에 따르면 (1) 우리는 일어남의 대상이고 (쥐 물림, 청색에 대한 시각적 앎), (2) 우리는 그것이 발생할 때 그 발생에 대한 어떤 알아차림도 결여하고, (3) 그 일어남은 우리가 이후에 일부 결과(물림으로부터의 고통, 청색의 기억 형상)를 알아차리게 하고, (4) (다른 것들과 함께) 그러한 결과도 앞의 발생을 향한 의식 상태를 하나로 유도한다.

그러나 이 조건은 특히 어떻게 과거 경험이 기억하는 것의 경험에서 1인칭 관점에서 나타나는 것인가에 관해서 기억 경험을 설명하기에 충분하지 않다. (4) 현재의 심적 형상에 대한 알아차림을 바탕으로, 심적으로 과거를 지칭하는 것은 (3) 편지 봉투 위 날짜 소인을 읽고서 그것을 바탕으로 편지가 발송된 날짜를 생각하는 것과 같다. 여기서 놓치는 것은 과거임의 현상적 (직관적) 내용을 지닌 경험 의미에서의 과거의 경험이다.

후설에 따르면, 우리가 본 것처럼 이 현상적 내용은 대상 기억의 지향적 구조의 일부가 되는 과거 경험에서 온다. 기억은 (나이테나 날짜 기록표처럼) 현재의 표식을 바탕으로 과거를 생각하지 않고, 과거 경험을 재현전화하거나 그것을 (현재화하는 *vergegenwärtigende) 통해 과거를 재현전화한다. 따라서 (후설 현상학이 인정하는) 반영적 알아차림 명제는 그 대안보다 기억에 대한 보다 나은 설명을 제시한다.

이 장의 첫 절에서는 가필드(2006)의 비판에 반해서 반영적 알아차림을 지지하는 기억 논증을 옹호했다. 지금 제기되는 의문은—특히 기억 논증을 뒷받침하는 후설 현상학의 협조 확보를 고려할 때—반영적 알아차림이 자아를 함축하는지에 관한 것이다. 바꿔서

질문하면, 반영적 알아차림은 무아에 관한 불교의 교리적 주장과
양립할 수 있는가?

3. 자기알아차림은 자아 존재를 함축하는가?

자기알아차림이 자아를 수반하는가라는 질문에 대한 불교의 답
은 '자아'가 심신 사건들과 분리되거나 다소 구별되는 존재를 갖는
하나의 지속 실체(계기에서 계기로 완전히 현존하는 것)를 의미할 때,
'아니다'라고 분명히 답한다(이 책의 드레퓌스; MacKenzie 2008). 오직
의식만이 경험의 주체이다. 더욱이 일부 견해에 따르면 모든 의식
적 경험은 찰나적이고 개별적이어서, 엄격히 말해 영속하는 주체는
결코 없다(즉 하나의 개별적 찰나 이상 존재하는 주체는 없다). 그러나
다른 견해에서는 주체를 연속체의 어떤 특수한 단계라기보다 오히
려 전체로서 연속체와 동일시한다. 두 경우 모두, '자아'가 주체의
한 유형—별개의 존재를 지니고 지속하는 일자—을 의미하는 것으
로 이해되기 때문에 경험의 주체는 주체에 상응하지 않는다. 물론
불교의 견해에 따르면 우리가 우리 자신을 자아로서의 심신 복합체
와의 깊이 뿌리박힌 의식적, 정서적 동일화 과정의 결과로서 그릇되
게 있다고 간주하는 것은 바로 이러한 자아 유형이다(Albahari 2006).

우리가 자아와 주체 간의 이러한 구분에 동의한다면, 반영적 알
아차림 명제와 그것을 뒷받침하는 기억 논증은 자아 존재를 함축하
지 않는다는 것은 분명하다. 그러나 자아와 주체 간의 이 예리한
구분은 철학적으로 견고한가? 일부 무아anatta/anātman 개념이 불교도
에게 타협할 수 없을 듯 보인다는 점을 고려할 때, 자기동일성을

갈망하는 어떤 철학자는 (이를테면) 불교도처럼 한 가지 혹은 또 다른 무아 패러다임 안에서 주관성을 설명할 수밖에 없거나(이 책의 드레퓌스; Albahari 2006), 여기에서 이해된 것처럼 주관성을 부정하는 것 이외에 다른 방도가 없을 듯하다(이 책의 시더리츠). 두 번째 선택지는 여기에서 고려할 수 있는 것이 아니다. 그러나 첫 번째 선택지는 중대한 갈등을 일으킨다. 우리는 기억과 시간의식에 대한 숙고를 통해서 자아 개념을 풍요롭게 하면 할수록 경험에 관한 자아와 주체(혹은 주관성) 간의 개념적 거리를 더 줄이게 된다.[8]

좀 더 구체화해보자. 반영적 알아차림을 지지하는 기억 논증에 대해 후설적인 토대 강화를 위해 지불해야 할 대가는 경험의 단순한 주체와 자아 관념 간의 거리를 상당히 좁히는 것인 주관성이라는 견실한 관념이다. 기억에 대한 이러한 현상학적 설명에서 경험의 주체(혹은 주관성)는 정확히 시간의식의 자기性selfhood, ipseity—파지(1차 기억)와 기억함(2차 혹은 재생산 기억)에서 우리 자신의 과거 경험으로서 내부로부터 과거 경험의 자율적 주어짐을 포함하는, 흐름으로서 의식의 흐름에 대한 전반성적 자기알아차림—이다.

물론 이 현상학적 자아성 개념은 심신 사건의 흐름으로부터 구별되는 지속 존재로서, 자아 개념과 거리가 멀다. 그러나 어떤 현상학자도 이렇게 고도로 한정된 자아 개념이 자아에 대한 현상학적이고 형이상학적인 위상을 가늠하기 위한 시금석이 되어야 한다는 것을 결코 용납하지 않을 것이다(Zahavi 2005; 이 책).[9]

---

8 이 책의 맥켄지는 또 다른 선택지를 제시하는데, 자아는 의존적으로 발생되지만 그럼에도 실재라는 것이다. 필자는 이 접근방식에 전적으로 동감한다.
9 주체와 자아를 구분하려는 시도에 대한 심화된 비판—몸과 신체화의 중요성을 호소하는 비판—에 대해서 Henry와 Thompson(발간 준비 중)을 참조하라.

3.a 의식의 비非에고학적 개념

현재 현상학 내부에서 소위 의식의 비에고학적 개념 형태의 난제가 제시되고 있다(Gurwitsch 1966). 후설은 현상학적 분석이 의식의 지향적 활동을 통해 상주하는 초월론적 에고를 드러냈다고 생각했던 반면, 사르트르는 의식의 흐름이 그 원천에서 에고를 갖는다는 것을 부정했다. 꽤 많은 에고학 대 비에고학 논쟁은 기억에 대한 현상학을 이해하는 방법에 달려 있는 것이어서, 이 논쟁을 검토하는 것은 자아와 무아의 논의를 기억과 반영적 알아차림에 대한 우리의 이전 고려사항들과 연계하는 데 도움이 될 것이다.

사르트르는 에고 혹은 '나'가 비반성적 의식에 부재한다고 주장했다. 그의 유명한 예문 중 하나를 인용하자면, "내가 시내 전차를 뒤쫓아갈 때, 내가 시간을 볼 때, 내가 초상화를 응시해 몰입하고 있을 때, 거기에는 내가 없다. 거기에는 추월해가고 있는 그 전차 등의 의식과 의식에 대한 비정립적 의식이 있다."(Sartre 1991 : 48-49). 우리가 그러한 경험에 대해 반성하는 경우에만 에고는—다만 늘 반성적 작용의 대상으로서—현현한다. 에고 혹은 '나'는 항상 지향적 대상(즉 초월적)이지만, 결코 (초월론적) 주체는 아니다. 시원적인 비반성된 경험과 반성 작용(그 자체로 비반성된 경험)이 모두 에고를 결여하는 반면, 에고는 반성된 경험 내용에 속한다.

사르트르는 기억에 대한 고려를 통해 자신의 비에고학적 입장을 뒷받침한다(Ibid., 43-48). 그는 우리가 두 가지 방식으로 과거 사건을 상기할 수 있다고 말한다. (1) 우리는 과거 경험의 대상(어제의 푸른 하늘)에 집중할 수 있고, (2) 우리는 과거의 경험 그 자체(푸른 하늘에 대한 어제의 지각)에 집중할 수 있다. 사르트르가 주장하기를, 첫 번째 종류의 회상은 비인격적이거나 비에고학적—그것은 과거에 대상을 지각했던 주체로서 자기경험을 포함하지 않는다—이다. 두 번째 부류의 회상은 반성적이거나 에고학적—그것은 의식의 과거 작용을 그 대상으로 간주하고 또한 이 작용이 '나' 또는 자기경험에 의해 수반되었던 환영을 야기한다—이다.

우리는 자기경험이 과거 경험을 수반하지 않았다는 것을 어떻게 알 수 있을까? 사르트르는 우리가 기억 속의 과거 경험을 되살릴 수 있고 반성되지 않은 과거 경험을 망각없이 부활된 과거 대상에 주의를 돌릴 수 있지만, 줄곧 기억을 반성적인 것으로 전환할 수 없고 그럼으로써 과거 경험을 대상화할 수 없다고 말한다. 이를테면 우리가 이같은 방식으로 과거 경험을 다시 체험할 때 어떤 자기경험도 그 내용에서 중시되지 않음을 분명히 알 수 있다.

사르트르의 결론은 에고가 회상에 앞서 존재하지 않으며 한갓 회상의 산물일 뿐이라는 것이다. 에고는 회고적 대상화이다. 대상화하는 회상은 마치 에고가 항상 거기에 있었던 것처럼 보이게 하지만, 에고는 지각이 발생하는 순간 현존하지 않기 때문에 이러한 나타남은 환영에 불과하다. 그러므로 의식은 기본적인 비반성적 수준에서 비에고학적이다.

3.b 기억 논증 재고

이제 우리는 기억 논증에 대한 앞선 논의에서 고전적인 에고학적 정형화에 나타난 논쟁을 연구 대상으로 삼지 않은 것이 중요했던 이유를 알 수 있다. 이러한 정형화는 반성적 기억, 즉 명시적 나 의식과 1인칭 자기지시를 지닌 기억을 촉발한다. 이 정형화를 연구하는 것은 가장 강력한 수준의 기억 논증이 반성적 기억에 대한 호소에 의지하지 않고 오히려 비반성적 기억에 대한 호소에— 구체적으로 시원적 경험에 비반성적인 반영적 알아차림이 있었음을 보여줌으로써 비반성적 기억에 있는 시원적 경험의 주관적 측면의 현존에—의지하기 때문에 혼란을 초래한다.

이 점을 고찰하기 위해 전통적인 기억 논증에 대한 세 가지 진술을 고려할 수 있다. 첫 번째는 (이후에도 계속해서 그 주장을 비판하고 부정하는) 짠드라끼르띠의 입장이다.

> 우리가 다음과 같이 주장했다고 가정해보자. 우리는 반영적 알아차림이 있다고 주장해야 한다. 왜냐하면 그렇지 않다면 나중에 '나는 ~을 보았고' 기억된 대상을 기억한다고 말할 때, 그리고 '나는 보았다'고 생각할 때, 그러한 생각의 대상에 대한 알아차림의 기억이 있을 수 없기 때문이다.
>
> Garfield 2006 : 203

두 번째와 세 번째는 그 주장에 대한 쫑카빠의 이해(쫑카빠는 그 주장을 부정하는 데 짠드라끼르띠를 추종한다)를 설명하는 폴 윌리엄스Paul Williams의 입장이다.

> 쫑카빠가 설명하기를, 우리가 기억할 때 그 기억 형상은 '예전에 이것이 보여졌음'과 '그것이 나에 의해 보여졌음'으로 구성된 것처럼 보인다. 혹은 쫑카빠가 그것을 다른 곳에서 표현했던 것처럼, 내가 진실로 청색을 보았다고 기억할 때, 청색의 기억과 청색을 봄seeing에 대한 기억이 있다. 따라서 본원적 작용에서

청색의 감각과 함께 청색을 봄에 대한 감각 또한 있었음에 틀림
없다.

Williams 1998 : 238

짠드라끼르띠의 정형구와 쫑카빠의 정형구에 대한 윌리엄스의
첫 번째 요약문은 형태상 에고학적임에 주목하자. 윌리엄스가 고찰하
듯이(1998 : 237), 이와 관련한 기억 유형은 반성적 기억이다. 쫑카빠
정형화의 두 번째 주석은 비에고학적이다.

이것이 필자가 이러한 구분을 장황하게 논하는 이유이다. 만약
우리가 전통적인 에고학적 정형화를 사용한다면, 우리는 그릇되게
도 기억 논증이 구체적으로 반성적 기억에 대한 호소에 의지한다고
오인하는 위험에 직면하게 된다. 이러한 과실은 자기경험이 시원적
경험에 현전했던 것이 아니라, 다만 반성적 기억을 회고적으로 현
전해온 것임을 보임으로써, 시원적 경험은 자기알아차림이 아니라
는 사르트르의 주장과 기억 논증이 대립할 수 있다고 생각하는
중대한 과실로 이어질 수 있다. 그러나 물론 이러한 사유 맥락은
기억 논증의 요점 전체를 놓치게 될 것이다. 그 논증의 목적은 사르
트르의 의미에서 자기경험이 시원적 경험에 현전했음을 증명하기
위함이 아니다. 이와 반대로 자기알아차림이 자동사적 반영성
intransitive reflexivity으로 이해되는 곳에서—시원적 경험이 자기알아차
렸음을 증명하기 위함이다. (물론 이러한 종류의 반영적 자기알아차림
은 사르트르가 비정립적 자기의식에 대한 관념 형태로 수용한다.) 그 논
증은 반성적 기억에 대한 어떠한 호소에도 의지하지 않는다. 이와
반대로 그 논증은 근본적으로 비반성적 기억에 대한 고려에 의지한
다. 어제의 푸른 하늘에 대한 비반성적 기억에서 그 푸른 하늘에

대한 어제의 봄seeing 내부로부터의 비반성적 기억이 있다. 따라서 반영적 알아차림의 근거로 비반성적 기억에 호소하는 이유는 비반성적 기억이 어떤 부가적인 고차원 의식이나 반성적 기억을 요구함 없이 이미 자동적으로 시원적 경험의 주관적 측면을 상기시키기 때문이다.

3.c 기억, 에고, 자아

우리가 자아를 성찰을 위한 대상으로 지시하는 사르트르적 방식으로 '에고' 용어를 사용한다면, 비반성적 경험은 에고가 없다. 그러나 사르트르에게 이러한 종류의 에고 없음이란 어떤 면에서 비반성적 의식이 자아성을 결여함을 함축하지 않는다. 이와 반대로 사르트르가 말하듯이, "특정 조건 하에서 그러한 자기성ipseity의 초월적 현상으로서 에고의 현현을 허용하는 것은 그 근원적 자아성 내의 의식이다."(Sartre 1956 : 103). 단 자하비가 주목하듯이(2005 : 115), 여기에서 사르트르의 근본적 움직임은 대상으로서의 에고와 주체로서의 자아를 구분하기 위함이다. 따라서 비반성적 의식에서 에고가 없을지라도 자아가 없는 것은 아니다.

그렇지만 사르트르의 기억 논증과 자아성의 이해를 특정 측면에서 후설과 비교해 볼 경우 단순하다(Stawarska 2004). 이 차이는 기억 논증과 함께 주관성과 자아의 관계에 타당한 관련이 있다.

한편 사르트르는 의식의 비에고학적 개념에 대한 주장에서 오래된 기억보다 신선한 기억을 더 강조한다. 예컨대 당신이 방금 막 지나간 경험을 상기시켜 재경험하려는 시도처럼, 그는 최근 경험의 파지에 배경을 둔 이같이 재산출된 기억에 의지한다.[10] 이러한 주장에서 배제하는 것은 멀리 떨어진 과거에서 온 다른 많은 종류의 에피소드 기억들이다.

다른 한편 사르트르는 대상을 기억하는 것을 경험에 대한 반성적 기억과 병치시킨다. 그는 오직 후자만이 나의 경험으로서 과거 경험을 현전화한다고 제안한다. 이러한 병치에서 배제하는 것은 바로 대상을 기억하는 것이 이미 그 대상에 대한 과거 경험을 지향적으로 시사한다는 후설적 요점에 있다. 실제로 후설적 통찰에서 대상이 과거임의 현상적 특징을 유지하려면, 과거 경험은 대상의 회상에서 지향적으로 시사되어야 한다. 비록 지향적으로 시사된 과거 경험이 대상화된 에고학적 의미에서 나의 것으로 (나의 자기경험으로) 주어질 필요가 없더라도, 그것은 1인칭적으로 즉 내가 이전에 체험한 경험으로서 내면에 주어진 것이다.

자하비에게 이 같은 의식의 '1인칭 소여'는 의식을 비에고학적이라기보다 근본적으로 에고학적으로 만들기에 충분하다(Zahavi 2005 : 99-146). 그렇지만 일부 쟁점은 용어와 관련된다. 만약 '에고'가 사르트르에서 그러하듯이 대상으로서 자아를 의미한다면, 사르트르의 비에고학적 개념은 전반성적 경험이 익명으로 체험된 것이 아니라 1인칭적으로 체험된 것이라는 자하비의 주장과 양립할 수 있는 것으로 보인다. 결국 사르트르가 그러하듯, 자기성*ipseity* 또는 비정립적 자기의식이 의식의 바로 그 있음을 정의한다고 주장하는

---

10 Sartre(1991 : 46) : "예를 들어 나는 방금 독서에 빠져 있었다. 나는 나의 독서 환경들, 내 태도, 내가 읽고 있던 행들을 재구성하려고 시도할 것이다. 대상들은 그 의식에 의해서만 지각될 수 있었기 때문에, 또 그것과 연상해서 남아 있기 때문에, 나는 이러한 외적 세부 사항들뿐만 아니라 일정 정도의 심도를 지닌 비반성적인 의식 역시 재경험할 것이다."

것은 의식이 근원적으로 익명적이 될 수 없지만, 구성적으로 1인칭적이 되어야 함을 함의하는 듯 보일 수 있다.

물론 우리는 여전히 "이러한 '나' 혹은 '나에게'라는 위상은 대체무엇이란 말인가?"라고 질문할 수 있다. 여기서 현상학과 불교의무아 패러다임을 조화시킬 수 있다. 현상학적 관점에서 '나' 혹은 '나에게'가 심신 사태들의 흐름과 분리되거나 구별되는 존재를 지니고 지속하는 존재와 부합한다고 가정할 필요는 없다. 오히려 '나'라는 것은 그 자신의 자기개별화하는self-individuating 현상적 관점으로부터 흐름을 선택하는 것이다. 인도의 표현 방식을 빌리자면, 우리는 흐름이 근본적으로 '나 형성하기ahaṃkāra'라고 말할 수 있다.

4. 결론

본고에서는 반영적 알아차림을 옹호하는 기억 논증과 의식의본성에 대한 현상학적 명제로서 반영적 알아차림 명제를 변론했다.이와 동시에 필자가 기억 논증에 대한 타당한 변론을 제기한 것은주체와 자아 간의 간격을 줄임으로써 특정 형태의 불교 무아론에압박을 주고 있는 기억과 주관성에 대한 충실한 설명을 요청한다는것을 제시했다.

참고문헌

Albahari, M. (2006), *Analytical Buddhism : The Two-Tiered Illusion of Self* (Hampshire : Palgrave Macmillan).

Bernet, F. (2002), 'Unconscious Consciousness in Husserl and Freud', *Phenomenology and the Cognitive Science* I : 327–351.

Blumenthal, J. (2004), *The Ornament of the Middle Way : A Study of the Madhyamaka Thought of Śāntarakṣita* (Ithaca, NY : Snow Lion Publications).

Dreyfus, G. (1996), *Recognizing Reality : Dharmakīrti's Philosophy and Its Tibetan Interpretations* (Albany, NY : State University of New York Press).

Dunne, J. (2004), *Foundations of Dharmakīrti's Philosophy* (Boston : Wisdom Publications).

Garfield, J. L. (2006), 'The Conventional Status of Reflexive Awareness : What's at Stake in the Tibetan Debate?', *Philosophy East and West* 56 : 201–228.

Gennaro, R., ed. (2004), *Higher-Order Theories of Consciousness* (Amsterdam : John Benjamins Publishers).

Gurwitsch, A. (1966), 'A Nonegological Conception of Consciousness', in A. Gurwitsch, *Studies in Phenomenology and Psychology* (Evanston, IL : Northwestern University Press).

Henry, A. and Tompson, E. (in press), 'Witnessing from Here : Self-Awareness from a Bodily Versus Embodied Perspective', in S. Gallagher, ed., *The Oxford Handbook of the Self* (Oxford : Oxford University Press).

Husserl, E. (1983), *Ideas Pertaining to a Pure Phenomenology and to a*

Phenomenological Philosophy, First Book, trans. F. Kersten (The Hague : Martinus Nijhoff).

_____ (1991), *On the Phenomenology of the Consciousness of Internal Time (1893-1917),* trans. J. B. Brough (Dordrecht : Kluwer Academic Publishers).

_____ (2005), *Phantasy, Image Consciousness, and Memory (1898-1925),* trans. J. B. Brough (Berlin : Springer).

Kriegel, U. and Williford, K., eds. (2006), *Self-Representational Approaches to Consciousness* (Cambridge, MA : The MIT Press/A Bradford Book).

Legrand, D. (2009), 'Two Senses for "Givenness of Consciousness"', *Phenomenology and the Cognitive Sciences* 8 : 89-94.

MacKenzie, M. D. (2007), 'The Illumination of Consciousness : Approaches to Self-Awareness in the Indian and Western Traditions', *Philosophy East and West* 57 : 40-62.

_____ (2008), 'Self-Awareness without a Self : Buddhism and the Reflexivity of Awareness', *Asian Philosophy* 18 : 245-266.

Marbach, E. (1993), *Mental Representation and Consciousness : Towards a Phenomenological Theory of Representation and Reference* (Dordrecht : Kluwer Academic Publishers).

Merleau-Ponty, M. (1962), *Phenomenology of Perception,* trans. Colin Smith (London : Routledge Press).

Ram-Prasad, C. (2007), *Indian Philosophy and the Consequences of Knowledge : Themes in Ethics, Metaphysics, and Soteriology* (Aldershot, Hampshire : Ashgate Publishing Limited).

Sartre, J-P. (1956), *Being and Nothingness,* trans. Hazel Barnes (New York : Philosophical Library).

_____ (1967), 'Consciousness of Self and Knowledge of Self', in N. Lawrence and D. O'Connor, eds., *Reading in Existential Phenomenology* (Englewood Cliffs, NJ : Prentice Hall).

_____ (1991), *The Transcendence of the Ego : An Existentialist Theory of*

Consciousness, trans. F. Williams and R. Kirkpatrick (New York : Hill and Wang).

Siderits, M. (2007), *Buddhism as Philosophy : An Introduction* (Aldershot : Ashgate Publishing Limited).

Sopa, L. and Hopkins, J. (1976), *Practice and Theory of Tibetan Buddhism* (New York : Grove Press).

Williams, P. (1998), *The Reflexive Nature of Awareness : A Tibetan Madhyamaka Defence* (Delhi : Motitlal Banarsidass).

Yao, Z. (2005), *The Buddhist Theory of Self-Cognition* (London : Routledge Press).

Zahavi, D. (2005), *Subjectivity and Selfhood : Investigating the First-Person Perspective* (Cambridge, MA : The MIT Press/A Bradford Book).

제6장

주관성과 자아성, 그리고 '나' 용어 사용

6
주관성과 자아성,
그리고 '나' 용어 사용

조나단 가네리(Jonardon Ganeri)

1. 아상가와 바수반두의 자기의식과 자기의식적 주의

주지하다시피 불교심리학에 따르면 의식적 경험은 다섯 가지 활동 형태―기록·평가·정형화·준비·의식적 주의집중의 과정들―의 종합이다.[1] 아상가와 바수반두는 이 가운데 마지막 의식적 주의가 지각 양상과 관련있다고 말한다. 예를 들어 시각을 통한 의식적 기록에 주의집중하는 것과 접촉을 통한 의식적 기록에 주의집중하는 것은 전혀 다른 차원의 이야기라는 것이다.[2] 또 그들은 우리 마음속에서 흘러가는 것을 의식적으로 주의집중할 수 있다고 말한다. 이것은 의식적 반성mano-vijñāna의 방식인데, 우리 자신의 심리 상태를 의식적

---

1 개별적 사고들 혹은 경험들로 결합하는 다섯 가지, 소위 온(蘊, skandha)들 혹은 '구성요소들': 색(色, rūpa), 수(受, vedanā), 상(想, saṃjñā), 행(行, saṃskāra), 식(識, vijñāna). 자세한 내용은 Ganeri를 참조하라. 이 유연한 교설은 4세기 아상가 (Asaṅga, 310-390, 한역으로 無着)와 바수반두(Vasubandhu, 320-400, 한역으로 世親)를 필두로 한 후대 불교논사들에 의해 다양한 방식으로 변형된다.

2 "*Ṣaḍvijñānadhātavaś cakṣurādyāśrayā rūpādyālambanāvijñāptayaḥ*"(Vasubandhu, *Pañcaskandhaka* 135).

으로 주의집중하는 자기알아차림의 방식이다.

아상가는 여섯 종류의 의식적 주의에 더해 마나스^{manas}[3]라고 단순
히 부르는 일곱 번째를 추가한다.[4] 그는 이것을 한층 뚜렷이 구별되
는 기본적인 자기알아차림의 방식이라고 생각한 듯하다.[5] 아상가는
그것이 우리의 의식적 반성의 근거로 자아감각 지속에 기여할뿐더

---

3 '마음'/'의식' 또 그밖에 '염오된 마음', 즉 염오식(染汚識, kliṣṭa-manas)이라 부
   른다.

4 아비달마에서 이 마나스라는 단어의 일반적인 용례는 의식적 주의(citta, *vijñāna*)
   와 단순히 동의어인데, 무착이 이 용어에 새로운 의미를 추가한 것이다. 크라머
   (Kramer)는 염오식[심](kliṣṭa-manas)을 '나라는 관념'으로 번역한다. 이러한 새로
   운 개념 도입은 오온에 대한 전통적 틀을 바꾸게 하고, 바꿔 말해 바수반두의 『대
   승오온론*Pañcaskandhaka*』에 대한 스티라마띠(Sthiramati, 470-550, 한역으로 安慧)
   의 주석에 명시적으로 표현했던 수정이었음을 알 수 있다. 그녀는 다음과 같이 주
   목한다. "특히 식온(識蘊)의 기능—그 본래 역할은 현행적 지각이었음—은 함장
   식(ālaya-vijñāna)과 나라는 관념(kliṣṭa-manas)과 같은 마음의 잠재의식을 포함해
   확장되었다. 스티라마띠가 의식에 대해 말한 강조점은, 이를테면 그가 범부들—
   실재를 지각하지 못하는 이들—이 의식을 자아로 여기고, 반면에 나머지 4온
   (蘊)을 나의 것으로(ātmīya) 간주한다고 말할 때 분명해진다."(Kramer 2008 : 155).
   거듭 "흥미롭게도 스티라마띠 역시 그 대안 개념을 상캬 전통의 자아의 사례를 들
   어 말한다. 그의 이해에 따르면 상캬학파는 색온(色蘊)만을 나의 것으로 여기고 나
   머지 4온(蘊)들은 다만 아뜨만(=영혼)으로 간주한다. 따라서 그는 상캬학파에게
   자아란 의식과 같을 뿐 아니라 마음에 수반되는 여러 요소들(caitasika, 心所)로 구
   성된다고 주장한다."(Ibid., 155). 갤러웨이(Galloway)는 염오식을 '격정에 사로잡
   힌 의식'이라고 번역하고, 『대승오온론』의 구나쁘라바(Guṇaprabhā) 주석에서 그
   관념에 대한 흥미로운 정보를 얻는다(Galloway 1980). 드레퓌스와 톰슨은 염오식
   을 '고통을 안겨주는 심적 기능'으로 번역하고, 함장식을 자아인 것으로 이해하는
   데서 발생한 선천적 자아감각이라고 논평한다(Dreyfus & Thompson 2007 : 112).
   그러나 불교적인 관점에서 이 자아감각은 근본적으로 틀린 것이다. 사실상 다수
   의 상관관계한 심신 사건들의 발생만이 있는 곳에 통일체를 심적으로 한갓 가탁
   (假託)한 것이다.

5 유가행파의 전문용어 'manas'(마나스)를 영어 어원 'mind'(마인드)를 통해 중립적으
   로 번역하기보다 'consciousness'(의식)로 번역해야 한다는 상세한 주장에 대해서
   Galloway(1978)를 참조하라.

러, '나의 것'과 특징적으로 연계되는 자기의식의 비지각적 양상이 반드시 존재해야 한다고 주장한다. 그 자체는 윤리적으로 중립적이지만, 자아와 관련되는 네 가지 해악들의 원인이 된다.

[질문] '염오된 마음'의 의미에서 마나스가 존재한다는 것은 우리는 어떻게 아는가?

[대답] 그것이 없다면 무위법無爲法, asamskṛta의 무지, 즉 다양한 모든 염오와 아직 연계되지 않지만 염오의 토대로서 있는 근본 무명이 있을 수 없을 것이다. 이 밖에도 물질적 기관에서 그러한 토대를 갖는 감각 의식이 하는 것처럼, 의식적 반성 또한 동시적 토대를 지녀야 한다. 그러한 동시적 토대는 다만 '염오된 마음'일 수밖에 없다. 또한 마나스의 어원은 '염오된 마음'에 의해서만 설명될 수 있는 '나의 것'과 관계된다. 또 그것이 없다면 비식별의 무아지경trance과 열반의 무아지경 간의 차이는 없을 것이다. 오직 후자만이 염오된 마음에서 자유롭기 때문이다. 또한 자아 존재 감각은 범부 상태에서 늘 존재한다. 이러한 감각의 지속을 설명하기 위한 어떤 특별한 의식이 있을 것이다. 염오심은 그릇된 아견我見, 아만我慢, 아애我愛, 아치我癡로 항상 오염되어 있지만 그 자체는 윤리적으로 중립적이다.[6]

---

6 『섭대승론Mahayānasaṃgraha』 I.7. 현존 한역 및 티벳역 Potter(2003)에서 Anacker의 영역.

아상가의 동생인 바수반두는 이 자기알아차림의 방식이 자아로 기술되는 것으로 '전변轉變'을 겪게 된다고 주장한다.[7] 그는 마나스 —'의식'—를 그것과 '사고' 작용[8]을 연계시키는 알아차림의 한 방식이라고 말한다. 그것은 함장식含藏識을 근본 토대로 삼는다. 그것은 우리가 은유적으로 자아라고 말하는 어떤 것에로의 전변을 겪지만, 이 전변은 인지적 허구의 작업일 뿐이며 실제로 그러한 일은 없다.

> 상당히 많은 방식으로 전개된 '자아'와 '항목들'에 대한 은유는 의식의 전변에서 발생한다.

> [함장식]에 의존해 그것(*마나스)의 토대로서 그것(*함장식)을 갖는, 그리고 '생각'의 본성을 갖는 마나스로 불리는 의식이 전개된다.

> 이러한 의식 전변은 인지적 허구이고, 그것은 인지적으로 허구적이기 때문에 존재하지 않는다.[9]

---

7 갤러웨이는 바수반두의 『대승오온론』에 대한 구나쁘라바의 주석서에서 다음과 같이 인용한다. [바수반두] "실재에서 의식(manas, 意, 思量)은 그 현상에 대해 함장식을 지닌다." [구나쁘라바] "이것은 그것이 함장식을 자아로 현상화함[봄]을 의미한다." [바수반두] "그것은 항상 아치(我癡, ātmamoha), 아견(我見, ātmadṛṣṭi), 아만(我慢, ātmamāna), 아애(我愛, ātmasneha/ātmatṛṣṇā), 아탐(我貪, ātmarāga) 등과 결합한다." [구나쁘라바] "그것은 항상 작용하는 것으로 설명되고 선(善, kuśala), 불선(不善, akuśala), 무기(無記, avyākṛta)로 발생한다. 그가 말하는 '그것은 한 가지 부류이다'라는 말은 그것이 격정에 사로잡힌(kliṣṭa) 본성을 갖고 있음을 의미한다. '그것은 끊임없이 발생한다'는 의미는 그것이 찰나임을 뜻한다."(Galloway 1980 : 18).

8 manana (*思量)

9 *Triṃśikākārikā*(『유식30송』) : ātmadharmopacāro hi vividho ya pravartate | vijñānapariṇāme 'sau || Tvk 1a-c || tasya vyāvṛtirarthatve tadāśritya pravartate | tadālambaṃ manonāna

우리는 여기에서 진행되는 것들을 어떻게 이해해야 할까? 자아와 관련해 '개념적 허구vikalpa(분별)'와 '은유적 표상upacāra' 용어 사용의 의미는, 전前 주의적 자기의식의 전변의 최종 결과가 '나는 에프F이다'는 말로 우리가 표현하곤 하는 1인칭 심리학적 판단 같은 것이라는 것이다. 그 변형은 자아를 개념적 사고 내용vikalpa으로 만들었지만, 그러한 사고 내용의 표현은 예를 들어 기껏해야 '은유적인' 의미에서거나 진정한 문자적 지시 가운데 하나가 아닌 일부 용례에서 '나' 단어를 사용한다. (이하에서 밝힐 테지만, 우빠짜라upacāra는 은유가 아니라 오히려 환유換喩에 가깝다).

그림을 도식적으로 나타내보자. 그 주장은 세 가지 별개 현상이 자기의식과 연관되어 있다는 것이다.

1. 우리 자신의 심리 상태에 의식적 주의manovijñāna

이것은 어떤 '토대āśraya'를 지녀야만 한다. 그 토대는

2. '자의식manas'—자기알아차림의 전前 주의적 방식

이것은 전변pariṇāma의 대상이다. 그것이 전변되는 것은

3. 1인칭 심리학적 판단—일부 심리학적 술부 에프F에 대해서

---

vijñānaṃ mananātmakam ‖ Tvk 5 ‖ vijñānapariṇāmo 'yaṃ vikalpo yadvikalpyate │ tena tannāsti ‖ Tvk 17a-c ‖. 본문의 번역은 Anacker(1984)의 것을 약간 수정한 것이다. (*역자는 범본에 대한 영어 번역문에 동의할 수 없다. 이 게송에 대한 정확한 우리말 번역은 책으로 많이 유통되어 있으니 별도로 참고하길 바란다.)

'나는 에프F이다'라고 생각. 여기서 '나' 단어 사용은 어떤 면에서 진정한 지시적 용법이 아니다.

필자가 주장하려는 결론을 먼저 말하며 시작한다면 도움이 될 것이다. 이 주장들을 다음과 같이 이해해야 한다. 내가 1인칭 관점, 내 자신의 심적 생활에 대한 관점을 지님은 인정되어야 한다. 그것을 인정하는 것은 나의 심적 생활이 일차적이고 전前 주의적 방식으로 나의 것이라고 나에게 그 자체를 현시한다는 사실이다. 이와 동일한 자기알아차림의 1차적 방식은 '나는 에프F이다'라는 형태를 주장하며 나를 정당화하는 것처럼 보이는 방식으로 표현된다. 사실상 그러한 형태의 주장이 자아에 대해 참이라는 것은 결코 사실이 아니다. '나'의 사용은 결코 문자 그대로 자아를 지시하지 않는다. 필자는 이 마지막 주장이 모호하다고 주장할 것이고, 바수반두가 부여하고 싶어하는 독해와 필자가 보기에 한층 유망한 관념인 또 다른 독해를 구분할 것이다.

2. 전前 주의적 의식 : 마나스와 나의 것임

우리가 검토하고 있는 제안은 세 가지 명제들의 결합으로 표현될 수 있다.

[1] 그것을 통해 나의 경험이 그 자체를 나에게 나의 것으로 현시하는 자기알아차림의 전前 주의적 방식이 있다.

[2] 1인칭 심리학적 판단은 [1]만을 기반으로 해서는 유용하지 않은 부가적·개념적 자원에 의지한다.

[3] 1인칭 심리학적 판단은 실제로 자아에 대한 진정한 지시를 내포하지 않는다.

이상의 명제들을 차례로 검토해보자.

보이는 세계를 지닐 뿐 아니라 우리가 행하는 사실을 반성하는 능력은 의식적이라고 의미하는 것의 본질적 부분인 것처럼 보인다. 시드니 슈메이커Sidney Shoemaker는 다음과 같이 말한다.

> 그것(*심적인 것)에 대한 1인칭 관점, 즉 주체가 자신의 심적 상태를 드러내는 별도의 방식과 철학적 과제의 본질은, 심적 주체가 자신의 심적 생활의 관점을 자명하게 하는 마음을 설명하기 위한 심적인 1인칭 관점의 존재를 우리가 인정하는 것이 심적인 것을 철학적으로 이해하는 데 본질적인 부분이다.
>
> Shoemaker 1996 : 157.

우리 자신의 심적 생활의 의식적 주의mano-vijñāna가 반드시 그들이 주장하는 자기알아차림의 전前 주의적 방식인 어떤 토대를 지녀야 한다고 말할 경우, 우리 불교도들이 말하는 것은 이 과제에 대한 것이다. 우리가 자신의 심적 상태, 예를 들어 특별한 희망의 느낌을 생각하면서 그것이 누구의 심적 상태인지 확실치 않다고 하는 것이 불가능하다는 것을 기억하는 한, 이 논의의 요점은 이해하기 쉽다. 그러한 심적 생활이 그 자체를 우리에게 우리 자신의 것으로 현시하는 심적 생활 없이, 우리가 심적 생활의 1인칭 관점을 지닌다는 것은 의문의 여지가 없을 것이다. 빈번히 인용된 구절에서 피터 스트로슨_{Peter Strawson}은 다음과 같이 말한다.

> 다음과 같이 생각하고 말하는 것은 말이 되지 않을 것이다. 이러한 내적 경험은 현행하고 있지만 그것이 나에게 현행하고 있는가? (이 느낌은 분노이다. 그러나 그것을 느끼고 있는 것은 나인가?) 다시, 다음과 같이 생각하고 말하는 것은 의미가 통하지 않을 것이다. 나는 그러한 내적 경험이 발생함을 분명하게 기억하지만 그것이 나에게 발생했던가? (나는 그러한 끔찍한 상실감을 기억한다. 그러나 그것을 느꼈던 것은 나였던가?) 따라서 우리가 내적 경험의 장에서 직면하거나 회상할 수 있는 것은 아무것도 없어서 그 마주하거나 회상된 경험이 우리 자신에게 속하는지, 아니면 다른 누군가에게 속하는지 결정하는 주체-동일성에 대한 기준을 적용하는 것에 대한 의문이 있을 수 있다.
>
> P. F. Strawson 1966 : 165.

만일 내가 경험하고 있는 것이 누구의 내적 체험인지 착각할 수 없다면, 이것은 주체와의 동일화, 그럼으로써 오인의 가능성이 전혀 개입되지 않기 때문이다. 그렇다면 필자가 말하려고 하는 것은 우리 불교논사들이 나의 경험이 나 자신의 것으로 나에게 스스로 현전할 때, 나 자신을 주체로 재현전화([*]표상)하는 일이 발생하지 않음을 인정함으로써 자기귀속_{self-ascription}의 '오인으로 인한 오류면역성'을 설명한다는 것이다(Shoemaker 1984). 대신에 아상가와 바수반두는 자기알아차림의 1차적 방식, 나의 내적 생활의 내용을 나의 것으로 알아차리는 근본적 알아차림(나의 '함장식')의 존재를 상정한다. 이로 인하여 나는 나의 심적 생활에 대해 단순히 3인칭이라기보다 1인칭 관점을 지닐 수 있게 된다.

사르트르의 의식론에서 비교할 만한 측면이 있는지 가볍게 살펴보고 가자. 사르트르는 "그 자신을 인식하기 위해서 반성적 의식을 전혀 필요로 하지 않고, 스스로를 단순히 대상으로 상정하지 않는"(Sartre 1957 : 45) 전반성적 자기알아차림을 말한다. 단 자하비는 그것을 '내장되어 비대상화하는 자기인지self-acquaintance'라고 재기술한다(Zahavi 2005 : 21). 사르트르는 그러한 자기친밀의 방식이 인정되지 않는다면 무한소급을 초래할 것이라고 주장하며, 바수반두의 적통 계승자 중 한 명인 디그나가도 반영주의reflexivism를 옹호하는 입장에서 무한소급설을 활용했다는 점은 흥미롭다(Ganeri 1999; 이책의 톰슨과 시더리츠의 논문을 보라).

3. 1인칭 심리학적 판단

바수반두는 개념적 허구vikalpa에 근거하고 자아에 대한 언어의 은유적 사용upacāra만 입증하는 근본적 자기알아차림의 명시적 자기 귀속으로의 '전변'을 말한다. 이 난제는 특정한 심적 상태에 있는 우리 자신에 대한 알아차림으로부터 우리가 있다고 명시적으로 단언함으로 옮겨가는 것이 어떻게 오인될 수 있는지 이해하는 것이다. 바수반두의 명제는 이러한 전이가 (사실상 유용하지 않은) 새로운 개념적 원천을 요구한다는 것이다. 그 명제는 타당한가?

자하비 자신은 이러한 전이에 어떠한 어려움이 있다고 생각하지 않는다. 그는 다음과 같이 말한다.

일부 자아 회의론자들의 주장과 정반대로, 우리는 자아를 경험에서 분리되거나 경험 위에 서 있는 무언가라고 생각할 필요가 없을 뿐더러 자아와 경험의 관계를 외적 소유관계로 여길 필요도 없다. 나의 것이라는 전반성적 의미를 최소자아, 핵심자아, 자아감각과 동일시하는 것도 가능하다. … 달리 말해 이러한 사고는 경험적 자아감각을 우리의 경험적 삶을 특화시키는 특정한 1인칭 소여와 연계한다는 것이다. 경험이 나의 것임mineness 혹은 자기성ipseity을 구성하는 것은 이 1인칭 소여이다. 따라서 자아는 의식의 흐름 반대편에 서 있는 무언가가 아니라 의식적 삶에 스며있는 것이다.

Zahavi 2005 : 125

자하비의 '최소자아'는 '나의 것임'에 대한 전반성적 의미'이고, 우리 자신을 1인칭으로 지시하기 위해 경험이 "비매개적으로, 비추론적으로, 비표준적으로"(2005 : 124) 나의 것으로 주어지고 있다는 이상을 요구하지 않는 것으로 보인다. 계속해 그는 말한다. "이러한 형태의 에고 중심성은 명시적인 자아의식과 구별되어야 한다. 나는 (아직) 나 자신이 소유하거나 나 자신에게 속한 경험을 주제적으로나 명시적으로 알아차리고 있지 않다. 나의 것임은 주의가 기울여진 어떤 것이 아니다. 그것은 어떤 미묘한 배경 현존의 역할만 한다."(2005 : 124). 따라서 결국 전이transition 가 있지만, 어떤 새로운 개념적 재원을 행사하는 데 있는 것이 아니라, 나의 경험에 내재하는 나의 것임에 주의를 기울이는 것과 관련한 전이일 뿐이다.[10]

바수반두의 답이 단순히 누군가가 '최소자아'라는 단어를 마나스와 동의어로 사용하려고 하면, 누구도 그렇게 하는 것에 반대할 수 없을 것이다. 한편 '최소자아'가 자아가 (지칭)하려는 것을 행하는 것을 함축한다면, 그것은 지나치게 최소한이어서 인정할 수 없다. 필자에게 최소자아는 훌륭한 자아 개념이 해야 할 일 가운데 한 가지를 하지 않으며, 그것은 사유자를 개별화하는 일인 것처럼 보인다. 우리의 경험이 내장된 나의 것임으로 우리에게 주어짐은 당신에게나 필자에게나 똑같이 사실이다. '우리 자신의 사고가 됨'이라는 속성은 모든 수에도 똑같이 적용되는 '그 자신의 약수가 되는 것'과 같은 속성이다. 즉 재귀대명사는 한낱 가주어假主語일 뿐이다. 자하비는 "경험에 대한 특정한 1인칭 소여는 그것을 나의 것으로 만들고 나에 대한 것을 타자가 지닐 수 있는 어떠한 경험과 구분시켜준다"고 말한다(2005 : 124). 그러한 단어 선택은 1인칭 소여가 개별적 자아를 개별화한다는 자하비의 생각을 보여준다.[11]

프랑수아 르카나티François Recanati는 우리의 관심을 끄는 전이에 대해서 흥미롭게 설명한다. 그는 특별한 현전화 방식, 즉 '1인칭의

---

10 실제 자하비는 자신의 논문(Zahavi 1999)에서 자기알아차림에 관한 어떤 타당한 이론에 대해서도 그것이 "'나'의 주체 사용을 특징짓는 고유한 특질들을 설명할 수 있어야 한다"는 점을 최소 요구조건으로 삼는다. 자기알아차림의 구조가 궁극적으로 아무리 복잡하거나 분화된 것으로 보이더라도, 만약 주어진 설명이 1인칭과 3인칭 관점들 간의 차이를 보존할 수 없고 그 지시적 고유성을 파악할 수 없다면 그것은 자기알아차림에 대한 설명으로서 실패했다."(1999 : 13).

11 (이 책의) 조엘 크루거는 '최소자아'의 자아성에 대한 필자의 의구심을 함께 하는 것으로 보인다. 논점을 인도 어휘로 표현하면, '최소자아'는 만물에 고루 편재하는 비인격적 불이론의 아뜨만과 다소 유사하다. 하지만 자하비는 때때로 구별된 최소자아들을 개별화하는 것으로서 1인칭 소여 자체보다 신체화(embodiment) 기준에 호소한다. 이것은 분명 그 관념을 불이론 개념화와 구별하고 있다.

현전화 방식'을 포함하는 우리 자신에 대한 사물양상de re 사고가 되는 암묵적 또는 명시적 언표양상de se 사고들 간의 구분을 유도한다 (Recanati 2007 : 169). 그는 다음과 같이 말한다.

> 프레게Frege는 『사상The Thought』[12]에서 "모든 사람은 다른 이에게 드러나지 않는 특정한 일차적 방식으로 그 자신에게 현전한다." 라고 표현했다. 나는 1인칭 생각들 '에고' 또는 오히려 'X'가 그 생각을 사유하는 사람의 이름을 대표하는 '에고 X'에서 발생하는 현전화의 '특정한 일차적' 방식이라고 부른다.
>
> Recanati 2007 : 170

명시적 언표양상 사고는 '~에 대해서 생각된 대상이 자기 자신이라고 동일시함으로써 "동일화 구성요소"를 포함하는 내용'인 언표양상 사고이다. 주체가 거울에 비친 다리 자신自身을 보고 "나의 두 다리는 꼬여 있다"라고 생각할 때 주체는 에고 개념 하에 그 자신을 동일시하고 "나는 다리를 꼬고 있는 그 사람이다"와 같이 그 자신에게 속성을 부여한다. 암묵적 언표양상 사고는 그러한 동일화를 내포하지 않는다. 르카나티는 "암묵적 언표양상 사고는 동일화가 없고 외적으로만 언표양상이다. 즉 어떤 에고 개념도 이야기lekton [대략, 내용]의 일부로서 발생하지 않는다. 이야기는 속성이 부여된 인격에 상응하는 어떠한 구성요소도 없는 인격적 명제이다"라고 말한다(2007 : 176). 이 의미는 암묵적 언표양상 사고에서

---

12 역주) "Der Gedanke"("The Thought") Eine logische Untersuchung, in *Beiträge zur Philosophie des deutschen Idealismus I (1918-1919)* : 58-77.

꼬여진 것이 실제 자신의 다리이기 때문에 사실인 사고, 즉 꼬여진 다리에 대해서만 생각한다는 것이다. (그 구분은 언어에 반영된다. "그는 그가 늦을 것이라고 예상한다"라는 조응적^{照應的} 구성과 "그는 늦을 것을 예상한다"라는 동명사적 구성을 비교해보자(Perry 1998).) 르카나티의 요점은 어떤 주체의 동일화도 관련되어 있지 않기 때문에 암묵적 언표양상 사고가 착오를 통한 오류에 영향을 받지 않는다는 것이다.

르카나티는 명시적 언표양상 사고 관념과 연관된 에고 개념은 이 암묵적 언표양상 사고 관념 그 자체로 설명할 수 있다고 주장한다. 그는 다음과 같이 말한다.

> 자아가 나타나지 않는 암묵적 언표양상 사고 관념은 … 명시적 언표양상 사고에서 발생하는 자아 개념을 이해하기 위해 중요하다. 실제로 암묵적 언표양상 사고를 향수하는 능력은 어떤 이가 에고 개념을 발달시키는 데 필수조건임에 틀림없다. 그리해서 에반스와 페리, 그리고 그들을 따르는 나 자신이 제시하듯, 에고 개념은 1인칭 방식으로 획득된 정보의 저장창고라고 가장 잘 해석된다. … 이제 한 가지 정보는 그것이 오직 암묵적 언표양상 사고 내용일 때만 1인칭 방식으로 획득된다는 사실이다. 자아 개념을 설명하는 첫 번째 단계는 암묵적 언표양상 사고 작용을 올바르게 분석하는 것이라는 결론에 도달한다.
>
> 2007 : 177

아상가가 도입하고 바수반두가 발전시킨 마나스 관념은 오히려 르카나티의 암묵적 언표양상 사고 관념과 가까운 것으로 보인다.

분명 그것은 자아의 재현전화도 포함하지 않고 '토대ālambana'로서 함장식에 포함된 모든 정보를 지닌다. 그것은 그러한 정보를 사량하는 1인칭적 방식이다. '1인칭 방식으로 획득된 정보의 저장창고'라는 묘사는 제7 염오식과 제8 함장식의 공동기여를 매우 잘 표현했다고 볼 수 있다.[13]

더욱이 살펴본 바와 같이 바수반두는 마나스의 자아 개념의 '전변'을 이야기하는데, 이것은 르카나티가 주장하는 에고 개념의 진화와 맞아 떨어진다. 최종적으로 르카나티는 암묵적 언표양상 사고를 향수하는 능력이 에고 개념의 진화를 위한—충분조건은 꼭 아니지만—필요조건이어서 이 역시 아상가와 바수반두가 예리하게 강조하는 어떤 것, 즉 사실상 마나스 관념을 우선적으로 도입하려는

---

13 유가행파의 함장식(含藏識) 개념의 역사는 다소 복잡하다. 원래 그것은 정상적인 여섯 가지 의식 유형들이 부재할 때 심적 세력의 영구 보존을 위한 수단으로 다만 간주되지만, 이 외에도 유가행파 이론에 곤란을 주었을 개별 지속에 대한 기술적인 해결책이기도 했다. 드레퓌스와 톰슨(2007 : 112)은 그것을 "일부 유가행파 논사들이 시간을 관통하는 인격 상속(相續)의 의미를 제공하기 위해 이 연속적인 현행 잠재의식을 상정했고 그것은 개인들에 의해 축적되어 (현생에서 내생으로 지속하는 것들을 포함하는) 모든 기본 습관과 기질, 성향들의 저장창고이다 "라고 말한다. 드레퓌스는 이 책의 논문에서 이러한 기술을 재차 강조하면서 '근본식'이라는 번역을 제공하고 명료한 범위의 연상들과 공명들을 논의한다. 슈미트하우젠(L. Schmithausen 1987)과 뷰셔(H. Buescher 2008)의 심화연구는 앞선 학자들이 이전에 인정했던 초기 유가행파의 그 개념 사용보다 더 커다란 복잡성을 드러내 보였다. 슈미트하우젠은 "초기에 아뢰야식은 '격차를 메꾸는 수단(gap-bridger)'으로 인식되었을 수도 있지만 그러한 방식은 일상 상태에서 그 식의 생성을 거부할 만큼은 아니었다." 역주) 거의 받아들여지지 않아서 거부된 게 아니라 거부될 만큼 안돼서 받아들이기 힘들다는 의미임 (1987 : §2.13.6)라고 말한다. 저장된 항목들은 그 자체로 나의 것이라는 느낌을 지니지 않지만 그 흐름의 의식적 자기주의에 부착된 나의 것이라는 느낌을 근거 짓는다. 그것들은 흐름 상태들을 의식적 주의로 불러오는 행위에 의지할 수 있는 정보인 의식의 데이터베이스를 구성한다.

가장 중요한 동기라고 말한다. 예를 들어, 아상가는 『유가사지론 *Yogācārabhūmi*』에서 "마나스는 아뢰야식을 대상으로 하고 '나는 ~이 다asmiti'와 '~은 나이다aham iti'로 사고하는 방식을 지닌다."(Waldron 2002 : 42쪽 인용)고 말한다. 두 가지 저장창고들은 비슷하지 않으므 로, 1인칭 방식으로 획득된 정보의 저장창고로서 에고 개념은 사유 자를 개체화하고 있음에 주의하자. 이 자아 개념은 자하비의 개념 보다 훨씬 덜 '최소한'이다.

그렇다면 이 차이는 어디에 있는가? 양자 모두 에고 개념을 포함 하는 명시적 언표양상 사고가 있음에 동의하지만, 르카나티는 그러 한 사고의 진리 조건이 그래서 명시적 언표양상 사고가 종종 사실이라고 생각한 반면, 바수반두는 항상 거짓이라고 생각한다. 바수반두는 표현 방식에서 확실히 진화된 에고 개념을 플로지스톤 Phlogiston[14] 개념이나 페가수스Pegasus[15] 개념처럼 공허한 개념이라고 생각하고 있어서 명시적 언표양상 사고가 항상 거짓이라고 생각한 다. 불교도들은 에고 개념의 진화가 모든 도덕적 오염들을 함께 동반한다고 여긴다. 그러한 주장을 정당화하는 한 가지 형태는 그 개념이 이처럼 오류에 기초한다는 점이다. 스티라마띠(안혜)는 『유 식30송석』의 도입부 주석에서 이 점을 지적한다. 그는 눈병을 지닌 어떤 이의 지각[16]이 단지 현현한nirbhāsa 머리카락과 원圓만을 현전하 는 것처럼, 자아 개념은 현현한 지시대상만을 현전한다고 말한다. 마치 수소ox가 있을 때 '암소cow'라는 단어를 사용할 수 있는 것처럼

---

14 역주) 플로지스톤이란 그리스어로 '불꽃'을 뜻하고 17~18세기 독일의 베허와 슈 탈이 제안한 물질이다.
15 역주) 페가수스는 그리스 신화에 나오는 날개 달린 백마이다.
16 역주) 예안지(翳眼知, taimira)

그것이 있지 않는 곳에서 있다고 말해지기 때문에 그것은 '은유적으로 가립된upacaryate' 것이다. 스티라마띠의 예시는 부수적으로 우빠짜라upacāra 개념이 전통적으로 통상 이해된 은유보다 환유에 더 가까움을 보여준다.[17]

"주체를 지시하는 인칭대명사 '나' 용례를 합법화하기 위해서 인격의 통일체의 어떤 기준도 요구하지 않는다"(P. F. Strawson 1966 : 165)라는 스트로슨의 주장에 대해서 바수반두의 반대가 예상된다. 왜냐하면 그의 견해에서 인칭대명사 '나' 용례는 경험의 주체를 결코 지시하지 않을 것으로 보이기 때문이다. 스트로슨의 요점은 자기의 지시대상들을 명시화하기 위해 어떤 별도의 개념적 재원 및 특히 동일성의 기준을 필요로 하지 않는다는 것이다. 인칭대명사 '나'는 우리가 그 지시대상을 성공적으로 규정했을 때만 적합하게 사용할 수 있는 용어가 아니다. 만약 그랬다면, 그것과 상관한 오인으로 인한 오류 가능성이 있게 될 것이기 때문이다. 스트로슨은 '나'가 동일성의 기준 없이 그 주체를 지시한다고 추론한다. 바수반두는 이상의 주장에 동조하겠지만, 그것을 대치시킬 것이다. 그렇다면 바수반두의 요점은 모든 진정한 지시가 지시대상

---

17 "tam ātmādinirbhāsam rūpādinirbhāsam ca tasmād vikalpād bahirbhūtam ivopādāy-ātmādyupacāro rūpādidharopacāraś cānādikālikaḥ pravartate vināpi bāhyeātmanā dharmaiś ca | tadyathā taimirikasya keśondukādyupacāra iti | yac ca yatra nāsti tat tatropacaryate | tad yathā bāhike gauḥ | " (*역자 번역: "따라서 자아 등의 현현과 물질 등의 현현을 그러한 개념적 구상이 외계에 있는 것처럼 집착함으로써 외계의 자아와 현상이 없음에도 불구하고, 자아 등의 은유와 물질 등의 현상의 은유가 무시이래로부터 발생된다. 그것은 마치 눈병이 있는 이에게 머리카락의 그물 등이 보이는 것과 같다. 존재하지 않는 그 곳에서 그것은 은유적으로 사용된다. 그것은 마치 어리석은 이에게 소가 은유적으로 사용되는 것과 같다.") cf. 스티라마띠의 『유식30송석Triṃśikāś-vijñapti-bhāṣya』(Buescher 2007)

의 동일화를 수반하게 되고, 또 1인칭 사례에서 그러한 동일화 문제가 전혀 없음을 고려하면 대명사 '나'는 진정한 지시어가 될 수 없다는 것이다. 대신 그것이 '은유upacāra'라고 말하는 것은 상이하고 비지시적인 사용에 대한 설명 가능성을 향한 몸짓처럼 보인다. "나는 희망적으로 느낀다"라고 말하는 것은 그 자체를 나의 것으로 전前 주의적으로 제시하는 희망을 지닌 실존을 비지시적으로 말하는 것으로 생각될 수 있다. 이것은 실제로 바수반두의 전략이 아닐지라도 실행 가능한 일이다.

4. '나'에 대한 두 가지 사용

우리는 아래의 인용문에서 불교적 사고의 공명을 들을 수 있을까?

> 우리의 언어에서 가장 오해의 소지가 있는 재현전화 표현 가운데 하나는, "나는 붉은 조각을 보네"처럼 직접경험을 나타낼 때 사용하는 '나' 단어 사용이다. 그것은 이러한 언표양식을 직접 경험이 인칭대명사를 사용하지 않고 재현될 수 있는 또 다른 것으로 대체하는 데 유익할 것이다.
>
> Wittgenstein 1975 : 88

또 다른 글에서 비트겐슈타인은 '나'(혹은 '나의') 단어 사용을 '대상으로서의 사용'과 '주체로서의 사용'이라는 두 가지 다른 사례를 말하고 있다(1960 : 66-7). '대상으로서의 사용'은 우리 자신을 인간으로서, 공공장소에서 신체화된 개체로서 지시할 경우 사용되는 용례이다. 예를 들어 "나는 방금 신문을 사려고 상점으로 가는 중이야!" 또는 "나는 발목을 접질렸어!"처럼 어떤 사람이 다른 사람에게 말할 때 사용하는 용례이다. 이 두 용례를 구분하는 한 가지 전략은 이 중 하나를 일차적 사용이라고 규정하고, 다른 사용을 어떤 면에서 전자에서 파생된 것이라고 분석하는 것이다. 더욱이 문자적 사용과 은유적 사용이라는 구분보다 오히려 이처럼 일차적 사용과 파생적 사용이라는 방식으로 말하는 것이 문자를 사용해 [기록하지] 않는 인도식 언어관과 더 잘 부합한다. 파생적 사용은 은유라기보다 환유이다. 다시 말해 그 용어는 일차적 지시대상과 어떤 관계를 맺은 다른 무언가를 지시하기 위해 사용된다. 아상가·바수반두와 동시대 바이쉐시까Vaiśeṣika 논사들은 '나'의 일차적 사용은 자아를 지시하고, 자신을 신체화하여 지시하는 "나는 뚱뚱하다"와 같은 표현은 파생적 지시행위, 즉 일차적 지시에 대하여 '~의 신체이다'의 관계를 맺은 어떤 것에 대한 지시라고 주장한다.[18]

이 접근법의 변형은 갈렌 스트로슨Galen Strawson이 주창하였다. 그는 이 두 사용 모두 지시적이지만 어떤 것도 일차적 사용이 아니며, 요컨대 '나'는 일의적이라고 주장한다. 한 가지 사용은 그가 "얇은 주체", 즉 "그것이 그때 경험을 갖고 있는 것이 아니라면 주체는 그때 경험을 갖고 있지 않는 한, 주어진 어느 때 존재하지도 비존재하지도 않은 어떤 종류의 내적인 것"이라는 "얇은 주체"(Strawson 2008 : 156; 2009 : 331-8)로 기술하는 것을 지시하기 위함이다. 다른 한 가지 사용은 "총체로 간주되는 인간"을 지시하기 위함이다.

---

18 『바이쉐시까수뜨라』(VS) 3.2.9-14의 논의를 보라.

우리는 얇은 주체인가? 한 가지 측면에서 물론 우리는 두꺼운 주체, 전체로서 간주되는 인간이다. 이 측면에서 우리는 주체로서 하품을 하고 긁을 수 있는 것들things이다. 하지만 또 다른 측면에서 우리는 경험의 주체로서 손이나 심장이 아닌 것과 마찬가지로 총체적 인간도 아니다. 우리는——글자 그대로——내적인 것들things, 얇은 주체, 눈썹이나 생각이 아닌 것과 마찬가지로 하품하거나 긁을 수 있는 것들things이 아니다. … 그렇다면 '나는 대체 무엇이란 말인가?' 나는 얇은 주체와 두꺼운 주체라는 두 가지 다른 부류의 것들things이란 말인가? 이것은 말도 안 된다. … 필자의 답은 '나'란 일의적univocal이지 않다는 것이다. 우리는 우리 자신을 일차적으로 인간이라고 생각하는 것과 일차적으로 내적 주체라고 생각하는 것 사이에서 자연스럽게 움직인다(우리는 물론 자연스럽게 우리 자신을 얇은 주체라고 생각하지 않는다). 우리는 가끔 전자를, 가끔 후자를 지시하려 하기도 한다. 때때로 우리의 의미론적 의도는 양자 사이를 헤매기도 하고 때때로 모두 받아들이기도 한다.

G. Strawson 2008 : 157-8

이 밖에도 갈렌 스트로슨(2007)은 두 가지 사용 간의 관계가 환유 가운데 하나이고, 실제로 그 기저를 이루는 관계는 부분에 대한 전체 가운데 하나임을 분명히 한다.

나는 우리가 다양한 시간에 상이한 것, 총체 및 자아로 간주하는 인간을 지시하는 데 '나'를 성공적으로 사용한다고 생각한다. 이러한 측면에서 '나'라는 단어는 '성城'과 같다. 때때로 '성'은 고유한 의미의 성을 지시하는 데 사용되고, 때때로 성과 대지 및 외벽 안에 위치한 관련 건물 총체를 지시하는 데 사용되며 때때로 양자 모두로 간주될 수도 있다. 마찬가지가 '나'에 적용되지만, '나'는 때때로 자아와 인간 전체 모두를 평등하게 지시하는 데 쓰일 수 있기 때문에 아마도 훨씬 더 유연할 것이다. 우리의 사고(우리의 의미론적 의도)는 그 둘 사이에서처럼 종종 불특정적이다.

G. Strawson 2007 : 543

바수반두는 여기에서 그렇게 말하지는 않지만, '나'가 화자를 지칭하는 명목상의 반영적 규칙에 의해 지배되는 사용인 "나는 아마도 그 상점에 가고 있어"처럼 말하는 1인칭 사용을 '관습적'인 것으로 기꺼이 지지할 것이다. 그러나 '나'가 1인칭 심리학적 판단의 표현으로 사용될 때 바수반두의 주장은 내적 자아에 대한 언급이 실패해서 이러한 사용이 주어-술어 모델을 그릇되게 불러오고, 그것을 우리의 내적 체험에 부과한다는 것이다. 달리 말해, 이러한 '나'의 사용에 대한 그의 견해는 환유와 오류 이론의 조합이다. '나'가 내적 주체를 지시하기 위해 환유적으로 사용될 때 무언가가 잘못 진행되고, 잘못된 것은 환유적 관계의 맨끝에는 그것이 지시하는 것이 아무것도 없다는 것이다. 실제 갈렌 스트로슨(2007 : 543)은 이 점을 고려하면서 반대한다.

만약 자아에 대해 말하는 최선책이 그러한 것은 전혀 없다는 것으로 된다면, 아마 '나'에 대해 말하는 최선책은 그것이 결국 일의적이라는 것과 '나'에 대한 지시의 명백한 이중성이 단지 형이상학적 환영의 언어상 메아리일 뿐이라는 것일 것이다. 만약 이것이 옳다면, '나'는 그 사용자들이 그러한 지시를 행하려 하고 그렇게 행하고 있다고 믿을 때조차 사실상 자아를 인간과 구별해서 지시하기 위해 사용된 것이 아니다. 이러한 견해에서 '나' 사용자의 의미론적 의도는 때때로 사물들이 어떠한지에 대한 오류를 포함하기도 한다. 나는 동의하지 않는다.

G. Strawson 2007 : 543

우리가 이해한 바수반두의 해석에 따른다면, '나'는 진정한 지시 표현으로 기능하지 않고 오히려 불충실한 지시 가운데 하나이다. 다시 말해, '나'는 그 사용이 어떤 것이 있다는 허위 인상을 낳는 지시대상 없는 지시하는 표현이다. 그것은 '은유'라는 바수반두의 주장을 이해하기 위해 필자가 제시하는 최선책이다.

그러나 또 다른 가능성도 있다. '나' 사용자가 행하는 과실이 형이상학적인 것이 아니라 '나' 자체의 의미론적 역할에 대한 과실일지 모른다는 것이다. 아마도 직접 경험을 재현하는 데 '나' 사용에서 잘못된 것은 화자가 그 자신을 표현의 지시적 활용을 행하고 있다고 간주하고, 그렇게 함으로써 그것의 참된 논리적 역할을 오인한다는 것이다. 마치 어떤 이가 '아마도'가 지시적 표현이라고 생각한 후에 이 세계에 그것이 지시하는 무언가가 있는 것이 분명하다고 상상한 것과 같다. 이러한 견해는 그 주장이 자아의 실재에 대해서 심화된, 언어학 이상의 정당화를 필요로 하는 앞선 형이상학적 주장에 의존하지 않게끔 하기에 매력적이다. 오히려, 우리가 '나'의 논리적 역할에 대해서 분명해지면, 지시대상을 구하는 것이 '아마도'의 지시대상을 구하는 것처럼 잘못 이해된 것임을 알 수 있다. 또 실제로 이것은 비트겐슈타인이 '나' 단어의 '주체로서의 사용', "나는 통증을 가지고 있다"와 같은 문장에서의 사용을 말하는 것으로 보인다. 비트겐슈타인에게는 1인칭에 나타난 심리학적 판단들로서 사용될 때, '내'가 지시적 표현임을 부정하는 것이 오인으로 인한 오류 면역성 현상을 설명하기 위한 유일한 방법이기 때문이다.

> 나는 내가 치통을 갖고 있다고 말할 때 인격person을 인정하는 것은 의문의 여지가 없다. "통증을 갖고 있는 사람이 당신임을 당신은 확신하는가?"라고 묻는 것은 넌센스가 될 것이다. … 그리고 지금 우리의 생각을 말하는 이러한 방식은 그 자체를 암시해서, "나는 치통을 갖고 있다"라는 말을 할 때 어떤 이를 나로 착각해서 실수로 고통스럽게 신음하는 것처럼, "나는 치통을 갖고 있다"라는 진술할 때 다른 이를 나 자신으로 착각했었음에 틀림없다고 하는 것은 불가능하다. … 말하자면, "나는 치통을 갖고 있다"라는 것은 신음하는 것이 아닌 것과 마찬가지로 특정한 사람에 대한 언급이 아니다.
>
> 1960 : 66-67

'나' 사용에 대한 비지시적 설명이 있다는 제안은 안스콤에 의해서 한 방향으로 전개되었다(Anscombe 1975). 그러나 안스콤은 두 가지 사용을 구분하지 않고, 1인칭이 심지어 "내 팔이 부러졌다"와 같은 사례에서조차 지시하지 않는다고 주장한다. 여타 저자들은 피터 스토로슨의 선례를 따라 오류 면역성이 있다고 해서 우리가 '나'의 비지시적 설명에 전념하도록 하지 않는다고 주장한다. 또 실제로 '나'는 신체화된 인간을 일의적으로 지시한다는 생각과 면역성을 조화하려고 했다(Campbell 2004; McDowell 2009). 안스콤에 대한 통찰력 있는 비평에서, 캠벨은 그녀의 입장을 이해하는 가장 좋은 방법은 1인칭과 관련한 사용 패턴들이 의미론적 토대에서 정당화를 요구하지 않는다고 주장하는 것이라고 제안한다.

> 한 가지 대안적인 반응은 물론 우리가 우리의 1인칭 사용을 위한 의미론적 토대 탐색을 포기해야 한다고 말하는 것일 것이다. 사용 패턴들만 있고 그것들에 대한 어떤 주어진 설명도 없다. 이것이 근본적으로 1인칭은 지시하지 않는다고 그녀가 주장했던 유명한 논문 "1인칭"에 있는 엘리자베스 안스콤G.E.M. Anscombe 의 입장이었다. 단순히 철학자들은 1인칭 사용이 있을 때 결국 지시대상으로 제시될 수 있는 주변의 누군가가 항상 있다고 사고해왔기 때문에 이러한 주장은 일반적으로 부정된다. 그러나 이것은 안스콤의 지적에 대한 지극히 피상적인 답변이다. 그녀의 주장은 1인칭에 대한 지시의 귀속이 공허하거나 어리석다고 주장하는 것으로 가장 잘 이해된다. 즉 그것은 어떠한 설명 작업도 하지 않는다.
>
> Campbell 2004 : 18

필자는 다른 데서 이 맥락의 어떤 것이 중관논사 짠드라끼르띠가 표현했던 말이라고 상세히 소개했다(Ganeri 2007 §7). 필자가 거기서 주장했던 짠드라끼르띠의 입장은 지시를 부여하는 것이 불필요하다고 한 설명, 우리가 '자기전유self-appropriation, upādāna'를 행하는 데 1인칭 역할을 충분히 설득력 있게 이론적으로 설명할 수 있다는 것이다. 다른 한편 아상가와 바수반두는 전前 주의적 자기알아차림으로부터 '나'의 명시적 사용으로의 움직임에서 개념적 작업^{vikalpa}을 수반하는 것, 또한 '나'의 사용이 은유적이고 환유적인 전변이 수반된다고 말한다. 그들의 견해는 '나'의 사용이 실제로 지시적이며, 또한 대상으로서의 사용과 주체로서의 사용은 한편으로 인간에 대해, 다른 한편으로 경험의 내적 주체에 대해 지시를 행하는 것이고 이 후자의 사용은 전자에서 파생된 것으로 이해된다는 것이다. 그렇지만 어떤 경험의 주체도 없으며, 그렇기 때문에 1인칭에 대한 주관적 사용은 오류이다.

5. 결론

이상에서 아상가와 바수반두의 새로운 이론이 1인칭 관점의 설명에 있다고 주장했다. 1인칭 자체, '나'라는 단어가 1인칭 관점의 내용을 서술하는 데 '은유적으로' 사용된다는 그들의 심화된 주장은 경험의 내적 주체의 비존재에 관한 앞선 논의에 기초한다. 이 비존재에 관한 논의 하에서만 아상가와 바수반두가 1인칭 자체의 사용이 필자가 '불충실한 지시'라고 불렸던 것 가운데 하나라고 주장한다. 필자는 그러한 보고가 오인으로 인한 오류 면역성을 지닌다는 관찰에서 시작하고, '나' 단어의 1인칭 심리학적 판단의 올바른 사용을 설명하는 데 지시대상을 부여하는 것이 설명적으로 불필요하다고 주장하는 상이한 전략을 구별했다.

이 전략의 일부는 다양한 사상가들의 작업에서 기능하는 것을 볼 수 있다. 안스콤은 '나'가 지시하는 표현이 아니라고 주장하지만, 이 용어에 대한 두 가지 사용을 구분하지 않는다. 짠드라끼르띠는 그것의 역할이 자기전유와 관련된다는 사고에 호소함으로써 지시대상의 부여를 불필요하게 만드는 방식으로 '나' 사용을 설명하지만, 이 주장의 근거를 면역성 현상에 두지 않는다. 여기서 변론되는 전면적 전략은 오직 우리의 다양한 자원으로부터 추출된 요소의 '융합'으로 나타난다.[19]

---

19 매튜 맥켄지는 이 책에 있는 자신의 글에서, 필자가 짠드라끼르띠에게서 발견한 수행주의적 모델을 신체화되고 상호구성주의적(enactivist)인 요소들로 보완할 필요가 있다고 주장한다. 그러한 움직임은 불교 이론을 이 책의 많은 논문들의 주제인 최근 현상학 문헌에서 도출된 구상들과 '융합시킨다'. 대신 필자는 불교 이론을 최근의 분석적 전통에서 취해진 요소들과 융합시키려고 시도했고, 이같은 두 가지 가능성들의 존재가, 인도 이론이 현재까지 분리되었던 서구 사상의 흐름들을 화해시키기 위한 지적 공간을 창출하는 데 도움이 될 수 있을 것이다.

참고문헌

Anacker, S. (1984), *Seven works of Vasbandhu, the Buddhist Psychological Doctor*, Religions of Asia Series (Delhi : Motilal Banarsidass).

Anscombe, G.E.M. (1975), 'The first person', in Samuel Guttenplan (ed.), *Mind and Language* (Oxford : Clarendon Press).

Buescher, H. (2007), *Sthiramati's Trimśikāvijñaptibhāṣya : Critical Editions of the Sanskrit text and its Tibetan Translation*, Sitzungsberichte / Österreichische Akademie der Wissenschaften, Philosophisch-Historische Klasse (Wien : Verlag der Österreichischen Akademie der Wissenachaften).

_____ (2008), *The Inception of Yogācāra-Vijñānavāda* (Wien : Verlag der Österreichischen Akademie der Wissenachaften).

Campbell, J. (2004), 'What is it to Know what "I" Refers to?', *The Monist* 87.2 : 206–18.

Dreyfus, G. and Thompson, E. (2007), 'Asian Perspectives : Indian theories of mind', in Morris Moscovitch, Evan Thompson, and Philip David Zelazo (eds.), *The Cambridge Handbook of Consciousness* (Cambridge : Cambridge University Press).

Galloway, B. (1978), '*Vijñāna, saṃjñā* and *manas*', *The Middle Way* 53.2 : 72–5.

_____ (1980), 'A Yogācāra Analysis of the Mind, Based on the *Vijñāna* Section of Vasubandhu's *Pañcaskhandaprakaraṇa* with Guṇaprabha's Commentary', *Journal of the International Association for Buddhist Studies* 3.2 : 7–20.

Ganeri, J. (1999), 'Self-Intimation, Memory and Personal Identity', *Journal of Indian Philosophy* 27.5 : 469–83.

_____ (2007), *The Concealed Art of the Soul : Theories of Self and Practices of Truth in Indian Ethics and Epistemology* (Oxford : Clarendon Press).

_____ (forthcoming), *Mind's Own Nature : The Reconciliation of Naturalism with The first person perspective*, ch.7.

Kramer, J. (2008), 'On Sthiramati's *Pañcaskandhavibhāṣā* : a Preliminary Survey', *Nayoya Studies in Indian Culture and Buddhism : Saṃbhāṣā* 27 : 149–72.

McDowell, J. (2009), 'Referring to Oneself', in *The Engaged Intellect* (Cambridge. MA : Harvard University Press).

Perry, J. (1998), 'Myself and I', in Marcelo Stamm (ed.), *Philosophie in Synthetischer Absicht* (Stuttgart : Klett-Cotta).

Potter, K.H. (2003), *Buddhist Philosophy from 350 to 600 A.C.*, *Encyclopedia of Indian Philosophies*, vol.9 (Delhi : Motilal Banarsidass Publishers).

Recanati, F. (2007), *Perspectival Thought : A Plea for Moderate Relativism* (New York : Oxford University Press).

Sartre, J. (1957), *The Transcendence of the Ego : An Existentialist Theory of Consciousness* (New York : Noonday Press).

Schmithausen, L. (1987), *Ālayavijñāna : On the Origin and the Early Development of a Central Concept of Yogācāra* Philosophy, *Studia Philologica Buddhica*, 2 v. (Tokyo : International Institute for Buddhist Studies).

Shoemaker, S. (1984), 'Self-refernce and Self-awareness', in Identity, Cause, and Mind (Cambridge : Cambridge University Press).

_____ (1996), *The First-Person Perspective and Other Essays* (Cambridge : Cambridge University Press).

Strawson, G. (2007), 'Selves', in Brian P. Mclaughlin and Ansgar Beckermann (eds.), *The Oxford Handbook of Philosophy of Mind* (Oxford : Oxford University Press).

_____ (2008), *Real Materialism and Other Essays* (Oxford : Clarendon Press).

_____ (2009), *Selves : An Essay in Revisionary Metaphysics* (Oxford : Clarendon Press).

Strawson, P. F. (1966), *The Bounds of Sense : An Essay on Kant's 'Critique of Pure Reason'* (London : Methuen).

Waldron, W. S. (2002), 'Buddhist Steps to an Ecology of Mind : Thinking about "Thoughts Without a Thinker"', *Eastern Buddhist* 34.1 : 1–52.

Wittgenstein, L. (1960), *Preliminary Studies for the 'Philosophical investigations', Generally Known as the Blue and Brown Books* (Oxford : Blackwell).

_____ (1975), *Philosophical Remarks* (Chicago : University of Chicago Press).

Zahavi, D. (1999), *Self-Awareness and Alterity : A Phenomenological Investigation* (Evanston, IL : Northwestern University Press).

_____ (2005), *Subjectivity and Selfhood : Investigating the First-Person Perspective* (Cambridge, MA : MIT Press).

제7장

'나의 본성은 봄(seeing)이다': 인도의 목격자 의식 관념에 대한 현상학적 성찰

7
'나의 본성은 봄(seeing)이다'
_인도의 목격자 의식 관념에 대한 현상학적 성찰

볼프강 파싱(Wolfgang Fasching)

1. 서론

  인도철학의 대다수 주요 학파들은 종종 형이상학적 교리 간에 상당한 차이가 있음에도 불구하고, 우리 자신의 참 본성을 알아차리기 위해서 일상 수준에서 우리의 자기의식self-consciousness, 즉 우리의 '자아감각ahaṃkāra'[1]을 억제해야 한다는 그들의 기본적인 가정에서 일치한다. 우리가 우리 자신을 알아차리는 일반적 방식—다른 사물과 인격에 대한 다양한 관계로 대변되는 개인사로 형성되는 특정한 특성과 능력을 지닌 별개의 심신의 개체로서 우리의 자기알아차림—은 이 견해에서 실제로 우리가 진정 누구인가를 가리는 유사자아pesudo-self의 구축물이다. 붓다가 언명하고, 예컨대 불이론자Advaitin와 고전적 요가 주창자가 주저 없이 긍정할 수 있듯이, "이것은 나의 것이 아니다. 이것은 내가 아니다. 이것은 나의 자아가 아니다"라는 우리 인격의 모든 측면을 자각해야 한다(『쌍윳따 니까야』 XXII. 59,

---

1 역주) 이하 '자아감각', 문자그대로 '나 형성자'.

Rhys Davids/Woodward 1972-79, vol.III : 60).

불교의 정신적 목표는 자아와 같은 무언가의 존재가 결국 환영이라는 것을 자각하기 위함이고, 반면 불이론 베단따나 상캬학파, 요가학파 같은 '정통'학파에서 해탈은 이와 정반대로 참나(아뜨만 혹은 뿌루샤)를 알아차리는 데 있다.

본고에서는 현상학적 관점에서 이런 전통들이 추구하는 자아감각의 극복이 무엇을 의미하지는지 고찰하려고 하고, 그것은 단순한 기체基體 없는 일시적 현상의 흐름으로 우리 자신을 용해하는 것에 해당하지 않으며 오히려 쉼없는 흐름의 기저를 형성하는 무언가로서 우리 자아를 자각하는 것이라는 불이론 베단따의 견해를 입증하려고 한다.[2]

이 '자아'는 물론 우리가 통상 '우리 자신'이라고 체험하는 것과 전혀 다르다. 그것은 어떤 성질도 없으며 결코 의식의 대상이 될 수 없고(하지만 그럼에도 불구하고 즉각 자신을 드러내고), 신체나 (우리가 내적 성찰로 관찰할 수 있는 심적 행위로서의) 마음과도 일치하지 않으며, 무언가를 하거나 원하지도 않는다.

이것을 무엇이라고 해야 하는가? 이것은 '보는 자drasta' 또는 '목격자saksin', 즉 (의식하는) 보는 것으로 특징지어진다. 하지만 이것은 자아가 봄seeing을 행하는 '무언가'라거나 혹은 봄의 상태에 있음을 의미하지 않는다. 오히려 그것은 니야야와 바이쉐시까학파와 명백히 대조적으로 (예컨대 상캬학파와 같이) 불이론 베단따가 강조하듯

---

2 필자의 주안점은 자아의 불이론적 이해에 있지만, 자아의 일원론적 전념들과 관계없이, 주로 불이론적 이해가 상캬/요가 및 인도의 대다수 타 학파들과 공유하는 측면에 집중할 것이다(궁극적으로 하나의 유일한 자아만이 존재한다는 불이론적 구상을 이해하기 위한 시도에 대해서 Fasching(2010)을 비교하라).

이 봄 (의식) 자체에 지나지 않는다. 예컨대 고전 불이론자 샹까라 Śaṅkara가 말하듯, "지각자는 실제 영원한 지각에 불과하다. 그리고 지각과 지각자가 다르다는 것은 [옳지] 않다."(『우빠데샤사하스리』 II.2.79, Mayeda 1992 : 241; 마에다에 의해 [ ] 추가). 타라 채터지Tara Chatterjee 가 정형화하듯, 목격자sākṣin는 모든 개별적인 것에 현전하는 "결코-대상화될-수-없는 알아차림의 원리"이다(Chatterjee 1982 : 341).

그렇다면 불교도들에 맞서는 주장은 그 기체로서 우리의 경험적 삶에 부가해서 뒤 또는 위에 있는 어떤 개체entity가 있어야만 한다는 것이 아니라 그것 내부에—그러나 우리가 경험할 수 있었던 어떤 불변의 내용 혹은 내용 덩어리로서가 아니라(그러한 것은 실제로 발견될 수 있는 것이 아니다), 바로 경험하는 과정 그 자체로서 우리가 경험하는 모든 것이 경험된 것을 지닌다는 점과, 우리 자신 존재 being의 항상적 토대인 '목격함witnessing'의 영속성으로서 그 안에 견고한 요소가 있다는 것이다.

다음 절에서 다루려고 하는 것은 이 목격자 의식 관념이다.[3]

2. 자아 대 무아 : 불교의 도전

불이론 베단따의 중심 문제는 경험의 주체로서 우리 자신의 자아의 본성에 대한 문제이다. 필자는 분명 매순간 늘 다양하게 변화

---

3   여기에서는 다양한 불이론자들 이론의 세부 내용을 충실히 해설하지 않고, 부제 가 말해주듯 불이론적 이해를 위한 '현상학적 성찰'을 모색하고 있음은 강조할 필 요가 있다. 즉 불이론적 상정 토대 같은 무언가를 제공하는 의식의 본성에 대한 기 본적 직관을 철학적으로 논의하고 싶다.

나의 본성은 봄이다

307

하는 경험을 지니고 있다. 또 그것을 내성적으로 고찰하는 것은 큰 문제가 아니다. 하지만 이 모든 연속하는 경험을 갖는 나는 대체 누구란 말인가? 모든 불이론 사유에서 중심으로 다루는 것은 이 경험을 경험하는 자의 본성에 관한 것이다. 어떤 '경험 – 생산자'로 알려져 있는 의미(그래서 오늘날 우리가 가령 뇌를 '참나'로 가정하기도 하는)에서가 아니라, 인과적으로 나온 것일 수 있지만 경험함의 본성 그 자체에 속한 것으로서 주체 '나'의 의미에서 말이다.

불교는 경험하는 '나'의 존재를 익히 부정한다. 예컨대 『쌍윳따 니까야』 XII.12에서 붓다는 느끼는 자(*감수자)가 누구인가에 대한 질문에 다음과 같이 답한다. "적절하지 않은 질문이다. … 나는 '[누군가가] 감수感受한다'라고 말하지 않는다. 나는 그렇게 말하지 않으니, 너희들이 '세존이시여, 무엇에 의해 조건지어져 감수가 발생합니까?'라고 묻는 것이 맞는 질문이다."(Rhys Davids/Woodward 1972-79, vol.II : 10. 빠알리어 영역자들에 의해 [ ] 보충). 따라서 불교 관점에서 심적 생활은 지속 경험하는 자아(아뜨만)의 측면보다는 각각 어떤 다른 이전 사건에 의해 초래된 영속적으로 변화하는 기체 없는 심적 사태들로 특징지어져야 한다. 경험은 발생하지만 그것을 경험하는 이는 없다.

다양한 불교학파에서 수많은 무아론의 해석이 있었음은 두말할 나위가 없다. (모두가 자아의 존재를 부정했던 것만은 아니다.4 실제로

---

4 예컨대 이 책의 맥켄지는—아비달마의 환원론과 대조적으로—중관학파에서는 자아가 보다 기본적인 현상들로 환원할 수 있는 것이 아니라 다만 '실재하는 동안 실체적 별개의 사물이 아닌 창발하는 현상일' 뿐임을 견지한다고 주장한다(Ibid. : 258). (이것이 중대한 존재론적 차이를 만드는지 아닌지는 자연스럽게 '창발 (emergence)'의 정확한 규정에 달려 있다.)

티벳불교를 비롯한 대승불교권에서는 불이론 개념의 목격자 의식과 양립 가능한 견해를 찾을 수 있다.[5] 여기에서 무아론은 주로 아비달마에서 주장했던 철저한 환원론 입장에서 볼 것이다. 이러한 해석에서 볼 때, 경험 주체의 존재를 부정하는 것은 적어도 세속적 수준에서 불교도들이 의자나 국가의 존재를 부정하지 않듯이, 종합적 '인격 pudgala' 같은 존재를 부정하려는 것은 아니다. 하지만 의자는 전적으로 부분과 그 집합된 방식으로 구성되지만 이 이상의 무엇도 아니며, 이와 흡사하게 인격의 존재도 충분히 통합된다면 소위 '한 인격'을 형성하는 다양하고 무상한 현상 이상의 자아 존재를 포함하지 않는다. 불교 입장에서 인격은 특정 '심신 복합체', '전유적으로 조직된 온蘊들의 집합'[6]에 불과한 것이다(MacKenzie 2008 : 252). 이런 의미에서 인격은 경험의 '담지자', 즉 경험자로서 자기동일성을 지닌 '나' 핵심의 의미가 아니라 전체가 부분들을 '갖는다'는 의미에서만 자신의 경험을 '갖는다.'[7]

고전인도불교의 아비달마 문헌에서 실체적 자아를 부정하는 인격관은 오늘날 이 주제를 다루는 서구의 주류 견해(Siderits 2003)와

---

5 미리 알바하리는 목격자 의식의 존재를 전제하면서, 심지어 빠알리 경전을 암묵적이지만 중심적—그녀도 인정하듯, "통상 인정되는 것보다 불교를 불이론 베단따에 한층 가깝게 위치 짓는 독해"—으로 해석한다(cf. Albahari 2006 : 2; 이 책의 알바하리 참조).

6 불교에 따르면 온(蘊, skandha)들이라는 용어는 사람을 구성하는 5가지 유형의 현상들(dharmas)을 말한다.

7 카슈미르의 밧타 라마깐타(Bhaṭṭa Rāmakaṇtha)의 『나레슈바라빠릭사 Nareśvaraparīkṣā』에 나타난 불교도의 주장처럼, '데바닷따의 욕구'와 같은 표현들은 그것의 행위자로서의 욕구를 초월한 무언가가 있음을 함축하지 않지만, "[그 욕구가] '비따스따 (Vitastā) [강]의 흐름'과 같은 [그러한 표현들]처럼 단지 어떤 특정한 의식 흐름과 연계를 맺고 있음을 가리키는 것"이다(Watson 2006 : 190. 왓슨에 의해 [ ] 추가).

(적어도 함의에서) 일맥상통한다. 이른바 데렉 파핏Derek Parfit이 말한 '인격적 동일체에 대한 환원론적 접근'과 부합한다. 다시 말해 인격의 지속적 존재가 이른바 심신 사태 간의 연계성과 연속성이라는 특정 관계라는 보다 근원적 사실에 있으며(그러므로 환원할 수 있다), '개별적으로 존재하는 개체'로서 '자아' 같은 어떤 것이 연속하는 존재로 인한 초시간적인 인격의 동일체란 결코 없다(Ibid., 210)는 주장이다(Parfit 1987 : 210-214). 한 인격의 다양한 경험들은 하나의 지속 주체와 각기 연결되어 종합되지 않고, 다만 서로서로 함께 연결됨으로써 종합되고, 또 그 주체가 정확히 '일자임'은 반대로 경험들의 종적 종합으로 구성된다.

이것은 충분히 그럴듯하게 들린다. 즉 심신 사건과 상관관계 이외에 무엇이 더 있어야 하는가? 인격은 '심신 복합체' 이외에 무엇이란 말인가? 그럼에도 인도의 '정통'학파들은 불교도들이 주장하는 무아론에 격렬히 맞서고, 오온 복합체 이상의 것, 즉 인격의 실존에 신체와 경험 이외에 경험함의 '주체'인 '자아'가 존재한다고 주장한다.

이것은 독단적 가설 이상의 것인가? 이 견해를 어떻게 옹호할 수 있을까? 더 신중히 생각해볼 때, 우리는 실제 우리 자신의 실존을 '무아'로 완벽히 설명하는 데 불안감을 느끼는 것을 피하기 어렵다는 사실을 인정해야 되지 않을까 생각한다. 경험하는 '나'가 없다는 것이 정말 사실일까? 실제 한낱 경험만 있고 경험하는 이는 없는 것인가? 틀림없이 내가 체험하는 경험과 체험하지 않는 경험 간에는 분명한 차이가 있는 것으로 보인다. 영속하는 '나'를 구축하는 근거로서 일부 상관관계로 연계된 심적 사건만 이야기하는 것은 그 주관적 존재방식—'1인칭 존재론'(Searle 1992 : 16)—을 충분히 고려하지 않고 경험을 객관적 발생인 것처럼 취급하는 것이다. 결국 경험이란 단순히 바위나 의자처럼 여기저기 흩어져 있어 원칙적으로 누구에게나 똑같이 접근할 수 있게 놓여 있는 것이 아니다. 경험은 주관적으로 경험되고 있음에만 실존하고, 그것은 각각의 주관에 의해 경험되고 있음에 실존함을 의미하는 것으로 보인다. 그리고 명백히 나의 모든 경험은 그것들이 아무리 다를지라도 내가 경험한다는 한 가지 공통점이 있다. 이 점에서 경험은 '소유자가 없는' 것으로 생각할 수 없다. 다시 말해 본질적으로 그것은 경험하는 '나'의 경험이다. 또 불이론 베단따의 가장 큰 화두는 바로 그 경험을 경험하는 이 '나'(그 '1인칭 존재론'의 이 '1인칭')는 무엇인가이다.

무아론자anātmavādin는 설령 우리가 경험의 주관적 성격을 인정하더라도 부가적으로 존재하는 주체를 상정할 필요가 없다고 답할 수 있다. 오히려 탐구된 주체('경험자')는 단순히 그 경험 자체이지 그 '뒤에 있는' 어떤 것이 아니다(예로, Strawson 2003). 주관적 현출顯出을 발생함으로써 [스트로슨이 인용하듯 '주관성의 사건'으로서] 경험은 각기 주체의 '내적 차원'을 구성하고, 따라서 부가적으로 존재하는 자아가 '지닌' 것이 아니다(Ibid., 304).

이것은 실제 불교 유가행파와 디그나가학파에서 주창된 입장이다. 이 맥락의 불교 사상은 명백히 경험의 주관성(주관적으로-경험되고-있음)을 인정하지만, 경험이 주체에 의해 경험됨으로 해석하는 것은 부정한다. 오히려 그것은 경험의 본성에 속하는 것의 자기소여svasaṃvedana를 지칭하는 것으로 여겨진다.[8] 대상을 드러내는 데

---

8   cf. MacKenzie 2007 : 47-49; MacKenzie 2008; Dreyfus 1997 : 339-340, 400-402; 이 책의 드레퓌스, 크루거, 톰슨의 논문들.

경험은 동시에 그 자신을 드러내고, '자기조명적'(마치 보이기 위해서 등불이 또 다른 등불에 의해 비춰질 필요가 없는 것과 같다)svaprakāśa이다. "따라서 자기의식svasaṃvedana은 경험 자체 이외에 '1인칭'을 전제하지 않고, 우리 자신의 경험의 흐름에 대해 연속적, 비매개적 및 내적 1인칭 관점을 제공한다."(MacKenzie 2008 : 249). 경험의 흐름은 자아에 주어진 것이 아니라 그 자체에 주어진 것이다.[9]

물론 나는 그 자체를 경험하는 현재의 경험인 것처럼 경험자로서 나 자신을 경험하지 않지만, 동일한 어떤 이로서 영속적으로 변화하는 경험을 겪으며 살고 있어 그것들과 구별될 수 있다. 하지만 불교도/환원론자의 설명에서 주체의 뚜렷한 이분법적 동일성은 경험 간의 관계(가장 현저하게는 기억 관계)에 의해 전체적으로 구성된다. 다시 말해, 이 견해에서 인격의 경험적 삶이란 어떠한 기저에 놓여서 지속하는 자아 없이 인과적으로 연계된 심적 사건이고, 인격의 통일체를 구성하는 유의미한 인과적 맥락의 중요 부분은 한 경험 내용이 잇따르는 경험 내용에 기억 흔적을 남긴다는 점이다. '나의' 과거 경험(과 따라서 나의 계속된 경험에 대한 나의 경험)을 내가 기억함을 설명하는 데 더 이상 어떤 것(특히 지속하는 자아)도 필요하지 않다(이 책의 드레퓌스 211쪽과 시더리츠 503-504쪽; Watson 2006 : 153-165). 나는 단지 경험이 익명적으로 일어났음을 기억하는 것이 아니라 그것들을 경험하는 나의 과거를 기억한다는 것이 사실이다.[10] 그러나 이것은 단순히 자아, '한 인격'의 동일성이라는 의미가

---

9   예컨대 이 견해는 사르트르, 구르비치 그리고 후설의 현상학(『논리 연구』)의 비(非)에고학적 설명들과 비교할 수 있다.

10   샹까라는 불교 견해에 맞서 역설한다. 『브라흐마수뜨라브하샤Brahma sūtrabhāṣya』 II.2.25, Deussen 1920 : 353-354 참조.

바로 이러한 기억 맥락에 의해 함께 구성된다는 사실 때문이다 (Siderits 2003 : 25). 예컨대 나는 내가 경험을 기억하는 '나'를 기억하기 때문이 아니라, 내가 경험을 기억할 수 있는 한 (즉 경험이 나의 현재 경험에 올바른 형태로 있는 한) 경험이 바로 나의 것이기 때문에 나의 경험을 나의 것으로 기억한다.

그에 반해서 불이론 베단따는 경험의 주관성이 경험하는 주체를 지칭한다고 주장한다. 불교 유가행파처럼 불이론 베단따는 대상에 대한 경험이 단지 또 다른 대상이고, (현대의 '고차원 표상주의'에 비견될 만한) 잇따른 경험이 됨으로써 그 스스로를 현현한다는 니야야학파의 명제를 부인한다.[11] 오히려, 경험으로 존재함은 의식하는 것을 의미한다. 하지만 동시에 그들은 그 자체를 인식하는 것은 각각의 경험이라는 유가행파 관념, 즉 '자기조명svaprakāśa'을 부인한다. 오히려 주체인 나는 경험들이 오고 갈 때 나의 경험을 즉각적으로 알아차린다(Timalsina 2009 : 20-21).[12] 예컨대 내가 처량한 기분이 든다면 이 기분은 그 자체를 의식하는 것이 아니라―베단따에게 이것은 그다지 타당하지 않다―오히려 내가 그것을 경험하기 때문

---

11 Chatterjee 1982 : 342, "불이론자들이 말하기를, 우리가 대상에 대한 알아차림을 지닐 때, 그 대상은 실제로 현현하지만 그것은 드러난 유일한 사물이 아니다. 여기서 우리는 그 알아차림에 대한 자동적 알아차림 역시 갖는다. 그 두 가지 알아차림은 동시적이지만 유사한 구조가 아니며 사실상 동일한 알아차림의 두 가지 측면들이다."

12 샹까라는 하나의 등불이 보이려면 제2의 등불로 비춰질 필요가 없는 램프처럼 비록 경험이 스스로 현출하더라도 그것들은 보는 어떤 이가 없이도 여전히 한 주체에게 현출해야 한다고 유가행파 논사들을 논박한다. (그렇지 않다면, 그것은 "바위 덩어리 가운데 타오르는 등불들처럼 수천 개가 될 것이다." 『브라흐마수뜨라브하샤』 II.2.28, Deussen 1920 : 361-2. 마치 그것들을 보는 누군가가 없는 것과 같다). cf. Ingalls 1954 : 301.

에 기분이 존재한다(Chatterjee 1982 : 343).

또한 실제로 우리는 경험의 주관성—그것이 나에-의해-(개별적으로)-경험되고-있음—을 그 현상적 자기소여의 측면에서, "어떻게 경험이 그 대상을 재현하는가와 경험이 그 경험을 겪는 것을 어떻게 느끼는가라는 의미 모두에서 우리의 경험이 어떠한지에 대한 알아차림"(MacKenzie 2008 : 249)으로 설명하는 것이 정말 충분한지 의문시할 수 있다. 이 의문은 특정 심적 상태에 있는 것과 유사한 무엇이 있는 누군가에 대한 것이다. 그런데 이러한 상태에 (있는) 것이 심적 상태 자체라고 말하는 것이 타당한지 전혀 명확하지 않다.

경험하고 있는 이 '누구'는 경험과 그 현상적 특성에 관한 부가적 사실이다. 경험이나 그 '어떤 기분일 것 같음'에 관한 어떠한 사실도 (바로 그것을 경험하는 자가 나라는 것을 제외하고) 결코 그것이 나에 의해 경험되고 있음을 함의할 수 없다. 의식의 동일한 흐름 속의 다른 경험에 대한, 이 신체와 나머지 세계에 대한 그 모든 관계를 지닌 경험이야말로 그것을 나인 것으로 경험하는 '나' 없이 존재했을 수 있다는 것은 충분히 생각할 수 있는 듯하다. 이것은 우연적 (또 심지어 토마스 네이글(Nagel 1986 : 55)이 말하듯이, '이상하기'까지 한) 사실인 것처럼 보인다(필자가 Fasching 2009에서 주장하듯. cf. Madell 1981, Klawonn 1987).

모든 다른 속성과 관련해 나에-의해-경험되고-있음에 대한 이 매우 수수께끼 같은 부가성은 필자 생각에 주체의 통시적 속성에 관한 관점을 변화시킨다. 이전에 일어났던 것은 다시 일어날 수 있어서 경험은 나의 발생함으로 발생하는 것처럼 보인다. 이것은 나의 현재의 것[경험]에 연계되어 있거나 연속적인 경험이 있는지에 대한 문제와 매우 다른 어떤 것을 지칭한다. 나는 내가 내일도 여전히 존재할 것인가 물을 때, 이를테면 나는 나의 현재의 것에 1인칭적 접근을 갖는 경험이 있을 것인지 묻지 않는다. 나는 미래의 일부 경험 내용에 대한 어떠한 측면을 지칭하는 것이 아니라, 더 이상 환원불가능하게 이 경험이 나에 의해 경험될 것인지에 관한 문제를 지칭할 뿐이다.[13] 또한 이것은 완전한 기억상실이나 어떤 다른 종류의 심리학적 변화와 논리적으로 양립할 수 있는 것으로 보인다 (Williams 1973).

3. 의식으로서의 자아

그렇다면 이 '나'는 대체 무엇이란 말인가? 흥미롭게도 불이론 베단따의[14] 참나(또는 오히려 '자아', 이 책의 람쁘라사드)는 (니야야와 바이쉐시까학파의 견해처럼) 어떤 초월적 경험 개체가 결코 아니라

---

13 cf. 『브라흐마수뜨라브하샤』 II.2.25. 여기서 샹까라는 나의 지속 존재는 어떤 유사성을 말하는 것이 아니라, 엄격한 수의 동일성을 말하는 것이라고 강조한다 (Thibaut 1962 : 415. 이 문장은 도이센의 번역에 빠져 있다)—또한 외계 대상과 관련해서 유사성을 동일성으로 오인할 수 있는 가능성을 인정하는 반면, 이것은(오늘날 '오인으로 인한 오류 면역성'이라 불리는) 주체로서 자기 자신과 관련해서 불가능하다고 고찰한다.

14 샹캬학파나 요가학파와 마찬가지로 샤이바싯단따(Śaivasiddhānta)의 밧타 라마깐타에 대한 흥미로운 연구로는 Alex Watson(2006)을 살펴보라. 밧타 라마깐타는 자신의 『나레슈바라빠릭사*Nareśvaraparikṣā*』 서문에서 식(識, cognition)을 초월해 나아간 개체로 자아 존재를 상정한 니야야학파와 바이쉐시까학파한테 불교가 승리했다고 묵인한다. 하지만 불교가 현실적으로 자아는 없고 오직 식만 있을 뿐이라는 결론을 내리는 데 비해, 라마깐타는 식 자체가 자아라고 주장한다(Ibid., 213-7). 이로써 그는(그가 주로 계승한 자아관이 있는) 샹캬학파와 불교 간의 초기 논쟁을 되풀이한다(Ibid., 93).

특정 의미에서 경험 자체일 뿐이다. 불이론에서 "자아란 대상을 경험하는 것 … 즉 '어떤 것을 경험함'이고, 그것의 뒤나 너머에 있는 무언가로서만 그것에 현현하는 것이 아니다."(Hacker 1978 : 275). 그렇다면 이 견해에서 경험이란 하나의 주체에 대해 발생하는 것이 아니라 그 주체로서 발생하는 것이다.

그렇다면 불교의 반대 견해 및 경험 이외의 경험하는 자아 부정은 무엇인가? 이 주요 차이는 여기서 '경험'이 의식(심과 심소)의 측면에서 의미하는 것이고, 불이론 베단따의 의식은 (변화하는 심적 상태 면에서) 마음과 엄격히 구별된다. 예를 들어 불이론자가 앎('의식' 혹은 본고의 전문용어로 '경험jñāna')을 자아의 본질로 이야기할 때 불이론자는 앎을 명백하게 인식작용vṛtti-jñāna이라고 부르는 것, 즉 다양한 일시적인 심적 상태와 구분한다(Chatterjee 1982 : 342; cf. Hiriyanna 1956 : 344; Timalsina 2009 : 17).[15]

따라서 불이론 베단따에서 의식은 단일한 임시적 경험이나 그 일부 속성과 동일시되지 않는다. 오히려 그것은 오고 가는 경험이 그 현현(경험되고-있음)을 갖는 곳에 지속하는 어떤 것으로서 이해된다. 말하자면 의식은 경험을 목격함(경험함)witnessing이고, 경험이 변화하는 동안 경험함 자체는 지속한다. 결국 그 경험의 연속은 한 경험에 잇따라 다른 경험이 경험적으로 현존하면서, 이에 따라 현존presence 그 자체는 변화하지 않는 데 있다.

---

15 상당히 유사하게도 밧타 라마깐타는 앎(jñāna, 知)을 두 가지 의미로 구분한다. 한편으로 찰나적인 다수의 앎들을 의미하고, 다른 한편으로 자아를 뜻하는 지속하는 앎을 말한다. (그가 앎을 두 가지 의미로 대비시킬 경우 '조명(prakāśa)' 또는 '의식(saṃvit)'을 지칭). 후자는 찰나 멸하는 앎들의 영원한 목격함이나 경험함과 구별된다(Watson 2006 : 354-373).

불교 유가행파와 마찬가지로 불이론 베단따학파는—개별적 심적 특색으로서가 아니라—이것은 (의식으로서) 경험에서 현현되는 일이다—오히려 의식 자체에 대한 경험의 '자기조명성svaprakāśatva' 관념을 옹호한다(Chatterjee 1982 : 342-344, 349).[16] 불빛처럼 의식은 모든 사물을 볼 수 있게 하는 매개자이지만, 드러나기 위해 (즉 의식의 대상이 되기 위해) 또 다른 불빛에 의해 비춰질 필요가 없다 —그것은 드러냄의 원리로서 빛남 자체이다.[17] 불빛은 비춰진 대상들이 있는 방식으로 볼 수 없는 동시에 은폐되지 않는다.[18] 그것은 현전하며, 일체 현존의 매개자는—우선적으로 바로 그 존재가 현전하고 있음인 경험에 대한—바로 그 현존이다.[19]

따라서 불이론자가—심적 상태가 본질적으로 현현하는 것이지

---

16 『브라흐마수뜨라브하샤』 II.2.28에서 샹까라는 불교도가 인식자의 자기드러냄을 강조하고 있는 그(샹까라)가, 쉽게 말해, 불교도 자신들의 식(識)의 자기소여 견해를 실제로 수용하고 있지 않은가 반문하고 다음과 같이 답한다. "그렇지 않다! 왜냐하면 식(識)은 생주이멸하는 측면에서 [인식주체와] 구별되어어야하기 때문이다."(Deussen 1920 : 362, 도이센에 의해 [ ] 추가).

17 cf. 예로 『우빠데샤사하스리Upadeśasāhasrī』 I.15.40-41, "[그것은] 그것의 본성으로서 앎의 빛을 가지고 있다. 즉 [그것은] [그것의] 앎을 위해서 다른 것에 의존하지 않는다. 그러므로 [그것은] 항상 나에게 알려진다. 태양은 그 비춤을 위해서 다른 어떤 것을 필요로 하지 않는다."(Mayeda 1992 : 145-146, 마에다에 의해 [ ] 추가).

18 cf. 『우빠데샤사하스리』 I.15.48과 50 : "아뜨만 자체는 … 본래 알 수 있는 것도 아니고 알 수 없는 것도 아니다.", "빛의 본성에 차이가 없으므로 태양에 밤낮이 없는 것처럼. 마찬가지로 앎[知]의 본성에도 차이가 없으므로 아뜨만은 앎[知]도 없고 무지(無知)도 없다."(Mayeda 1992 : 146). "비록 빛은 비추는 자이지만, [그것은 비추는 자와 비춰지는 것 사이에서처럼 본질적으로 차이가 없으므로] 그것은 그 자신을 비추지 않는다. … 이와 같이 [동질의 앎을 가진] 아뜨만은 결코 그 자신을 보지 않는다."(Ibid. : I.16.12, Mayeda 1992 : 150, 마에다에 의해 [ ] 추가). 이 책의 람쁘라사드 5절과 Ram-Prasad 2007 : 78-79쪽을 참조하라.

19 인도철학의 '조명성' 의식을 이해하는 통찰력 깊은 논의로는 Ram-Prasad 2007 : 51-99쪽을 참조하라.

보다 고차원적 심적 상태들의 대상이 되기 때문이 아니라고 주장하더라도—심적 상태의 즉각적인 자기알아차림을 이야기하는 것은 이치에 맞지 않다. 오히려 심적 상태는 즉각적으로 자기현현自己顯現하는 의식의 조명성을 매개로 자기현현함으로써 존재한다. 경험은 의식적으로-현전하고-있음에서 (Erich Kla-wonn 1987, 1998에서 표현하듯, '1차적 현존'에 현현함에서) 바로 그 있음을 지니며, 이 경험은 항상 덧없이 흘러가는 데 비해, 의식적 현존 자신은 지속한다(Klawonn 1998 : 59; cf. Zahavi 1999 : 80; 이 책의 자하비 96쪽).

그렇다면 이 견해에서 다양한 일시적 경험은 하나의 의식에서 그 현현manifestation을 갖는다. 하지만 우리는 왜 이것을 가정해야 하는가? 왜 개별적 경험과 의식을 구별짓고, 그럼으로써 의식을 경험에 부가된 '무언가'로 상정하는가? 명백히 늘 새로운 의식 사건이 발생한다면, 왜 의식의 환원할 수 없는 동일성을 가정해야 하는가? 의식적 경험은 의식적임의 특질을 공유함은 인정하지만, 여기서 지속하는 의식 개체 같은 무언가를 말하는 것은 명백한 오류로 보인다. 그렇다면 의식이 개별적 경험과 구별될 수 있으며 많은 경험이 동일한 의식에서 발생할 수 있다는 것은 타당한 측면이 있는가?

필자는 있다고 생각한다. 이미 순수한 공시적 관점에서 의식은 다수의 경험들로 구성된다. 나는 실제 다양한 사물을 동시에 보고, 듣고, 생각하는 따위를 한다. 문제는 우리가 어떻게 그 다양한 동시적 경험을 가로지르는 이 '나'라는 경험하는 일자─者 (즉 이 경험을 '나의 것'으로 함께 묶는 것)를 설명해야 하는가 하는 점이다. 당연히 환원론자는 경험이 하나의 주체에 의해 (나에 의해) 경험되고 있음에 의해 공시적 통일체를 설명할 수 없다. 그의 견해에서 단순히 우리가 설명항explanan으로 전제할 수 있는 주체는 있지 않기 때문이다. 오히려 정반대이다. 마치 통시적 통일체처럼 한 번에 하나의-주체에-의해-경험되고-있음의 통일체가 그것들을 유지하는 통합 관계에 의해 경험이 종합되고-있음으로써 설명할 수 있다.

하지만 이것은 어떤 종류의 관계일 수 있는가? 우리는 여기서 관건이 되는 것은 한낱 경험 내용 간의 어떤 관계, 어떤 통일체가 아니라 하나의-의식에서-현전하고-있음(*현존)의 통일체임을 잊지 말아야 한다. 특정 경험 내용은 다른 것보다 더욱 강력하게 연계될 수 있고, 그럼으로써 함께 묶여서 배경과 대비되는 경험의 '장'(경험적 통일체)을 구성할 수 있다. 그것들은 하나의 일관된 공간 같은 것을 구성하는 것으로 조정될 수 있다—그러나 경험들을 '총체적 경험'으로 함께 묶을 수 있는 모든 그러한 관계는 실제로 그것들이 함께-현전하고 있음(*공共현존재)을 전제한다(Dainton 2006 : 240-244). 이런 의미에서 함께-현전하는 것만이 연계될 수 있다.

그리고 이 현존은 경험들이 그것들의 '1인칭 존재론', 그것들이 있음을 지님이라는 측면에서 경험들의 경험되고-있음이다. 그러므로 그것들은 존재하지 않으며 어떻게든 부가적으로 통일된다. 오히려 그것들이 그 통일체를 갖는 곳이 바로 그것들의 있음(즉 그것들이 경험되고 있음)이다.

우선 동시다발적 경험을 말함이 타당하지 않다는 점을 반박할 수 있다. 오히려 그것은 내적 복잡성을 지닌 총체적 경험이다.[20] 그러나 결정적 질문은 바로 이 '하나의 총체적 경험'의 통일체가 어디에 있는가이다. 내용 면의 그 무엇도 이 과업을 행할 수 없다. 따라서 우리는 분명 하나의 경험과 그 안에서 자신을 현현하는

---

20 cf. Bayne, Chalmers 2003 : 56-57에서 Bayne과 Chalmers의 제안.

다수의 경험 내용을 구분해야 한다. 또 후자를 '경험'이라고 부르고 싶다면 전자인 하나의 경험은 (경험적 내용으로서) 이러한 다수의 경험의 총합이거나 구성요소가 아니라 오히려 그 경험을 경험하는 것이라는 의미에서 '경험'이다(cf. Zahavi 1999 : 80). 경험은 인식작용 vṛtti-jñāna과 상당히 대비되는 불이론의 인식개념(종종 목격자 의식 sākṣi-jñāna으로 불리는)의 의미에서 그곳에 그것이 경험되고-있음, 그것의 1차적 현존을 갖는다. 그러므로 우리가 동시다발적 경험을 말할 때 그것들의 차이는 현존 자체가 아니라 현전하고 있는 것what에 달려 있다.

이것은 필자가 불이론 베단따의 '목격함witnessing'에 대한 설명을 어떻게 해석해야 하는지 말하고 싶은 내용이다. 우리는 '목격자 sākṣin'가 관찰하는 것과 반대되는 관찰하는 개체로서가 아니라 '목격함' 자체의 발생이라고 이해할 수 있고, '목격함'은 그 경험의 경험적 현존을 대신하는 것에 불과한 것이라고 말했다. 여기서 경험은 그 경험되고-있음과 그럼으로써 그 존재를 지닌다. 이런 면에서 의식은 그 경험의 존재 차원으로 이해할 수 있다(cf. Klawonn 1987; Zahavi 2005 : 131-2; Fasching 2009 : 142-4; 이 책의 자하비 95쪽). 한 차원은 서로 간에 다양한 관계를 갖는 다양한 요소로 구성되지만, 그것은 구성요소의 총합이나 상관관계의 결과가 아니라 애초에 그 모든 관계와 함께 그것들을 가능하게 하는 것이다. 이런 의미에서 의식으로서의 '자아'는 경험과 구별되어야 하지만—(모든 공간적 관계는 공간을 전제로 하기 때문에) 공간이 공간 대상 외에 별도로 존재하는 개체가 아니면서도 그것들과 동일하지 않고 또 그것들의 관계로 환원할 수 없는 것처럼—'별도로 존재하는 개체'로 구별되어야 하는 것은 아니다.[21]

그러므로 함께-경험되고-있음의 통일체는 다수의 경험과 그 관계로 환원될 수 없으며, 오히려 경험이 그것의 있음이 있는 곳에 있다. 이것은 불이론 베단따의 아뜨만을 (파울 해커가 셸러의 '인격'에 대한 정형구를 사용하면서 불이론의 아뜨만을 특정하듯이, Hacker 1978 : 274; cf. Ibid., 275) '비매개적으로 함께 경험된 경험의 통일체'라고 부르는 것과 다르지 않다.

불이론 베단따에서 자아를 의식과 동일시할 때 주체가 의식의 다수 내용으로 구성되어 있음을 의미하지 않는다. 의식으로서 자아는 현상적인 내용의 집합체가 아니라 그것의 거기에 있음thereness, 즉 그 현존(다양한 내용을 지닌 현존)이다.[22]

---

21 예로,『우빠데샤사하스리』II.2.58; I.14.50, "공간처럼 아뜨만은 본래 복합체가 아니다.", "허공과 같은 그 봄(Seeing)에는 어느 때나 차이가 전혀 없다."(Mayeda 1992 : 237, 140-1).

22 미리 알바하리는 자신의 논문(Albahari 2009)에서 목격자 의식 관념을 단 자하비가 핵심자아 감각이라고 상정한 '나에 대해 있음(for-me-ness, 대자성)' 또는 '나의 것임'(mineness, 1인칭 소여)과 엄격히 구분한다. 나의 것임은 경험의 속성인 데 반해, 목격자 의식은 "그것들을 지닌 주체의 작동방식(modus operandi)이다."(Albahari 2009 : 68). "독립된 나의 작용방식이다."(Ibid., 73). 반면 자하비에게 "자아란 … 경험들과 분리되어 존재하지 않고 경험들의 바로 그 1인칭 소여에 의해서 식별된다."(Zahavi 2005 : 132). 필자는 경험들과 의식이 어떤 면에서 구별되어야 한다는 데 동의하지만(이것이 '목격자 의식'의 바로 그 구상임), 알바하리가 그렇게 보듯이, 그것들이 개별 존재인 것처럼 그것들을 분리하는 것에는 동의하지 않는다. 알바하리에 따르면 목격자 의식은 반성에 대한 경험들의 접근성과 다양한 경험들을 가로지르는 의식의 통일체를 설명할 수 있는 '알아차림의 중립적 방식'이다(Albahari 2009 : 71-72). 따라서 분명 우리 자신의 경험에 대한 우리의 전반성적 알아차림이다. 하지만 이것은 자하비가 1인칭 소여로써 '나의 것임'이라고 말하는 바로 그것이다. 이 용어를 이해하는 필자의 생각은, '목격한다'는 것은(알바하리가 다음에서 정형화하듯이 Albahari 2009 : 68) 마치 목격자가 그 외부에 존재하는 경험의 대상을 주시하며 존재하는 개체인 것처럼 보인다. 주체가 경험들을 '관찰한다'라고 글자그대로 의미하는 것은 아니다. 오히려 경험들이 그 안에서 자신들의 바로 그 있음을 갖는 경험들을 경험하는 것이라고 이해되어야 한다. 경

이제 질문은 끊임없는 경험 연속을 통한 경험 현존의 시간 지속의 본성은 무엇인가이다. 새로운 내용을 지닌 새로운 현존이 매 순간 발생하지 않는가? 내용의 연속과 함께 현존의 연속이 있는가(결국 지금-의-현존과 이후-의-현존은 명백히 다른 현존 사건이다)? 혹은 오히려 경험이 그 오고 감을 지니는 동일한 의식이 아닌가? 달리 말해, 다른 시간에서 두 가지 현존 사건은 동일한 현존의 발생일 수 있는가, 즉 그러한 두 가지 현존 사건에 (동일한) 내가 발생한다는 환원할 수 없는 의미가 있는가? 베단따학파는 한 경험이 다른 것(저것-의-현존에 의해 계승되는 이것-의-현존)을 따를 때 실제로 변화하는 것은 의식 내용이지 의식 자체가 아니라고 주장한다(cf. Sinha 1954 : 329). 또한 실제로 우리가 의식을 그 경험에서 구분하자마자, 의식의 통시적 통일체가 그 경험 간의 통일체 관계로 구성되어야 한다는 가설은 설득력이 떨어져 보인다. 또 우리가 순간적 경험 현존의 본성을 한층 세심하게 살펴본다면, 그것은 전적으로 옳지 않음을 알 수 있다. 경험의

험들의 현전하고-있음(1인칭 소여, 나에 대해서임)과 주체의 작용방식으로서 목격함이 두 가지 다른 것이라는 것은 결코 사실이 아니다. 또 불이론(과 필자의) 이해에 따르면 나에 대해서임의 '나'(즉 자아)는—자하비와 상당히 일치하게—이 현존(나에 대해서임)에 부가해서 상정된 무언가가 아니라 다만 목격함/경험함 자체에 불과한 무언가이다. 더욱이 알바하리는 이 나에 대해서임이 경험의 한 측면으로서 내성적으로 발견할 수 있는 무언가이고 또 이 측면에서 '알아차리고 있음이라는 바로 그 작용 안에 새겨진 것'으로서 결코 알아차림의 대상이 될 수 없는 목격자 의식과 대비된다고 주장한다(Ibid., 68-69). 필자는 전자의 주장에 대해서 의심을 품고 있다. '나의 것임'은 칸트가 말하는 '있음' 못지않게 상당히 '실제적인 술부'에 대한 것이다. 그것은 (나의 고통의 특성과 같은) 다른 성질들에 부가해 나의 경험들이 갖는(cf. 이 책의 자하비 96쪽) 우리의 주의를 향할 수 있는 내용, 내성적으로 고찰할 수 있는 성질이 결코 아니다('느낌' 없음 : Ibid., 70)—그것은 오히려 그 모든 성질들을 함께 나의 경험들의 1인칭의 나에 대해서 거기임(thereness-for-me)이다.

'일차적 현존'(현재 경험되고-있음)은 항상 본질적으로 현재 발생하는 경험의 시간 흐름의 현존이다. 그리고 현존은 현재 발생하는 시간적 전이에 대한 환원할 수 없는 현존임을 의미한다. (그렇지 않다면 어떠한 시간 경험이나 변화 지속의 경험도 일어나지 않을 것이다.)

그러므로 경험되고-있음에서 나의 경험에 대한 확실한 증거는 '1인칭적 경험함의 지속 차원'을 거침으로써 주어진다(Zahavi 2005 : 131). 이에 따라 나의 현전하는 존재의 절대적 증거는 내가 이 흘러가는 경험에서 살아간다는 증거이다. 흘러감으로써 흘러가는 경험의 경험되고-있음은 나에게 속한 '나'의 있음being이라는 경험 자체의 현행성actuality의 영속을 함의한다.[23] 그러므로 의식으로서의 나는 지나가는 경험이 아니라 오히려 그것과 함께 지나가지 않는 지나감으로써 그것의 현현이며, 변화하는 경험 가운데 지속하는 경험함이다 (Fasching 2009 : 144-5).[24]

---

23 cf. 샹까라의 『우빠데샤사하스리』 II.2.75(지금 이것, 이후 그것을 지각하는 지각자가 어떻게 불변한다고 말할 수 있는가라는 질문에 대한 답변), "실로 너희들이 전변에 종속되어 있다면, 너희들은 마음의 완전한 움직임을 지각할 수 없을 것이다 … 그러므로 너희들은 초월론적으로 불변한다."(Mayeda 1992 : 240). "거기에는 그것들의[앎들의] 발생과 소멸을 바라보는 어떤 항상하는 연속 원리가 있어야 한다. … 그리고 이 연속 의식은 목격자(sākṣin)이다."(Chatterjee 1982 : 349).

24 비교 선상에서 라마깐타는 불교도들을 향해서 의식 대상들의 변화가 의식 자체의 변화를 함의함을 가정할 필요가 없다고 반론을 펼친다. 심지어 불교도들조차 다수의 대상들이 시간 내 한 점에 있는 하나의 단일 의식에서 인식되고 있음을 부정할 수 없다(또 불교도들이 이것은 하나의 종합 의식 탓이라고 주장하는 것은 전혀 도움이 되지 않는다. 다수의 대상들을 갖고 있는 하나의 단일 의식의 가능성에 호소하는 것이 여전히 필수적이다). 그래서 라마깐타가 주장한다. "만약 한 시점의 대상들의 다양성이 의식의 단일성에 영향을 주지 않는다면, 시간에 걸친 대상들의 다양성은 무엇 때문에 [영향을 준다고 말하는가]? 변화하는 것은 의식 자체가 아니라 의식의 내용들인 것이다."(Watson 2006 : 335-348).

그러므로 주체가 환원할 수 없는 의미로 다른 시간에 걸쳐 동일자로서 존재할 수 있는 것이 무엇인지 묻는 질문에 다음과 같이 긍정적으로 답할 수 있어야 한다. 그것은 애초부터 현재를 초월하는 것으로만 존재하는 것이다. 순식간에 사라지는 경험과 대조적으로 그것은 흘러감으로써 흘러가는 경험 현존으로서 지속한다. 경험은 경험되고-있음으로만, 즉 경험적으로 현존하고 있음으로만 존재한다. 그것은 이 현존 자체의 지속함을 함축하는 흘러감으로써 본질적으로 현전한다. 이 지속함은 그 1차적 현존을 시간적 흘러감으로 지니지 않을 경험 단계가 없는 까닭에, 찰나적 '경험 단계' 간의 관계로 구성될 수 없다. 다시 말해 경험하고 있는 '나'의 '있음'의 증거에 선행하는 경험적 증거는 결코 없다.

이 '나'의 지속함은 그 지속이 시간적 단계 사이의 통일체 관계에서 도출되는 시간 내 대상이 지속하는 것으로 생각될 수 없다. 왜냐하면 현존은 각각의 현재에서 발생하는 어떤 것이라기보다—지금은 현재이지만 곧 과거로 가라앉는 객관적 시간점의 의미에서가 아니라 각기 현 순간의 현재에 있음presentness이라는 의미에서—바로 이 현재 자체이기 때문이다.[25] 특정 순간을 지금인 것으로 표시하는 것은 시간선상에서 이 특별한 지점의 객관적 특질이 아니라 (cf. Nagel 1986 : 57), 주체의 경험 현존과 관련해서만 '지금'이다(cf. Husserl 2006 : 58, 390, 406). 결과적으로 '나'의 지속함은 (그것의 오고 감의 시간적 '대상 단계'와 함께) 시간 간 대상의 지속함이라기보다 바로 시간의 지나감(늘 새로운 시간점과 대상 단계의 영원한 현재됨)이 있는 현재 그 자체의 '머묾'의 관점에서 생각해야 한다.[26] 우리는

---

25 cf. Husserl 1966 : 333, " … 지금 의식은 그 자체로 지금이 아니다."

대상의 시간적 단계가 과거로 계속해서 가라앉음을 인식하는 반면, 인식 자체는 사라지지 않는다. 샹까라가 말하기를, "비록 인식 대상 이 변할지라도 … 과거·미래·현재에 있는 아는 자는 변하지 않는 다. 그의 본성이 영원한 현존(즉 현재의 현재성)이기 때문이다(『브라 흐마수뜨라브하샤』 III.3.7)."(Deussen 1920 : 389). 그러므로 상주하는 주 체의 증거는 어떤 대상 지속의 경험이 아니라 어떤 지속 경험에 대한 가능성의 조건이다.[27]

---

26 cf. 『우빠데샤사하스리』 I.5.3, "마치 배에 있는 사람에게는 나무들이 [그의 이동 방향과] 반대 방향으로 움직이는 [것처럼 보이]듯이, 아뜨만도 윤회하는 [것처럼 보인다] … ."(Mayeda 1992 : 114. 마에다에 의해 [ ] 추가).

27 목격자 의식 관념에 대한 해석에서 필자는 의식과 자아에 관한 단 자하비의 견해 에 상당히 신세를 지고 있다. 그러나 필자는 우리가 자아의 통시적 통일체의 본성 과 관해 완전히 동의하는지 확실치 않다. 자하비는 "두 개의 경험들을 동일한 대 상에 속하게 하는 것은 주어짐의 공유된 방식이다. … 동일한 자아의 다른 경험들 을 만드는 것은 근원적 현존의 동일한 장에서 그것들의 드러남"이라고 말한다 (Zahavi 1999 : 144). 필자는 이 정형구가 애매하다고 생각한다. 하나의 과거 경험 이 '나의 것으로서' 1인칭 방식으로 주어진 나의 현재화하는 경험 속에 있는 한 나 의 것임을 의미할 수도 있고, 혹은 그 경험이 시원적으로 경험되었을 때 1인칭 소여 의 동일한 장이나 차원에서 그것의 현현을 가졌음을 의미할 수도 있다. 따라서 문 제의 요점은 과거 경험이 (현재에) 나에게 1인칭적으로 접근할 수 있는 한, 또는 접근할 수 있기 때문에 그것은 나의 것인가, 아니면 그것이 나에 의해 경험되었기 때문에 나에게 1인칭적으로 접근할 수 있는 것인가이다. 전자의 독해는 궁극적으 로 파핏(Parfit)의 의미에서 환원론적 견해에 해당하고 자하비는 이 접근법에 가까 운 것으로 보인다(예로, 이 책의 자하비 논문 마지막 절). 다른 한편 그는 후자의 의 미에서 '주어짐의 동일한 장'의 '동일함'에 대한 견해(필자가 선호라는 견해)를 허 용할 수 있는 '경험의 지속 차원'에 대해 이야기한다(Zahavi 1999 : 80). "최초 경험 이 마지막 경험에 의해 파지(把持)될 뿐만 아니라 상이한 경험들 모두 동(同)근원 적 1인칭 소여에 의해 특징지어진다."(이 책의 94쪽)와 같은 정형구들도 이러한 선상에서 해석될 수 있다.

4. 세계의 현존과 세계 내 주체

불이론 베단따가 '자아'실현으로서 해탈을 목표로 하는 것은 이같이 경험 현존(의식)을 알아차리는 것과 다르지 않다. 지금까지 우리는 이러한 의식을 경험 현존으로 특정지어 왔다. 하지만 이것은 외부 세계에 대비되는 주관적 내재성의 심적 내용들의 단순 현존을 의미하는 것으로 오해해서는 안 된다. 오히려 의식은 '내부'나 '외부'에 상관없이 우리가 지칭할 수 있는 무언가의 현존으로 존재한다. 경험 현존은 세계의 현존이다.[28] 예를 들어 감각 내용의 현존은 그 사실 때문에 각기 지각된 대상의 감각 현존이다. 즉 나의 생각은 일부 의미군群(노에마적 의미에서 일부 '사고')의 연속하는 현전現前 자체에 불과하다. 내가 겪는 기분은 세계가 나에 대해 있는 방식의 측면이다. 그러므로 경험은 현현 사건—무엇인가-와-나타남으로 존재하고, 이같은 나타남은 그것의 현재있음(경험되고-있음)에서 그 존재를 갖는다—즉 ~의 나타남으로써 그것의 존재이다. 경험 현존은 무엇인가-와-나타남이 발생함을 의미하는 것이어서 그 사실로 인해 경험 현존은 무엇인가의 현존이다.

그러므로 현존으로서 나의 있음은 모든 종류의 사물이 나에게 현전을 의미한다. 나는 다양한 방식으로 나에게 주어진 사물들을 탐구할 수 있고, 그 주어짐 방식을 성찰할 수 있다. 하지만 나에게 현전하는 것 같은 현존 자체를 무엇이라 말할 수 있을까? 이 현존(의식)이

---

28 cf. 샹까라의 『브라흐마수뜨라브하샤』 II.2.28, "우리는 의식과 별도로, 즉 인식 자체에 기반해서 대상을 가정하지 않을 수 없다. 왜냐하면 어느 누구도 단순한 의식으로서 기둥이나 벽을 인식하지 않고 인식대상들로서 누구나 그 기둥이나 그 벽을 인식하기 때문이다."(Deussen 1920 : 359).

규정하기 힘들다는 것은 주지의 사실이다. 그것은 자신을 관찰할 수 있는 속성이 없고 우리가 마주하는 특별하고 구별할 수 있는 내용이 아니어서 결코 하나의 대상으로 우리 앞에 나타날 수 없다. 그러므로 불이론적 의미에서 자아는 '보이는' 사물 가운데 일자가 아니라 '봄' 그 자체이다. 즉 "나는 이 대상이 아니고 그것도 아니다. 나는 모든 대상을 현현하게 하는 것이다."(샹까라의 *Vivekacūḍāmaṇi* 493게송; Prabhavananda/ Isherwood 1978 : 115). 현존은 내가 다른 현상들에 더하여 발견할 수 있는 자신의 현상이 아니라 어떤 현상의 거기에 있음 thereness의 일어남일 뿐이다. 이것은 소위 의식의 '투명성transparency'의 의미, 즉 우리가 대상의 의식에 주의집중하려고 할 때 그것이 의식하고 있는 것에 대해 주의집중하지 않을 수 없다는 사실이다.[29]

따라서 현전하는 것의 현존 그 자체는 결코 관찰할 수 있는 대상이 될 수 없지만 동시에 그것은 세상에서 가장 친숙한 것이다. 그것은 우리가 경험하는 모든 것이 그것이 경험되고-있음, 모든 현상의 매개(그 현상성의 발생함)를 지니는 곳이다. 그리고 불이론 베단따의 해탈론적 목적—자아실현—은 그러한 현존의 발생함을 그 자체로 명시적으로 알아차리게 됨에 불과하다.

물론 어떤 의미에서 우리는 의식하고 있음을 늘 의식한다. 결국

---

29 의식은 우리가 어디에든 발견할 수 있는 대상이 아니라는 의미에서 '볼 수 없는 것'이다. 그러나 은폐를 의미하는 것은 아니다. (메칭거가 이해하듯) 의식의 투명성은 우리가 대상들의 재현을 통한 인지 과정들이 다시 스스로 재현됨으로써 보통 우리에게 알려진 것이 아님을 말하는 것이 아니라(Metzinger 2003 : 163-177), 오히려 단순히 재현되는 것은 어떤 것도 없다는 것을 의미한다. 왜냐하면 의식은 그것이 ~대한 의식이 되는 것으로 발생하는 무엇이든 거기임에 불과한 것이고, 또 그것 이외에 어떤 것도 아니기 때문이다. 다시 말해 그것은 우리가 의식하는 데 실패한 대상이 아니라 다만 대상 자체가 아니기 때문이다.

우리는 대상에 완전히 몰입한 총체적 자기망각self-forgetfulness의 영속 상태에서 살고 있지 않다. 다시 말해 우리는 바라보는 대상을 의식할 뿐 아니라—적어도 암묵적으로—그것을 봄 또한 본다. 그러나 이것은 불이론 베단따에서 갈구하는 자기알아차림의 형태가 아니라 오히려 그들의 견해에서 바로 자기망각의 형태, 즉 주관성으로서 우리 자신들의 존재에 대한 애매모호한 근원적 수준의 형태임이 분명하다. 그것은 아함까라ahaṃkāra(자아감각), 특정한 경험적 (심신의) 속성(지바[jīva], '인격')을 지닌 내적 세계 주체로서 뚜렷한 '나aham'에 대한 알아차림이다.

예컨대 내가 보는 이 책상을 인식하고, 또 그것을 봄seeing도 인식한다고 말하는 것은 내가 여기 앉아서 그 책상을 보는 나 자신을 알아차리고 있음과 그 책상이 특정 각도로 바라보는 누군가로서 나에게 주어지기 때문에 특정 방식으로 보인다는 사실을 알아차림을 의미한다. 따라서 내가 여기here 및 그 나머지 현출과 관계하는 나 자신의 신체를 알아차리는 것은 나의 세계 내 국소화局所化이다.

주어짐 방식의 변화 속에서 불변하는 대상을 경험할 때, 나는 이 변화를 경험하는 주체와 경험된 대상 사이의 변화하는 관계로 인한 것으로 경험한다. 즉, 주어짐 방식의 변화 속에서 경험되는 대상과 함께, 그 현현들이 현현들인 '주체'가 경험되고, 그 자체인 '주체'는 다른 사물과—심신心身의—다양한 관계로 있으면서 객관적 세계 내 대상으로 국소화된 무엇인가와 다양한 관계를 맺는다.

그리고 이것은 대상 주어짐 일반에 핵심이다. 대상성은 현출 초월성을 의미한다. 다시 말해 우리는 주관적 현출을 대상 자체로서가 아니라 다만 대상의 한 양태aspect만을, 즉 특정 면에서 특정 관점에서 보이는 대상으로 파악한다. 따라서 봄seeing의 기시점은 필연적으로 그 보이는 대상과 공동 구성된다―그 자신이 객관 세계의 부분인 '주체'로서 공동 구성된다(cf. Husserl 1952 : 56, 109-110, 144; Albahari 2006 : 8-9, 88). 그러므로 어떤 면에서 대상의 경험 역시 그런 사실로 인해 대상 영역 내 주관의 자기국소화self-localization라는 의미에서 자기경험이다.

이것은 우리 자신을 신체로 인식하고 있을뿐 아니라 우리의 '나'로서 경험하는 심적 측면에도 해당한다. 예를 들어 주어짐의 장은 결코 동질의 평면이 아니라 어떤 것이 다른 것보다 주의적으로 '더 가까운' 심적 '나'를 가리키는 주의적인 각인relief을 특색으로 한다. 나는 나에 대해서 의식적으로 있음의 장 내에서 이것이나 저것으로 나의 주의를 향할 수 있어서, 나의 '나'는 명백히 이 장場으로부터(cf. Husserl 1952 : 105-6) 특정 개인의 관심 따위를 지닌 '나'와 구별되는 것이다.

특정한 정신적-육체적 존재being로서 이 '자기경험'은 우리가 우리에게 경험적으로 주어진 것의 어떤 특별한 영역을 '우리 자신'과 동일시하는 것을 의미한다. 우리는 현상적 내용의 영역 내에서 '우리 자신'에게 속한 것―우리의 신체, 우리의 사고 등―과 '우리 자신 밖에' 위치한 것을 끊임없이 구별한다(Albahari 2006 : 51, 56-60, 73).[30] 이것은 불이론에서 '가탁adhyāsa'이라고 일컫는 것이다(이하 참조).

따라서 대상의 주어짐이란 대상적으로 주어진 것에 관한 장場의 구조의 필연적 계기로서 (경험하는 곳으로부터 지시되고 경험되는) 주

---

30 Albahari 2006 : 57, "주체를 신체나 마음의 특정 측면과 동일화하는 것은 '그것으로부터 세계가 목격되어 둘러싸인 관점의 인상에 … 기여하는 오온(五蘊; 알아차림의 대상)과 동일시되는 주체―정신적-육체적 관점에서 현전할 때 목격함―를 포함한다."

체의 주어짐을 함의한다. 이제 요점은 경험함 그 자체—의식—가 주어진 것의 구조적 계기가 아니라 바로 주어짐 그 자체의 발생함이라는 것이다. 내적/외적 (자아/무아) 구분 전체는 경험적 내용 영역 내에서 그 자신을 구성하고—결과론적으로 그 자신을 경험함은 어떤 '내적 영역' 내에 국소화되지 않는다. 나의 의식은 그 안에서 우리가 경험하는 것이 필연적으로 구조화되는 이 내부-외부 구분이라는 일면에서 발견될 수 있는 것이 아니고, 다시 말하지만 경험 자체의 일어남이다. 그 관점은 현존 장의 구조의 일부이기에 그것에 전제되지 않고 구성된다.

그러니까 나 자신을 '외부'가 아닌 '내부'로 인식하는 것은 의식을 지각하는 방식이 아니라, 외부 대상에 반대되는 특수한 내부 영역이 아니라 이러한 대상의 거기에 있음, 즉 (그것이 '내부'나 '외부'이건 상관없이) 현출하는 것의 현출일 뿐이다. 이러한 '전前 내면적' 의식은 불이론 베단따가 '자아'라는 의미로 말하는 것이다. 즉 "의식의 본성인 자아는 … 보는 자와 보이는 것 모두의 목격자[이고]"(샹까라의 『아뜨마즈냐나우빠데샤비드히*Ātmajñopadeśavidhi*』 III.7, Gupta 1998 : 38쪽에서 인용), 따라서 "모든 주체/대상 구분의 기저에 놓인 순수한 '주체'이며"(Deutsch 1969 : 49), 그 안에서 "아는 자/아는 것/알려진 것 구분이 일어나는 의식/있음의 '장'이다."(Fort 1984 : 278).

5. 탈脫가탁 과정

이런 의미에서 자아를 알아차리려면 우리 자신을 '나'와 '나의 것'으로 현재화하고 동일화하는 것을 중지하는 '자아감각의 소멸'

은 필수적이다(Ramana in Osborne 1997 : 19). 보통 우리는 의식 대상에서 완전히 상실되고, 대상들 중 일자—書로만 우리 자신을 이해할 수 있으므로 의식 자체를 명시적으로 알아차리지는 못한다. 대상 가운데 일자로 오인된 자기이해는 불이론 베단따에서 아디야사 adhyāsa(가탁/중첩)라고 부르고, 자아와 무아의 '가탁假託'을 의미한다. 비유하자면, 경험 내용을 마치 자아가 "그것은 나이다", "그것은 나의 것이다"라고 말하듯 우리는 말로써 자아[의 존재]를 분명히 표현하고 있고(샹까라의『브라흐마수뜨라브하샤』서문; Deussen 1920 : 3), 자아 '밖에' 위치한 것과 이와 상반된 '내부'로서 우리 자신의 자아에 속한 것으로 전유된다(cf. Fort 1984 : 278).

그러하기에 우리의 참된 본성을 깨닫는 방법은 '탈脫가탁 과정'(Indich 1980 : 16, 10), 즉 우리의 의도된 자아라는 대상으로 만나는 무엇인가로부터의 탈동일화 과정에 있다(cf. Fasching 2008). 우리 자신을 내적 대상인 '주체', 즉 통상 우리 자신으로 여기는 정신—육체적 개체(jīva-영혼)와의 동일화를 중지하는 것이다. 특정한 경험 내용의 형태를 '우리 자신'이라고 동일화하는 대신, 우리는 우리 자신을 어떤 내용에 대해 지속하는 경험 그 자체(현존에 대해 발생함)로 경험하기 시작한다. 탈가탁은 우리 자신을 더 이상 '그곳 밖의' 대상들과 대립된 ('내부'로서) 확정하지 않음으로써 모든 대상들로부터 철저히 구별한다는 의미한다. 우리는 어떤 것을 '우리 자신'이나 '우리 자신의 것'이라고 생각하는 것을 중지한다. 샹까라는 "나 … 와 나의 … 모두는 무의미하게 되고 아뜨만을 아는 자가 된다"고 말한다(『우빠데샤사하스리』I.14.29(Mayeda 1992 : 138).

'탈동일화된' 경험 양식을 추구하려면 우리는 '우리 자신'을 완전히 버리고, 보임seen과 분리된 별도의 보는 자seer 없이 봄seeing만 있다.

이것은 우리의 자기 경험과 세계 내 있음 방식에 관한 엄청난 전환이다. 우리 자신을 '목격함'으로 경험하는 것은 거리감, 자아의 관심사, 희구, 두려움에 대한 우리 관여의 느슨함으로 이어진다.[31] 심지어 우리가 행위에 관여할 때조차 모든 움직임 가운데 내적 고요와 무작용으로서 우리 자신을 경험한다.[32] 우리 자신을 다른 경험 내용에 대한 능동성과 수동성의 영구적으로 변화하는 관계로 있는 경험 내용의 특정 형태와 동일화하는 대신, 우리는 우리 자신을 지속하는 경험 자체로 '내부'와 '외부' 및 그것 간의 모든 관계의 온갖 움직임과 능동성의 현현에 대해 움직임 없는 비활동적 차원으로 동시에 경험한다. 우리는 대상 극에 의해 촉발되어 반응하고, 그것을 다루면서 우리 자신을 더 이상 대상 극에 상반되는 주체 극이 아니라 특정 주체와 대상의 현존 사건으로서 파악한다. "나(=아뜨만)는 봄의 성질을 띠고, 비대상이며 … [어떤 것과도] 연계되지 않고 변함없으며 운동이 없고 … 마치 허공에서 주먹으로 한 방 치는 것 등은 [어떠한 변화를 일으키지 않듯이] 나는 접촉이 없으므로 [나에게] 획득과 손실의 변화가 일어나지 않고 … "(『우빠데샤사하스리』 III.3.115, Mayeda 1992 : 252. 마에다는 [ ] 추가).

우리 자신을 뜻하는 '나'와 '나의 것' 관념을 완전히 제거하는 방식은 어떤 의미에서 자아의 소멸로 비춰질 가능성이 있다. 하지만 불이론 베단따에게 이 '아무것도 없음nothing'은 실제로 사물 없음 no-thing, 즉 비대상성non-objectivity만을 의미한다. 현대 불이론의 저자

---

31 예로, 샹까라의 *Vivekacūḍāmaṇi* 428-442 게송의 기술, Prabhavananda/Isherwood 1978 : 104-6; Osborne 1997 : 31.

32 "… 비록 행동하지만 행위가 없는 그—그는 아뜨만을 아는 자이다."(『우빠데샤사하스리』 I.10.13, Mayeda 1992 : 124). cf. Osborne 1997 : 32.

샤르마Arvind Sharma는 "나는 ~이다I am"라는 의미가 실재인지 아니면 비실재인지 질문에 다음과 같이 대답한다. "둘 다 옳다. 우리가 "나는 이것이다, 나는 저것이다"라고 말할 때 그것은 비실재이다. 우리가 "나는 이것이 아니고 또한 저것도 아니다"를 의미할 때 그것은 실재이다."(Sharma 1993 : 96-97).[33] 우리가 어디에서든 우리 자신을 찾는 것을 멈추는 바로 그 순간 우리 자신을 알아차리게 된다.

6. 결론

불교와 대조적인 불이론 베단따학파는 봄이란 그 자체로 볼 수 있는 어떤 것이 아니므로 의식('봄'이나 '목격함')일 뿐이고, 그 자체로 탁월한kat'exochen 비대상인 지속하는 자아의 존재를 주장한다. 필자는 이 견해가 실제 경험의 본성에 대한 핵심을 파악했다고 주장한 바 있다.

불교와 불이론 베단따는 해탈을 성취하려면 '나'와의 동일시와 '나의 것'에 대한 집착은 반드시 억제해야한다는 데 동의한다. 이 과정의 이론적 해석은 그들이 일치하지 않는 지점이다. 이제 목격자 의식 관념이 (적어도 그 환원론 해석에서) 무아 관념보다 더 충실한 기술을 한다는 것이 필자의 생각이다.

불교는 우리 자신의 존재를 성찰하고 우리가 알게 되는 것은

---

33 cf. 『우빠데샤사하스리』 I.6.6, "유식한 사람은 아뜨만이 아닌 '나'라고 불리는 이해에서 '이것'－부분을 포기해야 한다."(Mayeda 1992 : 116). (이와 같은 정형구는 불이론 베단따에서 '나'라는 용어가 아뜨만을 전혀 가리키지 않는다는 [이 책의] 람쁘라사드가 행하는 것과 같은 주장과 모순되는 것처럼 보인다).

고정된 '자아'와 전혀 다른 온갖 종류의 일시적 현상(오온)이라고 말한다. 붓다는 오온五蘊과 관련해 다음과 같이 이해할 것을 당부했다. "이것은 나의 것이 아니다. 이것은 내가 아니다. 이것은 나의 자아가 아니다."(『쌍윳따 니까야』 XXII.59). 이러한 통찰은 우리를 자아환영에서 벗어나게 한다. 그럼에도 문제는 이러하다. 우리의 존재를 구성하는 것이 이 일시적 현상 이외에 어떤 것도 없다면(달리 말해 다만 이것이 우리라는 것이라면), 그때 이 모든 것과 동일하지 않은 것은 대체 누구일까? 그녀의 몸, 그녀의 사고 등 "이것은 내가 아니다"라고 말할 수 있는 것은 누구인가? 필자는 이 '누구'란 온갖 흘러가는 현상이 그 현현顯現을 갖고, 불이론 베단따가 우리의 '자아'로 여기는 경험하는 의식일 뿐이라고 제안하고 싶다.[34]

―――

34 이 논문은 오스트리아 과학 기금(FWF) 연구 기획 경험적 현존(P21327)의 맥락에서 구상 집필되었다. 논평과 제안을 해주신 히말 트리카, 차끄라바르띠 람쁘라사드, 그리고 편집자 분들께 감사드린다.

참고문헌

Albahari, M. (2006), *Analytical Buddhism : The Two-Tiered Illusion of Self* (Houndmills : Palgrave Macmillan).

_____ (2009), 'Witness-Consciousness : Its Definition, Appearance and Reality', *Journal of Consciousness Studies* 16/I : 62–84.

Bayne, T. and Chalmers, D.J. (2003), 'What Is the Unity of Consciousness?' in Axel Cleeremans (ed.), *The Unity of Consciousness : Binding, Integration, and Dissociation* (Oxford : Oxford University Press).

Chatterjee, T. (1982), 'The Concept of Sākṣin', *Journal of Indian Philosophy* 10 : 339–356.

Dainton, B. (2006), *Stream of Consciousness : Unity and Continuity in Conscious Experience* (London : Routledge).

Deussen, P., trans. (1920), *Die Sutra's des Vedānta oder die Çārīraka-Mīmāṁsā des Bādarāyaṇa nebst dem vollständigen Commentare des Çaṅkara* (Leipzig : Brochhaus).

Deutsch, E. (1969), *Advaita Vedānta : A Philosophical Reconstruction* (Honolulu : University of Hawaii Press).

Dreyfus, G.B.J. (1997), *Recognizing Reality : Dharmakīrti's Philosophy and Its Tibetan Interpretations* (Albany, NY : State University of New York Press).

Fasching, W. (2008), 'Consciousness, Self-Consciousness, and Meditation', *Phenomenology and the Cognitive Science* 7 : 463–483.

_____ (2009), 'The Mineness of Experience', *Continental Philosophy*

나의 본성은 봄이다

Review 42 : 131–148.

_____ (2010), 'Fremde und eigene Gegenwart : Über Anderheit, Selbst und Zeit', in Matthias Flatscher and Sophie Loidolt (eds.), *Das Fremde im Selbst—das Andere im Selben* (Würzburg : Königshausen & Neumann).

Fortg, A.O. (1984), 'The Concept of Sākṣin in Advaita Vedānta', *Journal of Indian Philosophy* 12 : 277–290.

Gupta, B. (1998), *The Disinterested Witness : A Fragment of Advaita Vedānta Phenomenology* (Evanston, IL : Northwestern University Press).

Hacker, P. (1978), *Kleine Schriften*, ed. Lambert Schmithausen (Wiesbaden : Franz Steiner).

Hiriyanna, M. (1956), *Outlines of Indian Philosophy* (London : George Allen & Unwin).

Husserl, E. (1952), *Ideen zu einer reinen Phänomenologie und phänomenologischen Philosophie. Zweites Buch : Phänomenologische Untersuchungen zur Konstitution*, ed. Marly Biemel (The Hague : Nijhoff (Husserliana IV)).

_____ (1966), *Zur Phänoenologie des inneren Zeitbewußtseins (1893-1917)*, ed. Rudolf Boehm (The Hague : Nijhoff (Husserliana X)).

_____ (2006), *Späte Texte über Zeitkonstitution (1929-1934) : Die C-Manuskripte*, ed. Dieter Lohmar (Dordrecht : Springer (Husserliana Materialien VIII)).

Indich, W.M. (1980), *Consciousness in Advaita Vedānta* (Delhi : Motilal Banarsidass).

Ingalls, D.H.H. (1954), 'Saṃkara's Arguments against the Buddhist', *Philosophy East and West* 3/4 : 291–306.

Klawonn, E. (1987), 'The "I" : On the Ontology of First Personal Indentity', *Danish Yearbook of Philosophy* 24 : 43–75.

_____ (1998), 'The Ontological Conception of Consciousness', *Danish Yearbook of Philosophy* 33 : 55–69.

MacKenzie, M.D. (2007), 'The Illumination of Consciousness : Approaches to Self-Awareness in the Indian and Western Traditions', *Philosophy East and*

West 57/1 : 40–62.

_____ (2008), 'Self-Awareness without a Self : Buddhism and the Reflexivity of Awareness', *Asian Philosophy* 18/3 : 245–266.

Madell, G. (1981), *The Identity of the Self* (Edinburgh : Edinburgh University Press).

Mayeda, S., ed. and trans. (1992), *A Thousand Teachings : The Upadeśasāhasrī of Śaṅkara* (Albany, NY : State University of New York Press).

Metzinger, T. (2003), *Being No One* (Cambridge, MA : MIT Press).

Nagel, T. (1986), *The View from Nowhere* (New York : Oxford University Press).

Osborne, A., ed. (1997), *The Collected Works of Ramana Maharshi* (Boston, MA : Weiser Books).

Prafit, D. (1987), *Reasons and Persons* (Oxford : Clarendon Press).

Prabhananda, S. and Isherwood, C., trans. (1978), *Shankara's Crest-Jewel of Discrimination (Viveka-Chudamani)* (Hollywood, CA : Vedanta Press).

Ram-Prasad, C. (2007), *Indian Philosophy and the Consequences of Knowledge : Themes in Ethics, Metaphysics and Soteriology* (Aldershot : Ashgate).

Rhys Davids, C. and Woodward, F.L., ed. and trans. (1972-79), *The Book of the Kindred Sayings (Saṃyutta-Nikāya)*, 5 vols. (London : Routledge & Kegan Paul).

Searle, J.R. (1992), *The Rediscovery of the Mind* (Cambridge, MA : MIT Press).

Sharma, A. (1993), *The Experiential Dimension of Advaita Vedānta* (Delhi : Motilal Banarsidass).

Siderits, M. (2003), *Personal Identity and Buddhist Philosophy : Empty Persons* (Aldershot : Ashgate).

Sinha, D. (1954), 'The Concept of Sākṣin in Advaita Vedānta', *Our Heritage* 2 : 325–332.

Strawson, G. (2003), 'What Is the Relation between an Experience, the Subject of the Experience, and the Content of the Experience?', *Philosophical Issues* 13 : 279–315.

Thibaut, G., ed. (1962), *The Vedānta-Sūtras with the Commentary by Śaṅkarācārya*, 2 vols. (Delhi : Motilal Banarsidass).

Timalsina, S. (2009), *Consciousness in Indian Philosophy : The Advaita Doctrine of 'Awareness Only'* (London : Routledge).

Watson, A. (2006), *The Self's Awareness of It self : Bhaṭṭa Rāmakaṇṭha's Argu ments against the Buddhist Doctrine of No-Self* (Wien : Sammlung de Nobili).

Williams, B. (1973), 'The Self and the Future', in *Problems of the Self : Philoso phi cal Papers 1956-1972* (Cambridge : Cambridge University Press).

Zahavi, D. (1999), *Self-Awareness and Alterity : A Phenomenological Investigation* (Evanston, IL : Northwestern University Press).

_____ (2005), *Subjectivity and Selfhood : Investigating the First-Person Perspective* (Cambridge, MA : MIT Press).

제**8**장

불이론 베단따의
규정하기 힘든
자아 정립하기

8
불이론 베단따의
규정하기 힘든 자아 정립하기[1]

차끄라바르띠 람쁘라사드(Chakravarthi Ram-Prasad)

1. 머리말 : 불이론과 자아가 부정될 때 부정되는 것에 대한 의문

본 논문은 나의 본성 및 그것과 의식의 반영성reflexivity과의 관련성에 대한 불이론 베단따의 견해를 통해서 자아를 긍정하거나 부정하는 것에 관한 몇 가지 모호성을 탐구할 것이다. 특히 단 자하비의 최소자아 관념(이 책; Zahavi 2005; 2009)과 토마스 메칭거가 불이론/불교에서의 자아 부정을 간략하지만 도전적으로 비교 분석하여 이해한 것(Metzinger 2003 : 549-550, 566) 사이에서 이 규정하기 힘든 자아를 정립하려고 한다.

자하비가 (이 책의 다른 논자들처럼) 자신의 논문 4장에서 고찰하듯 자아론과 무아론 간의 경계는 자아가 어떻게 간주되는가에 달려 있다. 이 책에서 불교의 자아 부정에 대한 설명은 시더리츠의 시종

---

1   이 논문의 초고에 논평을 해주신 미리 알바하리, 볼프강 파싱, 조나단 가네리, 또 특별히 마크 시더리츠에게 감사를 드린다.

일관 비타협적인 환원론에서 자하비가 자아론의 결정적 특질을
지니는 것으로 보인다고 지적하는 알바하리의 관점적 목격자 의식
에 이르기까지 다양하다. 그러므로 고전인도불교에서 자아를 부정
하는 것이 무슨 의미인지는 상당한 논란의 여지가 있는 문제임에
분명하다. 그것은 힌두학파인 불이론에서도 마찬가지이다. 파싱과
필자의 논문 모두에서 보여주듯, 자아에 대한 불이론적 주장은 자
아 이론을 위해 직관적으로 필요한 것으로 보이는 자아의 다른
감각들이 불이론에서 부정되기 때문에 단순한 문제가 아니다.

우선 알바하리의 입장(이 책의 논문과 『분석불교』(2006))을 논평하
면서 불이론을 살펴보자. 알바하리는 빠알리어로 된 초기불교 문헌
에 입각해서 불교도들이 자아를 부정할 때 소유권에 연계되어 경계
지어진 의식의 존재론적 독립성을 부정한다고 주장한다. 그녀는
자신이 주장하는—관점적, 통일적, 비인격적 목격자 의식—열반 의
식인 것만을 제외하고, 우리가 통찰력을 이러한 자아감각의 구축에
대한 인식으로 이어지는 것으로 이해한다고 제안한다. 그러한 의식
은 의식 주체가 항상 그 자신의 대상인 우리를 교묘히 빠져나간다는
지적 결론과 일치할 것이다.

혹자는 이것이 이 책에서 파싱이 현상학적 측면에서 탐구한 불
이론의 목격자 의식과 가깝다고 주장할 수 있다. 물론 이것 자체는
알바하리 입장을 철학적으로 비판하는 것이 아니다. 다만 그것은
독자들에게 자아/무아 경계에 대한 논쟁의 복잡성을 환기시키는
것일 뿐이다. 이후 필자는 불이론적 입장과 자하비의 입장을 구분
하면서 후자의 입장에 동조하고, 알바하리가 말한 주체와 주관성
의 구분은 불이론에서 부정되는 것임을 밝힐 것이다.

파싱과 필자가 불이론적 입장의 틀에 대해 동일한 용어를 사용

하지 않더라도 불이론적 자아가 규정하기 어렵다는 데에는 의견을 같이 한다. 불이론은 여타 힌두학파들이 자아를 요구하는 개별화되거나 경계지어진 자기성찰에 대한 주장뿐 아니라 의식의 통일체에 대해 (알바하리와 반대로) 일반적으로 이해되는 불교의 부정도 모두 거부한다. 파싱은 변화하는 경험을 지닌 연속하는 의식적 현존에 대한 논쟁에 집중함으로써, 의식이 찰나적이라는 불교적 견해로 간주되는 것에 대한 현상학적 비판을 제공한다. 필자는 그가 다루고 있는 지점, 즉 불이론에서 1인칭 사용 분석과 함께 일부 자아감각에 대한 부정 및 최소의 통일적인 의식적 현존의 긍정에서 동시에 진행되는 분석의 역할을 면밀히 살펴볼 것이다. 따라서 어떻게 보면 필자의 논문은 통일적 현존이 어떤 면에서 불이론자에게 자아라는 방식임을 살펴본 파싱의 논문을 따르는 셈이다.

2. 자아로서의 아뜨만 : 힌두의 논쟁들

본고에서 논의할 불이론에 나타난 개념은 아뜨만ātman이라는 형식적 자아이다. 훨씬 후대에 서양의 칸트는 형식적 자아성, 다시 말해 경험의 특수 내용(즉, 인격성)으로 채워지지 않는 자아성에 대한 논의를 제시하였다. 그가 말한 경험의 통각(혹은 내적 감각, 내적 체험)과 모든 경험에 선행하는 선험적 통각 사이의 구분은 그렇고 그러한such-and-such 인격으로서 그들 자신에 대한 전인격적 감각의 특수한 특질과 전자의 가능성을 위한 토대인 자아의 비인격적 의식을 구분하는 분석 전통에 활기를 띠게 한다(예로, Kant : B132).[2] 매우 일반적인 의미에서 힌두 사상가들은 칸트와 다소 비슷하다. 그들 역시 심리 상태와 신체 조건의 경험을 통해서 우리(자아감각 또는 문자그대로 '나임ahaṃkāra')라고 여기는 것은 항상 변하고 있다고 주장한다. 칸트는 "상황 내지 경험적 조건에 의존하는 경험적 의식"(Kant : B140)[3]을 말한다. 그들의 관심은 (어떤 설명적 특질이라기보다 오히려 그 기능상) 칸트의 순수 통각을 닮은 이른바 경험적 의식에 대한 아뜨만의 우월성이다. 그렇지만 힌두 혹은 브라만학파 자신들 간에는 그 아뜨만이 무엇인가에 대해 중대한 불일치가 있고, 그렇기 때문에 그것은 변하는 인격성과 형이상학적으로 구분된다.

데이비드 벨만은 용어적, 개념적으로 필자의 견해와 매우 유사한 구별을 했다. 그는 (짐작컨대 관점과 그 내용상) 서로의 1인칭적 사고에 접근하고 있다면 동일한 자아이고, 반면 두 사유 주체가 사유를 공유한다면 하나의 인격이라고 평한다(고딕체는 벨만의 강조. Velleman 1996 : 75, n.40). 이것은 그가 동일성과 반영성이라 부르는 것 간의 더 큰 구별의 일부이고, 전자는 다른 시간에 있는 인격 간에 유지됨을, 후자는 1인칭 용어를 공유하는 주체 간에 유지됨을 의미한다(Velleman 1996 : 65).[4] 어쨌든 인도철학에 나타난 불일치점

---

2 역주) 임마누엘 칸트, 백종현 역, 『순수이성비판1』(파주 : 아카넷, 2006), 346-347쪽을 참조하라.

3 역주) 위의 책 325쪽을 참조하라.

4 그렇지만 필자는 다른 관심을 가지고 이 구별에 접근한다. 벨만은 시간을 가로질러 인격들 간에 유지되는 자아성을 형이상학적 관계, 1인칭을 공유하는 주체들 간에 유지하는 것을 심리학적 관계라고 칭한다. 필자에게 그것은 그 반대인 것처럼 보인다. 동일화를 통해 한 인격을 형성하는 것은 서사적/사회적 관계성과 같은 다른 요소들과 함께 심리학적 결속들이고 또 주관적 자아성을 형성하는 것은 의식의 통일체가 시간을 가로질러 유지하는 것에 의한 형이상학이다. 필자는 이것이 우리가 다른 것들에 대해 말하고 있음을 의미하는 것은 아닌지, 이것이 순전히 용어학적인 것인지 혹은 이상의 접근방식에서 어떤 중요한 차이가 있는 것인지 확신할 수 없다.

은 관점적 현존perspectival presence, 즉 주관적 통일체에 대한 의식이다. 인도인들에게 현상학적으로 주어진 것—경험, 경험을 위한 토대 조건인 주체 감각—이 의식의 진정한 통일체에 의해 가장 잘 설명되는지, 혹은 그러한 통일체 스스로가 경험의 구축인지, 또 만일 의식의 통일체가 있다고 동의한다면 그것이 하나의 통일된 자아를 가리키고 있는지가 문제이다. 불교도들은 물론 의식의 통일체를 발생시키는 하나의 통일된 자아의 존재를 부정한다. 그들은 광범위한 입장을 통해서 통일체라고 느꼈던 것은 구축된 것이라고 주장한다. 대체로 니야야, 미망사학파 같은 힌두 실재론자는 (비록 그러한 자아의 본성과 존재가 어떻게 긍정되는가에 대한 다양한 이론들이 있지만) 경험적 인격의 구축물을 위한 조건인 현상학에서 가리키는 통일된 자아가 있다고 주장한다. 불이론학파는 의식의 통일체가 있다고 주장하지만, 의식의 성질을 우연적으로 소유하게 된 통일된 자아가 있다고 주장하지는 않는다.

(자이나교와 더불어) 니야야 및 미망사학파도 분명히 (인격이거나 아니거나 간에, 인간 혹은 다른) 각각의 존재가 아뜨만에 의해 생기가 불어넣어진 의식의 성질을 지닌 비육체적인 단순 존재들이라고 이해된 다양한 아뜨만 존재를 주장한다. 요컨대 아뜨만이 각각의 인격을 개별화하지만 각각의 아뜨만은 존재론적으로 구분된다 하더라도 인격의 구체적인 특질에 결부되어 있어서 더이상 만족스러운 차이가 없다는 점에서 그 동일성은 순전히 형식적이다. 니야야학파에게 아뜨만이란 먼저 아뜨만에 대해 생각하는 의식의 소유자임과 동시에 실재를 구성하는 범주padārtha 가운데 하나인 세계 내 대상이다.[5] 이하 논문에서 우리는 마찬가지로 아뜨만의 존재를 주장하고, 따라서 불교도에 맞서 '자아'를 신봉하는 이들에 속하지만

그 아뜨만이 무엇인지에 대해 매우 색다른 설명을 하는 것으로
밝혀진 불이론에 초점을 맞출 것이다.

불이론은 세 가지 방식으로 의식을 이해할 수 있다고 주장한다.
(우리는 후자의 두 가지가 전자와—존재론적으로 동일하지만 다른 구조
와 기능을 지닌—의 동소체同素體들이라고 은유적으로 말할 수 있다.) 모
든 실재의 우주적이고 단일한 토대로서 의식에 대한 명칭인 브라흐
만이 있고, 그것으로부터 어떤 의미에서 모든 실재는 차이가 없다.
그 후 모든 개별화된 존재의 토대라고 이해된 의식에 대한 일반
명칭인 아뜨만이 있다. 마지막으로 자아성ahaṃkāra을 통해 모든 개별
화된 존재의 토대 속에 있는 경험적 의식인 영혼jīva이 있다. 그 인식
론적 기획은 자아성에 정초한 자아의 허위 특질들을 분석해 제거함
으로써, 의식의 현상학이 형식적 의식으로서의 아뜨만만 즉자적이
고 대자적으로 남겨지는 지점까지 정화되는 영혼 의식의 함양 및
수련이다. 형식적 현존만이 홀로 있는 지점에서 지금까지 제한된
의식과 우주적 의식 간의 무차별은 실현된다.

우리는 여기서 불이론의 인식론적 수련이나 우주적 존재론 어느
것에도 관심을 두지 않는다. 오히려 초점은 불이론에서 어떻게 현
존이 자아 탐구의 출발점인 현상적 겪어감으로 우리가 알고 있는

5　여러모로 아뜨만에 대한 니야야학파의 견실한 형이상학적 실재론은 토마스 네이
　글(Thomas Nagel)이 말한 대상적 자아 관념에 더 가깝다. 이에 따르면 자아가 세계
　에 대해 하나의 관점을 갖는다는 것은 우연적 사실이지만, 그것은 바로 그 세계 내
　에 있는 하나의 요소일 뿐이어서 그것이 추구하는 관점은 완전히 대상적 [유명한
　『보는 곳이 없는 봄view from nowhere』(1986)]이다. 보다 더 적절하게 어떤 점에서
　그 입장은 리처드 스윈번(Richard Swinburne)의 『단순 자아simple self』(1984)와 닮
　아 있다. 비록 스윈번 이원론의 세부 내용들을 힌두학파들에 연관(mapping, 寫像)
　시키는 데 주의해야 할 필요는 있다.

의식이 이해되는가에 놓일 것이다. 이어서 우리는 (1) 영혼jīva의 개별화된 의식에서—나라는 구축물—아함까라ahaṃkāra 개념, (2) 불이론의 독특한 아뜨만 개념 간의 상호작용에 초점을 맞출 것이다. 필자는 이 탐구를 자하비와 메칭거에서 발견되는 자아 부정과 자아 긍정의 맥락에서 찾고자 한다.

3. 메칭거의 '아무도 없음No one'과 자하비의 핵심자아 Core Self

필자는 이러한 분석을 구축하려고 현대 연구 중 현상학적 의식에서 찾을 수 있는 토마스 메칭거의 자아 부정과 단 자하비의 핵심자아 긍정을 병치하려고 한다. 우선 자하비의 현상학자들에 대한 해석을 살펴보자(Zahavi 2009). 자하비는 후설과 하이데거가 (1) 이와 같은 비인격적 자아와 (2) 인격적 자아를 구분해 작업했다고 이해한다. 후설은 모든 가능한 경험의 주체에 관한 현상학이 사회생활에서 비롯된 인격에 대한 적절한 개별성과 구별되는 독특한 나의 것임meiheit만을 갖는다고 말한다(Husserl 1989). 다시 말해, 이것은 악명높게 난해한 주제이기는 하지만, 하이데거의 자아Dasein(*거기에 있음) 개념에는 그가 이것을 일상적 현존재Dasein와 구분할 때 의식에 관한 현상학적 나의 것임에서 핵심적 자아 개념을 겨냥하는 것으로 보이는 것이 있다. 하이데거에게 자아성은 이러한 다양한 방식들을 지닌다. 전자는 존재 자체에 대해 말하는 '누가(*주체)'의 문제를 언급하고, 후자는 탐구 대상으로서 현재화하거나(*vergegenwärtigende) 손에 닿을 듯 있는 그러한 인격인 '무엇(*대상)'의 문제를 언급한다(Heidegger

1962 : 62-77).[6] 이상의 양쪽 사례에서 현상학적 존재의 핵심은 현상적 의식의 최소 구조인 알아차림에 대한 1인칭적 본성으로서 인격의 동일성의 구성요소를 포함하지 않는 자아라고 하는 것으로 보인다. 이 점에서 불이론을 제외한 모든 브라만 체계는 나aham라고 선택한 아뜨만에 대해 다소 유사한 태도를 취한다.

자하비는 현상학을 기술하면서 관점적 주관인 현상학적으로 구성적인 최소자아minimal self와 더 풍부하고 보다 견실한 심리사회적 존재에 의해 주어진 인격성을 구성하는 한층 확장된 자아감각을 설득력 있게 구별했다(Zahavi 2005). 자하비는 나의 것임의 현상학에 기반을 둔 최소자아 개념을 주장한다. 그는 형식적 개체화라고 독해한 독일 현상학자들의 각자성各者性[7] 관념에 대한 해석에서 이 개념을 도출한다. 다시 이것은 현상학적 해석의 특정 측면으로 이어지지고, 특히 비이원론적인 브라만학파에서 자아의 본성을 형식적 동일성만을 갖는 것으로 독해한 필자의 독해와 뚜렷한 유사점을 갖는다. 불이론자에게 이것은, 이하에서 살펴보겠지만, 지속 의식의 비인격적 반영성으로서 아뜨만인 영혼jīva에 적용된다.

의식은 본래 현상성—의식적 존재들이 겪는 무엇인가와 유사함 what-it-is-likeness—에 대한 것이라는 사고, 그리고 그러한 현상성이 그 안에 자아가 그것을 겪는 감각을 내포한다는 생각은 20년 전 영어권 철학계에서 거의 인정받지 못했다. 하지만 지금은 토마스 메칭거처럼 자신의 철학을 인지과학의 관련 연구로부터 끌어오는 이들

---

6   또 유사하게 들리는 차이에 대한 브라만 전통의 연구와 일정 정도 공명하는 진정한 그리고 비진정한 자아 존재 방식 간의 하이데거의 구별이라는 한층 더 까다로운 쟁점이 있다.

7   각각의 사례에서 나의 것임, Jemenigkert.

조차 이 두 요점에 동의한다. 그러나 메칭거는 자아의 현상성 혹은 그러한 의식이 자아의 그것이라는 의식 내의 감각과 관련된 흥미로운 주장을 펼친다. 자아에 대한 그의 회의주의는 고정된 물리적 세계에 대한 연구가 자아로 간주될 수 있는 어떤 것을 드러낼 수 있는지에 대한 검토에서 출발한다. 이 분야에서 급속도로 유명해진 그의 주장은 "어느 누구도 이전에 자아였거나 혹은 자아를 갖지 않는다."(Metzinger 2003 : 1)라는 것이다.

필자는 메칭거에 대해 두 가지 접근법이 있다고 본다. 하나는 (자아환영이 파생된 것이라 말해지는 것으로부터) 의식의 토대에 대한 그의 이론과 관련되고, 그것은 대체로 물리주의적이다. 또 다른 것은 의식이 어떻게 (어떻게 구성되든지) 환영에 불과한 자아감각을 발생시키는가에 대한 그의 설명과 관련된다. 필자의 관심은 후자에 있다. 물론 이것은 우리가 그의 책 전체에서 자아를 물리주의적 환원으로 고찰할 수 있음을 의미한다. 하지만 이러한 쟁점들이 또한 별개로 읽혀질 수 있다는 점은 메칭거 스스로 플라톤, 샹까라, 불교도—그가 잘 알 것이지만, 이 가운데 아무도 의식에 대해 물리학 신봉자들이 될 가능성이 없다—와 자아에 대한 그의 주장을 명시적으로 비교한다는 사실에서 알 수 있다. 확실히 그는 이러한 비교를 심사숙고하여 행하고 그것은 (그것이 물리학 신봉자든지 아니든지 간에) 의식의 기초에 대한 가능한 쟁점은 제껴두고 자아가 현상성 속에 제시되는 방식을 바라보려는 필자의 목적을 위해 충분한 것으로 보인다. (메칭거의 비교를 위한 노고에도 불구하고, 필자가 여기서 말하는 어떤 것도 메칭거가 그 문제에 관한 불이론의 존재론적 주장이나 대다수 불교 입장과 부합하는 것으로 독해한다는 것을 의미하지 않는다.) 그렇다면 필자의 초점은 자아 유형이 의식에서 그리고 의식에

의해 발생되어 현상성의 소유자인 것처럼 보인다는 메칭거의 견해
에 있다.

이제 메칭거는 자아환영이 관계되는 한, 자신의 견해(Metzinger
2003 : 550, 556)와 비교할 수 있는 입장을 지닌 것으로서 불교논사들
과 필자의 목적을 위해 중요한 샹까라(Śaṅkara(*불이론 베단따의 창시자) 모두
를 인용한다. 전자와 관련해서 그는 깨달음에 대한 불교의 구상과
무아성에 대한 자신의 구상을 비교한다. 후자와 관련해 그는 공통
의 관심사를 찾아 자아와 동일시되는 것이 일부 은유적 측면에서
자기의식의 그림자라고 주장한다. 그렇다면 그는 자신의 과학적
관심과 인도인들의 인식론적 관심 간의 차이를 그다지 고려하지
않는 것으로 보인다.

이제 메칭거 입장의 일부 세부 사항으로 되돌아가서 자아에 대
한 믿음에 맞서는 그의 논쟁의 한 축은 현상적 알아차림에 의한
신체와 그 나머지에 대한 자기동일화self-identification—이를테면 의식
이 그 자체를 그 내용과 연계함으로써 갖는 동일성—가 환영을
발생시킨다는 것이다. 샹까라와 불교논사들 모두 의식이 그 현상적
입력들로부터 개별적 자아로서 구축하거나 발생시키는 것이 어느
정도 환영이라고 주장하는 한, 메칭거가 그것들 모두를 인용하는
것은 옳다. 그는 의식의 현상학이 그 의식이 속한 이에게 자아를
산출하는 듯 나타날 때 그 자체로 그릇된 것이라고 주장한다. 그의
난해하고 획기적인 책을 요약하기란 불가능하지만 관련된 주장
(Metzinger 2003 : 547-599)은 의식이란 세계를 투명하게 재현하는 기
능이 그 자신에게 그러한 세계에 대한 관점적 파악의 건립을 포함
하는 체계이고, 또 그러한 관점적 성질은 구축물이 의식 체계에
대해 (즉, ~인 것 같은 것이 아니라) 투명한 현상적 자아 유형이라는

것이다. 달리 말해, 마치 의식적 유기체가 생존을 위해 기능하는 것처럼 그것은 하나의 (자신의) 관점에서 세계를 재현함을 요구한다. 또 그렇게 하는 방식은 그의 관점에서 세계가 경험되고, 그 경험이 발생하는 주체인 어떤 이가 있다는 감각을 발생시킨다. 그러한 방식으로 일상적 의식을 지닌 당신과 나 사이의 모든 구별과 혼란을 없앨 수 있다. 하지만 주체라는 말이 의식적일 수 있는 능력을 지닌 형이상학적 존재가 의식의 관점적 본성의 그 자신에 대한 현존을 설명하는 것을 의미한다면, 경험의 주체인 실재하는 자아란 없다. 의식의 재현 기능에 새겨진 현상적 자아 유형만 있을 뿐이다. 그러한 자아감각을 보존함과 동시에 직관적으로 그런 자아는 없다는 것을 확신하기란 불가능하다. '내'가 관점적 기능을 위해 필요한 그 환영과 함께 계속 기능하거나—급진적으로—'여기' 의식이 현상적인 것으로 간주되는 그 전체적 유형을 재구성하고, 그 안에서 경험의 자기귀속이 전혀 없는 의식적으로 명료한 기능 방식으로 들어간다(Metzinger 2003 : 626-7).

메칭거가 자신의 견해가 동양식 깨달음의 개념과 유사하다고 제안하게 한 것은 이 후자의 가능성이다. 요컨대 메칭거는 인격성의 사회적 차원들을 축소해 나갈 뿐만 아니라, 현상적 의식의 나라는 것도—그가 형이상학적 대상을 의미하지 않는 것으로써—그저 하나의 유형model이지 실재하는real 것이 아니라고 말하고 있다.

그와 대조적으로 자하비는 현상적 의식을 자아 의식으로 읽는다. 그는 주관성이 단순히 알아차림에서 그리고 알아차림에 대한 주관의 현존이라고 주장하면서, 경험의 주관(성)을 긍정한다(Zahavi 2005 : 146). 자하비가 최소이지만 실재라고 주장하려고 하는 자아는 바로 현상적 의식(혹은 경험)에서 제공되는 것, 그것 자신의 일어남에서 지속하는 현존이다(Zahavi 2005 : 128). 그러나 이것은 그가 개념적인 것만큼 메칭거와 형이상학적으로 불일치한다는 것을 의미하지는 않는다. 만약 메칭거가 자아의 현상성이 주어진 것—이어서 의식은 자아인/자아인 듯 보이는 의식을 포함한다는 것—을 인정함으로써 출발한다면, 그는 자신의 목적을 위해서 자하비의 의도를 충분히 수용해온 셈이다.[8] 자하비는 메칭거가 거부하는 전통적인 서구의 실체적 자아론을 변론하는 데 흥미가 없다.

필자의 불이론 해석과 관련한 두 가지 주요 쟁점이 대두된다. 첫째, 현상적 의식에서 자아가 아닌 자아 유형이 있다(Metzinger 2003 : 550)는 것이다. 현존이 의식에 대해 투명한 이 유형에서 현상성은 관점적 주체(그 '자아')와 그 대상 간의 관계성으로 재현된다. 그런 의미에서 메칭거가 (그 존재론적 위상이 어떻게 이해되든 간에) 의식과 세계의 상호작용으로부터 확립된 자아가 환영적이고 자아성의 적법한 형태가 아니라고 비판한다는 점에서, 불이론자 및 불교도와 실제 유사성을 지닌다.[9] 둘째, 현상적 의식이 그 의식을 지닌 개별적 자아에 의존하지 않는다면 자아는 결코 없을 것이라는 진술에서 메칭거는 "철학적 형이상학의 측면에서 개인"을 요구하는 특별한 자아 관념만을 부정할 뿐이다(Metzinger 2003 : 563)고 본다는 점이다. 그것

---

8 자하비와 교신.

9 이와 대조적으로 자하비는 이러한 부류의 자아, 실재하지만 엄격하게 현상학적인 것과 다른 설명에 기반해서 확장되고 보다 풍부한 자아에 대한 다른 설명을 원한다. 우연하게도 그러한 견해를 가진 다수의 고전인도문헌들이 있다. 거기에는 그(녀)의 구성체와 상관없이 사회적으로 편입된 인간은 여전히 윤리적으로 명백한 실제적 개체이며, 그(녀)의 형이상학적 위상은 덕과 행위의 중요성으로 대체될 수 없다. 이것은 소위 '인간의 목적(puruṣārtha)'으로 불리는 다르마, 요구된 것, 덕스러운 삶과 관련된 견해에서 유래한다.

은 의식이 아뜨만의 한 속성이고 따라서 그 존재에 부수적이라는 니야야나 미망사와 같은 힌두학파의 이론처럼 그러한 이론을 포함 하게 될 것이다. 니야야 논사나 미망사 논사에게 있어 만일 현상적 의식이 관점을 갖는다면(즉 어떤 특정 관점에서 자아의 그것으로 있음 이 구조화되어 있다면), 그것은 그러한 의식을 소유한 자아가 현실적 으로 다만 있기 때문이다. 그들에게 있어 대상에 대한 의식의 투명 성은 오직 의식의 결정적인 속성을 소유하기 때문에 그러한 대상을 모두 직접적으로 파악하는 주체인 자아가 거기에 있음을 통해 설명 할 수 있다(Ram-Prasad 2001 : §1-2).

실제로 메칭거는 의식이 본질적으로 개별적 자아나 심지어 현상 학적인 것이 아니라는 주장에 불이론과 불교(의 대다수 전형적 해석) 과 공통점 있는 견해를 제시한다. 자하비는 다만 경험이 그것을 현상학적으로 재현하는 방식이기 때문에 그 의식을 최소자아라고 부르기에 충분하다고 결정할 수도 있다. 그렇다면 바로 그 (아뜨만 적 의미에서) 자아 관념을 어떻게 이해해야 하는가에 대한 모호성은 있다. 핵심의식으로 남겨진 것이 자아인지 아닌지에 대한 이 모호 성은 아뜨만의 불이론적 사용에서 자명하다.

불이론자들에게 진정한 자아—현상학적 내용의 토대인 핵심적, 부인할 수 없는 현존—는 개별성에 대한 것이 아니다. 의식의 개별 적 토대의 감각—영혼jīva으로서 의식—은 분석의 최종적 단계가 아니다. 그들에 따르면 이것은 영혼 의식이 신체화śarīratva의 도구 kāraṇa와 대상kārya을 통해 기능하기 때문이다(Śaṅkara 1917 : 254-5). 주 관-대상 관계로 구조화되어 있는 지각과 기타 의식 활동은 정신 작용, 감각 등의 그 정신적-육체적 장치를 통해 개별화된 의식 속 에서만 가능하다. 그러나 개별화된 자아성에 대한 그러한 감각은 부가물upādhi, 즉 개념화의 지적 능력buddhi, 지각적 감관 등을 통해서 기능하는krtam 의식이고, 의식은 개별적 자아 의식이 아니다(Śaṅkara 1913 : 487). 불이론학파는 우연히 의식 능력을 지니는 개별적 자아 관념을 부정한다. 오히려 불이론학파에서 아뜨만이라 부르는 것은 ─그것이 단순히 그 대상과 관련한 주체를 함의하기 때문에─봄에 대한 보임the seen of seeing이 아니라, 그저 그 봄 [자체]를 보는 자seer of the seeing [itself]이다(Śaṅkara 1914 : 161-2). 요약하면 반영적 주관성 그 자체이다. 그러므로 불이론은 의식의 관점적 본성에 대해 복잡하고 애매한 견해를 가진다. 한편으로 그들은 주관성에 대해 구성적임을 인정하는 한편으로 개별적 주체를 함축함을 부정한다. 우리는 의식에 대한 나의 분석에서야말로 메칭거와 자하비를 구분하는 급진적 설명 방식을 발견할 수 있을 것이다.

4. 불이론에서 '나'와 그 특이성을 탐구함

이제 나에 대한 불이론적 분석과 심지어 자아로 명명될 수 있는 통일된 의식을 긍정하면서도 이러한 분석이 어떻게 자아론을 부정할 수 있을지 보여주는 방식의 세부 사항을 살펴보자. 형이상학적으로 견실한 자아에 전념하는 철학적 체계에서는 그것을 통상 재귀대명사reflexive pronoun와 관련짓는다. 그 이론의 정확한 세부 내용이 어떻든 간에, 그 체계는 '나'를 어떻든 자아를 명명하는 것으로 보려는 경향이 있다. 고전인도학파에는 탐구자가 고통의 세계와 형이상학적 오인으로 계속 연루되게 오도하는 자아성의 특질을 결정하려는 공통의 인식론적 관심이 있다. 자아성의 감각을 형성하는 신체적, 심리학적, 윤리적, 상관적, 사회적 존재의 다양한 특질을 주의 깊게 기술하면서 그 철학자들은 이러한 것들이 사실상 우리의 존재를 진실로 구성하는 것이 아니며, 이러한 진리에 대한 심오한 초월적 깨달음을 통해서만 고통의 조건으로부터 해탈한다고 주장한다. 물론 불교학파는 그렇게 오도하는 자아성의 구축이 어떻게 발생하고 또 어떻게 제거해야 하는지에 대해 그들 내부에서 이견이 있지만, 궁극적으로 존재를 구성하는 어떤 것이 있음을 모두 부정한다. 기타 주요 베단따학파인 한정불이론Viśiṣṭādvaita과 이원론Dvaita을 포함한 브라만학파들은—그들이 자아성구성의 나(ahaṃkāra)으로 명명하는—이 오도하는 자아성의 감각—과—재귀대명사 나aham에 의해 어떤 식으로든 선택된—진정한 자아를 구분하는 경향이 있다.

불이론적 입장의 특이성을 이해하기 위해서는 타 힌두학파에서 제공하는 보다 직관적인 설명과 비교할 수 있다. 미망사학파(혹은 오히려 그 내부의 하위학파인 밧타학파)의 꾸마릴라Kumārila, 600-650는 두 가지를 동시에 주장한다. 자아는 자신을 대상으로 삼는 나 사고를 통해서 그 자신에 대해 틀림없이 진실한 반영적 지시를 행하지만, 이러한 나 사고가 신체적 속성과 활동 등과 같이 자아와 관계를 맺는 특질은 자아의 일부가 아닌 그 자신이다.

한편 나의 자아mamātmeti라는 바로 그 어구는 1인칭의 주된 의미mukyārtha가 자아 이외에 어떤 것에도 적용될 수 없음을 가리킨다. 다른 한편 나의 신체와 관련한 어구는 자아와 신체 간의 구별을 가리킨다(Kumārila : 125-134). 빠르타사라티 미슈라Pārthasārathi Miśra 는 이 주장들의 결합을 옹호한다. 그는 의식하는 주체는 나 사고의 대상aham-pratyaya이라고 말한다. 우리는 파악할 때parāmṛśati 두 가지를 파악한다. '나'로서의 자아와 '이것'으로서의 다른 어떤 것이 그것이다. 동시에 그 파악이 "나는 날씬하다", "나는 간다"라는 형식에 대한 경우, 날씬함과 감은 그 자아와 구별된다. 현실적으로 함축된 것이 "이, 나의 몸은, 날씬하다"이고, 나의 것인 것(날씬함 또는 감)은 내가 아니기 때문에 이것은 소유격(6격) 용법에 의해 문법적으로 지칭된다. 자아와 그 신체화 간의 '친밀의 해로운 결과'(*性)접촉의 해악, saṃsargadoṣa가 환영을 낳아서 신체화된 자아(인격)에 관계하는 속성들의 사례에서 그러한 속성들은 어떻든 아뜨만적 자아를 구성한다(Pārthasārathi 121). 밧타 미망사 논사들은 알아차림이 신체화를 요구한다고 주장한다. 쉽게 말해, 신체가 없으면 자아의식도 없다는 것이다.[10]

니야야 논사들도 다음과 같은 유사한 견해를 갖고 있다. 나는 자아를 간택한다. 자아(아뜨만)는 신체화 없이 경험bhoga을 지닐 수 없다(Vātsyāyana : 1.1.22/35). 밧츠야야나(기원후 5세기경) 역시 근본적 오류지誤謬知, mithyājjāāna는 자아 아닌 것을 자아로 여기는 데 있으며, 이것을 자아성의 기만moha이라고 말한다. 자아성은 신체śarīra, 감관 indriya들, 마음manas, 느낌vedanā과 지적 능력buddhi을 자아로 간주하는 데 있다(Vātsyāyana : 4.2.1, p.288). 이것은 이 논사들이 자아성과 심리적 상태, 또는 세계 내 대상으로서 그들의 신체 관념의 어떤 연합을 부정한다는 것을 말하는 것이 아니다. 논문 서두에서 행했던 요점을 반복하자면, 그들은 이 연장된 자아감각이 한 인격의 삶의 풍요로운 특질과 긴밀히 연결되어서 일상 언어에서 신체화된 인격에 대해 직접 관계맺는 방식만 가능하다고 이해한다. 모든 행위와 경

---

10 맥키(J. L. Mackie)는 '나' 사용에 대한 두 가지 다른 규칙들이 있다고 말하면서 (물론, 매우 다른 목적에서) 유사한 구별을 행한다. 하나는 직접적으로 사람에 연계시키고, 다른 하나는 그것이 무엇이든지 주관에 연계시키는 것이다(Mackie 1980 : 56).

차끄라바르띠 람쁘라사드

356

험은 우리 자신이 세계를 관통하는 하나의 궤적을 갖는 인격이라고 이해할 것을 요구한다. 그러나 연장된 자아성의 특질—정서, 애착, 혐오감, 관계성, 육체적 특질, 신체적 활동—에서 인식론적 관심은 그들이 인격성의 귀속을 개별적으로 나라는 지시적 사용에 의해 간택되는 것으로 생각하는 환원할 수 없는 자아인 아뜨만으로부터 분리해내는 데 있다.

필자는 다수의 브라만 전통의 논사들이 세 가지를 동시에 하려는 경향이 있음을 입증하기 위해 다른 견해들을 제시했다. (1) 그들은 특정한 상태나 속성의 귀속 없이 '나'가 지칭하는 것은 아뜨만, 즉 진정한 자아라고 단언한다. (2) 이와 대조적으로 그들은 자아성의 개념—나임—을, 그 심리학적이고 사회적인 활력에도 불구하고 (또는 사실상 정확히 그것 때문에), 해탈을 성취하기 위한 인식론적 기획에서 통찰력 있게 분석될 필요가 있는 기만적인sopadha 자아성의 감각으로 취급한다(Udayana : 377). (3) 동시에 그들은 어떤 그리고 모든 의식적 상태—삶에서 실제 일어나는 것들—가 변함없이 '나'와 속성들(아픈, 슬픈, 키가 큰)을 연합하는 형태를 취하게 한다. 이로써 삶의 조건은 항상 자아가 진실로 있는 것 너머로 연장되는 자아 감각의 귀속에 있다. (초월론적 나와 모든 그 귀속된 속성 간의 분석적 구별은 사실상 참 자아와 가면적 자아 간의 형이상학적 구별이라는 것이 그 기획 내에서 또 다른 주장이다. 그러나 결론적으로 밧타와 니야야 논사 모두 모든 귀속이 제거될 때 '나'는 모든 인격적 속성에서 벗어난 자아라고 주장한다.)

다른 한편 불이론자는 다음과 같이 훨씬 급진적으로 주장한다. 나 자체는 자아성의 일부이고 그에 관한 모든 것은 형성된 것이라는 견해이다. 나는 단순히 아뜨만을 간택하지 않는다. 불이론자는 인간의 삶 속에서 에고의 현행적 기능에 민감하지만 아뜨만에 대한 그들의 해석을 감안할 때, 나로 지시된 개별화는 정확히 그들이 거부해야 하는 것이다.

샹까라Śaṅkara는 모든 심리학적 복합체에서 재귀대명사의 사용을 수반하지 않는 인식적 삶에 대해 어떤 설명도 할 수 없음에 주목한다. 나와 나의 것이 야기하는 전유소유적 지만(abhimāna)가 없다면 인식주체pramātṛ와 인식수단pramāṇa의 작용은 있을 수 없다. 바짜스빠띠Vācaspati는 샹까라에 대한 자신의 주석에서 이 연장되고 인식론적으로 오도하는 자아감각이 어떻게 두 유형의 전형적인 주장, 즉 "나는 이것이다", "이것은 나의 것이다"를 통해 기능하는지 설명한다. 우선 아뜨만과 신체기관 간의 동일성에 대한 주된 주장은 자아를 개별화하고 자아를 그러한 동일화의 다른 토대들과 구분짓는다. 부차적 주장은 개별화된 존재의 동일성이 그 속에서 사회적으로 연장되는 관계성의 전유이다. 즉 "이 [사람]은 나의 아들이다"가 바짜스빠띠의 실례이다. 자아의 두 종류dvividha의 전유는 해탈을 성취하기 위한 수단을 포함한 세계의 행진lokayātram(*인생의 여정)을 지속하게 한다(Vācaspati : 154).

불이론자는 모든 재귀대명사 사용이 연장된 자아, 인격만을 간택하고, 진정하고 가장 심오한 아뜨만pratyagātman은 간택하지 않는다고 말하기까지 한다. 미망사 논사는 그릇된 동일화를 초래하는 오도된 친밀(접촉)은 '나'와 [지시대명사] 이것을 통해 부여된 속성들 사이에 있다고 말할 수 있다. 하지만 불이론자는 이러한 친밀이 (수레슈바라Sureśvara의 생생한 비유에서 불과 장작이 태우는 것과 태워지는 것과 같이 공존해 있는) 사실상 의식 그 자체와 나 사이에 있다고 말한다. 나 또한 보는 자에게는 이것일 뿐이다(Sureśvara : 3.59, 3.61).

이것은 심지어 개체화의 가장 원초적 알아차림조차—아무리 구체적 생각, 느낌, 지각을 벗겨낼지라도—아뜨만을 지시하지 않음을 암시한다. 그것은 의식(즉 영혼 의식)에서 재현된 개별화된 자아를 지시할 뿐이다.

타 학파와 공통적으로 불이론학파는 '내'가 특이하게 대상을 간택한다는 것에 동의한다. '나'의 사용자는 바로 그 사용자와 그것을 따로 지칭하는 데 성공한다. 그들은 나 용례가 주체를 존재로 나타내는 상태가 그 자체로 진정한 자아의 일부가 아니라고 하는 상대 브라만논사들에 동의한다. 그러나 그들은 나라는 단어에서 현전하는 자아의 원초적 의식bare consciousness이 사실상 자아라는 주장에 이르러서는 타 학파들과 구별된다. 여기서 우리는 진행되는 사항을 주의깊게 주시해야 한다. 불이론자는 나 형태가 독특하고 특이하게 무언가를 간택하고 나아가 각각이 그 자신의 알아차림의 토대를 지닌 다수의 존재가 있다는 점에서 타 학파와 이견이 없다. 그러나 타 학파들이 이것을 아뜨만이라 칭하고 형이상학적 존재의 궁극적 질서에 있는 하나의 구성요소로 간주하는데 반해, 불이론학파는 그것을 '영혼jiva으로서의 의식' 형태로 칭한다. 달리 말해 불이론학파는 나는 구축된 자아, 즉 그 육체적-정신적 토대에 의해서 그리고 그 토대를 통해서 개별화된 의식의 재현전화만을 지시한다고 주장한다. 그러나 불이론학파에서 아뜨만이라 칭하는 것은 개별화된 의식의 자아가 아니다. 그들에게 아뜨만이란 그 자신을 개별적인 것으로 취하는 (우리가 메칭거식式 용어를 빌리자면 유형화modeling라고 할 수 있는) 단순한 의식 자체이다. 이와 같이 의식 그 자체는 심지어 원초적 '나'조차 의미하지 않는다.

만약 자아self 단어 사용으로 우리가 필연적으로 나에 의해 특이하게 지칭된 의식의 개별화된 토대를 의미한다면, 불이론학파는 전유가 가면적 자아의 표식이라고 주장하면서 실재의 근본적 특질로서 나의 것임을 부정하기에 그들이 말하는 아뜨만은 결코 자아가 아니다. 동시에 그것을 무엇인 것what it is으로 만드는 존재 실재의 바로 그 토대인 본질적 성질을 언급하는 '자아'를 더 모호하게 사용한다. 여기에서 존재의 근원적 본성에 대한 우리의 표준적 견해는 그것과 그것이 아닌 것을 구별하는 측면에서 이해된다. 기타 브라만 체계에서 '나'는 그것을 특이하게 사용하는 아뜨만을 그들 자신의 방식으로 사용하는 모든 타 학파와 구별하기 위해 훌륭하게 기능한다. 그렇다면 우리는 이 용례가 더 큰 전통에서 발견되는 풍부한 인격 관념들과 아무리 다르더라도, 아뜨만이 그들에게 자아로 번역되어야 한다고 생각하는 것이 합당하다는 것을 알 수 있다. 하지만 만약 불이론적 아뜨만이 의식의 개별적 토대 간의 궁극적 구별을 부정하고 단순히 그것을 반영적 현존에 대한 총칭으로 취급하려는 것이라면, 그것에 대해 자아라는 단어를 사용하는 것은 이상해 보인다.

그렇다면 (결국 그것은 무언가를 특이하게 지칭하는 기능을 하기 때문에) '나'는 무엇을 간택하는 것인가? 불이론자에게 '나'는 사실상 마음을 지칭한다. 그들에게 마음이란 그 자체로 신체의 물리적 기능의 일부인 내적 감관이나 기제anaḥkaraṇa이다. 고대 인도인들은 물론 뇌의 미세 구조에 대한 지식은 없었지만, 마음을 어떤 류類의 미세sūkṣma하지만 육체적인 내적 인지 감관이라고 간주함으로써 완전히 묘사될 수 있는 어떤 것으로 물리주의적으로 취급했다. 의식은 실로 한 사건event을 주체가 겪는 어떤 것으로 만드는 반영적 현상학의 유일한 측면, 즉 현존하고 있음의 항상적 동반이다. 그러나 의식이 그 (구축된) 주관에 일어나고 있다고 간주하는 것은 실제로 그것과 연계되어 있는 심적 과정들의 내용에서 재현되는 과정이다. 말하자면, 슬픔과 그 귀속에 대한 나의 느낌에서 알아차림을 분석적으로 분리하는 것은 현상학적으로 폐쇄되어 있다. 나는 슬프다고 느끼고, 그렇다고 알아차린다. '여기' 의식은 슬픔이 다만 스스로 구축되어 있는 나의 것임의 감각과 연계되어 있다고 알아차리지 못한다. 여기서 불이론자에게는 세 가지 요소가 있다. (1) '나' (2) 내적 기관에 의해 감지된 주관의 상태로서의 슬픔 (3) 이것이 가탁된 '나'에게 그렇게 귀속된 것이라는 알아차림이 그것이다. 불이론자는 우리에게 폐쇄가 자아성 때문임을 깨닫도록 촉구한다. 자아성은 알아차림이 1인칭 귀속을 구축했음을 알아차리지 못한다는 점에서, (알아차리지 못하는) 마음 내용이 (아뜨만의) 알아차림과 연계되어 있는 곳의 그 마음의 기능이다. 달리 말해 구축된 자아는 의식에 대해 투명하다.

그렇다면 나는 이러한 사용자 특수성이 신체 내에 있는 의식의 위치에 의해서 결정되는 곳인 각각의 사용자 그/그녀 자신에 의해서만 진실로 사용될 수 있다는 특별히 제한된 지표적인 감각에서일지라도, 객관적 용례의 영역에 있다. 실제 수레슈바라의 정형구에서(Sureśvara 3.60) 1인칭 귀속성은 특수한 심적 기능이다. 그것은 나 상태ahaṃvṛtti에 의해 획정된avacchinna 내적 감관antaḥkaraṇa의 작동이다. 그가 표현하듯, "나라는 외투를 걸치고ahaṃkañcukaṃ paridhāya 자아는 유용하거나 해롭거나에 관계없이 그 자신을 외부의 것들과 연관시킨다."(Sureśvara 3.60). 심적 기능은 두 가지 방식으로 발생한다. 첫째, 그것들은 의식이 마음의 나 기능을 드러내는 (혹은 그 자신을 관련시키는) 자아와의 '현현자avabhāsaka—현현되는 것avabhāsya'의 관계로 작동한다. 이것은 의식이 그 자신이라 불리는 대상과 유사한 환영을 갖는 이유이다. 마음은 그 내용을 그러한 의식에 귀속시키는 데 나의 독특한 사용을 통해 특이하게 소유된 의식의 대상이 된다. 둘째, 심적 기능은 대상이 나 사고("나는 이 펜을 원한다", "나는 저 독을 원치 않는다")의 구조화를 돕는다는 점에서 대상과 '도움을 받는 것upakārya—돕는 자upakāraka'의 관계로 작동한다. 그로써 비록 잘못된 방식일지라도 의식이 그 자신을 세계와 의미있게 관계맺게 한다.[11]

　불이론자 또한 나에 대한 특별한 용례를 마음이 지은 대상으로 표시하지만, 그들 스스로 1인칭 대명사에 대한 규범적 문법적 활용을 준수한다. 전자에 대해서 그들은 1인칭의 관습적 격변화vibhaktyaḥ를 사용한다. 예를 들면 소유격은 '나의 것mama'이다. 하지만 나 용례가 형이상학적으로 중요한 대상—이와 같이 자아ātman와 연계되지만 그 자체로 자아가 아닌 것—을 의미할 때, 그들은 그것을 소유격을 갖는 특별한 부류의 고유명사로 취급할 수 있어서 우리가 '라마'의rāmasya라고 사용했던 것처럼 '나'의ahamasya라는 어구를 사용한다.[12] 수레슈바라 역시 자아가 마음과 연계되기에 나의 2차적 의미 lakṣyārtha라고 말한다. 나는 자아실현ātmadṛtya에 매우 유용하며, 따라서 자아는 '나' 용례에 의해 함축되는 것으로 보아야 한다(Sureśvara 2.55).

---

11 Ibid., 여기서 Balasubramanian의 편집 주석본은 매우 유용하다.
12 필자는 불이론에서 이러한 용례에 대한 Nirmalya Guha의 통찰력 있는 이해에 감사드린다.

5. 규정하기 힘든 불이론적 자아

이러한 설명이 보여주는 것은 메칭거와 자하비의 세부 특징을 흥미롭게 조합한 입장이다. 메칭거처럼, 불이론학파에서도 실제로 아무도 없다고 한다. 메칭거에게 있어 나 감각을 발생시키는 것은 개별적 자아를 간택하는 것으로서의 여기here 의식이고, 현상적 자기의식은 그 모델링이 투명하기 때문에 그것을 구축하는 의식에 의해 오염되지 않은 구축물을 지닌 소유권 감각, 나의 것임을 재현한다(Metzinger 2003 : 562). 불이론학파에게 개별성이라는 의식은 하나의 환영이다. 아뜨만은 하나의 특정한 개체가 아니라 실수로 개별성을 생성하는 의식이다.[13]

자하비의 입장에서 불이론학파는 그와 핵심의식 관념을 공유한다. 자하비의 주장은 현상학적 탐구가 단순히 경험의 주관성을 제시하며 (메칭거에 의한) 그것의 부정은 불필요하게 제한적으로 보인다(Zahavi 2005 : 128)는 것이다. 그는 메칭거가 말한 최소자아가 지나치게 포괄적이라는 것과 의식 역시 자아의 하나라는 불이론의 의식 관념 주장과의 비교도 매우 느슨해 보인다는 점 또한 알고 있다. 일반적으로 그가 말한 핵심자아와 연장된 자아 간의 세심한 구분역시 불이론에 대한 필자의 해석과 별 무리없이 계합된다. 이 책의

---

13 물론 이러한 의식은 불이론학파 역시 초월론적(transcendental)이다. 왜냐하면 칸트의 방식으로 그것은 개별적 의식의 현상들을 위한 전제조건, 토대이기 때문이다. 그런데 메칭거는 칸트를 무시하면서 초월론적 형이상학이라는 전문용어를 단호히 회피한다. 하지만 우리는 현상적 자아를 유형화하는 그의 체계가 어떤 면에서 초월론적 요구가 아닌지 물을 수 있다. 환원적 물리주의가 초월론적 논변을 요청하지 않는다는 것에 대한 가능한 답변에 대해서 이 논문 범위를 넘어선 논의가 필요하다.

논문에서 자하비는 의식의 통일체의 주어짐 역시 나의 것임이라는 자신의 견해를 반복한다. 그러나 자하비와 달리 불이론자는 이 반영성reflexivity을 완전히 자연스러운 전유적이고 귀속적인 나의 것으로 보는 것을 거부할 것이다. 그들에게 어떤 나의 것임도 일부 특수한 속성이나 재현에 관한 것이 아니라면 공한 것이지만, 현상학에 대한 가능성을 제공하는 핵심의식이 아니라 한갓 현상학적 내용에서 찾아볼 수 없는 그 자체일 뿐이다. 초기 불이론자는 나를 부정하고 통일된 의식 현존을 긍정하는 조합이 의식과 관점적 현상학의 관계에 대한 더 많은 이해를 필요로 한다는 점을 즉각 인식하지 못했다. 후기 불이론자는 자동조명설svataḥ-prakāśa vāda을 통해 여기에 초점을 맞췄다. 이제 그들이 어떻게 1인칭 사용 없이 관점적 현존에 접근하려고 했는지 살펴보기 위해 잠시 이 이론에 시선을 돌려보자.

6. 의식의 반영성

분석철학자들은 종종 그 자신에 대한 의식의 현상적 현존(현상학자들이 자신에 대한 본질적 표식이라고 말해왔던 것)이 실제로actually 어떤 특정 의식 상태에 대한 자기의식에 관한 것이라고 생각하기도 했다. 나의 것임의 현상학과 의식의 분석적 자기의식에 대한 혼동을 다룰 수 있는 인도인들의 논쟁은 현실적으로 자기의식이 보장되고 있는지, 그 방식이 무엇이든지 간에 그러한 특질을 소유한 의식이 지속적인 개체인지 아닌지에 관한 것이다. 자기의식 상태의 흐름—즉 현상적 연속체인지—이 자아를 함축하는지에 대한 문제는 이제 철학 문헌에서 검토되고 있다(Dainton 2005 : 1-25). 물론 이에 관한 광범위한 심화 논의는 고전인도불교와 힌두 간에 벌였던 논쟁의 중심이다. 따라서 불교 입장에 대한 특정 불이론의 비판 윤곽 역시 자기의식의 개별적 계기繼起와 의식적 자아 가능성 간의 관계에 대한 현 탐구에 기여할 수 있는 그 해묵은 논쟁의 잠재력을 보여준다.

고대 인도인들은 이 두 논쟁을 융합시키지 않았다. 그들은 의식의 구성적 본성, 그 자체로서의 현존에 관한 별도의 논쟁을 가졌다. 이것은 의식이 어떻게 조명되는가, 즉 현상성이 구성되어 있는 것에 관한 자기조명svataḥ prakāśa과 타자조명parataḥ prakāśa에 대한 이론 형식을 갖는다. 이 논쟁은 용어상 다르지만 개념상 유사한 불교논사 디그나가의 자기의식설에서 시작되었다. 실제 이것은 의식의 자기의식을 고찰하지만 (비록 자아와 친밀하게 관련되더라도) 자아 문제에 관한 것이 아님을 분명히 밝혀둔다.

통상 초기 불이론자들은 의식이 그 자신에 대한 반영적 접근인 의식(의 현상성)의 자명한 본성, 자아의 본성이 항상 현존하고 있음을 주장한다(Śaṅkara 1917 : 2.3.7; 287, "sarvadā vartamānasvabhāvatvāt"). (이 책의 파싱 역시 불이론에서 현존 관념을 다룬다.) 요컨대 자아는 그 자신에 대해 접근할 수 있는 어떤 매개도 갖고 있지 않다. 이와 대조적으로 대상인식은 인식수단 및 그 대상과 관련한 상호작용으로 매개된다(pramāṇaprameyavyavahāra). 어떤 것이 알려진다고 말하는 것은 (1) 인식주체pramātā, (2) 대상, (3) 지각 및 감관과 같은 인식수단의 매개가 있음을 말한다. 그러나 자아는 그 자신과 그 자신에 대한 알아차림을 구별하지 않는다. 따라서 자아는 인식대상이 아니다(Sureśvara 2.98, "ātmano aprameyatvam"). 불이론자에게 대상이란 바로 그것—인식수단에 의해 접근할 수 있는 세계 내 사물들—을 의미한다. 니야야 논사들은 그것이 존재론의 모든 구성요소를 샅샅이 다룬다고 주장하곤 했다. 하지만 불이론자는 그렇다고만 하지 않는다. 사실 정반대이다. 왜냐하면 그들의 존재론에서—바로 대상이 아닌—궁극적이고 환원할 수 없는 우주적 의식만 존재하기 때문이다! 그러므로 그들은 실재적인 유일한 개체—의식—와 어떤 종류의 준-실재적, 임시적, 상호작용적 존재를 지니는 인식대상을 구분함에 틀림없다.[14] 그러한 면에서 그들은 인식 상태가 항상 인식 행위자의 주관성—즉 의식 그 자체—을 그 내용으로 간주할 수 있음을 부정하는 인식의 폐쇄에 집중한다.

타 학파—특히 니야야학파와 상이한 미망사의 하위 학파들—이 자아의 본성과 의식을 매우 상이하게 해석했음이 명확해짐에 따라, 후기 불이론자는 그 자신에 대한 의식의 현존에 관한 자신들의 이해를 의식의 '자기조명성autoluminosity'으로 한층 명확히 정의하려고 했다.[15] 이러한 후기 저술들[16]의 목적은 의식의 차별적이고 구성적인 특질이 자신에 대한 투명성임을 밝히기 위함이다. 실제 의식은 구체적 심적 상태의 내용에 들어가지 않는 그 자신의 일어남에 대한 그 자신의 '순수한' 현존인 반면, 모든 내용은 특정한 주관적 관점에 대해서인 것처럼 현시된다. 초기 불이론적 입장을 따르면,

---

14 다양한 개념들을 통한 대상 세계의 위상에 관한 불이론적 입장에 대해서 Ram-Prasad(2002)를 참조하라.

15 유가행 중관학파(의식의 구성적 본성을 처음 언급한 유가행파 논사들), 밧타 미망사학파와 쁘라바까라(Prābhākara) 미망사학파, 니야야학파 불이론 베단따학파를 검토한, 보다 상세하고 체계적인 분류법은 Ram-Prasad(2007)의 2장에 있다.

16 표준구(標準句)는 *Advaitasiddhi* 안의 동일 주제에 관한 마두수다나 사라스바띠의 주석(Madhusūdana Sarasvatī : 767-9)을 포함한 찌뜨수카의 *Tattvapradīpikā* (Citsukha : 1-5)이다.

의식의 자기조명성을 정의하는 가장 중요한 특성은 그것이 알려질 수 없는 것avedyatva이라는 것이다. 의식에 대해 어떤 것도 알 수 없다는 바로 그 사실은 오히려 의식에 대해 알려질 수 있기에 자기패배적인 주장이 될 수 없다. 마두수다나Madhusūdana는 알려진 것[所知]은 알 수 있는 것이 지각과 추리와 같이 인지과정의 대상이라고 엄격하게 볼 때 알 수 없는 것으로서 의식의 본성에 대한 이론적 주장이지만, 의식 자체는 (즉 오직 항상 주관인 그것)이라는 그 본성 및 실제 대상이 아니라는 주장을 알아차리는 것이라고 지적한다.

따라서 불이론자는 많은 다른 부류의 자아를 부정하며, 어떠한 재인식하는 방식에서 그들이 긍정하는 것은 상당히 추상적인 의미에서 의식적 존재의 반영성, 의식의 본질, 의식의 '자아'를 제외하고는 어느 모로 보나 자아라고 하기 어렵다. 사실상 그들은 개별화된 현상성의 모든 구체적 상태를 가로지르는 안정된 주관성이나 의식의 통일체를 주장한다. 우리가 여기에서 살펴본 것은 자하비(이 책의 4장 2절)와 달리 불이론자는 내재적 반영성을 '나의 것임'으로부터 분리시킨다는 것이다. 동시에 자하비처럼 그들은 자아성이 주관성과 구별될 수 있다고 생각하지 않는다. 따라서 그들은 자신들이 자아를 지지하고 무아론을 부정한다고 강조한다.

7. 결론

개별적 자아의 구축성이 의식에 대해 투명하다는 메칭거의 주장은 불이론과 대다수 불교학파 모두에 공통적으로 적용되는 것으로 보인다. 만일 의식이 포함된 (혹은 의식이 그 밖의 실재를 구축한다면,

오직 의식일 뿐(*만법유식萬法唯識) 실재의 모든 요소가 찰나라는 견해를 지지하는 불교의 역사적 발달을 논외로 한다면, 메칭거는 불이론과 불교의 일부 재해석에 모두 부합될지도 모르겠다. 결국 이 책에서 알바하리는 불교의 자아 부정을 옹호하면서도 찰나적인 것의 실재는 고려하지 않는다. 하지만 불교의 틀에 박힌 진부한 해석이 찰나설을 고수한다면, 통일적인 의식 체계를 부정하거나 찰나적인 의식 상태를 요청하지도 않는 메칭거식 설명에서 불교보다는 불이론과의 교차문화적 비교가 더 수월해 보인다. 그 이유는 불이론의 불교 비판의 핵심이 두 가지 차원의 논의—하나는 의식의 통일체를 지지하는 것이고, 다른 하나는 찰나설에 반대하는 것—이기 때문이다 (Śaṅkara 1917 : 2.2.18-25). (파싱은 상까라에 귀속되는 다른 문헌을 통해서이기는 하지만 이 불이론 논의 모두에 관해 더 많은 것을 말할 수 있다.) 그러나 결국 메칭거에 대한 흥미로운 요점은 그가 (불이론과 불교 모두에) 어떻게 의식이 세계와 관련하여 기능하는가에 대해서 본질적일 수 있지만, 어떻게 우리의 가장 견실하고 직관적인 자아감각이 환영일 수 있는가에 대한 교차문화적 설명의 가능성을 제시한 것으로 보인다는 점이다.

자하비는 확실히 자아의 교차문화적 철학에 대한 풍부함을 창출하고 있고, 그의 최소자아 개념은 불이론적 렌즈를 통해 쉽게 읽힐 수 있다. 필자와 파싱의 논문 간의 약간의 강조점 차이—특히 불이론 입장이 1인칭에 관한 한 자하비보다 더 급진적이라는 필자의 주장—는 진정한 교차문화 철학적 관여에 여전히 해야 할 일이 많다는 점으로 되돌아온다.

그렇다면 불이론자는 현상적 의식에 대한 형식적 주체의 본성과 존재에 관한 구체적 논의 안에서 자아 존재를 긍정하면서 불교도와 맞서는 것처럼 보이지만, 그에 대한 니야야·미망사학파가 주창하는 의식의 속성을 지닌 객관적 자아와 매우 다른 것임을 시사한다. 환원할 수 없는 존재의 본질이 의식적 존재의 속성을 지닌 객관적 자아라기보다 오히려 주관성이라는 그들의 주장은 불교의 자아 부정의 일부 형태와 다소 흡사해보인다. 불이론은 또한 나 용례가 그러한 통일된 의식을 간택함을 여전히 부정하면서도 그 주관성이 찰나적 사태의 과정으로 구성된 것이 아니라 통일된 것이라고 여긴다. 불이론의 아뜨만적 자아는 참으로 규정할 수 없는 것이다. 그것은 전통에 대한 인식론적gnoseological 매력이었고, 오늘날의 철학적 관심사이기도 하다.

참고문헌

Albahari, M. (2006), *Analytical Buddhism : The Two-Tiered Illusion of Self* (Houndmills : Palgrave Macmillan).

Baker, L. (1998), 'The first-person perspective : A test for naturalism', *American Philosophical Quarterly* 35 : 327–47.

Citsukha (1956), *Tattvapradīpikā*, ed. Swami Yogindrananda (Varanasi : Udasina Samskrta Vidyalaya).

Dainton, B. (2005), 'The Self and the Phenomenal', in Galen Strawson (ed.), *The Self?* (Oxford : Blackwell).

Duerlinger, J. (2003), *Indian Buddhist Theories of Persons : Vasubandhu's 'Refutation of the Theory of a Self'* (London : Routledge Curzon).

Ganeri, J. (2007), *The Concealed Art of the Soul* (Oxford : Oxford University Press).

Heidegger, M. (1962), *Being and Time*, trans. John Macquarrie and Edward Robinson (Oxford : Blackwell).

Husserl, E. (1989), *Ideas Pertaining to a Pure Phenomenology and to a Phenomenological Philosophy—Second Book : Studies in the Phenomenology of Constitution*, trans. R. Rojcewicz and A. Schuwer (Dordrecht : Kluwer).

Kant, I. (1933), *The Critique of Pure Reason*, trans. Norman Kemp Smith (London : Macmillan).

Kumārila Bhaṭṭa (1899), *Ślokavārttika*, ed. Ramasastri Tailanga (Benares : Chowkambha Sanskrit Series).

Locke, J. (1979), *An Essay Concerning Human Understanding*, ed. P. Nidditch (Oxford : Clarendon Press).

Mackie, J. L. (1980), The Transcendental "I", in Zak van Straaten (ed.), *Philosophical Subjects : Essays Presented to P. F. Strawson* (Oxford : Clarendon Press).

Madhusūdana Sarasvatī (2005), *Advaitasiddhi*, ed. N. S. Ananta Krishna Sastri (Delhi : Parimal Publications).

Metzinger, T. (2003), *Being No One* (Cambridge, MA. : MIT Press).

Nagel, T. (1986), *The View from Nowhere* (Oxford : Oxford University Press).

Pārthasārathi Miśra (1915), *Śāstradīpikā*, ed. Dharmadatta Suri (Bombay : Nirnaya sagar Press).

Ram-Prasad, C. (2001), *Knowledge and Liberation in Classical Indian Thought* (Basingstoke : Palgrave).

_____ (2002), *Advaita Epistemology and Metaphysics : An Outline of Indian Non-Realism* (London : RoutledgeCurzon).

_____ (2007), *Indian Philosophy and the Consequences of Knowledge* (Aldershot : Ashgate).

Śaṅkara (1913), *Katha upaniṣadbhāṣya*, ed. Rajavade Sarma (Poona : Anandash rama Sanskrit Series).

Śaṅkara (1914), *Bṛhadāraṇyaka upaniṣadbhāṣya*, ed. Kasinatha Sastri Agase (Poona : nandashrama Sanskrit Series).

Śaṅkara (1917), *Brahmasūtrabhāṣya* with Vācaspati's *Bhāmatī*, ed. N. A. Krishna Shastri and V. L. Sastri Pansikar (Bombay : Nirnayasagar Press).

Sureśvara (1988), *Naiṣkarmyasiddhi*, ed. R. Balasubramaniam (Madras : Madras University Press)

Swinburne, R. (1984), 'Personal Identity : the Dualist Theory' in Sydney Shoemaker and Richard Swinburne, *Personal Identity* (Oxford : Blackwell).

Udayana (1955), *Ātmattvaniveka*, ed. N. S. Dravid (Shimla : Indian Institute of Advanced Study).

Vācaspati, *Bhāmatī*. See Śaṅkara 1917.

Vātsyāyana (1939), *Nyāyabhāṣya* to Gautama's *Nyāyasūtra*, ed. Ganganatha Jha (Poona : Poona Book Agency).

Velleman, D. (1966), 'Self to Self', *The Philosophical Review* 105.4 : 39–76.

Zahavi, D. (2005), *Subjectivity and Selfhood. Investigating the First-Person Perspective* (Cambridge, MA. : MIT Press).

_____ (2009), 'Is the self a social construct?' *Inquiry* 52.6 : 551–73.

제 9 장

자아를 상호구성하기 :
자아 창발(創發)에 대한
불교의 접근과 상호구성주의 접근

9
자아를 상호구성하기 :
자아 창발(創發)에 대한
불교의 접근과 상호구성주의 접근

매튜 맥켄지(Matthew MacKenzie)

1. 머리말

신체 및 여타 자연 세계로부터 분리된 실체로서의 자아 관념(예로, 데카르트적 자아)은 오늘날 광범위하게 거부된다. 하지만 자아에 대한 많은 설명은 논란의 여지가 있기는 하지만 기본적으로 데카르트적인데 머무는 실체론과 객관론과 같은 전제에 기반해서 전개된다 (cf. Dennett 1991; Metzinger 2003). 이와 대조적으로 불교와 상호구성주의enactivism[1]는 인지·주관성·신체화 및 자아의 본성에 관한 데카르트적 접근에 대해 풍부한 대안을 제시한다. 실제로 인지에 대한 상호구성주의 접근과 그와 연계된 신경 현상학의 방법은 데카르트주의를 넘어서기 위해 명시적이고 체계적으로 불교 사상가와 이념

---

1 역주) 'enactivism'은 유기체(신체)와 환경, 부분과 전체, 내부(자율 및 자기조직화)와 외부(요소들 간의 관계) 간의 상호발생, 영향, 명시 등을 통해 자기 구성과 타자 구성이 역동적, 창발적으로 상호 연계된다는 맥락을 살려 '행위화주의'보다는 '상호구성주의'로 번역한다.

및 그 관행에 토대를 둔다. 이 논문에서는 자아에 대한 인도와 티벳 불교 및 상호구성주의 설명 중의 일부 결함을 교정하는 한편, 여러 통찰들을 한데 모아 자아 문제를 다룰 것이다. 불교 무아론과 아비달마학파가 전개한 이러한 교의에 대한 엄격한 환원론 해석을 검토하는 작업부터 시작할 것이다. 불교 환원론의 몇 가지 근본 문제를 논의한 후, 심리철학과 인지과학에 대한 상호구성주의 접근에 초점을 둘 것이다. 특히 역동적 체계인 인간은 높은 수준의 자기조직 자율성이라는 특징을 지닌다고 주장할 것이다. 그러므로 인간은 자신을 구성하는 기본적인 심신 사건으로 환원될 수 없다. 유사한 맥락에서 프란시스코 바렐라는 자아가 자기조직화 과정을 통해 발생하며, 따라서 가상적일 뿐이라고 주장한다(Varela 1999). 자아를 가상적으로 보는 바렐라의 상호구성주의enactivist 설명과 불교 관념의 활용을 옹호하는 동시에 비판적으로 검토할 것이다. 이와 대조적으로 필자는 자아가 창발적emergent이고 구축된constructed 것이지만, 가상적이지만은 않다고 주장할 것이다. 마지막으로 필자는 자아에 대한 불교 상호구성주의 설명을 약술할 것이다. 필자는 능동적이고 신체화embodied되며 내장된embedded 자기조직화 과정으로서 자아에 대한 비환원론[2] 견해—불교도들이 '나' 형성하기라고 부르는 것—에 찬성한다. 이 자아 형성의 창발 과정은 체험된lived(살아지는) 경험, 즉 생물학적 수준에서 오토포이에시스autopoiesis, 의식적 경험 수준에서 시간화temporalization와 자기지시self-reference, 그리고 상호주관성 수준에

---

2 '비환원론(non-reductionist)'은 종종 인격의 동일성에 관한 문헌에서 매우 개방적으로 사용되어서 인격의 정체성에 대한 설명은 데카르트적 자아나 단순한 '그 이상의 사실'에 의존하지 않는 한에서 환원론적이다. 필자의 견해는 쉽게 이 범주들에 적용되지 않고 오히려 창발주의적(emergentist) 자기구성 자아관이다.

서 개념적이고 서사적 구성을 특징짓는 완전한 재귀적 과정에 기반하고 있다. 필자는 불교 용어로 연기적이고 공하지만, 그럼에도 불구하고 실재하는 자아에 대해 설명할 것이다.

2. 무아Non-Self

무아론은 불교 사상에서 가장 많이 알려지고 논란이 많은 이론일 것이다. 불교의 관점에서 보면, 현상은 원인과 결과의 인과적 관계망 속에서 발생한다. 이것은 불교의 '연기pratītyasamutpāda'에 대한 근본 관념이다. 어떤 특정 존재, 사태나 과정에 대한 불교적 분석은 그것이 발생하고 영향을 미치고 사라지는 상호작용의 동적 패턴에 초점을 맞출 것이다. 우리가 자아에 대한 불교의 설명을 이해할 수 있는 것은 이같이 기본적으로 분석적, 존재론적 전제의 배경에서이다.

우선 무아론은 지속하는 실체적 자아인 아뜨만에 대한 부정이다. 이러한 견해에서 '자아'는 단지 체험적 인격pudgala에 대한 다른 용어가 아니라, 오히려 그 존재가 인격의 동일성을 근거짓는 내적 자아인 실체적이고 본질적인 인격의 핵심이다. 브라만교의 종교 철학적 전통 속에서 아뜨만은 일반적으로 매우 형이상학적으로 해석된다. 그것은 개별적 진아眞我라고 말해지는, 단일하고 본질적으로 불변하며 영원하고 정신적인 실체이다. 그러나 불교 무아론의 궁극적 목표는 다양한 브라만학파에서 일반적으로 옹호되는 심원한 정신적 관념이 아니다. 근본적으로 불교의 목표는 훨씬 널리 수용되고 깊이 뿌리박힌 자아 관념이다. 우리의 기본적 자아 개념에 대한 갈렌 스트로슨의 설명은 아뜨만에 대한 불교의 평가와 잘 부합된다. 그는 다음과 같이 기술한다.

필자는 정신적 자아가 보통 다음과 같이 구상되거나 경험된다고 제안한다.

(1) 견실한 의미에서 사물
(2) 어떤 의미에서 정신적인 것
(3), (4) 공시적 및 통시적으로 양자를 고려할 때 하나의 단일한 것
(5) 모든 다른 것들과 실체적으로 구별되는 것
(6) 경험의 주체, 의식의 감수자 및 사유자
(7) 행위자
(8) 특정한 성격이나 인격성을 지닌 것

Strawson 1999 : 3

스트로슨의 견해를 초기불교 아뜨만$^{Pāli. atta}$에 대한 미리 알바하리의 설명과 비교해보자.

자아는 인격의 소유자이고 통제 행위자이면서 또한 장기적인 내구성과 불변성을 지닐 뿐만 아니라 한 순간에서 다음 순간으로 끊임없고 변함없는 현존^{presence}을 지닌 통합되고 비구축된, 한정되고 행복을 추구하며 고통^{dukka}을 회피하는(목격하는) 주체이다.

Albahari 2006 : 73

여기서 우리는 자아가 한정되고(스트로슨의 용어로 '실체적으로 구별되는') 지속하는 경험의 주체, 소유자 및 통제자로 이해됨을 알 수 있다. 알바하리는 또한 주체와 자아를 유용하게 구별한다. 주체는 "정신적-육체적(따라서 시공간적) 관점에서 현전할 때의 목격함 [알아차림]"이다(원본대로 강조)(Albahari 2006 : 8). 따라서 관점적 경험은 주체를 함축하지만 자아를 의미하지는 않는다. 왜냐하면 자아는 한정되고 지속적이며 통제하는 등 특별한 유형의 주체이기 때문이다. 불교도들에게 중요한 것은 이상의 의미에서 자아는 존재하지 않으며, 우리가 그러한 실체라는 깊이 뿌리박힌 감각이 우리의 실존적·정신적 굴레(윤회)의 근저에 있다는 사실이다.

실체적 자아의 존재를 부정하는 불교도들은 인격pudgala의 존재가 올바른 방식으로 조직된 오온(다발이나 집합체)의 존재에 있다고 주장한다. 오온은 다음과 같다.

1. 색色, Rūpa : 신체나 신체성
2. 수受, Vedanā : 정서와 느낌
3. 상想, Samjñā : 지각과 인지
4. 행行, Saṃskāra : 조건화와 의지
5. 식識, Vijñāna : 의식

이 오온은 독립체로 간주되어서는 안 되며, 대신 인과적이고 기능적으로 통합된 정신-물질nāma-rūpa 체계나 과정skandhasantāna('집합체 흐름' 또는 '다발 연속체')의 상호의존적인 측면으로 여겨진다.

색온色蘊, rūpa-skandha(물질형태)은 유기체로서 인격의 조직 구조를 포함한 인간의 신체적 측면을 지칭한다. 수온受蘊, vedanā-skandha은 인격의 정서적 차원과 (즐거운, 즐겁지 않은, 중립적인) 경험을 의미한다. 상온想蘊, saṃjñā-skandha은 경험의 대상을 식별하고 재식별하는 능력을 포함한 지각의 좀 더 완전한 인지 능력을 나타낸다.[3] 이 능력의 작동은 (탐구 행위와 같은) 감각 운동 기술뿐만 아니라 환경과의 감각적 접촉sparśa에 달려 있으며, 개념의 사용을 포함하는 경우가 많다. 다음으로 행온行蘊, saṃskāra-skandha(조건화)은 인격과 그 경험을 가능하게 하고 제한하는—감각 운동 기술, 기억, 습관, 감정적 지향, 의지 및 인지 도식과 같은—다양한 성향, 능력 및 형성을 포함한다. 이 범주에는—결국 경험의 느낌과 정서적 양태vedanā, 受와 밀접하게 연계된—끌림, 배척 및 무관심이라는 우리의 심리 욕구의 기본 충동이 포함된다. 불교의 관점에서, 한 인격의 세계 내 전체 존재는 이러한 침전된 조건화에 의해 움직인다. 항상 더 나은 방향으로는 아니지만 말이다. 사실 기본적인 심리 의욕적 충동은 종종 탐진치 '삼독三毒'과 같은 병리적 방식으로 나타난다. 러스트하우스Lusthaus 가 말하듯이, "그러한 경향은 우리가 그것을 발생시킨 원인과 조건을 무시하거나 무지한 채로 있을지라도, 항상 우리의 몸에, 우리의 세계 내 존재 방식에 새겨져 있다."(Lusthaus 2002). 마지막으로 식온識蘊, vijñāna-skandha은 지향적 의식을 식별하는 것을 의미한다.

그러므로 표준적 불교 분석에서 인격은 오온과 독립적으로 존재할 수 있는 독립체가 아니다. 복합적이고 비영구적이며 변화하는 온蘊을 제거하면, 우리에게 항구적·실체적 자아만 남게 되는 것이 아니다. 우리에게는 아무것도 남지 않는다. 더욱이 인격의 통시적

---

3 상(想, saṃjñā = sam 함께 + jñā 앎)은 '인지하다(cognize)'와 동족어이고, '연합 (association)'과 더불어 '종합(synthesis)'의 의미를 지닐 수 있다. 러스트하우스는 saṃjñā를 '연합적 앎(associational knowledge)'으로 번역한다(Lusthaus 2002 : 47).

동일성은 온蘊의 적절한 정도의 연속성과 연계성으로 구성된다. 그것은 인과적이고 기능적으로 통합된 연속이나 오온의 흐름이 존재하는가의 문제이다.

무아론을 간략하게 개괄했으므로 이제 자아(아뜨만)의 존재에 맞서는 두 가지 논법인 표준적criterial 주장과 인식적epistemic 주장을 검토해보자. 우선 개별적 온蘊이나 온蘊의 전체 복합체 어느 것도 독립적, 주체적, 지속적, 내적 통제자 및 소유자인 자아일 수 없다는 주장이 있다. 검토 결과, 오온 중 어떤 것도 이러한 자아의 기준을 충족시키지 못한다.[4] 다양한 정신적 요소들nāma-skandha은 인격의 안정적, 지속적 본질을 구성하기에는 지나치게 일시적이고 변하기 쉽다. 더욱이 정신적 요소들은 경험 속에서 주체나 대상으로서가 아니라 연속santāna(상속)이나 흐름으로 드러난다. 신체는 아마도 안정적일 수 있지만, 다른 복합적 현상처럼 신체가 영속적 흐름 속에 있다는 근본적 문제는 동일하다. 우리는 어떻게 신체의 지속 조건을 명시해야 하는가? 우리는 지속성을 설명하는 신체의 독특한 존재론적 경계나 일부 본질적 부분을 식별하려고 시도할 수 있다. 그렇지만 이러한 전략 가운데 어떤 것도 특별히 성공적으로 보이지 않는다. 신체의 물리적 경계는 모호하고, 설사 우리가 신체의 본질적 부분을 발견할 수 있다 하더라도 이 본질적 부분이 자아selfhood의 다른 기준을 충족하는지는 의심스럽다. 그러므로 개별적 온蘊 가운데 어떤 것, 정신적 요소나 신체도 실체적, 지속적 자아일 수 없을 것으로 보인다.

---

4 표준적인 논변의 고전 형태는 『쌍윳따 니까야Samyutta Nikāya』 III.66-68에 나타난다. 번역과 관련해 Holder(2006) 참조.

그렇다면 온들이 다 합쳐진 것, 즉 명색 혹은 심신 결합체는 어떠한가? 이것이 자아일 수 있는가? 이 답과 관련된 하나의 문제는 자아가 인격의 지속을 근거짓고 설명하는 인격의 본질로 상정되는 반면, 심신 복합체는 경험적 인격이라는 것이다. 개별적 온蘊과 같은 경험적 인격은 유동적이어서 지속성도 문제가 된다. 그러므로 자아를 인격 전체와 동일시하는 것은 설명항explanans을 피설명항explanandum과 통합하는 일이 될 것이다. 둘째, 전체와 부분의 관계는 문제가 있고, 불교도들은 복합체가 부분들의 독립적 소유자 및 통제자일 수 있음을 부인한다. 그러므로 개별적이건 집합적이건 간에, 실체적, 본질적 자아는 온蘊 가운데 발견되지 않는다. 두 번째와 이후의 논법은 첫 번째 논법에 기초한다. 불교논사 바수반두에 따르면 우리는 자아를 직접인식이나 추리를 통해 파악해야 한다.[5] 하지만 우리는 자아를 이 두 가지 수단을 통해 파악하지 않는다. 그러므로 아뜨만의 존재에 대한 어떤 지식적 보증도 없다. 자아는 다섯 가지 외부 감각이나 성찰에 대한 직접적 대상이 아니다. 인간은 전형적으로 자아감각이 있지만, 이 자아감각이 지속적이고 실체적인 자아에 대한 직접인식을 제공한다는 결론이 따라 나오지는 않는다. 더욱이 자아가 사유의 대상이 될 수 있다고 해서 자아가 존재한다는 결론 역시 따라 나오지 않는다.

따라서 자아가 직접인식을 통해 알려지지 않는다면, 추론을 통해 알려질 것이다. 바수반두는 관찰할 수 없는 감각 기능의 존재에 대한 타당한 추론을 검토한 후, 관찰할 수 없는 자아의 존재에 대한

---

5   이 논변은 '자아론에 대한 반박' 1.2에서 나타난다. 번역과 관련해 Duerlinger(2003) 참조.

어떤 타당한 추론도 없다고 주장한다. 감관 기능의 경우, (특히 시력이 있는 사람과 대비해 맹인의 경우) 감관 기능이 실재하는지 실재하지 않는지 분간하는 합리적 방법이 있다. 동일한 점이 아뜨만에 대해서 적용될 수 있는가? 예컨대 인격 A와 인격 B를 구별하기 위해 별개의 실체적 자아의 존재를 상정할 수 있다. 하지만 실체적 자아는 A 및 B와 연계된 정신적 육체적 사태의 늘 변화하는 흐름과 독립적으로 그 동일성을 유지해야 하는데, 어떻게 우리가 이렇게 상정된 자아를 입증할 수 있겠는가? 현재 상태 그대로, 경험적 증거 —예를 들어 개별적 신체, 명칭에 대한 다양한 활용 및 '나'—는 단일 공유 자아나 매 순간 새로운 실체적 자아뿐만 아니라 상정된 자아의 현존 및 부재 모두와 합치된다. 그러므로 아뜨만의 존재에 대한 추리는 약해 보인다. 여기서 바수반두의 주장은 확정적이지 않다. 하지만 근저에 있는 논증 전략은 증명의 부담을 실체적 자아 옹호자에게 전가시키는 것이다. 영속하는 실체적 자아를 상정하는 추리의 근거가 있는가? 또는 (기억과 같은) 현상이 다양한 심신 사건 및 과정 간의 체계적 관계 면에서 설명될 수 있는가? 불교도들은 물론 지식론적, 존재론적 최대 단순성에 근거해서 후자의 접근을 선호한다. 그들의 주장에 따르면, 우리는 인무아人無我, pudgalanairātmyā 이다.

3. 불교 환원론

　여러 불교학파들은 인무아로서 인간을 설명하는 데는 동의하지만, 실체적 자아 부정이 갖는 온전한 존재론적 함의에서는 상당한 불일치를 보인다. 아비달마학파나 불교의 환원론학파의 무아론은 철저히 환원론적이고 비실체론적인 경험론의 중심에 서있다. 병瓶이나 사람과 같은 일상 개체는 존재론적으로 일차적dravyasat(실유)이지 않은 대신 일차적 존재자들의 집합으로 환원될 수 있다. 이 견해에서 외관상 객관적이고 의식과 별개의 일상적 복합 대상들의 통일성은 환영에 불과하다. 이 존재자들은 다만 2차적, 개념적 존재성prajñaptisat(가설유)만을 지닌다. 일상 사물들이 환원되는 존재론적 기본 존재자들을 법dharma-s이라고 부른다. 이것들은 본질적으로 정의되는 특성svalakṣaṇa(자상)으로 구별되는 단순하고 순간적인 사태들이다. 더욱이 아비달마의 기본 존재론은 상당히 엄격하다. 한 학파에 따르면 75가지 법들의 유형만 있다. 아비달마 논사인 바수반두는 다음과 같은 견해를 밝힌다.

　　해체되었을 때 우리가 인식을 갖지 않는 것이 은밀한 방식에서 실재하는 것saṃvṛtisat(세속유)이다. 그 예는 병이다. 그리고 다른 [요소적 속성(법들)]이 심적 고찰에 의해 그것에서 배제되었을 때 인식을 갖지 않는 것 또한 세속적으로 실재한다. 그 예는 물이다. 그와 다른 것은 승의적으로 실재한다paramārthasat(승의유).

　　　　　　　　　　　　　　　　　　　　Ganeri 2007 : 170

　이 견해는 인격을 비롯한 일상 복합체들에 대한 비실재론 유형을 구성한다. 그러한 존재자들은 실용적으로나 세속적으로 존재할지 모르지만 승의적으로는 존재하지 않는다. 이러한 존재자들의 존재는 일차적 존재자들의 측면에서 다 설명된다. 그것들은 완전히 분석적·존재론적으로 해체 가능하다. 그러므로 그것들은 자신들의 환원 불가능한 본성svabhāva(자성)이 아니라 파생적 성질parabhāva(타성)만을 지닌다. 더욱이 세속적으로 존재하는 존재자들은 우발징후적이다. 왜냐하면 존재자들이 자신들의 인과적 힘을 지닌다면 완전히 환원이 불가능할 것이기 때문이다. 그러므로 아비달마 논사들에 따르면 모든 인과는 원자적인 인과이다. 실재적 인과는 단순하고 순간적 현상들 사이에서만 발생한다. 더욱이 이 존재자들의 진정한 인과적 힘은 존재자들의 본질적 성질로 결정된다. 그때 이 이중적 존재론이 순수한 외적 성질과 순수한 본성 간의 철저한 이분법에 의존하고 있음에 주목하라.

이 수정주의 존재론을 감안할 때, 불교의 이제설의 중요성을 알수 있다. 아비달마 견해에서 궁극의 진리paramārthasatya(승의제)는 환원할 수 없거나 궁극적으로 존재하는 존재자들을 수량화하는 진리인데 비해, 세속제saṃvṛtysatya는 환원 가능하거나 세속적으로 존재하는 존재자들을 수량화한 진리이다. 세속적 논의를 활용할 때 우리는 세속적 논의가 승의적 논의로 분석적으로 환원될 수 없더라도 승의적 논의에서 언급된 존재자들에만 존재론적으로 집중하지 않는다. 더욱이 승의적 진실에 관한 논의는 아비달마의 '철학적으로 선호되는 논의', 즉 그것에 의해 모든 다른 논의들이 승의적으로 설명되는 논의이다(Arnold 2005).

그렇다면 인격은 임시로 복합적인 육체적, 심리적 피드백 회로들을 포함하는 복잡한 인과적, 기능적 상호연계로 특징지어지는 심신 사건들의 조직되고 잠정적으로 확장된 체계이다. 또한 심신의 체계는 더 큰 환경과 깊이 얽혀있고 의존하는 것으로 보인다. 사실 불교 환원론자에게 '인격'으로 명명되는 사태들의 집합과 '환경'으로 명명되는 사태들의 집합 간에는 명확한 경계선이 없다. 이 용어들은 세계를 그 접합점에서 구분하지 않는다. 그것들은 실용적이고 관심 연계적인 범주들이다. 고통을 발생시키고 영속화하는 심리 역학을 이해하기 위해 우리는 실체적인 정신적 자아나 지속하는 실체적 인격을 찾지 않는다. 그 대신 불교 분석가는 심신 사건들 간의 복합적 상호관계를 시간을 두고 이해하려고 한다. 엄격한 아비달마 분석이 인격적 분석에서 비인격적 분석으로 가며 초기불교의 관점 전환을 넘어서고 엄격한 전체 – 부분론적 환원론을 옹호하더라도, 필자는 다음 절에서 이 입장이 유정有情에 대한 일반적인 불교 분석과 심각한 긴장이 있음을 주장할 것이다.

4. 불교 환원론의 네 가지 문제

불교 환원론이 실체론적인 자아관에 대해서 격렬하게 비판하고 정밀한 대안을 제시함에도 불구하고 이렇게 급진적인 인격관은 도전을 받을 수 밖에 없었다. 실제, 불교와 비불교 논사들은 아비달마나 불교 환원론적 접근에 대해 치열한 논쟁를 전개했다. 이 절에서 불교 환원론에 대한 네 가지 상호 연계된 문제와 인격에 관한 강력한 환원론적 이론 일반에 대해 검토할 것이다. 이 네 가지 문제는 인격적이고 경험적인 연속성, 제1인칭 의식, 전체 – 부분론적 환원론과 법들의 물화物化이다. 필자는 상호구성주의 접근으로의 전환이 이 문제를 극복하는 인격에 대한 비실체론적 설명을 전개하는 데 도움이 된다고 주장할 것이다.

불교 환원론의 첫 번째 문제는 인격적 연속성과 그 근본적 근거인 전인격적 심신 흐름의 연속성과 연관된다. 자아론자ātmavādin는 통시적 인격의 동일성 (또는 적어도 인격적 연속성)[6]에 대한 설명을 바랄 것이다. 그리고 앞에서 살펴본 바와 같이, 불교 환원론자는 인격적 연속성이 결국 무상한 심신 사태들 간의 인과적 연계들로 환원될 수 있는 심리적 연속성(기억, 기술, 습관, 성격 특성들)으로 환원 가능하다고 주장한다. 이 접근의 한 가지 문제는 너무 많은 인과적 연계들이 있다는 것이다. 그 견해에 따르면 세계는 사태들 간에 우연적으로 상호 연계된 관계망으로 여겨진다. 어떻게 우리는 상이한 사태들의 흐름을 구별할 것인가?

불교 환원론자는 이 문제에 대해 두 부분으로 답한다. 세속적 수준에서 흐름은 인과적 연계의 밀도 및 상호 연계된 심신 사건들의 몇몇 조합이 지각과 운동성 같은 비교적 안정적 능력이나 기능을 근거지을 수 있는 방식으로 개별화된다.[7] 더욱이 승의적 수준에서 단순히 흐름을 개별화하는 존재론적으로 올바른 방식은 없다. 흐름을 개별화하는 것(인과적 다양성으로부터 그것들을 구별하는 것)은 본질적으로 실용적이고 관심 상관적인 활동이며, 이러한 수준의 분석에서 흐름의 동일성 문제에 대해 분명한 사실은 없다.

---

6 동일성은 전부 아니면 무인데 반해, 상속성은 정도에 따라 발생하므로 상속성이 동일성보다 더 약한 관계이다. 인격에 대한 비실체론적 이론들은 통시적 인격적 동일성을 전형적으로 상속성의 측면에서 설명한다.

7 그렇지만 환원론자는 어떻게 인과관계로부터 심(心)상속체에 대한 어떤 그럴듯한 설명에 중요한 역할을 하는 것처럼 보이는 이 같은 의미론적이고 (광범위하게) 서사적인 연결들(narrative connections)을 얻는지에 대한 설명을 해야 한다.

그렇지만 여기에는 바이쉐시까 논사인 슈리다라šrīdhara, 990년경가 지적한 보다 심오한 문제가 있다.

[불교도] 인과의 연속이 있기에, 후속 기억은 전 찰나에 경험된 (기억)이다. 하지만 아들은 아버지가 경험한 것을 기억하지 못한다. 이것은 아버지와 아들의 인지 및 신체 사이에 어떠한 인과적인 연속도 없기 때문이다. 비록 그렇게 (연속되었다고) 인정하더라도 (그 자체로) 의식이 (구성되지) 않는다.

[슈리다라] 이것은 잘 추론되지 않았다. 왜냐하면 자아가 없을 때, 인과적 연속에 대한 확정 관념(확정성niścaya)이 없게 되기 때문이다. 원인일 때 결과는 아직 일어나지 않았고, 그때가 되면 원인은 사라졌다. 양자 이외에 일부 통일적 인식주체는 부인된다. 따라서 이 두 가지간의 인과 연속성이 차례로 발생하는 것을 주시하는 자는 누구인가?

Ganeri 2007 : 177

인과 상속이나 흐름에 대한 확정 관념을 형성하기 위해서 슈리다라는 우리가 인과 상속을 경험할 수 있어야 한다고 주장한다.[8] 하지만 아비달마의 철저한 환원론 견해에서는 인과적 상호관계에는 오직 찰나적kṣaṇika 사태만 있을 뿐이다.[9] 만약 어떤 정신적 사태

---

8   인과 상속 개념은 선천적이라고 주장될 수 있지만, 이 답변은 경험주의 아비달마론자들에게는 가능하지 않다. 비록 인과 상속 개념이 과거의 생으로부터 상속되었다고 주장될지라도 그 개념은 어떤 시점의 경험으로부터 온 것임에 틀림없다. 따라서 선천적 인과 상속 개념으로의 이동은 단지 문제를 미루는 것이다.

9   경량부가 주장하듯 법들(dharmas, 1차적 요소)은 다만 찰나적 존재성만을 지닌 것

도 한 찰나 이상 지속되지 않는다면, 어떻게 개별적 일련의 심적 사태들이 인과 상속 개념을 형성하는가? 그렇다면 상속성 문제는 경험 상속성이 인과 상속성의 입장에서 환원론적으로 설명될 수 있는가에 대한 문제이다. 그렇게 할 수 없다면, 불교 환원론 견해는 자멸한 것으로 보인다.[10]

불교 환원론의 두 번째 문제는 자기의식이나 1인칭 경험 및 사유를 포함한다. 만약 1인칭 대명사인 '나'가 발화자의 자아를 말하지 않는다면, 그것은 무엇을 지칭하는가? 개인이 올바르게 '나'를 사용할 때, 그는 자기 자신을 말한다는 것이 분명하다. 그렇지만 불교 환원론자가 재빨리 지적할 것처럼, 그가 '나'를 활용할 때 여기에서 그가 실체적 자아를 언급하는 것임이 따라 나오지 않는다. 자기 언급이 반드시 존재론적으로 독립적 자아를 언급하는 것은 아니다. 그러므로 우리가 그러한 자아의 존재를 거부하더라도 여전히 1인 칭 자기 언급에 대해 설명할 수 있다. 아마 1인칭 대명사는 참된 지시 용어가 아닐 것이다. 또는 바수반두에게서처럼 '나'는 자아라 기보다 그것이 발생하는 연속체를 지칭할 것이다. 여기서 더 깊은 문제는 자아감각ahaṃkāra의 중심성과 연속성 및 자기의식과의 연계 성, 또는 서양 현상학자들이 명명한 경험의 '1인칭 소여 방식'과 관련된다.[11]

인지, 아니면 설일체유부에서 말하듯 법들은 과거·현재·미래의 삼세에 실유하는 것인가에 대한 실질적 논쟁이 있었다. 하지만 둘 중 어느 경우든 법들은 한찰나에 스쳐가는 현재에만 인과 효력이 있다. 따라서 두 학파의 견해 모두 영속성의 문제는 여전히 남는다.

10 슈리다라는 지속하는 실체적 자아의 필요를 확립하기 위해 이 논의를 의도했다. 그렇지만 필자가 이하에서 시간의식에 대해서 논의하듯이, 필요한 것은 실체적 자아가 아니라 경험적 연속성에 대한 보다 견실한 기술이다.

불교에 대한 탁월한 대론자인 니야야학파의 웃됴따까라Uddyotakara, 550-610는 다음 구절에서 그 어려움을 토로한다.

대상의 성질에 대한 구별에 순응하고 표시된 기억, 표식의 소유자와 그것들의 관계에 의존하지 않는 '나'에 대한 의식은 물질적 형태에 대한 인지와 마찬가지로 직접인식이다. 당신이 완전한 자신감을 갖고 직접인식이라고 확립하는 것과 관련하여, 무엇에 의거해서 그것이 직접인식이라고 [하는가]? 당신은 표식들 간의 관계에 의존하지 않는 것 등과 스스로 제시하는 의식인 것만으로 입증해야 한다. 그렇다면 당신은 나에 대한 인식이 있다고 생각할 것이지만 그 대상은 자아가 아닌가? 그렇다면 우리에게 그 대상을 보이라!

Kapstein 2002 : 98

여기서 웃됴따까라가 지적하듯, 1인칭 자기언급은 비표준적, 비추론적 자기의식 양태에 기초해 있어야 한다. 그렇지만 자아가 없다면, 직접적으로 지각되는 나 의식I-cognition은 무엇인가? 무엇이 경험의 주체인가? 웃됴따까라 자신이 말하듯, 이 문제에 대한 후기 불교의 한 가지 응답은 의식이 본질적으로 반성적이거나 자기현전svasaṃvedana(자기의식) 적이며, 따라서 이 본질적 반영성이 명시적 나 의식 및 한층 시작 단계인 통시적 자아감각ahaṃkāra(나 형성하기) 모두의 기초라고 주장하는 것이다. 사르트르의 견해처럼 의식은 항상 ~에 대한 의식이고 자아에 대한 의식일 필요가 없다(Sartre 1957). 그렇지

---

11 '1인칭 소여(First-personal givenness)'는 종종 '주관성'과 상호 교환적으로 사용된다. 이에 대한 논의로 Zahavi(2005)를 참조하라.

만 후기 발전을 제외하고 아비달마의 철저히 환원론적이고 비인격적인 인과주의가 인간 경험의 1인칭 소여나 1인칭적 연속성을 수용할 수 있는지는 불확실하다.[12]

불교 환원론의 세 번째 문제는 전체−부분론적 환원주의에 대한 전념에서 발생한다. 인과적 속성을 포함한 전체 속성들은 그 요소들의 본질적 속성들에 의해 환원론적으로 결정되는 것으로 생각된다. 하지만 아비달마의 철저한 환원론은 비불교적 실체론뿐만 아니라 초기불교에서 발견되는 인간에 대한 역동적, 과정적, 다층적 분석과 긴장 관계에 있는 것으로 보인다. 연기는 일의적 찰나의 경험 발생으로부터 윤회의 전 과정에 이르는 상호관계에 대한 다층적인 설명이다. 불교 환원론에서 발견되는 연기와 비실체론에 대한 철저한 해석은 인간 개인의 연기를 설명하는 데 필요한 재원을 갖고 있지 않다. 또한 필자가 이하에서 주장하듯, 최소한 일부 체계와 관련하여 전체−부분론적 환원론을 의심할만한 충분한 이유가 있다.

불교 환원론의 네 번째 문제인 법들의 물화는 세 번째 문제와 긴밀히 연관된다. 아비달마 존재론은 의존적인 성질parabhāva(타성)을 지녀서 세속적으로만 존재하는 존재자들과 개별적인 자성svabhāva(자성)을 지닌 궁극적 실재의 존재들 간의 예리한 이분법에 의존하고 있음을 기억하자. 분명히 전체−부분론적 환원론은 환원할 수 없는 환원의 토대를 지니며, 아비달마 논사들이 주장하듯 일상 사물들의 환원 토대를 이루는 존재자들은 스스로 다른 것들로부터 그 성질을 빌려와서는 안 된다. 전체의 속성들을 포함하는 거시적 수준의 속

---

12 그러나 이 문제에 답하려는 시도에 대해서(이 책의) 시더리츠를 참조하라.

성들은 일차적 수준에서 본질적, 비관계적 속성들에 환원론적으로 수반해야 한다. 그러므로 궁극적으로 실재하는 존재자들은 그 독특하고 본질적인 비관계적 속성들에 의해 개별화될 뿐만 아니라 독립적이고 일차적이어야 한다. 그때 궁극적 실재는 실체와 본질 면에서 이해된다.[13] 그러므로 이러한 기술이 몇 가지 현상들(일차적 법들)에 대해 불필요한 물화를 구성하는 동시에 다른 현상(세속적 존재자들)에 대해서도 부적절한 허무주의를 구성할까 걱정된다.[14] 더욱이 아비달마의 전체-부분론적 환원론과 마찬가지로 우리는 이 물화된 현상학적 설명에 의문을 던질 수 밖에 없는 충분한 이유가 있다고 주장할 것이다. 만약 불교 중관학파가 옳다면 아비달마 견해는 정당화되지 않을 뿐 아니라 일관되지도 않다.

5. 자율적 체계의 의존적 발생

인격에 대한 아비달마 이론의 단점을 감안할 때, 필요한 것은 아비달마 이론의 환원론적 허구주의와 아뜨만의 실체론 및 데카르트적 자아론 사이의 중도이다. 더욱이 복잡계 이론과 생물학은 아비달마 이론과 같은 환원론적 접근을 크게 문제삼는다. 왜냐하면 불꽃이나 수레들(인격에 관한 두 가지 일반 비유)과 달리 생물학적

---

13 담마(dhamma)는 그것이 속성들의 하부구조(substratum)이기 때문이어서가 아니라 그것이 존재론적으로 근원적이고 독립적이기 때문에 실체적이다. 이 뒤의 특색들이 중관학파에 의해 거부되는 것이다.
14 물론 불교 환원론자는 이러한 주장들을 거부할 것이다. 물화(reification)와 허무주의(nihilism)라는 비판은 아래에서 탐구될 이제(二諦) 간의 관계에 대한 특정 설명에 의존한다.

체계는 고차원의 자율성을 보이기 때문이다. 이하에서 논의할 상호구성주의적 접근에서 생명체는 지속 실체나 단순한 집합 체계도 아닐뿐더러 오히려 자기규율적인 통일체들이다. 물론 우리가 살펴보았듯, 아비달마의 분석에서 심신 체계는 자기영속적이고 기능적 통합과 피드백 회로들로 특징지어짐을 인정한다. 그렇지만 이러한 전통적 불교 분석은 결국 거시적 수준의 존재나 구조에 대한 진정한 인과적 위상을 부정해야 하는 엄격한 전체-부분론적 환원론과 결합된다. 그러므로 이 문제를 회피하기 위해서 이 절에서는 인격과 관련하여 비환원론은 아니지만 반실체론적 설명 전개를 옹호하는 맥락에서, 상호구성주의 접근의 핵심요소인 자율적 체계 이론에 초점을 맞추고자 한다.

불교와 상호구성주의 양자의 설명에 따르면 유정有情은 조직화된 역동 체계이다. 그러므로 체계에 대한 이해는 체계 요소들뿐 아니라 조직화에도 면밀한 주의를 요청한다.[15] 우리는 이질적 체계와 자율적 체계의 구별에서 시작할 수 있다. 이질적 체계는 외부로부터 통제되며 명백히 입력-출력 체계로 모형화된다. 이와 대조적으로 자율적 체계는 주로 '내생적, 자기조직적 및 자기통제적 역학'의 측면에서 이해될 것이고 '일상적 의미에서 입력-출력을 갖지 않는다'(Thompson 2007 : 43). 입력-출력 모델 대신에 자율적 체계는 동요와 반응의 측면에서 이해된다. 외부 요소들은 체계의 계속 진행되는 체계의 내생적 역학을 동요시켜, 그 역학과 전체 조직 측면에서 이해해야 하는 반응을 산출한다. 더 구체적으로는,

---

15 자율적 체계에 대한 이어지는 논의는 Thompson(2007)과 Varela(1999, 2001)를 긴밀히 따른다.

복잡계 이론에서 자율적이라는 용어는 조직의 속屬의 유형을 말한다. 자율 조직을 규정하는 관계들은 정적 독립체들보다는 세포 내 유기적 반응이나 세포군 내의 뉴런 점화neuronal firings와 같은 과정들 사이에서 이루어진다. 자율적 체계에서 구성적 과정들은 (i) 관계망으로서의 그것들의 발생과 실현을 위해 반복적으로 서로 의지하고 (ii) 그것들이 존재하는 어떤 영역에서든 통일체로서 체계를 구성하며 (iii) 환경과의 가능한 상호작용 영역을 결정한다.

Thompson 2007 : 44. cf. Varela 1979

생화학에서 마뚜라나와 바렐라(1980)는 이 유형의 자율성을 '오토포이에시스autopoiesis(자가생산)'라고 명명한다. 오토포이에시스는 바렐라가 '논리적 부트스트랩' 또는 '회로(루프)'라고 부르는 것을 포함한다. 여기서 네트워크 또는 프로세스는 경계를 생산하고 그 후 해당 경계에 의해 제약된다. 이것은 체계의 조직적 폐쇄 [위의 (ii)]이다. 예컨대 세포 수준에서 생화학적 반응의 자기조직화 과정은 결과적으로 그것을 발생시킨 과정을 제약하는 세포막을 생산한다 (Varela 2001). 이 회로 완성은 그 환경 안에서 자신의 경계를 유지하는 개별적인 생물학적 개체를 발생시킨다. 이러한 새로운 수준의 통합은 경계 유지나 조직적 폐쇄 및 환경과의 새로운 상호작용 양태 측면으로 이해되는 '가상적 통일체'이다. 더욱이 오토포에시스 체계는 조건들 가운데 작동적 폐쇄 [위의 (i)], 즉 '체계 내의 어떤 구성적 과정의 작동에 영향을 끼치는 조건들 가운데 그 체계에 속한 한 가지 또는 그 이상의 과정들이 있을 것이라는 속성'(Di Paolo 2009 : 15)으로 특징지어진다. 더욱이 자율적 체계는 항상 그 환경에 연계된다[위의 (iii)]. 톰슨이 설명하듯이, "둘 또는 그 이상의 체계는 각각의 행위가 다른 것의 행위 기능일 때 연계된다."(Thompson 2007 : 45). 두 체계(조직 및 환경)가 그들간의 '구조적 짝지음'로 이어지는 반복적인 상호작용의 역사를 전개할 때, 우리는 구조적 연계를 갖는다(Thompson 2007; Maturana 1975; Maturana & Varela 1987).

이 견해에 따르면 유정들은 이질적이고 기계적인 입력-출력 체계로 이해되는 것이 아니라 필연적으로 환경에 연계되고, 스스로 통제하는 역동적이고 자율적 체계로 이해된다. 특히 생명 및 유정 체계인 자율적 체계는 창발 과정을 수반한다. 톰슨이 기술하듯, "창발 과정은 요소들의 총체나 관계망에 속하고, 그러한 요소들 간에 국소적으로 정의되고 전체적으로 한정되거나 통제된 상호작용들로부터 자발적으로 생겨나거나 스스로 조직하며, 단일한 요소에 속하지 않는다."(Thompson 2007 : 60). 창발 과정과 그것들이 발생하는 체계는 두 종류의 결정 형태를 보인다. 전체적에서 국소적으로 결정Local-to global determination은 체계 내 요소와 관계 내의 변화에 기반한 새로운 거시적 수준의 과정과 구조의 창발을 포함한다. 전체적으로부터 국소적으로의 결정Global-to local determination은 국소적 상호작용을 제한하는 거시적 수준의 과정과 구조를 포함한다. 그러므로 자기조직 체계는 원환적 인과성을 보인다. 전체적 질서가 국소적 상호작용을 제한하는 한편 국소적 상호작용은 전체적 유형이나 질서를 생산한다(Haken 1983).

생태계에서 발견되는 자기생산과 자기유지의 유형은 비생태계에서 보이는 자기조직화의 유형을 넘어선다. 상호구성주의 접근에 따르면 생명체에서 발견되는 자율성의 정도는 역동적 공동창발의 한 형태이다.

역동적 상호발생은 우리가 자율성에서 보는 종류의 발생을 가
장 잘 서술한다. 자율적 체계에서는 전체가 부분의 (조직적 폐
쇄)로부터 발생할 뿐만 아니라, 부분 또한 전체로부터 발생한
다. 전체는 부분의 연관으로 구성되고, 부분은 전체 속에서 서
로에 대해 갖는 연관으로 구성된다. 따라서 부분은 독립적 실체
들이 전체 속에서 동일성을 유지하듯이 전체에 앞서 미리 존재
하지 않는다. 오히려 부분과 전체는 상호발생하고 상호간에 서
로를 명시한다.

Thompson 2007 : 65

촛불의 불꽃(비주체적 인격의 연속성에 대한 불교도의 은유)이나 소
산하는 체계로서 베나르Benard 세포는 어느 정도 자기조직과 자기지
속을 보이지만, 이 체계를 평형에서 벗어나게 하는 것은 외부적
원인이다. 이와 대조적으로 자율적 체계에서는 "체계의 구성적 과
정을 통해 환경에서 실제로 에너지/질료의 흐름을 이끄는 제약이
내생적으로 창출되고 유지된다."(Ruiz-Mirazo & Moreno 2004 : 238).
　불교 환원론으로 돌아가서, 현상의 단순한 일상성에 대한 바수
반두의 기준은 그 실제적 또는 분석적 분해 가능성이었음을 기억하
자. 더욱이 아비달마 접근에서 분해성 쟁점은 환원 가능성과 밀접
히 연계되어 있다. 완전한 분해 가능성은 복합체의 요소들이 서로
간 및 전체 안에서 그 관계들과 관계없이 충분히 명시할 수 있음을
필요로 한다. 나아가 완전한 환원 가능성은 전체의 속성들과 (표면
적인) 인과적 힘이 독립적이고 환원될 수 없는 요소들의 내부적
속성과 인과적 힘에 의해 결정될 것을 요구한다.
　그렇지만 다세포 조직들, 면역체계 및 뇌와 같은 비선형적 상호

작용들을 지닌 복잡한 역동 체계에서는 완전한 분해 가능성이 있을 수 없다. 비선형 체계는 비부가적이고 비비례적 상호작용—즉 비선형적 상호작용—을 특징으로 하고 있어서, 체계의 속성들은 그 부분들의 속성으로부터 집합적으로 도출될 수 없다(Thompson 2007). 톰슨은 다음과 같이 지적한다.

> 자율적 체계는 분해될 수 있다면 적어도 최소한도로 분해 가능하다. 더 정확히 말하자면, 어떤 이가 자율성 관점을 택할 경우, 그 사실 때문에 그는 체계를 적어도 최소한도로 분해 가능한 것으로 특징짓는다. 그 이유는 자율적 체계가 조직과 작동상 폐쇄된 망이기 때문이다. 따라서 관계망으로서 그 작동을 결정하는 것은 구성 과정들 간의 연결성이다.
>
> Thompson 2007 : 421

이상의 견해가 옳다면, 살아 있는 자율 체계인 유정들은 아비달마의 환원적 분석과 일치하지 않는다. 유정들은 독립적으로 명시 가능한 요소들의 본질적 속성들과 인과적 힘의 측면에서 완전하게 분석되고 설명될 만큼 충분히 분해 가능하지 않다(만약 분해 가능하다면 말이다). 더욱이 생명체의 자기조직적·자기지속적·자기통제적 능력은 '국소적에서 전체적으로local to global' 및 '전체적에서 국소적으로global to local'의 두 가지 영향에 의존한다. 따라서 체계로서의 체계의 인과적 능력은 모두 실재적이고 그 능력의 가장 기본적 요소들의 본질적 속성들로 결정되지 않는다. 인간과 같은 자율적 체계에서 우리는 엄격한 전체-부분론적 환원 없이 전체-부분론적 의존성을 지닌다. 다른 한편 구성적 접근이 실체론으로의 귀환

이 아니라는 것에 주목하는 것도 중요하다. 자율적 체계는 정적이고 존재론적으로 독립된 실체가 아니다. 오히려 생명체의 자율과 환원 불가능성은 관계성과 상호의존의 복잡한 관계망으로부터 따라 나온다. 즉 자율적 체계는 연기적이다pratītyasamutpanna.[16]

6. 공과 가상적 자아

상호구성주의적 접근 및 그 자율성 관점으로의 전환을 통해 인격에 관한 실체론과 환원론 사이에서 중도를 발견할 수 있다. 인격은 자율적 체계로, 역동 상관적인 측면으로 이해 가능하다. 그렇지만 지금까지 초점은 유정有情, 즉 신체화되고embodied 내장된embedded 생명체로서의 인격에 주어졌다. 필자는 이제 깊이 뿌리박힌 인간의 자아감각의 중요성을 다룰 것이다. 또한 불교적 분석을 확장하고 수정하기 위해 상호구성주의적 접근을 사용했듯이, 프란시스코 바렐라의 자아에 대한 상호구성주의 설명의 결점으로 여겨지는 내용을 교정하기 위해 불교 사상의 후기 발전(특히 중관학파)을 차례대로 활용할 것이다.

불교철학에 명시적으로 의지하는 바렐라(1990, 2001)는 인간의 자아가 창발적인 동시에 가상적이며 공하다śūnya고 주장한다. 따라서 그는 실체적·한정적·지속적 자아의 존재를 부인한다. 그는 자아

---

16 환원론의 응답에 대해서 (이 책의) 시더리츠의 글을 보라. 만약 자율적 체계가 있을 경우, 그것들이 어떻게든 인과 관계망 바깥에 있지 않을 것이라는 점은 부언할 만한 가치가 있다. 비록 자율적 체계에서 전체-부분론적 환원론이 거짓이라고 하더라도 그 체계는 여전히 연기적이다.

가 인간 유기체의 내생적 신경생리학적 역학 및 그 자연적, 사회
언어학적 환경 안의 내장성embeddedness에서 창발한다고 주장한다.
따라서 우리는 뇌, 신체, 언어 및 세계와의 역동적 상호작용을 통해
시시각각 우리 자신을 창출하고 재창출한다. 그는 다음과 같이 말
한다.

> 왜 창발적 자아들, 가상적 동일성들이 정신/신체 수준, 세포
> 수준이든 초유기체 수준이든 세계를 창출하면서 모든 곳에 불
> 쑥 나타나는가? 이 현상은 매우 생산적인 것이어서 생명, 정신
> 및 사회들과 같은 완전히 새로운 영역의 창출을 멈추지 않는다.
> 그러나 이러한 창발적 자아들은 너무 다변하고 근거없는 과정
> 들에 기초해 있어서, 나타나는 듯 보이는 것의 견고함과 그 근거
> 없음 간에 명백한 역설이 있다.
>
> Varela 2001

이 체계들은 마치 중심적 행위자나 통제자가 그것들을 이끄는
것처럼 행동한다. 그럼에도 그러한 중심적 행위자는 찾을 수 없다.
이것이 바렐라가 가상적 자아, 또는 무아라고 말하는 의미이다.
"중심에 위치한 것 같지만 어디서도 찾을 수 없고, 그렇지만 전체
행위를 위한 상호작용 수준에서 중요한, 단순한 국소적 요소들의
행위에서 창발하는 일관된 전체적 패턴이다."(Varela 1999 : 53).

물론 개미 집단이나 아메바가 가상적 자아만을 지니고 있지만,
우리 인간은 확실히 실재라고 생각하는 것이 자연스럽다. 하지만
바렐라의 의견은 분명 불교의 무아론과 맥을 같이한다. 그의 설명
에 의하면, "우리는 생태 및 자연계에서 독특하다. 혹은 우리의 중

자아를 상호구성하기

심적, 인격적 자아에 대한 직접적 감각은 한층 더 동일한 종류의 분석에 의해[즉 오토포이에시스 측면에서] 설명 가능한, 한층 더 동일한 종류의 중심에 대한 환영이다."(Varela 1999 : 61). 더욱이 "우리가 '나'라고 부르는 것은 반복되는 언어 능력 및 자기 기술과 서사를 위한 독특한 능력에서 발생하는 것으로 분석될 수 있다."(Varela 1999 : 61). 실제로 이 언어적으로 구성된 자아는 신체와 그것이 내장되어 있는 자연적이고 사회적인 환경 사이에서 그가 '가상 인터페이스virtual interface'라고 명명하는 것으로서 역할한다.

이제 자아에 대한 가상성이나 공성은 약하거나 강한 의미에서 고려될 수 있다. 그리고 바렐라가 어떤 의미를 의도한 것인지는 명확하지 않다. 약한 의미에서 창발적 자아는 배분되거나 국소화되지 않으며, 따라서 비실체적이기에 가상적이다. 자아는 환영이 아니다. 하지만 그 가정된 특이성과 국소화 가능성은 허구이거나 투사이다. 이것은 자아 그 자체에 대한 허구주의를 수반함 없이 자아에 대해 뇌 속의 난쟁이와 같은homuncular 실체적인 설명을 배제할 수 있다. 강한 의미에서 자아는 환영이나 유용한 허구라는 점에서 가상적이다. 곤충 집단은 마치 누군가가 책임자인 것처럼, 마치 하나의 통일된 관점 등을 지닌 것처럼 행동한다. 하지만 이것은 환영이다. 마찬가지로 우리의 자아감각, 하나의 통일된 1인칭 관점'을 지님'(혹은 '임~')에 대한 우리의 감각, 행위체의 중심이라는 느낌 역시 환영이다.

가상적 자아에 대한 바렐라의 설명에 나타난 모호성에도 불구하고, 그가 강한 의미에서 가상성을 주장한다. 첫째, 그는 인지과학에 관한 주류 연구 결과가 통일되고 일관성 있는 관점으로서의 자아 관념에 도전하고 있는 방식을 반복적으로 지적한다. 통일된 관점의 뇌 속의 난쟁이라 설명하고 그러한 관점 자체조차도 도전받는다(Varela 1999 : 36-41). 둘째, 바렐라는 자신이 준가상주의자인 대니엘 데닛Daniel Dennett과 마찬가지로 자아에 대해 동일한 결론에 도달했음에 주목한다. 이에 따라 바렐라는 자아가 자연적 오토포이에시스 체계에서 배분된 활동이자 특히 인간의 자아의 경우 언어 공동체 내에서 그 체계의 언어를 사용하고 그 내장성에서 출현하는 가상적·허구적 구성체라는 견해를 제시한다.

이제 바렐라의 설명과 불교의 공명resonance은 뚜렷해질 것이다. 물론 바렐라는 자아의 가상성에 대한 설명을 구성하고 옹호하는 데 불교적 관념과 수행, 특히 불교의 중관학파/중도학파에서 전개된 공성 개념을 상당수 끌어온다. 실제 그는 자아의 공성이 "우리의 자기이해를 정신적 기능에 대한 외부적, 과학적 설명과 결합하는 황금실golden thread이며, 나아가 윤리적 지혜가 자아의 공한 본성에 대한 직접인식에 의존한다"고 주장한다. 하지만 공성에 대한 타당한 이해로 본 자아는 다만 가상일 뿐이라는 바렐라의 설명은 의구심을 불러일으킨다.

이 논문 서두에서 언급했듯이 모든 주요 불교학파에서 인간을 인무아人無我로 설명한 것은 온전한 존재론적 함의를 갖는 실체적 자아를 부정하는 데 상당한 불일치를 보인다. 환원론자들과 대조적으로 일부 중관학파 논사들은 존재론적으로 축소된 설명을 허용한다. 그들은 여전히 이 최소자아가 물화되지 않는다고 주장하면서도, 자아는 경험적이고 실제 현실을 갖는다고 말한다. 달라이 라마는 "신체와 마음은 나에 속하는 것들이고 나는 소유자이지만, 마음과 신체 이외에 나라는 어떠한 독립적 존재도 없다. 내가 존재한다는 현저한 조짐이 있다. 그런데도 탐구해보면 그것은 발견되지 않는다"는 견해를 피력했다(Gyatso 2000 : 65). 이 최소자아, '단순한 나' 또는 '단순 자아Tib. nga tsam'는 실재하지만 실체적으로 독립된 것이 아니어서 분석에 의해 사라지는 창발 현상이다.[17]

아비달마 환원론적 허구주의와 후기 불교의 수축론적 비환원론 간의 차이는 공성空性 개념에 대한 경쟁적 설명에 달려있다. 환원론적 접근에서 공하다는 것은 존재론적 독립성과 자성을 결여한 것이고, 개념적 구성이나 편의적 허구에 불과하다. 이와 대조적으로, The Embodied Mind(1991 : 217-235)에서 바렐라·톰슨·로쉬가 자신들의 사유의 기초로 내세우는 중관학파는 공성 개념을 다르게 접근한다. 중관학파는 공성을 자성이나 본성을 결여한 것으로 보지만, 그 자성 개념 자체를 옹호하는 것은 아니라는 것이다. 중관학파는 세속적 현상이 승의적 현상의 측면에서만 설명될 수 있다고 주장하기보다 승의적이고 공하지 않은 현상들을 상정하는 것이 실제로 세속적 세계에 대한 일관된 설명을 배제한다고 주장한다.[18] 그러므로 중관학파는 인무아와 법무아法無我(dharmanairātmya)를 변론한다.

그렇지만 모든 사물이 공해서 자성을 결여하고 있다는 말은 무슨 의미인가? 물론 아비달마 체계에서 이렇게 말하는 것은 허무주의로 귀결된다. 세속적으로 실재한다는 것은 순수히 파생적인 것, 실로 단순한 편의적 허구이다. 하지만 어떻게 모든 것이 단순히 편의적 허구일 수 있는가? 이와 반대로, 중관학파 체계에서 말하는

----

17 여기서 분석은 대상의 실체적 실제를 찾는 존재론적 분석 유형이다. 그러므로 자아가 어떤 실체적 실제도 지니지 않는 한에서 자아는 이러한 유형의 분석에서 발견되지 않는다.
18 아비달마 논사들이 그들의 환원론을 제거주의(eliminativism) 형태로 의도하지 않았음에도 불구하고 그들이 허무주의라고 비난받을 수 있는 것은 바로 이 점 때문이다.

무언가의 공성은 그것의 비실재성을 의미하지 않으며, 오히려 그 존재와 성질이 타자에 필연적으로 의존한다는 의미이다. 공성, 연기 및 세속제 간에는 세 가지 방식의 함축이 있다. 가필드Garfield는 다음과 같이 설명한다.

> 우리가 현상이 공하다고 말할 때 그것은 우리가 그 본질을 명시하려고 할 때 아무것도 찾지 못함을 의미한다. 우리가 속성들의 기저가 되는 실체를 찾거나 그 부분들의 담지자를 찾을 때 우리는 아무것도 찾지 못한다. 우리가 사물에 동일성을 부여하는 것이 무엇인지 물을 때 우리는 존재론적 사실이 아니라 관습에 마주친다. 어떤 사물이 공하지 않다는 것은 그것이 분석으로 찾을 수 있는 본질을 지니고, 그 속성들과 별개의 실체나 부분들의 담지자가 되며, 동일성이 그 본질에 의해 스스로 결정된다는 의미일 것이다. 공하지 않은 존재자는 완전히 비관계적으로 특징지어질 수 있다.
>
> Garfield 2002 : 38

그러므로 중관논사들에 따르면, 존재하는 어떤 것도 그 존재와 성질에서 다른 것에 의존하고 (부분적으로) 그 동일성 조건들에 대한 개별화 관행에 의존한다.[19]

자아 문제로 돌아가서 우리는 왜 가상성과 공성에 대한 바렐라의 동일화가 문제를 지니는지 알 수 있다. 바렐라 자신이 지지하는 중관논사들의 공성에 대한 설명에서 공성은 약한 의미이거나 강한

---

19 따라서 중관학파는 모든 현상이 상호의존적임을 견지하고, 형이상학적 실재론의 '기세간(器世間, ready-made world)' 특성에 관한 구상 역시 부정한다.

자아를 상호구성하기

의미나 간에 가상성을 수반하지 않는다. 자아를 가상적이라고 부르는 것은 그것이 다른 것들에 비해 비실재적이거나 덜 실재적임을 암시한다. 그렇지만 자아가 낮은 단계의 과정들로부터 창발하고 의존하기에 그것이 독립적 실체가 아니다. 그 동일성 조건들을 명시하려는 데 있어 우리의 관심과 관행을 언급한다거나 어떤 절대적인 존재론적 우위를 갖지 않음을 보이는 것이 그 존재에 의혹을 던지는 것은 아니다. 오히려 이것은 자아가 다른 모든 것과 마찬가지로 공하다는 것을 보여준다. 중관학파의 견해에서 이와 달리 생각하는 것은 그들이 일관적이지 않다고 주장하는 존재론적 근본주의와 본질주의를 받아들이는 것이다.[20]

여기서 더 큰 요점은 모든 현상들이 (인과적, 전체-부분론적, 창발 등) 관계망에 내장되어 있는 한, 창발적 자아에 관한 특별히 가상적인 어떤 것도 없다는 것이다. 자아의 공성에 대한 그의 설명을 아비달마학파들(Varela, et al. 1991 : 58-81) 및 데닛의 허구주의 견해와 보조를 함께하는 데 있어, 바렐라는 창발적 자아의 세속적 실재를 부정함과 동시에 암묵적으로 낮은 단계의 안정적 조직을 물화한다. 이와 대조적으로 톰슨은 그가 "모든 범위의 현상은 [독립적] 존재자나 실체가 아니라 비교적 안정적 과정이며, 과정들이 여전히 다른 수준의 과정들과 상호작용하면서 다른 수준의 복합성에서 안정성을 이루기 때문에 모두 동등하게 실재이고 어떤 것도 절대적인 존재론적 우위를 지니지 않는다."(Thompson 2007 : 441)라고 주장할 때 중관학파와 일치한다. 바렐라가 그러한 것처럼 창발적인 전체적 유형은

---

20 중관학파 주장에 대한 심화 논의로는 Garfield(1995), Siderits(2003), Westerhoff (2009)를 참조하라.

가상적이지만 그로부터 창발하는 요소들은 실재라고 주장하는 것은 불교 및 구성적 접근 모두의 핵심에 있는 역동 상관적인 존재론의 완전한 함의를 놓치는 것이다.

7. 최소자아Minimal Self

중관학파는 자아가 공하지만 단순한 허구가 아닐 뿐 아니라 심신 연속체로 환원할 수도 없다고 주장한다.[21] 티벳의 위대한 중관논사 쫑카빠Tsong Khapa는 자아에 대한 세 가지 접근을 다음과 같이 구분한다. (1) 비불교학파들의 실체론 (2) 불교 환원론 (3) 귀류논증 중관학파의 견해(Jinpa 2002 : 109). 첫 번째 견해는 자아가 오온과 별개로 존재하는 개체라고 주장하고, 비환원론과 실재론을 결합한다. 두 번째 유형의 견해는 자아는 결코 존재하지 않으며 인격은 완전히 오온으로 환원될 수 있다고 주장한다. '나', '자아'와 같은 용어 및 올바른 명칭은 사실상 무상한 심신 요소들을 지칭한다. 쫑카빠의 견해에 따르면, 이 유형의 견해는 (환원의 토대와 같은 요소들에 관한) 실재론을 환원론과 결합시킨다. 마지막으로 귀류논증 중관학파는 자아가 오온에 의존하지만 환원될 수는 없다고 주장한다. 이 견해는 존재론적 수축론(즉 일체는 본질적 자성이 공하다)을 비환원론과 결합시킨다. 쫑카빠는 다음과 같이 기술한다.

---

21 중관학파는 자아가 실체적 존재를 갖는 듯 나타난다는 점에서 환영과 같지만, 실제로 공하다고 말한다. 그러나 다시 이 견해에 따르면 모든 현상[諸法]은 이런 면에서 환영과 같은 것이다.

'자아'라는 용어에는 두 가지 의미가 있다. 본질적 존재에 의해 존재하는 자성의 측면에서 구상된 자아와 '나는'이라는 단순하고 자연스러운 사유 대상의 의미에서의 자아가 그것이다. 이 둘 가운데 두 번째는 세속적으로 실재한다고 받아들여지기 때문에 부정되지 않는 한편, 첫 번째는 추리에 의해 부정되는 대상이다.

Jinpa 2002 : 71

그러므로 그들의 환원론 선배들과 달리, 일부 중관논사들은 최소자아를 자연적 자아감각이나 나 의식의 대상으로 인정한다.[22] 여기서 우리는 '나 의식'의 지시대상을 확인하려는 웃됴따까라의 도전에 대한 중관학파의 답변을 볼 수 있다. 나라는 생각은 심신 사건들의 다발이라기보다 실로 자아를 지시한다. 그러나 이 최소자아는 하나의 영속하는 실체가 아니다.

그렇지만 우리가 실체적 자아라는 설명을 거부한다면, 왜 자아를 심신의 연속체와 동일시하지 못하는가? 중관논사들에 따르면, 우선 자아는 양립 불가능한 속성들을 지니기 때문에 오온과 동일시할 수 없다. 오온이 복수이고 임시적인 데 비해, 자아는 단일하고 지속하는 것으로 가정된다.[23] 그것들을 구분하는 것은 단일한 인격

---

22 중관학파 내부 및 서양 문헌 모두에서 자아의 본성에 관해 중관논사가 아비달마와 다른지, 그리고 어떻게 다른지에 대한 논쟁이 있다. 그러므로 필자가 이하에서 탐구하는 견해는 그 중관학파 전체의 견해가 아니라 한 명의 중관논사의 견해로 보아야 한다.

23 중관학파는 '진주(pearl)' 자아관―인격은 단기간 존속하는 자아들로 구성된다는 견해―을 부정하고(cf. Strawson 1999), 현상학적이고 실용적인 근거에서 자아의 지속을 주장한다. 그러나 자아는 과정이기에 지속한다(endure)라기보다는 존속한다(perdure).

의 삶 안에서 자아들의 증식으로 귀결될 것이고, 이것은 불합리하게 받아들여지게 될 결과이다. 더욱이 자아와 오온은 상이한 지속 조건들을 지니므로 같을 수 없다. 둘째, 기억은 비인격적, 환원론 용어로 기술될 수 없는 1인칭 관점이나 나 의식의 연속성을 전제한다고 주장된다. 진정한 기억을 기술하기 위해 필요한 1인칭 관점은 환원론의 비인격적 인과론에서 사라진다.[24] 셋째, 쫑카빠는 도덕적 책임감을 부여하는 것과 같은 우리의 관습과 관행에서 인격과 '단순 자아' 관념을 기본적인 것으로 간주한다(Jinpa 2002). 마지막으로 중관논사들은 자아에 대한 실체론과 환원론적 접근들이 최소자아의 본질적으로 지표적·관점적 특성을 기술하는 데 실패한다고 주장한다. 아리야데바Āryadeva, 170-270는 말한다. "당신에게 자아인 것이 나에게는 자아가 아니다. 이 고정된 규정에서 그것이 자아가 아니라는 결론에 도달한다. 사실 (자아에 대한) 구성은 상주하지 않는 것들로부터 발생한다."(Ganeri 2007 : 191). 짠드라끼르띠는 아리야데바에 대한 주석에서 이 논의를 다음과 같이 상술한다.

> 당신에게 자아인 것, 당신의 '자아감각ahaṃkāra'과 자아에 대한 관심ātmasneha의 초점이 사실 나에게는 자아가 아니다. 왜냐하면 '나'와 나의 관심에 대한 내 감각의 초점이 아니기 때문이다. 그렇다면 이것은 '그것이 [실재하는 것]이 아니다'라는 귀결이 따라 나오는 고정된 규칙이다. 그러한 자아에는 어떠한 본질도 없다. 그것(=자아)이 변함없이 현존하지 않기 때문이다. 우리는 [그러한] 자아의 가탁superimposition을 멈추어야 한다. 그것(=자아)은 내

---

24 이 점에 관해서 중관학파는 불교 환원론에 대한 니야야 비판에 동의한다.

용이 실재하지 않는_{asadartha} 무엇이기 때문이다.

Ganeri 2007 : 192

자아감각(이나 개념)을 갖는다는 것은 자아와 타자를 구별할 수 있고 사물을 나의 것과 나의 것이 아닌 것으로 경험할 수 있음을 수반한다. 하지만 아리야데바에 따르면, 실체론적 자아관이나 독립체적 견해는 자아를 사물과 같은 것으로 간주하기 때문에 이러한 지표적, 관점적 구별을 근거지울 수 없다.

자아의 존재를 부정함에도 불구하고 환원론자의 견해가 이보다 나은 것은 아니다. 불교 환원론 구상은 인격을 비인격적 용어로, 즉 유동적 심신 사건들 간의 인과관계의 측면에서 기술하는 것이다. 비인격적이고 비관점적 관점으로 옮겨가면서 환원론자는 1인칭 관점을 잃는다. 이 경우, 어떻게 비관점적인 것으로부터 관점적인 것을 끌어오는지 불분명하다. 1인칭과 3인칭 관점 간에는 설명의 간극이 있는 것으로 보인다. 물론 환원론자에게 우리가 비관점적, 3인칭 논의로 전환할 때 최소자아가 발견되지 않는다는 사실은 실재로서의 존재를 부정하는 근거가 된다. 그렇지만 중관논사들은 이 담론이 어떤 절대적인 형이상학적, 또는 설명적 우선성을 지닌다는 것을 부정한다. 그렇다면 인격의 동일성에 대한 환원론적 기술의 문제는 그들이 1인칭 관점의 중요성을 부정한다는 점이다.

중관학파 접근의 한 가지 유익하고 중요한 측면은 자아들과 인격들의 존재에 대한 3인칭, 형이상학적 쟁점들과 관련한 관심에서 1인칭적 체험된 자아감각에 대한 관심으로 논의를 전환한다는 점이다. 수축론자 중관논사들은 정신적 실체에서, 또는 비인격적 오온으로의 환원에서 자아 존재의 형이상학적 근거를 찾으려는 시도를 물화의 오류에 대한 두 가지 경우로 거부한다. 그 대신, 공한 최소자아에 대한 중관논사의 기술은 체험적, 실제적 현실의 측면에서 주어진다. 그것은 근본적으로 1인칭 관점의 구조와 연속성에 관한 문제이다.

툽텐 진빠Thupten Jinpa는 최소자아에·대한 쫑카빠의 논의 방식을 다음과 같이 기술한다.

> 쫑카빠 사상의 기본 전제 중 하나는 개인의 자아감각이나 나 의식이 본질적이라는 것이다. 그것은 본능적이고 자연스럽다. 그것은 만약 우리가 '개념적인' 것에 대해 [반영적] 자기의식을 전제할 경우, 언어적인 것도 심지어 개념적인 것도 아니다. 그 것은 자신의 잠재적 존재감과 거의 마찬가지로 자연스러운 반 영적 의식이다.
>
> Jinpa 2002 : 123

우리의 기본적 자아감각은 선개념적, 선언어적이고 자연스럽다.[25] 그러나 여기서 우리는 조심스럽게 진행해야 한다. 자아감각이 자연스럽고 비언어적이라고 주장함에도 불구하고, 쫑카빠는 의식의 각 찰나가 자기현전화svaprakāśa(자기조명)임을 부정한다. 짠드라끼르띠와 샨띠데바와 같은 중관논사들처럼 그는 모든 의식이 본질적으로 전반성적 자기의식svasaṃvedana을 수반한다는 견해를 거부한다.[26]

---

25 신경과학자 Damasio(1999)와 Panksepp(1998)이 일차적 '자아에 대한 느낌'을 상정하는 데 비해, 톰슨은 감각성을 '살아 있음에 대한 느낌'으로 성의한다(2007: 161).
26 자세한 논의는 Dreyfus(1996), Garfield(2006), MacKenzie(2008) 및 Williams(1997)를 참조하라.

여기서 '단순 자아Tib. nga tsam'는 '자기의식'이 아니라 '자아감각'을 지칭한다.[27] 다시 여기서 쫑카빠의 자아관은 바렐라와 구별된다. 쫑카빠의 기술에서 최소자아가 경험적으로 언어 구성 이전에 있는 것인데 반해, 바렐라의 기술에서 '나'는 '반복적 언어 능력 및 자기 기술과 서사를 위한 그 독특한 능력'에서 발생한다(Varela 1999 : 61)는 것을 기억하라.[28]

더욱이 쫑카빠 견해에 나타난 최소자아는 통시적 차원을 지닌다.[29] 그는 다음과 같이 설명한다.

> (그의 존재)의 구체적인 시간적 단계를 고려하지 않을 때, 데바닷따Devadatta의 본능적 감각 '나는'의 초점인 자아는 무시 이래로 그 안에 간직된 단순한 나이다. 그가 천상계 존재 등의 신체를 전유했을 때 (데바닷따의) 개별적 자아들은 전자(단순한 나)의 경우들뿐이다. 그러므로 구체적으로 (예를 들어 사람으로서의) 특정 형태에 초점을 두면서 데바닷따에서 나 의식이 일어날 때, 그 나 의식의 대상은 데바닷따 자아의 특정한 경우이다.
>
> Jinpa 2002 : 123

여기서의 구상은 단순한 나란 현재에 한정되는 것이 아니라 오

---

27 쫑카빠와 달리 필자는 자기의식 관념을 적극적으로 수용한다. 필자의 견해에서 최소자아(ahaṃkāra)는 보다 근원적이고 본질적인 의식의 반영성으로부터 창발한다. 그러므로 필자의 견해는 인도의 중관논사 샨따락시따 내지 티벳의 까규(Kagyu) 또는 닝마(Nyingma) 전통에 더 가깝다.

28 이것은 언어 구성이 쫑카빠의 기술에서 아무런 역할도 하지 않음을 말하는 것이 아니라, 최소자아가 선언어적임을 가리키는 것일 뿐이다.

29 핵심자아가 장기간의 시간 연장을 갖지 않는다는 점에서 최소자아에 대한 중관논사의 설명은 안토니오 다마지오의 핵심자아 관념과 구별된다.

히려 한 개인의 삶의 상이한 국면이나 시간 단계에 걸쳐 기본적 형태의 연속성을 제공한다는 것이다. 사실 왜 다양한 존재 형태가 동일한 인생사의 일부인지 설명하는 것은 바로 이 기본적 1인칭 관점의 연속성이다. 각 '개별적 자아들'은 나 사유의 각각의 표식을 이 단순한 나의 특정 경우나 표현인 최소자아에서 찾는다.

나아가 쫑카빠는 최소자아가 개인적 계획과 구상의 일관성을 설명할 수 있게 한다고 주장한다. 그는 우리가 미래를 계획하거나 특정 구상을 추진할 때 이때나 저때의 자아를 구별하지 않는다고 주장한다. 오히려 이러한 노력은 자아가 행복해지고 고통을 극복하려는 단순한 염원에 의해 동기 부여된다. 그리고 자아가 일반성으로서 (인격 존재의) 모든 시간 단계에 스며들기 때문에 이러한 행위들 또한 미혹되었다고 할 수 없다(Jinpa 2002 : 124). 쫑카빠와 같은 귀류논증 중관학파에서 자아에 관한 이러한 실용적, 경험적 고려들은 매우 중요하다.

8. 자기전유Self-Appropriation

중관학파의 설명에서 공한 자아는 오온과 별개의 것이 아니지만 오온으로 환원될 수도 없다. 그렇다면 비인격적 온 상속skandha-santāna과 자아 간의 의존 관계는 무엇인가? 자아와 온의 관계에 대한 공통의 유추는 불과 땔감의 상호의존이다.[30] 마치 불이 그 자신을 영속시키기 위해 땔감을 전용하는 것upā + dā처럼 자아는 온 상속을

---

30 비유와의 관련은 나가르주나의 MMK X:15와 X:10, 상호의존성의 쟁점은 X:12-14를 참조하라.

형성하는 다양한 심신 사건들을 그 자신의 것으로 전유한다. 나아가 이 맥락에서 웨스터호프Westerhoff는 다음과 같이 주목한다.

> 자아가 자신의 존재를 구성요소들에 의존할 뿐만 아니라, 구성요소들 또한 구성적 속성으로 간주되어 그 안에 자아의 다양한 속성들을 지닌 개인을 상정하는 기초를 산출하는 단일한 자아와 연계됨으로써만 심신 사건들의 개별적 부분으로서 그들의 존재를 획득한다. 중관논사가 구성요소들을 궁극적 실체로, 자아를 단순히 부가된 것prajñapti(가설유)으로 여기지 않게 하는 이유가 바로 이것이다.
>
> Westerhoff 2009 : 163

더욱이 짠드라끼르띠는 나가르주나Nāgārjuna, 150-250의 비유 사용에 대해서 다음과 같이 말한다.

> 전유되는 것은 다섯 [유형의] 전유된 요소인 연료이다. 그것들을 전유하는 데 구축된 것은 전유자, 사유자, 행하는nispādaka 자아라고 말한다. 여기서 생성되는 것은 '나'이고 있음의 [행위]이다. 처음부터 그 범위에서 자아감각을 지니기 때문이다.
>
> Ganeri 2007

그렇다면 자아는 전유자upādātṛ이고 다양한 요소들이 전유된 것upādāna-skandha, 취온(取蘊)이다. 하지만 짠드라끼르띠는 "자아는 실재하지만 존재하는 것은 아니다"라고 주장한다. 자아는 자성을 결여하고(즉 그것은 공하다), 어떠한 종류의 사물이나 대상이 아니다. 오히려

자아는 '나'이고 있음^{ahammāna}, 또는 계속 진행 중인 자기전유적 행위
이다(Ganeri 2007). 더욱이 '나'이고 있음은 본질적으로 관점적 행위이
다. 그것은 현상들을 '나'와 '나의 것'으로 전유하고 그것들(*'나'와 '나의
것')을 나에 표기함(혹은 부가함)으로써 그것들을 그 자신의 지속적
역학에 통합시킨다. 그때 전유는 자기지시적 회로로 기능한다.
    조나단 가네리에 따르면 중관학파 이론은 자아에 대한 수행주의
이론이다.

> 내가 '나는 고통스럽다'라고 말할 때 나는 특정한 고통스러운
> 경험의 소유를 주장하지 않는다. 오히려 나는 흐름 내의 경험을
> 주장한다. 이것은 자아 언어에 대한 수행주의적 설명이며, 여기
> 서 '나'라는 진술은 주장이 아니라 수행적 발화이고 '나'라는
> 용어의 기능은 지시하지 않는다.
>
> Ganeri 2007 : 202

    물론 자기전유에 대한 강조와 함께 가네리의 수행주의 독해는
필자의 상호구성주의 설명과 상통하지만 두 가지 방식에서 구별된
다. 첫째, 필자는 '나'라는 진술이 지칭할 수 있다는 것을 부정하고
싶지 않다. 둘째, 필자는 언어가 자아의 완전한 구성에 중심적이라
는 가네리의 견해에 동의하지만, 또한 최소자아가 체험된 경험의
선언어적 구조에 기반을 두고 있다는 쫑카빠의 견해에도 동의한다.
    보다 구체적으로, 최소자아의 근원은 체험된 경험의 반복되는
성질이다. 반복 과정은 과정의 결과가 과정 자체에 피드백된 것이
다. 불교 관점에서 악독한 윤회의 과정은 연기의 반복 과정의 측면
에서 이해된다. 사실 삶 자체가 반복 과정이다. 한스 요나스가 말하

듯이, "유기체들은 그 존재가 그들 자신의 행위이며, … 이러한 행위로부터 얻은 존재는 행위로 발생된 활동과 별개로 그들이 그때 소유한 소유물이 아니라 행위 자체의 연속이다."(Jonas 1996 : 86). 생존을 위해 유기체는 연속적인 질량 에너지 순환에도 불구하고, 그 덕분에 자신의 역동적 조직을 유지해야 한다. 독자 생존 가능한 유기체는 그 조직 및 작동 상의 폐쇄를 통해 환경의 일부와 유기체 자체의 요소들을 포섭하거나 전유할 수 있다. 그러므로 '나'이고 있음'I'-ing은 비유기적 연소 같은 것보다는 유기적 과정의 대사 작용과 흡사할 것이다.

생물학적 과정들에서 반복성뿐 아니라 경험 흐름은 그 자신의 반복 구조를 지닌다.[31] 경험 '흐름'은 시간 흐름이다. 그렇지만 슈리다라Sridhara가 아비달마 비판에서 지적했듯이, 어떻게 별개의 찰나적 경험들이 심지어 인과적 연속 개념을 형성해 계속 진행되는 견해 유형을 구성할 수 있는지 파악하기는 어렵다. 더욱이 문제는 단지 외부 대상과 과정만을 포함하는 것이 아니라 우리가 어떻게 우리 자신의 경험을 통합된 시간 흐름을 형성하는 것으로 알아차리는지 포함한다. 이것이 없다면 우리는 자기전유를 통해 최소자아의 발생을 설명할 수 없을 것이다. 필요한 것은 어떻게 근원인상들이 경험의 시간 흐름 안에 간직되는지에 대한 설명이다. 우리는 시간 의식에 대한 설명이 있어야 한다(Husserl 1991).[32]

(제임스와 마찬가지로) 후설에게 시간 경험의 기본 단위는 지속이 없는 점이 아니라 시간적 두께를 가진 순간이다. 이 '지속 블록duration-

---

31 우리는 여기서 생물학적인 것과 경험적인 것 간에 지나치게 예리한 구분을 짓고 싶지 않다. 이것들은 하나의 생(living) 과정의 두 가지 측면이다.

32 이 논점에 대한 선명한 논의는 Zahavi(2005)를 참조하라.

block' 구조는 예지-근원인상-파지이다. 후설은 다음과 같이 설명한다.

> 이러한 방식으로 시간적으로 확장된 대상에 대한 근원의식 [시
> 원적 주어짐]으로서의 구체적 지각이 그 자체로 (이른바 근원인
> 상이라고 불리는) 찰나적 지각의 유동 체계로서 내부적으로 구
> 조화된다는 것은 자명하다. 하지만 각각의 그러한 찰나적 지각
> 은 한편으로 순간적으로 단계화된 파지와 다른 한편 일어날 것
> 의 지평, 즉 끊임없이 단계화된 옴을 특징으로 하는 '예지' 지평
> 인 연속성의 원자적 국면이다.
>
> Husserl 1977 : 154

근원인상은 연속 안에서 현재 국면에 한정된다. 선율을 들을 때 근원인상은 현재 소리나는 음조를 향해 있다. 파지는 방금 지나간 음조를 향해 있다. 지나간 음조는 현재 의식 안에 현전하지 않지만 지향적으로 간직된다. 예지는 미래, 앞으로 들을 다음 음조를 향해 있다. 현재 소리나는 음조가 현재의 생생한 즉각성 안에 주어지고 막 지나간 음조가 확정적으로 간직된 반면, 앞으로 올 음조는 완전히 확정적 방식으로 주어져 있지 않다.

3중 구조는 그 연속적 작동이 시간적 연속성을 경험하게 하는 통합된 전체를 이룬다. 그 구조는 그 안에서 시간적 경험이 '솟아 나오는' 생생한 현재를 구성한다. 나아가 후설의 견해에서 의식의 근원인상-예지-파지 구조는 의식 흐름 자체의 시간적 통합을 설명한다. 파지는 흐름의 이전 국면들을 간직하고 예지는 의식의 미래 순간들을 향해 뻗어나간다. 후설이 종적 지향성이라고 부르는 이 과정을 통해 의식은 스스로에게 영향을 미치거나 일시적으로

자신에게 주어진다. 더욱이 종적 지향성은 후설이 횡적 지향성이라고 부르는 것을 가능케 한다. 선율이나 발화된 문장과 같은 시간적 대상에 대한 연속적 경험을 가능하게 하는 것은 시간의식의 횡단 지향성이다. 의식의 현재 국면이 대상(예컨대 선율)을 취해 흐름 안에 간직되기 때문에 의식의 현재 국면 대상 또한 간직된다. 요컨대 시간 의식의 3중 구조는 의식 흐름의 통시적 통합과 시간적 대상의 경험된 연속성과의 통시적 통합이라는 두 가지를 가능케 하는 조건이다.

후설의 시간의식 분석은 의식이 그 자체로 반복적임을 보인다. 의식은 인상을 과거의 것으로 표시하고 과거 인상을 의식의 진행되는 흐름으로 사용할 수 있게 하면서 근원인상들을 취하고 간직한다. 사실 파지의 과정은 '과거에 있음pastness'뿐 아니라 '과거에 있음'의 정도가 경험의 흐름 안에 표시된다는 점에서 반복적이다. 의식의 시간적 흐름은 파지의 파지를 포함하며, 따라서 시간적 연속의 경험을 가능케 한다. 더욱이 이러한 반복 과정은 자기지시적이다. 제임스 멘쉬James Mensch는 다음과 같이 주목한다.

> 파지에서 주체는 간직된 경험만을 지닌 것이 아니라 그 자체를 이 경험을 가진 것으로, 곧 파지된 것을 파지하는 것으로 경험한다. 이에 따라 그것이 일련의 파지된 내용을 통해 파악할 때, 그 파지 행위 속에서 자체를 전반성적으로 파악한다. 이러한 파악은 그 자체를 경험을 지닌 것, 즉 스스로 주체로 파악하는 파악이다. 그러한 자기 경험은 파지의 자기지시적 성격이 주체를 비공적인 것nonpublic, 즉 그 자체만을 지시하고 (또는 현존하는) 것으로 근거짓는다는 것을 의미한다.
>
> Mensch 2001 : 107

이러한 간략한 후설적인 고려의 결과는 (쫑카빠가 우리의 '단순하고 자연적인 사유 '나는'이라고 명명했던) 자기형성이 심상속의 반복적 시간성에 기초하며 발생한다는 데 있다. 더욱이 이 경험적 연속성의 분석은 슈리다라의 반대에 해답을 제시한다. 경험 흐름이 종적, 횡적 지향성으로 특징지어지기 때문에 실체적 자아 없이도 우리는 인과적 연속 개념을 형성할 수 있다.[33] 그렇다면 최소자아의 근원은 언어적 자기전유에 있는 것이 아니라 본질적으로 성찰적 의식 흐름 안의 시간적 자기전유에 있다. '나' 또는 오히려 '나'이고 있음은 자기취착으로부터 발생하고, 이러한 의미에서 우리는 가네리의 표현을 빌리자면, '자기전유 행위의 소용돌이' 속에 있다(2007 : 204).

그렇지만 시간적 자기전유가 통시적으로 연장된 최소자아에게 필요하다 하더라도, 그것이 충분한지는 명확하지 않다. 그밖에 어떤 다른 것이 필요할까? 한 가지 유형의 견해는 심지어 최소자아의 발생을 위해서도 언어나 개념들이 필요하다는 것이다. 이와 대조적으로 다른 유형의 견해는 신체와 행위의 선언어적 알아차림이 필요하다고 주장한다. 이 후자의 견해를 지지하면서, 혹자는 예를 들어 신생아 모방에 관한 최신연구를 인용할 수도 있다. 숀 갤러거는 이 연구의 중요성을 다음과 같이 요약한다.

> 한 살 이내의 신생아는 반사나 방출 기제를 배제하는 방식으로 타인들의 표정 제스처 등을 모방할 수 있다. 그것은 제시된 제스처를 닮으려고 학습하는 능력을 포함한다. 이를 가능케 하려면

---

33 후설은 시간성이 초월적 자아의 본성에 중심적이라고 생각했다. 하지만 후설의 초월적 자아 관념은 실체적 자아인지 분명하지 않다. 더욱이 사르트르를 비롯한 현상학자들처럼 후설의 시간의식에 대한 설명은 비자아적 의식관과 일치한다.

영아는 세 가지를 할 수 있어야 한다. (1) 자아와 비자아 간의 구별 (2) 자기 신체의 특정 부분들을 시각 없이 자기수용적으로 위치짓고 사용하는 것 (3) 그가 보는 얼굴이 자신의 얼굴과 동일한 종류임을 인식하는 것(영아는 비인간적 대상들은 모방하지 않을 것이다). 이러한 결과에 대한 한 가지 가능한 해석은 … 인간의 영아는 이미 신체화되고 상호구성주의적이며 생태학적으로 조율된 최소자아를 지니고 있다는 것이다.

Gallagher 2000 : 18

더욱이 생태론적 심리학자들이 지적하듯이, 시각 영역은 자기 명시적 정보뿐 아니라 인지자의 환경에 대한 정보도 제공한다. 컵을 보면서, 우리는 지각과 행위를 조율하는 데 중요한 정보인 컵과 관련된 자신의 위치 정보도 얻는다. 그러므로 이 설명에서 최소자아는 시간적일 뿐만 아니라 신체화되고 상호구성주의적이다.

마지막으로 최소자아에서 인격에 관한 보다 견실한 형태로 옮겨 가기 위해서 장기 기억, 개념들, 언어 및 사회적 내장성 등이 요청된다. 사실 필자가 개요를 제시한 불교 상호구성주의 설명에서 견실한 자아나 인격은 복합 개념적, 언어적, 사회적 구축물abhisaṃskāra이다. 자하비는 "인간 행위들은 상호구성된 서사들이고, 우리의 행위들은 서사적인 연속 안에서 위치를 점유하여 명료해진다."(Zahavi 2005 : 107)고 말한다. 인격에 대한 이 서사적 개념은 인격의 일상적 성격을 강조하는 불교의 설명과 잘 어울린다. 사실 서사적 자아 구성은 위에서 논의된 자기전유의 기본 역학에 관한 심화된 연장으로 볼 수 있다.

그러나 부정적 측면에서 보면, 불교의 견해에서 이러한 서사는 윤회 속에 갇힌 존재에 관한 이야기이다. 그리고 이 악독한 순환을 영속시키는 주요 요소는 "나는 ~이다"asmimāna라는 자만심이다. 이 자만심은 그 주위로 윤회의 바퀴가 회전하는 중심축이다. 그것은 자기취착적이고ātmagraha 반복적이며 언어로 가능해진 무한한 희론 戲論, prapañca에 기반한다. 우리는 이미 조직적 폐쇄를 통해 신체화된 자아가 어떻게 환경과 친밀하지만 불안정한 관계를 초래하는지 살펴보았다. 이러한 기본적 수준에서 폐쇄는 동일성을 창출하지만 필요와 위험성도 창출한다. 서사적 자아의 수준에서 완전히 분명하게 표현된 서사적 자아를 가능하게 하는 개념적, 언어적 자원들은 또한 자기지시를 통해 개념적·언어적 폐쇄 형태를 창출한다. 그것은 깊이 몸에 밴 번뇌klésa와 함께 윤회를 특징짓는 고통과 역기능을 증대하고 영속시킨다. 간단히 말해, 우리는 자기중심적이 된다. 자신에게 이익이 되는 것을 거머쥐려 하고, 자아에 어긋나는 것을 억압하고 부인하며 자아에 역할하지 않는 것에는 무지하거나 무관심하다. 더욱이 '나는'이라는 자만심이 서사적 자아 자체와 함께 발생하기 때문에—즉 자만심은 서사적 자아가 실행되지 못한 양식이다—구축으로서의 위상은 폐색되어 있다. (*이로써) 창발적이고 연기적이며 공한 자아—'자기전유 행위의 소용돌이'—는 자신을 한정되고 영속하는 실체적 개체로 오인한다.[34]

---

34 필자의 견해가 이 책의 드레퓌스의 견해와 매우 흡사하다는 점은 주목할 만한 가치가 있다. (크루거가 그러하듯) 우리 둘 다 의식이 본질적으로 반영적이지만, 가장 근본적 수준에서 자아와 관련되지 않는다는 점에 일치한다. 오히려 자아감각은 반영적 의식의 보다 근본적 흐름으로부터 발생한다. 이 자아 또는 최소자아는 자아감각을 지닌 중생들이 그렇지 않을 때, 스스로를 지속하고 한정된 실체적 자아들로 여긴다는 점에서 환영과 같다. 드레퓌스, 크루거와 필자는 실체적 자아가 없다는 점에 동의한다. 그렇지만 드레퓌스는 '자아'라는 용어를 실체적 자아를 위

자아가 구축되고 재구성될 수 있는 방식들을 망각하는, 즉 자기중심성과 자기망각을 향한 우리의 뿌리 깊은 경향은 우리를 개인적·전체적으로 윤회하는 서사들을 상호구성하도록 이끈다. 그러므로 서사적 자아가 변화하기에 단순한 부수 현상이 아님을 깨닫는 것은 고무적일 수 있지만, 자아가 실제적 고통을 야기하고 영속한다는 것을 깨닫는 것은 덜 고무적일 수 있다. 불교 사상가들은 자아와 고통 간의 깊은 연계성을 그처럼 명료하게 보기 때문에, 자아 형성의 성격과 발생을 이해하는 데 그토록 주력한다.

9. 결론

여기에서 탐구한 자아에 대한 불교 상호구성주의 개념이 실체론과 환원론, 자아를 독립적 실체 또는 단순한 가상으로 보는 것 사이의 중도를 제공한다. 실체론의 근본 문제는 변화이다. 끊임없는 변화에도 불구하고 근본적으로 변화하지 않는 기층을 상정하는 것은 궁극적으로 자아를 경험과 세계로부터 소외시킨다. 우리의 경험에서 어떤 것도—신체, 마음이나 세계—실체적 자아에 귀속되는 항상성과 안정성을 갖지 않는다. 우리는 실체적 자아를 설명을 위한 상정으로 간주할 수도 있다. 하지만 이러한 상정이 필요한 것인지 또는 심지어 실제 어떤 일을 할 수 있는지는 명확하지 않다.

해 남겨두고 있는 것으로 보인다. 반면에 크루거와 필자는 연기적이고 공한 자아를 고려한다. 그렇다면 자아감각과 관련된 실수는 두 종류이다. 첫째, 어떤 이는 공한 자아를 실체적 자아로 오인한다. 둘째, 어떤 이는 자아감각이 사실상 자아 없는 의식의 반영성으로부터 창발할 때, 그것(자아감각)을 주관성의 가장 근본적 수준으로 오인한다.

반면 환원론의 근본 문제는 주관성, 1인칭 관점의 중심성이다. 필자가 기술한 불교 상호구성주의 견해에 따르면, 살아 있는 중생은 요소들의 단순한 집합체나 다발이 아니며 순전히 외부적인 3인칭 관점에서 이해될 수 없다. 생명체는 그 자신의 내재적 목적의 내면성 및 [상호구성된] 환경과의 필요하지만 불안정한 관계를 드러낸다. 경험의 흐름은 본질적으로 반성적이고, 전반성적 자기알아차림 속에서, 또한 시간의식의 반복 구조를 통해 스스로에게 주어진다. 체화된 존재는 적극적이고 애쓰는 신체 안에서 그리고 신체를 통해서 전반성적으로 스스로를 자각한다(Thompson 2007). 필자의 견해로는—그리고 여기서 필자는 이 책에서 분명히 설명한 것처럼 크루거 및 드레퓌스에 기본적으로 동의한다—최소자아는 한층 기본적이고 본질적인 의식의 반영성에서 생겨난다. 보다 견실한 자아는 언어와 서사에 대한 자기지시적인 자원들을 통해 구축된다(Zahavi 2005). 각각의 이러한 방식들(과 다른 것들)에서 주관성 현상들은 환원에 저항한다. 여기서 공통 주제는 반복성, 자기조직화 및 자기지시이다. 필자가 제안하기에 자기형성을 이해하는 (또는 이해하기 시작하는) 핵심은 역동적 과정들이 어떻게 자신들을—생물학적, 경험적 및 사회적으로—자기조직화 및 자기전유적 활동을 통해 상호구성하는지 보는 것이다. 왜냐하면 불교도들과 상호구성주의자들이 옳다면, 우리는 이 행위이기 때문이다.

참고문헌

Albahari, M. (2006), *Analytical Buddhism: The Two-Tiered Illusion of Self* (Houndsmills, NY : Pallgrave Macmillan).

Arnold, D. (2005), *Buddhists, Brahmans, and Belief: Epistemology in South Asian Philosophy of Religion* (New York : Columbia University Press).

Damasio, A. (1999), *The Feeling of What Happens : Body and Emotion in the Making of Consciousness* (New York : Harcourt Brace).

Dennett, D. (1991), *Consciousness Explained* (Boston : Little, Brown).

Di Paolo, E. (2009), 'Extended Life', *Topoi* 28 : 9-21.

Dreyfus, G. (1996), *Recognizing Reality : Dharmakīrti's Philosophy and Its Tibetan Interpretations* (Albany, NY : State University of New York Press).

Duerlinger, J. (2003), *Indian Buddhist Theories of Persons : Vasubandhu's 'Refutation of the Theory of a Self'* (London : Routledge/Curzon Press).

Gallagher, S. (2000), 'Philosophical Conceptions of the Self: Implications for Cognitive Science', *Trends in Cognitive Science* 4 : 14-21.

Ganeri, J. (2007), *The Concealed Art of the Soul : Theories of Self and Practices of Truth In Indian Ethics and Epistemology* (Oxford : Oxford University Press).

Garfield, J. (1995), *Fundamental Wisdom of the Middle Way : Nāgārjuna's Mulamadhyamakakakārikā* (NY : Oxford University Press).

_____ (2002), *Empty Words : Buddhist Philosophy and Cross-Cultural Interpretation* (NY : Oxford University Press).

_____ (2006), 'The Conventional Status of Reflexive Awareness : What's at Stake in the Tibetan Debate?' *Philosophy East and West* 56 : 201‒228.

Gyatso, T. (2000), *The Meaning of Life : Buddhist Perspectives on Cause and Effect* (Somerville, MA : Wisdom Publications).

Haken, H. (1983), *Synergetics : An Introduction* (Berlin : Springer-Verlag).

Hamilton, S. (2000), *Early Buddhism : A New Approach : The I of the Beholder* (London : Routledge/Curzon Press).

Holder, J. (2006), *Early Buddhist Discourses* (Indianapolis : Hackett Publishing Company).

Husserl, E. (1977), *Phenomenological Psychology : Lectures, Summer Semester, 1925*, trans. John Scanlon (The Hague : Martinus Nijhoff).

_____ (1991), *On the Phenomenology of the Consciousness of Internal Time (1893‒1917)*, trans. J. B. Brough (Dordrecht : Kluwer Academic Publishers).

Jinpa, T. (2002), *Self, Reality, and Reason in Tibetan Philosophy : Tsongkhapa's Quest for the Middle Way* (London : Routledge/Curzon Press).

Jonas, H. (1996), *Mortality and Morality : A Search for Good After Auschwitz* (Evanston, IL : Northwestern University Press).

Kapstein, M. (2002), *Reason's Traces : Identity and Interpretation in Indian and Tibetan Buddhist Thought* (Boston : Wisdom Publications).

Lusthaus, D. (2002), *Buddhist Phenomenology : A Philosophical Investigation of Yogācāra Buddhism and the Ch'eng Wei-shu lun* (London : Routledge/Curzon Press).

MacKenzie, M. 2007. 'The Illumination of Consciousness : Approaches to Self-Awareness in the Indian and Western Traditions', *Philosophy East and West* 57 : 40‒62.

_____ (2008), 'Self-Awareness without a Self : Buddhism and the Reflexivity of Awareness', *Asian Philosophy* 18 : 245‒266.

Maturana, H. (1975), 'The Organization of the Living : A Theory of the Living Organization', *International Journal of Man-Machine Studies* 7 : 313‒332.

_____ (1980), *Autopoiesis and Cognition : the Realization of the Living,*

Boston Studies in the Philosophy of Science, vol. 42 (Dordrecht : D. Reidel).

Maturana, H. and Varela, F. (1987), *The Tree of Knowledge : The Biological Roots of Human Understanding* (Boston : Shambhala Press/New Science Library).

Mensch, J. (2001), *Postfoundational Phenomenology : Husserlian Reflections on Presence and Embodiment* (University Park, PA : Pennsylvania State University Press).

Metzinger, T. (2003), *Being No One : The Self-Model Theory of Subjectivity* (Cambridge, MA : MIT Press).

Panksepp, J. (1998), *Affective Neuroscience : The Foundations of Human and Animal Emotions* (Oxford : Oxford University Press).

Ruiz-Mirazo, K., and Moreno, A. (2004), 'Basic Autonomy as a Fundamental Step in the Synthesis of Life', *Artificial Life* 10 : 235–259.

Sartre, J-P. (1957), *Transcendence of the Ego : An Existentialist Theory of Consciousness*, trans. F. Williams and R. Kirkpatrick (New York : Noonday).

Siderits, M. (2003), *Personal Identity and Buddhist Philosophy : Empty Persons* (Aldershot : Ashgate).

Strawson, G. (1999), 'The Self ', in S. Gallagher and J. Shear (eds.), *Models of the Self* (1–24) (Thorverton : Imprint Academic).

Thompson, E. (2007), *Mind in Life : Biology, Phenomenology, and the Sciences of Mind* (Cambridge, MA : Harvard University Press).

Varela, F. (1979), *Principles of Biological Autonomy* (New York : Elsevier North Holland).

_____ (1999), *Ethical Know-How : Action, Wisdom, and Cognition* (Palo Alto, CA:Stanford University Press).

_____ (2001), 'The Emergent Self', *Edge*, vol. 86, www.Edge.org. (accessed 27 February 2006).

Varela, F., Thompson, E., and Rosch, E. (1991), *The Embodied Mind : Cognitive Science and Human Experience* (Cambridge, MA : MIT Press).

Westerhoff, J. (2009), *Nāgārjuna's Madhyamaka : A Philosophical Introduction*

(Oxford : Oxford University Press).

Williams, P. (1997), *The Reflexive Nature of Awareness : A Tibetan Madhyamaka Defence* (London : Routledge/Curzon Press).

Zahavi, D. (2005), *Subjectivity and Selfhood : Investigating the First-Person Perspective* (Cambridge, MA : MIT Press).

자아를 상호구성하기

제 **10**장

철저한 자기알아차림

10
철저한 자기알아차림[1]

갈렌 스트로슨(Galen Strawson)

1. 경험

필자는 주체가 알아차림의 현 순간에, 알아차림의 현 순간에 있는 그 자신을 있는 그대로 그 알아차림의 대상으로 취할 수 없다는 주장을 살펴보고자 한다. 처음의 두 절에서는 여러 가설을 제시할 것이다.

우선 필자는 유물론materialism을 참이라고 가정할 것이다. 하지만 필자가 말하는 '유물론'은 실재적 또는 현실적 유물론이다. 우리가 의식적 사고를 진행하는 경험의 질적 성격 또는 무엇인가와 유사함 what-it's likeness은 전적으로 실재론적인 유물론이다. 필자는 이를 '경험'이라고 부르며, 따라서 완전히 물질적인 것으로 간주한다. 실재적 유물론자가 색 경험, 고통 경험과 같은 경험이 전적으로 물리적

---

1 본 논문의 4-8절은 Strawson 1999 : 498-502쪽의 구상을 발전시킨 것이다. 또 Strawson 2009 : 176-181쪽을 참조하라. 필자가 저술을 인용할 때 첫 출간 날짜를 명시하지만 때때로 집필 날짜를 명기하도 한다. 페이지 참조는 참고문헌에 기록된 판본에 따른다.

이라고 할 때, 이것은 우리가 경험을 지니고 있음을 알고 있는 것보다 적다고 말하는 것이 결코 아니다. 그것은 실재적 유물론, 현실적 유물론이 아닐 것이다. 왜냐하면 그것은 분명히 존재하는 어떤 것에 대한 부인을 수반할 것이기 때문이다. 오히려 그들은 경험 (구체적으로 그러한 것으로 간주되는 그것과 닮음) 그 자체가 전적으로 물리적이기 때문에,—그것이 보통 완전히 비경험적인 것으로 간주되는 것을 감안하면—물리적인 것은 통상적인 생각 이상의 어떤 것이어야 한다고 말한다.

경험은 필연적으로 어떤 사람이나 어떤 사물에 대한 경험인 '~에 대한 경험'이다. 그것은 필연적으로 참이고, 어떤 사람이나 어떤 사물의 형이상학적 본성에 대한 특정 설명에 동조하지 않는다는 점에서만 그러하다. 경험이 필연적으로 ~에 대한 경험, 필연적으로 어떤 사람이나 어떤 사물에 대한 경험이라고 주장하는 것은 그것이 필연적으로 경험의 주체가 행한 경험이라고 주장하는 것이다. 거듭 그것은 필연적 참이며, 분명히 경험의 주체가 지속하는 것이라는 생각에 동조하지 않는다는 맥락에서만 그러하다. 혹자는 우리가 경험의 주체의 존재를 경험 존재로부터 추론할 수 없고, 단지 주관성의 존재만 추론할 수 있다고 말한다. 하지만 필자는 주체 관념을 존재론적 입장을 최대한 분명히 밝히지 않는 방식, 즉 주관성의 현존이 주체의 현존을 위해 충분하기에 '주관성은 있지만 주체는 없다'가 참일 수 없다는 방식으로 이해한다.[2]

유감스럽게도 친숙한 경험 사례인 고통을 고려해보자. 그것은 기본적으로 느낌이고, 느낌은 바로 그 느낌feeling, 즉 느끼고 있음

2   자세한 논의는 Strawson 2000 : 274, 414를 참조하라.

feel-ing, 느껴짐being felt이다. 또한 느끼고 있음 또는 느껴짐은 느끼는 자feel-er 없이는 존재할 수 없다. 필자는 이것이 필연적으로 참이라는 의미에만 관심을 갖는다. '느끼는 자feeler'라는 명사는 '느낌'이라는 명사 이외에 어떤 추가적 형이상학적인 함의를 불러오지 않는다. 그것은 '느낌'의 완전한 함의에만 관심을 끌 뿐이다. 그것이 필연적으로 참이어서 만약 고통이 있다면 느낌이 있고 따라서 고통의 감수자feeler가 있다는 의미는, 만약 경험이 있다면 경험의 주체가 있고 따라서 주관성이 있다는 것이 필연적으로 참이라는 의미이다. 이러한 참은 대상, 소유, 주체, 사건, 과정, 사태나 상태에 대한 어떤 특정한 형이상학에 앞서 가능하다. (데카르트는 그의 『두 번째 성찰』에서 이 점을 매우 분명히 한다.)

어떤 사람들은 주체 없이도 주관성이나 경험이 있을 수 있다고 생각하고 싶어한다. 그렇기 때문에 주체 없이는 존재할 수 없다는 근본적 의미를 강조하여 주관성이나 경험 관념의 함의를 최대한으로 끌어내는 것이 중요하다. 그렇지만 다른 방향에도 이에 못지않은 중요한 점이 있다. 만약 당신이 알아야 할 모든 것, 즉 주체가 있다고 아는 것이 주관성이나 경험이 있다는 것이라면, 주관성이나 경험이 존재할 경우, 당신은 존재한다는 것을 알 수 있는 것보다 더 많은 것을 주체 관념에 새겨 넣을 수 없다. 사실 대상/소유물 구별이 형이상학적으로 피상적이어서, (a) 주어진 시간에 고려된 대상의 있음과 (b) 그 대상의 속성 있음의 있음, 즉 그때의 전체적, 현실적, 구체적, 질적 있음, 즉 그것이 그때 특정 방식으로 있는 모든 것들 간에 '실재적 구별real distinction'이 없다. 하지만 그것은 다음에 다루어야 할 어려운 문제이다.[3]

2. 얇은 주체Thin Subject

필자는 논박할 수 없고 존재론적으로 입장이 불분명한 경험의 주체 관념을 최소한의, 또는 '얇은' 방식으로 취할 것을 제안한다. '주체'라고 할 때, 필자는 전 유기체(우리의 경우, 인간 총체)를 의미하지 않는다. 필자가 말하는 주체는 바로 이와 같이 간주된 '내적인' 어떤 것, 정신적인 어떤 것, 원한다면 '자아', 의식의 내적 '장소'로 명확하게 간주된 주체를 의미한다.

이러한 내적 주체나 자아를 생각하는 한 가지 방식은 복합적으로 지속하는 신경 구조나 과정으로 보는 것이다.[4] 그것을 생각하는 보다 최소한의 방식은 다음과 같다. 당신의 현재 경험 존재인 신경 활동을 생각해보라. 다른 것은 존재하지 않고—어떻게든 이 신경 활동이 존재하고—다른 어떤 것도 존재하지 않는다고 생각해보라. 이 경우, 경험의 주체는 존재한다. 경험이 존재하기 때문에 주체는 존재해야 한다. 이 마지막 주장은 우리가 경험이 존재하는 것을 알기 때문에 주체가 존재하는 것을 안다는 인식론적 주장이 아니다. 그것은 당신 경험의 존재를 구성하는 것이 무엇이든 이미 경험의 주체의 존재를 구성하는 데 충분해야 한다는 형이상학적 주장이다. 그렇지 않다면 가정에서 그러하듯이 당신 경험의 존재를 구성하는 것으로 충분하지 않을 것이다.

지속적 신경 구조나 과정으로서의 주체 개념은 내적 주체에 대

3　Strawson 2008d 및 그 안의 Descares, Nietzsche, Ramsey 및 다른 이들에 대한 참고자료를 참조하라.

4　그렇지 않다면, 다인톤의 의미에서 주체, '경험적 힘들의 집합체', 'C 체계'를 구성하는 주체일 것이다(Dainton 2008 : 252).

한 가장 일반적인 유물론자의 이해일 것이다. 하지만 필자는 주체에 대한 최소한의 '얇은' 이해를 선호한다. 얇은 이해에 따르면, 경험의 현존은 주체의 존재를 위해 충분할 뿐만 아니라 필요하다. 경험이 없다면 경험의 주체도 없다. 경험의 중단이 있을 때마다 새로운 경험의 주체가 있다. 어떤 이가 꿈 없이 잠들어 있을 때 경험의 주체는 없다. 우리는 이미 [경험의 존재 → 경험의 주체의 존재]를 필연적 참으로 갖는다. 이제 우리는 그 역[경험의 주체의 존재 → 경험의 존재]을 부가한다.

이것은 얇은 주체이다. 현재 제안에 따르면 이것은 단지 해당 주체가 전체 인간이나 지속하는 신경 구조, 또는 그런 것으로 간주될 것이 분명한 주체에 대한 사유방식, 주체의 측면을 고립시키는 방식이 아니다. 오히려 우리가 주체를 얇은 이해로 정의된 주체로 고려하면, 그 형이상학적 범주가 무엇이건 간에, 개체, 사물, 대상(원한다면, 실체)으로서 자격을 부여하는 데 적어도 전체 인간이나 지속하는 뇌 구조와 마찬가지로 훌륭하거나 견실한 후보인 무엇인가와 관련 있다.

이것은 현실이 실제로 등급을 특정 사물이나 대상, 또는 실체로 만드는 어떤 것을 함축한다고 말하는 것은 아니다. 연기緣起라는 불교 교의는 어떤 것도 그렇지 않다는 것을 제시한다. 대안적 견해에서는 한 가지—우주—만 그러하다. 이 관점에서는 파르메니데스와 오늘날의 주요 우주론자들이 옳다. 실제로 우주라는 한 가지 A등급의 사물이나 대상, 또는 실체가 있을 뿐이다(니체와 스피노자는 우주보다 작은 어떤 것도 그렇게 될 수 없다는 데 동의한다).

그것은 매우 중요한 견해이다. 현재 주장은 이 쟁점에 대해 중립적이다. 이것은 얇은 주체라는 주장이 여타 다른 것과 마찬가지로 사물성을 위한 후보로서만 훌륭하다는 것이다. 사실상 그것이 지속하는 뇌 구조나 다른 일상적 물질 대상 및 어떤 가정된 근본 입자보다 더 훌륭한 후보이다.[5] 얇은 주체는 실재적인 것이 아니다. 예를 들어 지속적 뇌 구조보다 존재론적으로 더 궁색하다는 사유에 대항하기 위해 이 점을 강조한다. 형이상학이 진지해지고 일상 언어와 일상적 사유 범주를 현실과 일치시키려는 데 시간 허비를 하지 않을 때 이 견해는 옹호될 수 없다.

그렇긴 해도 필자가 개진하려는 대부분의 주장은 얇은 주체뿐만 아니라 지속하는 뇌 구조의 주체에도 적용될 것이라는 점을 덧붙이고 싶다. 이러한 내적 주체에 대한 두 가지 이해의 차이는 주체가 알아차림의 현 순간에, 알아차림의 현 순간에 있는 그 자신을 있는 그대로 알아차림의 대상으로 취할 수 없다는 전통적 주장을 검토하려는 필자의 주요 당면 목표에 관한 한, 그다지 문제가 되지 않는다. 우리가 자아에 관해 이야기하려고 한다면, 얇은 주체는 자아의 호칭으로 필자가 가장 선호하는 후보이다. 그러나 이에 관해 필자와 동의하는 이들과 '자아' 호칭의 후보가 지속적인 어떤 것이 분명하다고 느끼는 이들 간의 쟁점도 이 논문의 목적을 위해 유보하겠다.

필자는 논거 제시를 위해 다양한 숫자와 부호를 활용할 것이어서 이를 선호하지 않는 이들에게 양해를 구한다. 인도식 접근법에 필자는 무지하지만, 논의 쟁점이 이 책에서 다룬 인도식 접근방식과 유용하게 대비될 수 있기를 바란다.

5   필자의 Strawson 2009 : 294-320, 379-388쪽에서 이 주장을 옹호한다.

3. 현 순간의 자기의식

어떤 사람들은 눈이 자체를 볼 수 없듯이 주체는 자신을 알아차림의 대상으로 취할 수 없다고 하거나, '취함taking'이라는 말을 빼고,

> (1) 눈이 자체를 볼 수 없듯이, 주체는 알아차림의 대상이 될 수 없다.

고 주장한다. 혹자는 주체가 알아차림의 현 순간에, 그 순간에 있는 자신을 있는 그대로 알아차림의 대상으로 취할 수 없다고 하거나, 다시 '취함'을 빼고,

> (2) 알아차림의 현 순간에 있는 주체가 알아차림의 현 순간에, 그 알아차림의 대상이 될 수 없으며,

라일Ryle의 인상적인 구절처럼 존재는 영원히 그 자신에 대해 "체계적으로 포착하기 어렵다"(1949 : 186)는 더 한정된 주장을 한다.

　(1)과 (2)는 고전적 견해를 표현한다. 필자는 두 형태 모두 잘못되었다고 생각한다. 중요하지 않을지라도 간략한 (1)에 반대되는 관점은 상당 기간 지속하는 주체는 어제 또는 잠시 전에 자신이 경험한 어떤 것을 기억할 때, 완전한 의미에서 자신을 알아차림의 대상으로 삼을 수 있다는 것이다. 그에 반해, 그것은 의식적 경험 상태를 의미하는 데 쓰인 '알아차리는aware'이라는 단어 의미의 일부이므로, 어떤 시간 경과가 당면한 알아차림 양식에 필수적이라 하더라도(시각적, 청각적, 내적 자기알아차림), 'x에 대한 알아차림'은 현 순간

에, x에 대한 파악 그 자체만을 지칭할 수 있다고 말해도 좋다. 그렇다면 좋다. 필자는 현 순간 알아차림의 경우인 (2)에 집중하고,

[1] 알아차림의 주체가 알아차림의 현 순간에, 그 자신을 있는 그대로 알아차릴 수 있는[6]

별개의 두 가지 방식이 있음을 논하겠다.

우선 필자는 논란이 적게, 현상학적 정통을 따라, 자아가 비주제적 방식으로 현 순간에 자신을 알아차릴 수 있다고 주장하겠다. 여기서 비주제적으로 어떤 x를 알아차린다는 것은 우리가 구체적으로 x에 주의를 기울이지 않음에도 불구하고 x를 알아차리고 있음을 의미한다. 둘째, 친숙한 방식은 아니지만, (예외적일지라도) 경험의 주체 또한 주제적thetic 혹은 주의집중 방식으로 자신을 현 순간에 알아차릴 수 있음을 주장할 것이다.[7] 이 두 번째 주장은 전통적 견해에 대한 보다 직접적인 도전이다. 전통적 견해란 주체가 자신을 알아차리는 현 순간에, 그 자신을 있는 그대로 파악하지 못하는 이유는, 주체가 그렇게 하는 가운데 자신을 어떤 방식으로든 주제적 사유 대상으로 취해야 [지녀야] 하기 때문에 주체가 대상으로 취하거나 [지니는] 사물은 알아차림의 현 순간에 있는 그대로, 즉 그 순간에 그 자체를 있는 그대로 취하고 있는 사물일 수 없다는 생각에 기반을 둔 것으로 보인다.

---

6 필자는 '알아차림', '경험', '의식'을 상호 교환적으로 사용한다.
7 필자는 '주제적'이 후설적 방식에서 신념을 함축하는 한, 후설적 방식보다는 단순히 '주의 집중하고 있는'을 의미하는 사르트르적 방식으로 사용한다.

'즉각적immediate', 또한 '매개되지 않은not-mediated'이라는 표현은 비시간적 의미를 전달하기에, 지금은 '즉각적' 대신 '현 순간'을 사용할 것이다. 시간적 즉각성은 비매개성을 내포할 수 있지만, 이 논점을 열어두고자 한다.

[1]보다 강한 주장을 허용하는 비주제적 논거를 지지하는 대중적 지지 근거를 고려함으로써 논의를 시작하겠다. 이 견해에서,

> [2] 알아차림의 주체는 알아차림의 현 순간에, 항상 그 자신을 있는 그대로 알아차린다.

어떤 방식으로든 알아차릴 때마다 그러하다.[8] 우리는 이것을 다음과 같이 재서술할 수 있다.

> [2] 현 순간의 자기의식은 보편적Universal이다.

또한 그보다 약화된 유사 형태를 다음과 같이 재서술할 수 있다.

> [1] 현 순간의 자기의식은 가능Possible하다.

'SA'를 '현 순간의 자기의식present-moment self-awareness'의 약자로 간주할 경우, 우리는 [2] 보편적Universal SA 명제를 약칭해서 'USA'로

---

8 얇은 주체 관념은 "어떤 방식으로든 알아차릴 때 말이다"라는 말을 불필요하게 만든다. 하지만 얇은 관념은 물론 알아차림의 주체[전체 인간, 지속하는 뇌 구조 등 무엇이든]가 꿈 없는 수면 상태에서 존재할 수 있다고 허용하는 '알아차림의 주체'에 대한 표준적인 성향적(dispositional) 활용과 상충한다.

부르고 [1]을 가능한Possible SA 명제 'PSA'로 부를 수 있다.

[2]에 따르면 주체가 그 자신을 현 순간의 알아차림 없이 어떤 것을 알아차리는 것은 불가능하다. 이것은 아무리 미천할지라도 모든 알아차림의 주체에 적용된다. 만일 바다 달팽이에게 어떤 알아차림이 있다면, 그것은 (필연적으로) 그 자신을 알아차림의 현 순간에 알아차린다. 현상학적 전통에서 많은 이들이 [2]를 지지한다. 예를 들어 후설은 "주체가 된다는 것은 자신을 알아차리는 양태 가운데 있는 것이다"라고 서술한다(Husserl 1921-28 : 151; 이 책 95-98 쪽; Zahavi 2006).

현 상태 그대로 전통적 견해는 비주제적non-thetic 및 주제적 설명에서 [1]과 [2], PSA와 USA 모두를 거부한다.[9] 비주제적 USA에서 시작해서 비주제적 USA와 주제적 PSA의 논거를 제시함으로써 논의를 시작하겠다. 비주제적 USA는 비주제적 PSA를 수반하기 때문에—마치 그래야 하는 것처럼—명시적 USA만을 지지하지는 않을 것이다.

(적어도 우리 자신의 경우에서) 알아차림을 구성하는 뉴런 과정은 시간이 소요되고, 모든 현 순간의 자기의식을 배제시키는 필연적 시간 지체가 있다는 이유만으로 USA와 PSA가 타당할 수 없다는 것이 명백하기 때문에, 지금 그만두는 것이 최선이라고 이의를 제기할 수도 있다. 이 반론은 뒤로 미루기로 한다. 이러한 이유로 USA와 PSA를 거부하는 것은 언뜻 보기에 이 두 주장이 불일치하는 것으로 보이지만, 우리가 고통을 현 순간에, 있는 그대로 경험할 수 없다고 주장하는 것과 같다.

---

9 '현상태 그대로', 필자가 아는 한 전통적 견해는 그다지 비주제적 설명과 관련이 없다.

4. AOI 명제
(모든 알아차림은 자신에 대한 알아차림을 행한다)

왜 어떤 이는 [2], 즉 USA를 주장해야 하는가? 필자는 다음의 두 가지 일반 원리의 진리를 가정하려고 한다.

[P₁] 알아차림은 (필연적으로) 알아차림 주체의 속성이고,

이것은 이미 변론되었고(또한 속성들을 말하는 것이 정당하다는 점을 고려하면 어떻든 자명하다). 그리고

[P₂] x의 속성에 대한 알아차림은 그 사실로 인해 x에 대한 알아차림이다.[10]

[P₁]과 [P₂]는 다음을 수반한다.

[3] 어떤 알아차림 A_2에 대한 어떤 알아차림 A_1은 A_2의 주체에 대한 알아차림을 수반한다.

또 다음을 부가하면 우리는 [3]으로부터 [2] = USA를 얻을 수 있다.

[4] 모든 알아차림은 알아차림의 알아차림을 수반한다.

---

10 '논의의 목적을 위해', 최종의 형이상학적 분석에서 대상과 속성 간의 구별에 따른 어떤 근본적인 (정언적) 존재론적 구분이 없다고 하더라도 [P₁]과 [P₂]가 타당한 어떤 것을 말한다.

또는 오히려 (그 핵심 전제)

　[5] 모든 알아차림은 바로 그 알아차림에 대한 알아차림을 수반
　한다.

즉,

　[5] 모든 알아차림은 그 자체에 대한 알아차림을 수반한다.

아리스토텔레스가 지적했듯이, 현 상태 그대로 [4]가 제기하는
알아차림의 알아차림이라는 무한퇴행의 위협을 고려하면, [5]는 사
실상 [4]에 관해 유일하게 옹호될 수 있는 설명이다.[11] 필자는 [5]를
AOI 명제, '그 자체에 대한 알아차림'에 관한 'AOI', 줄여서 'AOI'라
고 부르겠다.

　그렇다면 이 주장은 [P_1], [P_2]와 함께 AOI가 USA를 수반한다는
것이다. 간단히 말해, AOI와 [3]은 USA를 수반한다. 그 주장은 현
상태 그대로 형식적으로 타당하지 않지만 구상은 명확하다.

　모든 알아차림이 그 자체에 대한 알아차림을 포함한다는 것은
허용될 수 있지만, 다음의 [6]은 의문시된다.

11　아리스토텔레스의 *De Anima* 3.2. 425b12-17를 보라. 리드와 비교하라. "나는 단순
　히 별을 지각하는 것보다 '내가 별을 지각한다'고 지각하는 데 보다 많은 것이 있다
　고 상상할 수 없다. 그렇지 않다면 무한히 지각의 지각이 있을 것이다."(1748 : 317).
　인도철학의 맥락에서 이 문제들에 관한 훌륭한 최근 논의로는 특히 MacKenzie
　2007을 참조하라. [4]가 현 순간에 대해 어떤 명시적 언급도 하지 않음에 주목하라.

[6] 모든 알아차림은 현 순간 그 자체에 대한 알아차림이거나 이를 포함한다.

항상 시간 지체time lag, 또는 라일Ryle이 말하는 '신속한 회고적 주의집중swift retrospective heed'이라는 사건이 있기 때문이다(1949 : 153). 그러나 이 경우 어떤 알아차림 사건의 최후 순간도 그 자체에 대한 알아차림을 포함할 수 없기에, [5]가 타당하다고 한다면 이것은 가능하지 않은 것으로 보인다(모든 알아차림의 흐름은 영원히 지속되어야 할 것이다).

실질적 전제는 AOI이다. 문제는 왜 AOI를 믿는가이다. 그것을 좀 더 강화하면, 왜

[7] 모든 알아차림은 근본적으로 바로 그 알아차림에 대한 알아차림을 수반한다.

를 믿는가이다. 혹은 다시 더 강화해서,

[8] 모든 알아차림은 근본적으로essentially, 구성적으로constitutively, 본질적으로intrinsically 바로 그 알아차림에 대한 알아차림을 수반한다.

('본질적으로'와 '구성적으로'는 거의 틀림없이 '수반하다'가 열어둔 가능성을 차단하는 것을 목표로 한다. 알아차림 A_2에 대한 알아차림 A_1은 A_2와 존재론적으로 분리된 어떤 것일 수 있고) 혹은 좀 더 약하게 동일한 효과로,

[9] 모든 알아차림은 적어도 부분적으로 바로 그 알아차림에
대한 알아차림이다.

혹은 [8]을 바꾸어 말해서,

[10] 모든 알아차림은 바로 그 알아차림에 대한 알아차림을 행
한다.

혹은 알아차림의 주체를 재도입해서,

[11] 어떤 주체가 행한 모든 알아차림은 그 동일한 주체가 행한
바로 그 알아차림에 대해 알아차림을 행한다.

혹은 다시금 현 순간에 복합적으로 중복된 명시적 언급을 재도
입해서,

[12] 어떤 순간에 주체가 행한 모든 알아차림은 바로 그 순간
그 동일한 주체가 행한 그 순간의 바로 그 알아차림에 대해
알아차림을 행한다.

혹은 [10]을 필자가 여기서 AOI의 정본正本으로 지칭한 것으로
축약하자면,

[13] 모든 알아차림은 자신에 대한 알아차림을 행한다.[12]

좋은 질문에서는 할 말이 많은 법이다. AOI가 처음에는 어렵지만 숙고해보면 설득력이 있다. 그것은 데카르트, 아르노, 로크, 브렌타노, 후설, 사르트르 및 현상학 전통의 대다수 철학자들을 비롯하여 많은 이들이 지지한다.[13] 그들 모두는 모든 알아차림을 부분적으로 구성하는 것으로 간주되는 알아차림의 알아차림에 대하여, 실체적으로 구별되는 별개의 '저차원'적인 정신적 이해 A_2와 관련되는 '고차원'적인 정신적 이해 A_1을 수반하는 것으로 생각해서는 안 된다고 주장한다. (왜냐하면 이것은 무한퇴행을 일으키기 때문이다.) 알아차림에 대한 적합한 알아차림은 [13] = AOI가 참이라고 말하는 것이 올바르다는 점을 고려할 때, 오히려 어떤 다른 것과 독립적으로 고려된 알아차림에 관한 어떤 사건의 본질적 특색이다.[14]

그것을 감안할 때, 우리는 [13] = AOI가

[14] 알아차림에 대한 자기알아차림

을 말함으로써 다시 표현될 수 있다고 말할 수 있다. 하지만 [14]는

———

12 우리는 '자기알아차림'에서 '자기-'의 등장은 단지 반영적이어서 [13a]가 [13]과 동일한 것을 의미하며, 자아라고 부르는 무엇에 대한 어떤 알아차림도 내포하지 않으므로—[13]을 모든 알아차림은 자기알아차림을 행한다[13a]라고 다시 쓸 수 있다.

13 특히 이 책의 자하비 91쪽에 있는 사르트르의 인용문을 참조하라.

14 AOI에 대한 데카르트의 옹호 가운데 다음의 서술이 있다. "우리는 그것이 우리 안에 있는 순간에 우리가 알아차리지 못하는 것에 대한 어떤 사유도 할 수 없다."(1641 : 2.171) 또 "그것에 의해 우리가 무엇을 알아차리게 되는 처음 생각은 두 번째 생각이 그것에 의해 우리가 알아차리고 있었다는 것을 알아차리고 있었음을 알아차리게 되는 세 번째 생각과 다르지 않은 것만큼, 우리가 그것에 의해 그것을 알아차리고 있었다는 것을 알아차리게 되는 두 번째 생각과 다르지 않다."(1641 : 2.382).

적어도 처음에는 [13]이 그렇지 않은 방식으로 역설적이다. 왜냐하면 ('행하다comport'라는 말을 고려하면, [13]이 여전히 허용하듯이) 알아차림은 의당 알아차림 주체의 속성이고, 적절하게—또 실제 어쩌면—알아차림 자체의 속성이라고 말해질 수 없음이 분명한 것으로 보이기 때문이다. 그렇긴 하지만 [14]가 여러 사항을 설명하는 수용할 만한 방식이다. 첫째, 이것은 [11]에 대한 수용 가능한 약칭이다. 어떤 주체가 행한 모든 알아차림은 바로 그 알아차림의 동일한 주체가 행한 알아차림을 행한다. 둘째, 한층 강하게 모든 알아차림이 반드시 알아차림의 어떤 주체가 행한 알아차림이라는 사실—주체에 대한 언급은 알아차림이 있을 때 진행되는 일에 대해 충분히 설명된 기술을 해야 한다는 사실—은 그것이 알아차림 현상의 구성적 특색이기에, 자신에 대한 알아차림을 행한다는 [14]의 진실을 결코 약화시키지 않는다. 셋째, (보다 강하고, 훨씬 더 심도 있는 난점으로) 다음과 같이 (필자가 얇은 주체를 의미하는) 형이상학적으로 근본적인 주체 개념이 있다. 그것에 따르면

[15] (알아차림 주체의 존재를 전체적으로 구성하는) 알아차림의 주체는 그것이 주체라는 알아차림과 실체적으로 구별되지 않는다.

환언하면,

[16] 알아차림의 주체는 그 알아차림과 동일하다.

필자는 [16]을 알아차림의 주체/알아차림 동일성 명제나 $S = A$

명제, 축약해서 'S = A'라고 부르겠다.[15] 흥미롭게도 그것은 서양 전통에서 특히 데카르트, 라이프니츠, 칸트, 니체가 지지한다.[16] 또 우리가 그것을 인정한다면 AOI를 심화해서 제기된 설명인 [14]가 [2] = USA에 완전히 상응하는 것으로 이해할 수 있다. 즉

$$[[AOI \ \& \ S = A] \rightarrow USA].$$

이다. 만약 S = A가 지나치게 강하다면, 한층 약한 다음의 주장을 수용할 수도 있다.

$$[[AOI \ \& \ [P_1] \ \& \ [P_2]] \rightarrow USA].$$

만약 $[P_1]$ & $[P_2]$가 평범하게 참이라고 생각한다면, 이것을 다음과 같이 축소시킬 수 있다.

$$[AOI \rightarrow USA].$$

[5]에서 [13] ± [14]로 옮겨가면서 필자가 행한 모든 것은 일련의

---

15 필자는 Strawson 2003b 및 Strawson 2009 : 345-349, 405-419쪽에서 수정된 S = A를 옹호한다. 이것은 주체와 그 경험 간의 관계에 대해 보다 강력한 주장을 하면서도 주체에 대한 '얇은' 관념을 수반한다.

16 칸트는 헤르츠(Herz)에게 보내는 유명한 편지에서 "생각함이나 사유의 존재 그리고 나 자신의 자아의 존재는 한 가지이다."(1772 : 75)라고 썼다. 비록 데카르트, 라이프니츠와 스피노자가 종종 실체가 그 경험 상태나 알아차림과 실체적으로 구별되는 것처럼 서술하지만(어떤 주어진 시간에 고려된) 주체의 구체적 존재는 (현재 어떤 양태의 속성들이 예시화되던 간에) 그때 속성들의 구체적 존재와 실체적으로 구별되지 않는다.

다른 방식으로 AOI를 다시 표현한 것이지만, USA를 다른 방식으로 표현한 것이라고 말할 수도 있다. (USA 명제가 자아나 주체의 성질에 초점을 둔 데 반해, AOI 명제는 알아차림의 성질에 초점을 둔 것이다. 그렇지만 그것들은 밀접히 연계되어 있다.)

아르노Arnauld는 "그가 사유나 지각은 근본적으로 그 자체에 대해 반영적이라거나 라틴어로 *est sui conscia*라고 말하듯, 그 자체를 의식하고 있다"고 서술하면서 AOI를 잘 표현한다.[17] 그가 여기서처럼 AOI 명제를 지지하는 데 S = A 명제를 수용할 때 데카르트를 따른다는 점을 고려하면, 그 역시 USA를 지지하는 것이다.

라일 또한 무시하는 의도가 있기는 하지만 의식이 몇몇 구성적 방식으로 '자기친밀적(=자기모방적)'이거나 '자기조명적', 혹은 '인광을 내는'이라는 견해를 말할 때, 그것을 잘 표현한다(1949 : 158-159 또한 162-163, 178쪽 참조). 이 내용의 일부에서 보여지는 오해의 소지는 다음의 프랭크퍼트Frankfurt의 인용문을 참고하는 것으로 해소해 보자.

> 이 의식을 알아차림 없이 어떤 것을 의식한다는 것은 어떤 것과 같을까? 그것은 그 발생이 어떻든간에 알아차림 없는 경험을 갖는 것을 의미할 것이다. 이것은 바로 무의식적 경험의 경우일 것이다. 그렇다면 의식하고 있음being conscious이 자기의식과 동일한 것으로 나타난다. 의식은 자기의식이다. 깨어있는 의식이

---

17 1683 : 71, 그는 모든 의식적인 심적 사건들을 포괄하기 위해 '사유나 지각'을 사용한다. 역주) <데카르트에게 보내는 편지>에서 아르노는 '근본적인 반영적 사유'에 대해 말한다. *Oeuvres*, Vol.5, p.213; Arnauld. *Des vrayes et des fausses idées* (1683), Ch.6, p.46; Udo Thiel, *The Early Modern Subject : Self-Consciousness and Personal Identity from Descartes to Hume* (Oxford : Oxford University Press, 2011), p.53 참조.

자기의식이라는 주장은 의식의 모든 순간이 일차적 알아차림 및 첫 번째와 다소 구별되고 분리할 수 있으며 첫 번째를 그 대상으로 갖는 다른 의식의 순간을 수반한다는 의미에서, 의식이 언제나 이중적이라는 것을 의미하지 않는다. 그것은 의식 순간들의 엄청나게 무한한 확산을 위협할 것이다. 오히려 문제의 자기의식은 그것(반영성)에 의해 의식하고 있는 모든 순간이 알아차리고 있는 것(대상)뿐만 아니라 그것(알아차림)에 대한 알아차림을 파악하는 내재적 반영성이다. 그것은 그 범위 안에 들어오는 다른 것들도 비춤과 동시에 스스로도 보이게 하는 광원과 같다.

Frankfurt 1987 : 162[18]

프랭크퍼트의 인용문에서 가장 오도하기 쉬운 주장은,

[a] 의식은 자기의식이다.

및 바로 이어지는

[b] 의식하고 있음은 자기의식과 동일하다.

이지만, [a]가 모든 알아차림이 자신에 대한 알아차림을 행한다는 AOI 명제 [13] 및 아마도 의식하고 있음이 스스로 의식하고 있음이라고

---

18 의식이 자기의식이라는 주장에 대해서 이 책의 자하비 91쪽에 있는 사르트르의 인용문을 다시 비교하라. 인도논사들 가운데 디그나가, 다르마끼르띠, 샹까라 등은 자신을 비추는 빛의 비유를 자주 사용한다. 특히 이 책의 드레퓌스 191쪽과 람쁘라사드 372쪽을 참조하라.

보아서, 알아차림의 주체란 항상 현 순간 그 자신을 알아차리고 있다는 핵심명제인 [2] USA와 동일하게 이해되는 것에 적응하거나 (또는 최소한 수반하는) [b] 이상을 말하지는 않는다. 필자의 견해에서 올바른—제안은 (다시금) 위 447쪽의 원칙 [P₁]과 [P₂] 원리를 고려할 때, USA가 그 필연적 결과로서 AOI 명제에서 벗어난다는 것이다. 만약 우리가 주체와 그 알아차림의 궁극적 동일성인 [16] S＝A 명제 또한 수용한다면, [a]와 [b]는 같은 것이 된다.

5. AOI 명제의 근거

AOI의 형이상학적 근거에 대해서는 말할 것이 많다. 필자는 가장 중요한 형이상학적 물음이 다음과 같다고 생각한다. AOI가 타당하다는 점을 감안하면—모든 알아차림이 (필연적으로) 그 자체에 대한 알아차림을 행한다는 것을 고려하면—이것은 왜 그러한가? 두 가지 주요한 선택지가 있는 것으로 보인다.

> [O₁] AOI는 알아차림의 본질적 성질에 대한 필연적 결과이므로 옳다. 그리고 이 본질적 성질은 그럼에도 불구하고 우리가 왜 AOI가 타당한지 알 수 있는 방식으로 AOI와 관계없이 명시될 수 있다.

> [O₂] AOI가 타당하다는 사실은 그 본질적 성질이 AOI가 타당하다는 사실과 독립적으로 명시될 수 없는 것과 같은 방식으로 알아차림의 본질적 성질을 구성한다.

로크Locke가 "생각은 우리가 생각하는 것을 의식하고 있음에 있다"라고 쓸 때, 그는 두 번째 견해를 지지하는 것이다.[19] 필자 생각에 인용된 구절에서 아르노의 입장은 그것이 [O₂]를 제외하지 않더라도 [O₁]과 양립할 수 있다. 데카르트의 입장(각주 13 참조)은 처음에는 [O₁]과 양립 가능한 것으로 보이지만, AOI의 필연성이 알아차림과 알아차림에 대한 알아차림의 동일성에 기초한다는 점이 이것을 덜 명확하게 한다.

이것은 차후에 다룰 문제이다. 필자의 당면 목표는 PSA의 비주제적 유형 방식을 제시하는 것이다. 즉,

[1] 주체는 알아차림의 현 순간에, 그 자신을 있는 그대로 알아차릴 수 있다.

강한 보편적 형식, 즉 USA와 같이 취하면,

[2] 주체는 알아차림의 현 순간에, 항상 그 자신을 있는 그대로 알아차린다.

가 된다. 이것은 필자가 다음과 같은 공식화를 통해 제시했던 실체적 명제인 AOI 명제로부터 따라 나오는 것으로 보인다. 즉,

[4] 모든 알아차림은 알아차림에 대한 알아차림을 수반한다.

---

19 1689 : 2.1.19, 그는 '생각함(thinking)'을 모든 경험적 사태들을 포섭하기 위한 광범한 데카르트적 의미에서 사용한다.

로부터 시작해서,

> [11] 어떤 순간에 어떤 주체가 행한 모든 알아차림은 그 순간에, 바로 그 순간의 바로 그 알아차림의 동일한 주체가 행한 알아차림을 행한다.

를 거쳐,

> [13] 모든 알아차림은 그 자체에 대한 알아차림을 행한다.

로 끝맺는다.

여기서 주체가 필연적으로 그 알아차림을 알아차린다는 주장으로부터 그것이 필연적으로 그 자신을 알아차린다는 주장으로의 움직임은 [P₁]과 [P₂](sc. [3])를 고려할 때 보장된다. AOI 자체는 여전히 변론이 필요할 수 있고, 심지어 그 진리가 인정될 때에도 근본적 형이상학에 관한 물음들은 남을 것이다. 그렇지만 이러한 것들은 차후에 다루어야 할 문제들이다.

6. 현 순간의 비주제적 자기의식

USA의 타당성이 근본적으로 AOI에 의존하는가? 필자는 확신이 없다. 그리고 이제 필자는 자아에 대한 현 순간의 비주제적 자기의식을 표현하는 다른 방식을 고려할 것이다. 루이스 사스Louis Sass에 따르면,

자아성의 가장 근본적 의미는 알아차림의 대상으로서가 아니라 일부 중요한 측면에서 행위, 경험 및 사유 … 에 대한 보이지 않는 기원 지점으로서의 자아 경험을 수반한다. 윌리엄 제임스가 명명한 … '자아의 중심적 핵'은 사실상 우리 알아차림의 초점에 있는 개체로 경험되지 않고, 오히려 알아차림의 매개, 행위 원천이나 세계를 향한 일반적 지향성으로 경험된다.

Sass 1998 : 562

버나드 로너간Bernard Lonergan이 언급하기를,

대상은 주의가 기울여짐으로써 현존하지만, 주체는 주의가 기울여지는 것이 아니라 주의를 기울임으로써 주체로서 [스스로에 대해] 현존한다. 대상의 행진이 진행됨에 따라 관객들은 스스로에 대해 현존하기 위해 행진에 미끄러져 들어갈 필요가 없다.

Lonergan 1967 : 226

사무엘 알렉산더Samuel Alexander의 글에서,

대상을 아는 데 있어 나는 내가 그렇게 하지 않기 때문에 내가 나에 대해 명상하는 의미에서가 아니라 내가 나 스스로의 경험을 겪어나간다live through는 의미에서 스스로를 안다.

Alexander 1924 : I.xiv

아서 다이크만Arthur Deikman은 동일한 입장을 표명한다. "우리는 내부 관찰자를 그것을 관찰함에 의해서가 아니라 그것임에 의해

철저한 자기알아차림

안다. … 알려진 존재에 의해 아는 것은 … 지각적 지식과 다르다."(1996 : 355).[20] 이것은 친밀지knowledge by acquaintance이다. 혹자로 하여금 '이것이 진정으로 지식임'을 보는 것을 어렵게 하는 특정적이고 철학적으로 인기있고 독립적 정당화에 역점을 두는 지식 개념이 있지만, 그 주장은 변론할 필요가 없다. 오히려 정반대이다. 이 특정 지식 논거, 비주제적 자기의식에서의 자기 지식은 특정적 지식 관념의 부적합성을 보여준다. 그 일반적 논점은 이러한 종류의 지식이 그 가능성의 조건으로서 특정한 정당화를 수반하는 모든 종류의 지식 뒤에 놓여야 한다는 사실로 가장 강력하게 뒷받침된다. 이것은 모든 지식의 정당화 주장들이 이미 주어진 것으로 여겨지는 어떤 것에 상대적이라는 것이 필연적 진리[21]이기 때문이다.

분명히 눈은 (거울이 있지 않은 한) 스스로를 볼 수 없다. 칼은 (매우 유연하지 않은 한) 스스로를 자를 수 없다. 그리고 손가락 끝은 자신을 만질 수 없다. 경험의 주체가 현 순간에 그 자신을 있는 그대로 사유 대상으로 할 수 없다는 사유—라일의 표현을 빌리자면, "'나의 오늘의' 자아는 내가 잡으려 하는 어떤 파악도 끊임없이 미끄러져 나간다."(1949 : 187)라는 사유—는 많은 은유로 표현된다. 레이콕Laycock은 그것이 '영원한 불교 지혜'의 일부라고 말한다(1998 : 142).

---

20 분명히 '알려진 그 존재에 의해 아는 것' 혹은 오히려 아마 알고 있는 그 존재에 의해 (자신을) 아는 것은 그것에 대해서 알려진 것에 관해 알아야 할 모든 것을 아는 것을 필요로 하지 않는다. 표준적인 유물론 견해에서 우리는 이러한 종류의 의식의 자기 현전에서 알려진 것이 그 성질이 전혀 알려지지 않은 비경험적 존재를 지닌다는 것을 인정할 수 있다.

21 역주) 필연적 진리는 경험 이전에 논리적으로 결정된다는 점에서 선험적 진리, 논리적 진리라고 한다. 논리 경험주의 전통에서 분석 명제의 진위는 경험적 사실과의 부합 여부에 있지 않고 논리 세계로서의 논리적 타당성 및 확실성 여부에 달려 있다.

따라서 그것은 어떤 특정 종류의 주제적 대상을 상정하는object-posing 자기이해의 한계에 관한 진리로 여겨진다. 그렇지만 그것은 예컨대 로너간, 사스, 알렉산더, 다이크만이 방금 지적한 방식대로 주체가 현 순간에 그 자신을 직접 알아차릴 수 있는 현행적 자기이해의 또 다른 비주제적 형태가 있다는 주장과 완전히 양립할 수 있는 것으로 생각된다. 디그나가와 다르마끼르띠는 이 맥락에서 주제적 알아차림과 비주제적 알아차림을 분명히 구분하지 않지만, 그들 역시 인식이 그 자신을 인식하며 또한 현시점에서 그 자신을 비주 제적으로 알아차리고 있다고 주장한다.[22]

현행하는 현 순간의 자기의식에 대한 이 형태가 비주제적non-thetic 이라는 사실로부터 그것이 결코 명시적이지 않다는 결론이 따라 나오는가? 그것은 일종의 암묵적 알아차림인가? 아니다. 여기서와 같이 '알아차림'이 현행하는 의식적 경험과 관계맺을 때 암묵적/명 시적 구분이 적용되지 않는다는 핵심적 의미가 있다. 우리가 꿈 없이 잠자면서 당신의 의도를 알아차리고 있는 어떤 사람에 대해 말할 때처럼, '알아차림' 역시 어떤 성향적 용법을 지닌다. 마치 우리가 암묵적 이해와 명시적 이해, 암묵적 신념과 명시적 신념을 비교하는 것과 마찬가지로, 암묵적 알아차림을 명시적 알아차림과 대조하는 것은 충분히 자연스럽게 보인다. '암묵적/ 명시적 구별은 어떤 여자가 어느 때 p라는 생각을 의식적으로 품었음을 동의했다 거나 그녀가 그 q를 비명시적으로 믿거나 이해하거나 알아차리고 있다는 것을 고려할 때, 또 그녀가 (이를테면) q에 동의하곤 했지만

---

22 이 책의 드레퓌스 191쪽을 참조하라. 그렇다면 얇은 주체 관념 및 S = A 명제의 용 어에 대해서 디그나가와 다르마끼르띠 역시 주체가 비주제적으로 자신을 알아차 리고 있음에 동의한다고 말할 수 있다.

철저한 자기알아차림

그 q를 의식적으로 생각하거나 자각한 적이 없었다고 고려할 경우, 그녀가 그 p를 명시적으로 믿거나 이해하거나 알아차리고 있는 꿈 없이 잠든 이를 말할 때처럼 자연스럽게 성향적 영역에 적용된다. 그렇더라도 '알아차림'이 현재 '암묵적인'을 제외하는 '그것과 유사함'을 수반하는 것으로 정의되기 때문에(394쪽),[23] 암묵적으로 현행하는 알아차림과 같은 것이 전혀 없다는 사실에는 여전히 변함이 없다. 그렇다면 비주제적으로 현재 일어나는 알아차림은 암묵적으로 현재 일어나는 알아차림이라고 말할 수 없다. 그렇다면 그것은 관심의 초점이 되지 않거나 더 간단히 말해 단순히 주의를 기울이지 않는[24] 내용의 알아차림일 뿐이다. 또한 우리는 그것을 배경 알아차림이라고 부를 수 있을 것이다. 왜냐하면 배경 알아차림 역시 흐릿하거나 주변적 알아차림이 암묵적 알아차림이 아닌 것처럼 암묵적 알아차림이 아니기 때문이다.

요점을 개진하는 다른 방식은 모든 현행하는 알아차림이 그 사실 때문에 또 그 사실에 입각해서 주체가 경험하는 바로 그 존재에 대한 명시적 알아차림, 실제로 알아차림, 현행하는 알아차림, 진정으로 알아차림으로 주어진 것, 실제 경험 내용의 일부라고 말하는 것이다. 이것은 명시적 알아차림이 불분명할 수 있지만, 보통 우리가 '명시적'에 의해 수행되는 대부분의 작업을 하기 위해 '신속한express'을 사용할 수 있고, 어쨌든 기본적 구별이 명백한 것을 고려하면 '명시적'을 비표준적으로 사용하는 것이다. 그것은 경계가 유연하다면 한

---

23 이것은 우리가 암묵적 알아차림 개념을 파악할 수 없었다고 말하는 것이 아니다.
24 '주의집중'이란 종종 '관심의 초점이 되는'보다 낫다. 왜냐하면 초점 관념은 전경/배경 구별을 포함하고 '주의집중'보다 주의기울일 때 우리 경험 이상의 것이 없을지 모른다는 가능성을 배제하는 것처럼 보이기 때문이다.

편으로는 신속한, 전경의, 주의깊은, 주제적 알아차림과 다른 한편으로는 다소 흐릿하고 주변적이며 주의를 기울이지 않는 배경의 비주제적 알아차림 간에 명백히 실재하는 구별이다.[25]

구별은 세분화될 수 있다. 어떤 의미에서 사스, 로너간, 다이크만이 기술한 종류의 자기알아차림은 주제적이지 않다고 하더라도 전경前景에 있다고 말할 수 있다. 그러한 자기알아차림은 완전히 비주제적인 상태로 눈에 띄지 않고 지나칠 수 있는 면이 있더라도, 경험을 핵심적으로 구성하는 부분이거나 부분일 수 있어서 경험의 전경 측면으로 올바르게 분류된다. 끝에서 두 번째 구절에서 필자는 우리가 '비주제적인'을 '배경'과 동치할 수 있다고 제시했다. 하지만 필자는 한층 포괄적인 전경 관념을 도입하고 주장함으로써 그 제안을 파기하고 싶다.

경험적 요소들은 주제적이지 않지만, 전경의 성질을 구성할 수 있다.

이제 우리는 다섯 가지 구별되는 표현을 지니며, 그 용어는 통제 못할 정도로 우리를 위협하고 있다. 그러나 그 구상은 주의깊게 살펴보면 식별할 수 있을 것이다. 현재 조건에서 [i] 모든 알아차림은 약한 의미에서 실제 명시적이다. 왜냐하면 이제 이것이 단순히

---

25 우리는 심지어 맹시와 같은 것들을 고려할 때 무의식적인 현행하는 알아차림을 말할 수 있다. 특히 Rosenthal 2005를 참조하라. 비록 '주변적 알아차림'이 시각적 경험 및 다른 감각적 양상에서의 경험을 잘 기술하겠지만 주의의 (초점)을 벗어난 알아차림의 요소를 일반적으로 묘사할 때 공간적 은유는 잠재적으로 오해의 소지가 있다.

의미하는 것은 참된 알아차림, 진정 알아차림으로 주어진 것이기 때문이다. [ii] 일부 명시적 알아차림은 배경이고, 주제적이거나 신속하지 않다. [iii] 일부 명시적 알아차림은 전경이지만 아직 주제적이거나 신속하지 않다. [iv] 또 일부 전경의 알아차림은 주제적이거나 신속하다.

이 문제는 주의깊은 논의(세심한 용어)가 필요하다. 그렇지만 필자는 우리가 하늘을 볼 때 파란색을 지각하는 질적 성질의 경우와의 유사점에 주목하는 것을 제외하고는 여기서 더 논하지 않겠다. 우리가 파란 하늘을 바라볼 때 파란색을 지각하는 감각의 질적 성질이 경험의 전경에 있다는—그것은 어떤 이의 경험을 장악한다—분명한 측면이 있다. 그러나 우리가 파란 하늘을 볼 때 그것을 '통해' 본다는 의미에서 그것은 동시에 전적으로 투명하다. 그것은 구체적 감각으로 여겨진 (인지적) 주의의 초점이 아닐 정도로 전적으로 비주제적이다.[26] 그렇기 때문에 필자는 앞서 '전경의'를 '주제적인'과 구분했듯이, 이제 '신속한'을 '명시적'과 분리하고 파란색의 지각에 대한 알아차림이 신속하지만 주제적이지는 않다고 말하고 싶다. 필자는 이하 471쪽에서 이러한 구상으로 돌아갈 것이다. 세심한 심화 연구가 필요하지만 이러한 구별이 실제적 차이를 포착한다고 생각한다. 경험은 현실의 매우 복잡한 일부이고, 이것은 그 복잡성의 한 측면이다.

---

26 감각을 특징적으로 묘사하기 위한 '투명한'의 사용은 '원초적' 의식을 특징 짓기 위한 무어의 유명한 (용어) 사용과 같지 않다(1901 : 450). 특히 Vam Cleve(2005)를 참조하라. 이러한 질문들을 고려할 때 시작할 곳은 Reid 1785 : 193-196(2.16)이다. 또한 Montague 2009 : 501-512를 참조하라.

7. 현 순간의 주제적 자기의식

사스와 다른 이들이 기술한 현 순간의 자기의식은 분명히 비주제적이다. 이것은 눈에 대한 반론이 경험의 주체가 그 자신을 있는 그대로 경험의 현 순간에 그 주의의 주제적 대상으로 삼을 수 없다는 주장으로 표현될 수 있다면, 전통적 눈에 대한 반론과 충돌하지 않는다는 것을 의미한다. 앞서 언급한 바와 같이 (시간 지체가 없는) 현 순간 또한 주제적일 수 있어서 그 구상에서도 눈에 대한 반론은 오류라고 생각한다. 이제 그 이유를 설명해보자.

—이것은 절망적으로 모호하다. 더욱이 당신은 '체계적 이해의 어려움' 반론에 답하지 않았다. 당신은 당신 자신을 현 순간의 정신적 주체나 생각하는 사람으로 이해하려는 시도로 "나는 수수께끼같은 생각을 하고 있다"라거나 "나는 인도를 얕보고 있다", 또는 "나 지금 왔어요"를 생각할 수 있다. 그렇지만 이러한 생각 내용을 품을 때 당신은 필연적으로 이해함을 행하고 있는 것이고, 현 순간 정신적 주체로 간주된 내용을 품은 자, 생각을 사고하는 자, 즉 당신 자신을 이해하는 데 실패한다. 라일이 옳다. 어떤 정신적 기능도 "고차 기능에 대한 관심일 수 있다."—우리는 우리가 지닌 어떤 생각도 사고할 수 있다—하지만 그것은 "자신에 대한 관심일 수 없다"(1949 : 188-189). 우리가 나 사유를 행할 때 이 기능은 "그것이 그것 자체인 작동 안에서 다루어지지 않는다. 비록 그 인격이 특별한 탐구 목적으로 잠시 자아 문제에 집중한다고 해도, 그는 실패했고 그가 탐색하는 것의 흩날리는 옷 뒷자락 이상 파악하는 데 실패했음을 안다. 그의 사냥감은 사냥꾼이었다."(1949 : 187). 당신이 선호하는 윌리엄

제임스는 같은 요점의 콩뜨의 진술을 인용하면서 "현존하는 동안 어떤 주관적 상태도 그 자신의 대상이 아니다. 그 대상은 항상 다른 어떤 것이다."(1890 : I. 190)라는 그의 견해에 동의한다.

그렇지만 "바로 이 사유는 당혹스럽다", 또는 "나는 지금 수수께끼 같은 생각을 하고 있다"라고 생각하는 것이 바로 그 자체와 관련된 활동에 참여하는 것이라는 데는 논란의 여지가 있다. 그 경우 특정 종류의 외견상 즉각적 의식의 자기현존은 심지어 의도적이고 계획적으로 자기반영적이며 전적으로 인지적 행위에서도 가능하다. 이 것은 로너간, 사스, 알렉산더, 다이크만 및 많은 다른 이들이 제시한 고려사항과는 별개의 지점이다. 이 견해에서 우리는 자신이 성공했다는 것을 분명히 이해하려고 애쓸 때만 퇴보적 단계를 촉발할 수 있다. 또한 사냥감이 자기 자신일 때 사냥꾼이 사냥감을 포획하지 못한다는 것은 분명하지 않다. 부분 기억상실을 지닌 탐정은 의자에 앉아 열심히 추리하면서 그녀가 추적하는 범죄를 저지른 사람과 그녀 자신을 동일시할 수 있다. 암흑 속을 헤매면서 나는 위성 위치 정보 시스템으로부터 내 사냥감의 위치에 관한 보다 정확한 판독을 얻고, 나의 무소음 (도둑) 잡기 로봇이 정확한 장소로 이동하도록 프로그램하고 잡기 버튼을 눌러 잡을 수 있다.[27]

"나는 지금 수수께끼 같은 생각을 하고 있다", 또는 "나 지금 왔어요"와 같이 인지적으로 표현된 생각에 집중하는 것은 필요한 것을 전달하거나 현 순간에 경험의 정신적 주체로서 구체적으로 이해된 자신에 대한 직접적 알아차림을 지닐 수 있다는 점을 이해하는

27　또한 위니 더 푸(Winnie the Pooh), 새끼돼지(Piglet)와 히파럼프(Heffaulump)의 사례가 있다(Milne 1928).

설득력 있는 실제 경로를 제공할 수 없다고 말할 수 있다. 여기에 필자는 동의한다. 이 지점에 이르는 최선의 경로는 훨씬 더 직접적이다. 그것은 실제 어떤 명상적 조건에 있음을 필요로 하지만, 그렇게 산만하게 표현된 기술을 수반하지 않는다. 그렇다면 그것은 특정 종류의 깨어 있지만 본질적으로 구두점 없는 전체적 방식으로, 자신을 심적 현존으로서 (또는 아마도 단순히, 심적 현존으로) 알아차리게 되는 문제이다. 스스로를 볼 수 없는 눈이나 스스로를 만질 수 없는 손끝과는 다르다. 이러한 전통적 이미지는 약하다. 마음은 오히려 눈이나 손가락 이상이다. 아마 라일이 짧게라도, 완전히 비전문가적이고 자율적인 교수 휴게실 방식이기는 하지만 잘 규율되고 선입견 없는 정신적 자기 점검에 좀 더 시간을 기울였거나 명상을 시도했더라면, 그는 경험의 주체가 현 순간의 그 자신을 현 순간에 알아차리는 것이—분명 쉽지는 않지만—사실 그렇게 어렵지 않다는 것을 발견했을 것이다. 그것은 먼저 의식의 주어진 사실에 집중하고 그 후 특정 방식으로 놓아버리는 문제이다. 난이도에 관한 한, 그것은 평행봉에서 자신의 균형을 유지하거나 풀어놓은 방식으로 있는 극도로 어려운 것은 아니지만 비교적 얻기 어려운 전선과 같다. 우리는 쉽게 균형을 잃을 수 있지만,—우리는 문제의 상태에서 떨어져 나갈 수 있다—또한 그것을 유지하고 훈련을 통해 개선할 수 있다.[28] 훈련되지 않은 (필자처럼 기술이 부족한) 이에게 짧은 기간 그러한 자기알아차림의 달성은 그것이 알아차림이나 알아차림의 의식이나 그 자체인 의식, 그 자체로서 그 자체인

---

28 그러한 방법 가운데 하나는 패트리샤 캐링턴(Patricia Carrington)의 임상적으로 표준화된 명상(1998)이다.

알아차림의 알아차림이라는 알아차림을 수반하는 알아차림으로
정확하게 기술되는 한, 그렇지만 협소하고 분명 필연적으로 거리를
수반하며 관심-의-대상을-제기하는 방식으로 ('저것'이라는 단어가
많은 이들에게 제시하는 것과 반대로) 아주 조금이라도 명제적이거나
주제적인 무언가를 수반함 없이 기술하는 한, 그것을 지닌 내용을
넘은 어떤 특정 내용도 지니지 않은 상태를 포함하는 것으로 보인
다. 필자가 염두에 두고 있는 그것에 이르는 경로는 일상적 내용의
흐름을 멈추는 의식 상태에 예비적으로 집중하는 것을 포함한다.
이러한 관행이 때로 동일한 결과에 선행하고 이를 촉진하더라도
그것은 단순히 호흡에 관한 명상적 알아차림의 문제, 이를테면 무
엇이든 의식에 지나가는 것에 관한 것이 아니다. 그것은 사람들이
'순수의식 경험'을 말할 때 생각하는 것으로의 경로나 형상일 수
있다. ('순수의식 경험'이란) 그것이 그것 자체인 의식의 의식인 의식
이고, 그것이 그것 자체인 의식의 의식인 의식을 포함하는 의식이
다.[29]

   이와 같은 것은 기껏해야 특정 명상 관행에서의 초기 및 다소
일상적인 단계이고, 그 실제와 정확한 성격 및 (상대적) 달성의 용이
성에 대해서는 꽤 견실한 합의가 있다. 왜냐하면 모든 경험은 필연
적으로 ~을 향한 경험이기 때문에, 여전히—필연적으로—형이상
학적으로 전념하지 않는 용례상 주체가 있고, 필자의 용어 의미상
여전히 주체가 경험되지만, 그것이 주체라기보다 단지 주관성이

---

29 예컨대, Forman 1998, Shear 1998, Parfit 1998을 참조하라. 이것은 까르마 착메
    (Karma Chagme)가 드레퓌스에 의해 인용된 구절에서 기술하고 있는 것일 수 있다
    (이 책의 193-4쪽). 역주) 17세기 까르마 착메는 *Mountain Dharma*의 저자로 닝마와
    까규의 성취자로 알려져 있다.

있을 뿐으로 보인다고 표현하는 것이 당연한 '무아' 경험을 수반하는 더 자주 강조되는 요점이 있기 때문이다. 우리는 이러한 주제적 현 순간의 자기의식이 무아감각을 수반한다거나, 필자가 그것을 비인격적 덩어리 용어인 '알아차림'과 '의식'으로 특징지었다고 해서 그것이 결국 그 실상을 필자가 확립하려고 하는 현상의 진정한 논거, 즉 경험의 주체가 경험의 현 순간에 스스로에 대해 경험의 주체가 행한 알아차림이 아니라고 오인해서는 안 된다.

그렇다면 제안은

[17] 알아차림의 주체는 경험의 현 순간에 그 자신을 있는 그대로 완전히 주제적으로 알아차릴 수 있다.

이고, 이것은

[17] 가능한 주제적인 현 순간 자기알아차림 명제

—간략히 주제적 PSA 명제라는 힘겨운 칭호를 얻는다. 그것은 주제적 SA(현 순간의 자기의식)가 가능하다고 주장한다. 그것은 2절 말미에서 말한 신경의 시간 지체 반론이 적용되지 않는다는 견해를 포섭한다. 유식 전통에서 그것은 그 가능성이 많이 논의된 현상인 '대상 없는 인지'에 대한 논거로 분류된다.

8. 현 순간의 주제적 자기의식에 대한 의문

현 순간의 자기의식SA이 완전히 주제적일 수 있다는 주장이 유지될 수 있는가? 이 경우 자신에 대한 알아차림이 완전히 신속할 수 있고, 이 경우 '주제적'이라는 단어 의미에 아로새겨진 것으로 보일 수 있는 관찰을 위해 스스로 제기, 상정 또는 위치짓는 것이 없더라도 그것에 대한 우리의 알아차림이 주제적일 때 어떤 것에 대한 알아차림보다 덜 신속한 것이 아닐 수 있다는 것은 확실히 옳은 것으로 보인다. 진정 주의의 영역에서, 진정 주의에서, 그리고 주의가 표현이나 그와 같은 구성을 필요로 해서 주체가 그 순간에 그것을 있는 그대로 알아차린다고 말할 수 없음을 고려할 때, 주체가 그처럼 제기되거나 정해진 방식으로 그 자신에게 현시할 수밖에 없다는 견해를 거부하는 '주제적'의 핵심 의미를 올바로 취하면 그것 역시 주제적이라고 말할 수 있다. 이 점에서 필자는 라일과 많은 다른 이들이 명백히 틀렸다고 생각한다. 그것이 주체―우리가 '현재-주체'라고 말할 수 있는―를 그 (의도된) 대상, 즉 그 자신으로부터 필연적으로 단절된 존재로 만드는 한에서 그들의 알아차림 모델은 너무 엄격하다. 주체를 생생하게 파악하는 데 있어 현 순간이나 즉각적(비매개된) 자기의식 문제에 극복할 수 없는 어려움이 있다는 것은 밝혀지지 않았다. 이것은 분명히 특별한 것이지만, 나는 흩날리는 옷 뒷자락의 시간 지체 없이 그것에 관여할 수 있을 것으로 보인다. 눈은 스스로를 볼 수 없지만 나는 눈과 다르다.

만약 우리가 '주제적'을 주의 대상을 상정하거나 위치지우는 어떤 구조적 작동, 전형적으로 어떤 의도적 유지를 필요로 하는 집중, 어떤 지적 유지 관리를 포함하는 것으로 간주한다면, 우리는 '주제적'을 본질적으로 시간 지체되고 거리를 두며 인지적으로 표현된 작동을 의미하는 것으로 보면서 '주제적'을 '신속한'과 구별하고 '신속한'으로 돌아가는 것이 최선일 것이다. 필자가 염두에 두는 '주제적' 현 순간의 자기의식의 이해는 여전히 전경前景에 있고 신속하다고 말할 수 있지만, 엄격하게 말해서 주제적이라고 말할 수 없다. 그렇지만 적절하고 이에 따라 광범한 인지 이해가 이러한 현 순간 자기알아차림의 진정한 인지적 본성을 용인하고 인정할 필요가 있다는 점에서, 필자의 의향은 이러한 움직임을 거스르는 것이다. 아마도 우리는 '주제적'에 대한 이해를 무엇이 인지인가에 관한 지나치게 좁은 이해와 분리할 필요가 있을 것이다. 이로써 우리는 특정 종류의 놓아버림에 의해 완전히 주제적 알아차림 상태를 성취하고 주제적 PSA 명제를 전면적으로 주장할 필요가 있다. 필자는 다음의 [18]로 물러날 준비가 되어 있다.

[18] 알아차림의 주체는 알아차림의 현 순간 완전히 신속히 그 자신을 있는 그대로 알아차릴 수 있다.

즉,

[18] 가능한 신속한 현 순간의 자기의식 명제

만약 '주제적'이라는 말이 돌이킬 수 없을 정도로 한도를 벗어난 것으로 판단된다면 (간략히, 신속한 PSA 명제)(*로 물러날 준비가 되어 있다.) 그렇지만 이 논문의 나머지 부분에서는 주제적 PSA명제를 계속 변론할 것이다. 필자는 '주제적'이라는 말을 주로 단순 주의, 주의력, 완전한 주의와 연계된 것으로 간주하고, 어떻게 주의(와 인지)가 사물을 주의 대상으로 상정하거나 위치짓는 담론적으로 구조화된 작동과 같은 어떤 것을 수반하지 않는 형태를 지닐 수 있는지에 대한 감각을 배양하기 위해 노력할 것이다.

9. 현 순간의 주제적 자기의식에 대한 변론

주제적 PSA 명제에 대한 근본적 반론은 주제적 알아차림이 필연적으로 매개된 형태의 알아차림이라는 사실일 것이다. 이것은 필연적으로 시간 지체가 있을 뿐만 아니라 그것이 현상 자체가 아님을 아는 현상의 표상과 관련되어야 함을 의미한다. 여기서 우리는 앎에 관한 매우 보편적인 물음과 마주하게 된다. 필자는 이를 몇 마디 말로 한정할 것이다.

'인지적인'은 '앎 … 의, 또는 ~에 속하는'을 의미한다. 따라서 우리의 감정이 아무리 오류를 범하기 쉽다 하더라도 사물이 어떠한가에 관한 인지의 주요 원천 가운데 하나이기 때문에, 인지와 감정 간의 표준적 구별이 부적절하다는 것이 즉시 따라 나온다. 그것을 차치하면, 주장하는 바는 우리가 인지를 생각할 때 현실을 직접인식에 의한 지식에 관한 지식이나 인지—완전한 의미에서 지식이나 인지—로 인정할 필요가 있다는 것이다. 이것은 어떻게 내가 지금 느끼는 고통의 본성을 아는가 하는 것이다. 우리는 직접인식에 의한 지식이 완전하다고 말할 수 있다. (선험적 진리에 대한 지식 역시 완전할 수 있다.) 현실의 중대한 측면인 우리의 경험(=우리 경험의 체험적-질적 성격이나 그것과 유사함)이 있기에 우리는 있는 그대로 그 자체로서 안다. 단순히 '지니는 것이 아는 것'이기 때문이고, 그와 같은 방식으로 어떤 시간 지체도 없기 때문이다.

─필자가 이것을 직접인식direct acquaintance에 의한 지식이나 인지의 예로 받아들인다고 가정하자. 주제적 SA 명제에 무슨 일이 일어나고 있는지 설명하는 것만으로는 충분하지 않을 것이다. 적어도 두 가지 반론이 있다.

[1] 우리가 경험의 감각적 또는 느낌(감각/느낌) 측면을 고려할 때, 직접인식 관념은 충분히 명확해 보인다. 그렇지만 직접인식은 아무리 신속하고 아무리 많이 전반적인 경험적 전경에 있다 하더라도, 이 논거들에서 표준적으로 비주제적이다.

[2] 당신은 우리에게 경험의 감각/느낌 측면에 대한 직접인식에 관해 제시된 논거를 제공했다. 그러나─그것이 조금이라도 존재한다면─주제적 SA는 주체로서 그 자신에 대한 비감각적/느낌이나 인지의 직접인식일 것이다. 그 경우 그것은 체험적─질적 느낌의 측면을 전혀 갖지 않을 것이다. 당신이 (아직 행하지 않은) 감각/느낌 논거에서 주제적 직접인식 모델을 제시할 수 있다 하더라도, 그것은 당신이 목표로 하는 논거, 즉 주체의 그 자신에 대한 비감각/느낌의 직접인식의 논거를 돕지 않을 것이다.

첫째, 필자는 감각/느낌 현상과 체험적-질적 현상의 동일시를 완전히 거부한다. 감각/느낌 현상학에 더하여 감각/느낌 경험, 인지 현상학, 인지 경험이 있다. 우리 경험은 그것이 감각/경험, 체험적-질적 성격을 지니는 모든 감각의 인지적인 체험적-질적 성격을 지닌다. (논의를 위해 필자는 앞에서처럼 광범하게 이해된 '감각/느낌' 및 '인지적인'을 상호배타적이면서 경험 영역에 철저한 것으로 간주한다.) 필자는 이것을 다른 데서 주장했고, 여기에서 당연하게 받아들일 것이다.[30] 더욱이 현재 정의된 것과 같은 모든 경험이, 즉 모든 그것과 닮음이 지각/느낌이거나 인지적이거나 간에 직접적 인지의 문제라는 시원적인 감각이 있다. 그렇다면 현재까지 인지적-체험적 직접인식이 지각/느낌 직접인식 구상보다 더 문제가 많다고 생각할 이유가 없다. 일부 철학자들은 인지적인 그것과 유사함에 관한 직접인식 구상에 놀랄 수 있지만, 그것은 460쪽에서 제시한 지식에 관한 입장에 상응하는 견해에 의해 지지된다. 만약 어떤 종류의 인지적 경험이 조금이라도 있다면 이러한 종류의 직접인식은 그 가능성 조건으로 존재해야 한다.[31]

둘째, 필자는 지각/느낌 경험에 수반된 직접적 현 순간의 인지가 표준적으로 비주제적임에 동의한다. 지각/느낌 경험은 예를 들어 우리가 사물을 인식할 때 전반적 경험의 큰 일부이지만, 우리는 그것에 거의 집중하지 않는다.[32] 주제적 SA가 일부 본질적 비감각/감정 및 이에 따라 인지적 요소, 자아에 대한 일부 인지적 파악을 수반한다고 가정할 때, 어떻게 우리가 주제적 SA에 대한 비주제적 감각/감정 논거들에 의거, 주어진 직접인식 이해로부터 해당 구절을 파악할 수 있을지는 명확하지 않다.

---

30 특히 Strawson 1994 : 5-13, Strawson 2011을 참조하라.
31 필자 생각에 이것은 Searle의 배경 관념과 연계가 있다. Searle 1983을 참조하라.
32 이것은 종종 더 크고 그릇된 명제로 부풀려진 '투명성 명제'에서의 진리이다.

중간 단계를 취하도록 해보자. 내가 지니는 것-이-아는 것인 having-is-the-knowing 두통에 대한 직접인식은—심지어 내가 그것을 고통스럽게 알아차리고 있을 때도—보통 비주제적이어서 대체로 경험 전면에 있다. 그럼에도 나는 그것을 주의의 주제적 대상으로 지니고, 또한 그것에 대해 지니는 것-이-아는 것인 직접인식을 지니게 할 수 있다고 생각한다. 적어도 나는 고통의 느낌을 (주제적) 주의로 이끌고, 이후 그렇게 함으로써 내가 나 스스로 세계 내 대상을 경험하는 직접적 방식으로 그것을 경험함으로 빠져든다. 그리고 이 경우 내가 경험하고 있는 것이 사실상 내 자신의 느낌이기 때문에 그것을 이러한 방식으로 경험하는 것은 지니는 것-이-아는 것인 직접인식일 수 있다.

이러한 '빠져듦'은 평범한 일상의 최대의 주제적 주의에 비례한 비교적 섬세한 작동이다. 왜냐하면 일상의 최대한의 주제적 주의에서 필자는 주의 대상이 주의 대상으로 간주되는 것이 경험의 전반적 성격에 주어진 것의 일부라는 사실을 받아들이기 때문이다. 그러나 그것은—필자가 제안하기에—그것을 주의 대상으로 간주하는 자신에 대한 어떤 알아차림 없이 고통을 완전한 알아차림 속에 두는 소멸 가능한 일상의 완전한 주제적 주의의 측면이다. 이것이 발생할 때 주의 대상이 주의 대상으로 여겨진다는 사실은 더 이상 경험의 전반적 성격에 주어진 부분이 아니다. 단지 고통만 그렇다. 이것은 또한 여기에서처럼 철학적 탐구의 목적을 위해 설계됨 없이 한결 자연스럽게 발생할 수 있다. 그것은 우리가 주제적 집중에서 예술적이거나 여타의 몰입 상태로 이행하는 경우에 발생할 수 있다.

우리는 파란 하늘을 바라볼 때 우리가 갖는 파란색의 느낌에 대해 같은 것을 행할 수 있다. 심지어 우리가 계속 하늘을 바라볼 때라도 파란색에 대한 느낌을 주의의 주제적 대상으로 간주할 수 있다(리드와 무어는 관련되지만 상이한 입장을 개진한다).[33] 우리가 이를 라이드가 규정한 것과 같은 철학적 훈련으로서 표준적 방식으로 행할 때, 파란색의 느낌에 대한 우리의 알아차림은 파란색에 대한 느낌이 주의 대상으로 여겨진다는 사실에 대한 어떤 알아차림을 행할 것이다. 그러나 필자는 우리가 또한 이를 넘어서 우리 경험이 주체가-어떤 것-에-관심을 기울이는 구조를 그 내용의 어떤 부분으로 소유하기를 그치는 직접적, 주제적이고 지니는 것이 아는 것인 지각 상태, 완전한 주의로 파란색에 대한 느낌을 지니는 상태로 나아갈 수 있다고 제안한다.[34]

　이것이 옳다면, 우리는 이제 감각/느낌 논거들에서 주제적 직접 인식 모델을 지니며, 또한 우리가—고통이나 파란색에 대한 경험—과 같은 논거들부터 주체 논거로 주의를 돌릴 때 어째서 엄청나고 심화된 간극이 현현해야 한다고 가정해야 하는지 분명하지 않다. 사실 필자 생각처럼 S = A 명제가 옳다면, 고통이나 파란색 경험에

33　그것은 쉽지 않다. 그것은 리드(Reid)가 지적하듯이 훈련을 필요로 한다. "처음에는 우리의 주의에서 항상 결합되어 있던 것을 분리시키고, 그것을 그전에는 그런 적이 없었던 반성의 대상으로 만드는 것은 정말 어렵지만, 그들 자신의 마음의 작동에 대해 반성하는 습관을 들인 이들에게 어떤 고통과 수행은 이러한 어려움을 극복하게 할 것이다."(1785 : 196). 또한 제임스는 "우리가 지각을 고려할 때, 우리는 '느낌들을 주관적 사실들로 처리하지 않고, 단지 그것(*현실)들이 그 현존을 드러내는 현실들의 인식으로 옮아가기 위한 디딤돌로만 느낌들을 사용하려는 우리의 습관이 얼마나 뿌리 깊은지 본다"고 했다(1890 : 1.231). 지각과 관련한 어떤 철학자들은 "이것은 이루어질 수 없다"고 주장하는 것이 철학적 세련의 표식이라고 잘못 생각한다.

34　이것은 사실상 주의가—아무리 아주 조금이라고 하더라도—이미 지나간 느낌에만 기울여질 수 있는 리드의 느낌에 대한 주의 모델에서는 가능하지 않다. Yaffe 2009 참조.

대한 직접적 주제적 지각은 이미 주체에 대한 직접적 주제적 지각이다. 그러한 논거들에 따라 7절에서 기술된 심적 현존 (또는 심적 현존으로서) 스스로에 대해 알아차리게 되는 특별하고 깨어 있으며 구두점 없는 방식은 그것이 고통이나 파란색 경험과 같은 어떤 특정 내용을 포함하지 않는다는 점에서만 특별하고, 따라서 '순수 의식 경험'의 칭호에 걸맞은 후보이다.[35]

　—당신이 이제 주제적 현 순간의 직접인식의 논거를 확보했더라도 지각/느낌 논거에 대해 확보했을 뿐이고, 여전히 비지각/느낌 현 순간의 직접인식이 어떻게 가능한지 보일 필요가 있다.

그럼 다시 우리가 주제적 SA, 즉 주체의 스스로에 대한 직접적 현 순간 지각을 이해하거나 적어도 그 가능성이나 실제를 인정하기 위해, 직접적이고 주제적인 현 순간의 지각에 대해 제기된 논거들과 지각/느낌 내용 사이에 다리를 놓아야 할 필요가 있는지 명확하지 않다. 주제적 SA는 반드시 비지각/느낌 문제일 것이고, 따라서 적어도 부분적으로 어떤 인지적 의미에서 인지적 문제일 것이다. 그러나 우리는 이미 인지적 경험이라는 것이 있다고 주장했고 (그것은 우리 삶의 매 순간에 스며있다), 관찰된 바와 같이 그것은 본질적으로 어떤 것의 경험적 내용을 구성해서—그것이 지각/느낌 내용

―――

35　그것은 여전히 꽤 특별하다. 흄은 그러한 경험을 지닌 적이 있다는 것을 부인할 때 일상의 반성적인 심적 자기 검토의 결과에 대해 (만약 광범위하게 오인되었다면) 올바른 설명을 행한다. "내가 나 자신이라고 부르는 것과 가장 친밀한 관계로 들어갈 때 나는 늘 일부 특정한 지각이나 다른 것에 부딪힌다. … 나는 언제라도 지각함 없이 나 자신을 발견할 수 없고 지각 이외의 어떤 것도 관찰할 수 없다."(1739/1740 : 252).

이거나 인지적 - 체험적 내용이거나 간에 그 주체나 소유자가 그것
과 직접인식 관계에 있다는 근본 감각이 있다.[36]

필자는 주제적 SA가 적어도 부분적으로는 본질적으로 비지각/
느낌의 문제이어야 한다고 주장했지만, 현재 경험 양상이라고 칭할
수 있는 표준적 분류들이 매우 조야하기 때문에 이것이 무엇에
상당할지 확실하지 않다. 많은 이들은 모든 경험 양상이 감각적
또는 감각/느낌 양상이라고 추정한다. 그들은 처음부터 인지적 경험
양상이 있다는 생각을 배제한다. 또 심지어 특징적으로 인지적 - 체
험적 양상이 있다고 인정하는 이들 역시 그럼에도 비지각/느낌의
경험 양상인 비명제적이거나 비담론적[37] 경험 양상 및 실제 순수한
인지적 경험 양상이 가능하다는 구상을 배제하려고 할 수 있다.
그들은 또한 필자가 논의의 목적을 위해 행했던 것처럼(각기 모두
전적으로 다른 것 없이 발생할 수 있다는 견해에 동조함 없이), 지각/느낌
내용과 인지적 경험 내용 간의 간극이 절대적이라고 추정할 가능성
이 많다.

이것은 필자도 확신하지 못하는 어려운 쟁점이다. 그러나 필자
는 주제적 PSA 명제, 알아차림의 현 순간에 그 자신에 대해 주체로
서 직접적이고(보다 광범한 의미에서) 주제적 알아차림을 지닐 가능

---

36 인지적 - 체험적 내용은 완전히 내재주의적으로 이해됨을 기억하라. 그것은 그
들이 쌍둥이 지구에 있던, 통 안에 있던, 막 기적적으로 창발되었던 간에, 당신이
전적으로 당신의 철학적 쌍둥이와 공유하는 것이다. Strawson 2008c: 294-295; 2011
을 참조하라.

37 역주) 비담론적(non-discursive) 사유는 언어나 담론과 관련되지 않는 지성의 전체
론적(wholistic) 성격을 나타낸다. 이것은 복합적 대상을 지니며 명제적이지 않다.
신플라톤주의 철학자 플로티노스에 따르면 비담론적 사유는 담론적 사유가 의존
하는 사유이다. 이것은 추론에 의존하는 간접적 사유와 대비되는 즉각적, 무매개
적, 직접적 통찰이다.

성에 대해 확신한다. 그럼에도 불구하고 필자는 이것이 바로 인지
의 문제로 적절히 말할 수 있는 비명제적, 비담론적 형태의 자기알
아차림이라고 생각하고 싶다.

10. 주체는 그 자신을 있는 그대로 그 자체로서 알 수 있는가?

마지막 항에서 필자는 이것이 실체적 움직임이라는 것을 명시적
으로 인정함 없이 현 순간의 알아차림을 말하는 것으로부터 현
순간의 직접인식을 말하는 것으로 옮겨갔다. 현재 상태에서 주제적
PSA 명제는 알아차림을 말하는 데 있어 직접인식 구상에 새겨진
것으로 보일 수 있는 종류의 있는 그대로 그 자체로서 주체 본성의
앎에 대해, 더욱이 있는 그대로 그 자체로서 주체 본성의 완전한
앎에 대해 어떤 주장도 하지 않는다. 그리고 현재까지 이것은 동의
할 수 있는 것처럼 보일 수 있다. 왜냐하면 우리가 그것을 존재하는
것으로 현 순간에 알아차릴 수 있다 하더라도, 우리가 그 본질적
본성을 알 수 없는 방식으로 그 모든 경험 배후에 놓인 어떤 종류의
적극적 원리로서의 주체의 청사진이 묘한 매력이 있기 때문이다.
그리고 이것이 매력적이라는 점을 고려하면, 현재까지 주제적 PSA
명제와 양립할 수 있어야 한다는 점은 그럴듯해 보인다.

그렇지만 필자 생각에 주제적 PSA 명제는 그 책임을 받아들여야
한다. 주제적 PSA 명제는 주체가 적어도 그 자신에 대해 있는 그대
로 그 자체로서 어떤 지각을 갖는다고 암시하는 부담을 적극적으로
떠맡아야 한다. 다시 말해서 필자와 같은 주제적 PSA 명제의 지지
자들은 있는-그대로-그-자체로 자기알아차림이 불가능한 어떠

한 논점도 주제적 PSA 명제에 반하는 주장이라는 것을 받아들인다.

아마도 처음 할 일은 그 모든 경험 배후에 놓인 적극적 원리로서의 주체에 대한 청사진이 왜 매력적인지 묻는 일일 것이다. 그 설명의 일부는 주어-술어의 형이상학이 필자 생각에 우리가 (S = A 명제에 대한 어떤 동조와는 거의 관계없이) 궁극적으로 거부해야 한다고 믿는 방식으로 알아차림의 주체와 알아차림의 다양한 상태를 구별할 것을 요구하면서, 또 우리가 기껏해야 그 상태를 알아차리고 그 자신에 대해서가 아니라 있는 그대로 그 자체로 알아차린다[38]는 구상에 길을 열어 주면서 거의 불가항력적으로 (*주어와 술어의 형이상학) 그 자체를 강요한다는 것이다. 우리의 회의적 본능은 항상 그래야 하듯 깨어 있으며, 우리가 어떤 것을 현 순간 알아차릴 수 있으면서도 그 본질적 성질은 아무것도 알지 못한다는 것을 인정하게 한다. 그 후 그들은 경험과 그 유사함을 제외한 어떤 것에 대한 모든 알아차림이 절대적으로 그 사물의 표상에 의해 매개된다고 제시한다. 그러므로 만약 주체가 경험과 그 유사함 이외의 어떤 것을 알아차린다면, 비록 자기 영향 관계이기는 하지만 그 다른 것이 구체적으로 주체로 여겨지는 자신이라 하더라도 여전히 영향 관계가 있다. 그렇다면 칸트의 결론이 촉발된다. "어떤 영향 관계로부터 출현하는 어떤 것도 있는 그대로 그 자체로서 영향을 주는 사물에 대한 앎이나 알아차림으로 간주할 수 없다."[39]

이러한 이유로 칸트는 주체가 그 자신을 그 자신에 의해 있는 그대로 그 자체로서 알 수 없고 (그것이 시공간적—특히 시간적—감각 형식

---

38 이것에 관해서 그리고 '그렇게 한다(알아차린다)'의 의심스러움에 대해서 특히 Strawson 2008d를 참조하라.

39 P. F. Strawson(1966 : 238), 칸트를 요약함. 특히 Langton 1998을 참조하라.

과 마주칠 수 있을 뿐인 까닭이라면) 그것이 그 자신에게 드러날 때만 알 수 있다[40]고 말한다. 현재의 제안은 이것이 그렇지 않아서—알아차림의 주체를 즉각적이지만, 그럼에도 신속하고 실제로 주제적인 (완전한-주의의) 방식, 즉 적어도 즉각성의 측면에서 우리가 경험과 그 유사함에 대해서 갖는 즉각적(비매개적) 알아차림과 매우 유사한 방식으로 알아차림의 주체를 알아차릴 수 있다는 것이다. 보통 표상/매개는 우리에게 '단순 현현'만 남겨둔 채 알아차림을 방해하지만, 이 경우는 아니다. 이 견해에서 "주체는 '지적 직관' 안에서 주체로서 자신을 이해할 수 있다."라고 표현한 칸트에 대한 피히테의 주요 반론은 비록 그가 다른 의견을 지닐지라도 상당히 정확하다.[41]

그렇다면 여기서 필자는 주제적 PSA 명제가 다른 데카르트 – 칸트 – 제임스적 이유(S = A 명제, 주체와 경험, 경험자와 경험하는 것 간의 궁극적 동일성)로 흔쾌히 받아들이는 단계인, 현 순간의 자기의식이 있는 그대로 그 자체로 주체의 본성에 대한 어떤 알아차림이고, 이를 포함해야 한다는 명제에 동조한다는 점에 동의한다. 마지막 숙고로서 '구체적으로 주체로 간주된 주체의 그 자신에 대한 알아차림'과 같은 구절들이 강하고 약한 의미에서 파악될 수 있음에 주목하라. 강한 의미는 '주체로서'를 주체 그 자신에 대한 알아차림이 그 자체를 주체 개념 아래에 둠을 수반하는 것으로 간주한다.

---

40 예를 들어 "나는 경험하고/ 생각함으로써 나 스스로를 의식하고 있음을 통해 스스로를 모르지만, 경험하고/ 생각하는 기능과 관련하여 정해진 것으로써 스스로의 직관을 의식할 때만 (*그렇다)"는 그의 발언을 고려하라(1781/1787 : B406).

41 피히테(1794-1802). '지적 직관' 관념은 바로 불가피하게 우리를 x의 나타남에 대한 지식에 한정시키는 방식으로 x에 의해 영향 받음을 수반하지 않는 x와, x를 포함하는 관계에 대한 지식을 특징 지으려는 시도이다.

약한 의미는 주체가 무엇인지가 사실상 그것이 주체인 한에서 그 자신임과 관련되고, 그렇게 관련되면서 주체로서 자신의 개념으로 인식할 수 있는 어떤 것으로 배치될 수 없음만을 요구한다. 여기서 필자는 약한 의미를 염두에 두고 있다. 그것은 비록 모든 평범한 성인 인간이 주체 개념을 가지지만 그것은 비매개적·주제적 자기알아차림으로 사라진다—어쨌든 배치되지 않는다—는 필요해 보이는 구상을 허용한다. 그것은 또한 아동들이 '개념'이라는 명칭으로 진중해질 수 있는 어떤 것을 가지기 이전에 비매개적·주제적 자기알아차림을 행할 수 있게 해준다.[42]

11. 결론

필자는 심적 주체가 비주제적이고 일상적인 사스Saas-로너간Lonergan-다이크만Deikman 방식에서나, 매우 신속하고 주제적인 '순수의식 경험' 방식 모두에서 즉각 상관적으로 자신을 알아차릴 수 있다고 제안했다.[43] 증거는? 각기 내면의 장에서in foro interno 그 또는 그녀 자신에 대해서 습득해야 한다. 이것은 그것이 경험적이지 않음을 의미하지 않는다. 그것은 전적으로 경험적이다. 그것은 공개

---

42 우리는 현 순간에 우리를 우리 자신으로서 알아차리고 있는가? 혹자는 "그렇다. 하지만 어느 정도 비개념적 방식에서이다"라고 하거나 "아니다. 진정으로 개인성 감각(sense of individuality)으로 인정되는 어떤 것도 존재하지 않기 때문이다"라고 생각할 수 있다.

43 파싱에 따르면 불이론 베단따와 상캬학파-요가와 같은 인도의 해탈론적 전통은 이것을—'이와 같은 경험적 현존(의식)을 그 자체로 알아차리게 되는 것에 지나지 않는'—'자아'실현과 동일시한다(이 책의 파싱 329쪽).

적으로 확인할 수 없다는 의미이다. 또 진실로 현전하는 자기알아차림은—이를테면—라일G. Ryle 식의 '신속한 회고적 주의집중'의 섬광에 의해 발생된 환영(1949 : 153)이라고 누군가 항상 반대할 수 있음을 의미한다. 하지만 필자는 이러한 주의집중 관념은 그것에 새겨진 흩날리는 옷 뒷자락의 오류를 지니며, 결정적으로 차단될 수 있는 또 다른 더 큰 과실이 있다고 생각한다.

주의집중 관념이 자연적으로 전개된 모든 경험/의식 형태들의 본성 안에서, 그 형태들이 사물들의 통상적인 방식으로 끊임없이 그리고 외견상 구성적으로 유기체들의 지각적이고 행위체적인 생존 요구에 기능하고 있다고 가정해보라. 그렇더라도 이것은 의식의 본성에 필수적이어서 경험/의식이 일부만이라도 적응 기능이나 지각 내용으로 정의되어야 한다는 견해가 뒤따르지 않는다. 순수의식 경험 관념은 경험의 본성에 관한 그러한 개념화와 양립할 수 없다. 그러나 그것은 틀림없이 적절하게 이해된 자연주의나 자연도태에 의한 진화론의 어떤 것과도 긴장 관계에 있지 않다.[44]

이것은 별도의 논의가 필요한 다른 주제이다. 여기서 필자는 경험이 우주의 원초적 속성[45]은 아니라도 또 경험이 비교적 늦게 무대에 등장했다 하더라도, 그것이 생존 가치가 있었기 때문에 처음 무대에 등장했다고 생각할 어떤 합당한 이유도 없고—사실 이치에 맞지도 않는다는 점에 주목하려고 한다. 자연도태는 작업해야 할 어떤 것이 필요하고, 발견한 것에 대해서만 작업할 수 있다. 경험/의식은 비경험적 문제가 그랬던 것처럼 그것이 활용되

---

44 필자가 실재적 자연주의를 의미하는 자연주의는 경험이나 의식을 가장 확실히 알려진 자연적 사실로서 인정한다.

45 필자는 그것이 그래야만 한다고 생각한다. 특히 Strawson 2006a를 참조하라.

고 형성되기 전에 존재해야 했다. 의식의 존재에 대해 진화론적 설명을 부여하는 과제는 물질의 존재에 대해 진화론적 설명을 부여하는 과제와 똑같다. 그러한 과제란 없다. 자연도태는 그것이 비경험적 문제 현상들을 매우 구체적으로 적응 가능한 형태들로 주조하는 것과 똑같은 일반적 방식으로 자연에서 발견하는 경험 현상들을 매우 구체적으로 적응 가능한 형태들로 주조한다.[46] 매우 섬세하게 발달되고 전문화된 다양한 경험 형태(시각적, 후각적 등)의 자연도태에 의한 진화는 섬세하게 발전되고 전문화된 신체 조직 유형의 자연도태에 의한 진화보다 더 놀랍지 않다.[47] 진화된 경험 형태들은 그것들이 (따라서) 본질적으로 어떤 내용이든 순수의식 경험에 포함된 것 이외의 내용 부류인 그 경험 형태들에 생존 가치를 부여하는 특정 종류의 내용을 지니고 있기에 현재 모습을 이루게 되었다 하더라도, 순수의식 경험이 어떤 종류의 환영이라는 것이 따라 나오지는 않는다. 이와 반대로 진화는 어떻게 순수의식이 아닌 어떤 것이 존재하게 되었는가에 대한 설명을 제공한다. 우리가 알 수 있듯이 순수의식 경험은 수백만 년의 전기, 전자, 전자기계EEE – 실용적 의식 형태 이후라야 가능해질 수 있지만, 그럼에도 경험의 근본적 성질을 독특하게 드러내줄 수 있을 것이다.[48]

---

46 신체적인 모든 것은 어떤 점에서든 체험적이다. 하지만 필자는 이 요점을 논외로 하겠다.
47 그러한 의식 형태들을 말하는 것은 특히 시각과 후각 경험과 같은 기능적 등가물들이 의식의 완전한 부재 속에서도 존재할 수 있다는 가능성을 부정하는 것이 아니다.
48 마크 시더리츠의 유익한 논평에 감사를 드린다.

참고문헌

Alexander, S. (1924), 'Preface to New Impression', Space, *Time and Deity* vol. 1 (London : MacMillan).

Aristotle (기원전 340/ 1936), *De Anima*, trans.W. S. Hett (Cambridge, MA : Harvard University Press).

Arnauld, A. (1683/1990), *On True and False Ideas*, trans. with introduction by Stephen Gaukroger (Manchester : Manchester University Press).

Carrington, P. (1998), *Learn to Meditate : The Complete Course in Modern Meditation*(Rockport, MA : Element).

Dainton, B. (2008), *The Phenomenal Self* (Oxford : Oxford University Press).

Deikman, A. (1996), ' "I" = Awareness', *Journal of Consciousness Studies* 3 : 350–356.

Descartes, R. (1641/1985), *Meditations*, in *The Philosophical Writings of Descartes* vol. 2, trans. J. Cottingham et al (Cambridge : Cambridge University Press).

_____ (1641–2/1985), *Objections and Replies*, in *The Philosophical Writings of Descartes* vol. 2, trans. J. Cottingham et al (Cambridge : Cambridge University Press).

Fichte, J. (1794–1802/1982), *The Science of Knowledge*, ed. and trans. P. Heath and J. Lachs (Cambridge : Cambridge University Press).

Forman, R. (1998), 'What Does Mysticism Have to Teach Us About Consciousness?', in *Journal of Consciousness Studies* 5 : 185–201.

Frankfurt, H. (1987/1988), 'Identification and Wholeheartedness', in *The*

Importance of What We Care About (Cambridge : Cambridge University Press).

Gurwitsch, A. (1941/1966), 'A non-egological conception of consciousness', in *Studies in Phenomenology and Psychology* (Evanston : Northwestern University Press).

Hume, D. (1739–40/1978), *A Treatise of Human Nature*, ed. L. A. Selby-Bigge and P. H. Nidditch (Oxford : Oxford University Press).

_____ (1748–51/1999), *An Enquiry Concerning Human Understanding*, ed. T. L. Beauchamp (Oxford : Oxford University Press).

Husserl, E. (1921-8/1973), *Zur Phänomenologie der Intersubjectivität, Texte aus dem Nachlass. Zweiter Teil : 1921–8* (The Hague : Martinus Nijhoff).

James, W. (1890/1950), *The Principles of Psychology*, 2 volumes (New York : Dover).

Kant, I. (1772/1967), Letter to Marcus Herz, February 21, 1772, in *Kant : Philosophical Correspondence 1759–99*, ed. and trans. Arnulf Zweig (Chicago : University of Chicago Press).

Langton, R. (1998), *Kant's Humility* (Oxford : Oxford University Press).

Laycock, S. (1998), 'Consciousness It/Self ', *Journal of Consciousness Studies* 5 : 141–52.

Locke, J. (1689–1700/1975), *An Essay Concerning Human Understanding*, ed. P. Nidditch (Oxford : Clarendon Press).

Lonergan, B. (1967), *Collection*, ed. F. Crowe (New York : Herder and Herder).

MacKenzie, M. (2007), 'The Illumination of Consciousness : Approaches to Self-Awareness in the Indian and Western Traditions', *Philosophy East and West* 57 : 40–62.

Milne, A. A. (1928), *The House at Pooh Corner* (London : Methuen).

Montague, M. (2009), 'Perceptual experience', in *Oxford Handbook in the Philosophy of Mind*, ed. A. Beckermann and B. McLaughlin (Oxford : Oxford University Press).

Moore, G. E. (1903), 'The Refutation of Idealism', *Mind* 12 : 433‒53.

Nietzsche, F. (1885‒8/2003), *Writings from the Last Notebooks*, trans. Kate Sturge, ed. Rüdiger Bittner (Cambridge : Cambridge University Press).

Parfit, D. (1998), 'Experiences, Subjects, and Conceptual Schemes', in *Philosophical Topics* 26 : 217‒70.

Ramsey, F. (1925/1997), 'Universals', in D. H. Mellor and Alex Oliver (eds.), *Properties* (Oxford : Oxford University Press).

Reid, T. (1748/2000), 'On the self ', in *An Inquiry into the Human Mind on the Principles of Common Sense*, ed. D. Brookes (Edinburgh : Edinburgh University Press).

_____ (1785/2002), *Essays on the Intellectual Powers of Man*, ed. D. Brookes (Edinburgh : Edinburgh University Press).

Rosenthal, D. (2005), *Consciousness and Mind* (Oxford : Oxford University Press).

Ryle, G. (1949), *The Concept of Mind* (New York : Barnes and Noble).

Sartre, J.-P. (1936‒7/2004), *Transcendence of the ego*, trans. Andrew Brown, introduced by S. Richmond (London : Routledge).

_____ (1943/1969), *L'être et le néant (Being and Nothingness)*, trans. H. Barnes (London : Methuen).

_____ (1948/1967), 'Consciousness of Self and Knowledge of Self', in N. Lawrence and D. O'Connor (eds.), *Readings in Existential Phenomenology* (Englewood Cliffs, NJ : Prentice-Hall) 113‒142.

_____ (1948), 'Conscience de soi et connaissance de soi,' *Bulletin de la Société Franc.aise de Philosophie* 42 : 49‒91.

Sass, L. (1998), 'Schizophrenia, Self-consciousness and the Modern Mind', *Journal of Consciousness Studies* 5 : 543‒65.

Searle, J. (1983), *Intentionality* (Cambridge : Cambridge University Press).

Shear, J. (1998), 'Experiential Clarification of the Problem of Self ', *Journal of Consciousness Studies* 5 : 673‒86.

철저한 자기알아차림

Strawson, G. (1994), *Mental Reality* (Cambridge, MA : MIT Press).

_____ (1999), 'The Self and the Sesmet', *Journal of Consciousness Studies* 6 : 99–135.

_____ (2003a), 'Real materialism', in L. Antony and N. Hornstein (eds.), *Chomsky and his Critics*, ed. (Oxford : Blackwell).

_____ (2003b), 'What is the relation between an experience, the subject of the experience, and the content of the experience?', *Philosophical Issues* 13 : 279–315, revised version see (2008b).

_____ (2005/2008), 'Intentionality and Experience : Terminological Preliminaries', in G. Strawson *Real Materialism and Other Essays* (Oxford : Clarendon Press).

_____ (2006a), 'Realistic Monism : Why Physicalism Entails Panpsychism', in A. Freeman (ed.), *Consciousness and its Place in Nature* (Thorverton : ImprintAcademic).

_____ (2006b), 'Reply to Commentators, with a Celebration of Descartes', in A. Freeman (ed.), *Consciousness and its Place in Nature* (Thorverton : Imprint Academic).

_____ (2008a), *Real Materialism and Other Essays* (Oxford : Clarendon Press).

_____ (2003/2008b), 'What is the Relation between an Experience, the Subject of the Experience, and the Content of the Experience?' in G. Strawson *Real Materialism and Other Essays* (Oxford : Clarendon Press), revised version of Strawson (2003b).

_____ (2008c), 'Real Intentionality 3', in *Theorema* 27, and in G. Strawson *Real Materialism and Other Essays* (Oxford : Clarendon Press).

_____ (2008d), 'The Identity of the Categorical and the Dispositional', *Analysis* 68/4 : 271–82.

_____ (2009), *Selves : An Essay in Revisionary Metaphysics* (Oxford : Oxford University Press).

_____ (2011), 'Cognitive Phenomenology : The Sixth Āyatana', in T. Bayne and M. Montague (eds.), *Cognitive Phenomenology* (Oxford : Oxford University Press).

Strawson, P. (1966), *The Bounds of Sense* (London : Methuen).

Van Cleve, J. (2005), 'Troubles for Radical Transparency', http://www-ref.usc.edu/~vancleve/

Yaffe, G. (2009), 'Thomas Reid on Consciousness and Attention', *Canadian Journal of Philosophy* 39/2 : 165–94.

Zahavi, D. (2006), 'Thinking about Self-Consciousness : Phenomenological Perspectives', in U. Kriegel and K. Williford (eds.), *Consciousness and Self Reference* (Cambridge, MA : MIT Press).

제 11 장

좀비로서의 붓다 : 주관성에 대한 불교 환원론

11
좀비로서의 붓다 :
주관성에 대한 불교 환원론

마크 시더리츠(Mark Siderits)

1. 서론

현상학적 전통에서 다음의 두 가지 의문은 연계되어왔다.[1]

1. 주관성은 자아나 주체를 필요로 하는가?
2. 의식은 본질적으로 반영적인가?

이 책의 다른 기고자들이 지적한 것처럼 불교 전통의 일부도 두 의문을 연계시켜 보았다. 어떤 불교논사들[2]은 첫 번째 질문에는 부정적인 답이 필요했고, 이것은 결국 두 번째 질문에 긍정으로 답하게 했다고 두 가지를 모두 주장했다. 의식의 비자아적 기술은

---

1   여기에서 논의된 주제는 조르주 드레퓌스, 갈렌 스트로슨, 에반 톰슨, 단 자하비와의 논의를 통해 큰 도움을 받았다.

2   역주) 원문에서 불교철학자라는 영어식 표현으로 되어 있지만, 이하에는 불교논사라는 전통 표현을 사용하기로 한다.

의식의 현상학적 성격이 의식적 주체를 필요로 한다는 반론에 취약하다. 즉 '[나에게] 무엇인가와 유사함what-it-is-like-ness'이 있으면서 '[나에게] 무엇인가와 유사한 그것that-for-which-it-is-like'과 같은 것은 없다고 주장하는 것은 일관되지 않다. 불교논사들은 이러한 반론에 답하는 전략의 일부로 반영성 명제를 수용했다. 그 대략적 구상은 인식 내용에 대한 알아차림이란 사실 인식이 스스로를 인식하는 것일 뿐이라는 인식에 대한 비이원적 기술을 통해, 자아가 물화에 지나지 않는다는 불교의 핵심 주장을 위험에 빠뜨리지 않으면서 현상성을 보존할 수 있다는 것이다.

그러나 모든 불교논사들이 이 전략을 수용한 것은 아니다. 반영성 명제는 유가행-경량부만 수용했다.[3] 귀류논증 중관학파Prāsaṅgika Mādhyamaka와 경량부 노선을 따르는 저 자립논증 중관학파Svātantrika Mādhyamaka 논사들을 포함해 모든 아비달마학파[4]들은 이 전략을 거

---

3 야오(Yao 2005 : 6-41)는 대중부(Mahāsāṃghikas) 역시 모든 인식이 반영적이거나 스스로를 인식한다는 명제를 수용했다고 주장한다. 그러나 그가 인용하는 증거는 모호하다. 이 주장이 그들(*대중부)에 귀속되는 맥락은 해탈한 인격의 앎에 대한 논의이다. 문제의 요점은 그러한 사람이 한 번에 모든 궁극적으로 실재하는 개체들의 본성을 아는 가에 관한 것이다. 여타 아비달마학파들이 그러한 앎은 연속적으로 발생한다고 주장하는 데 비해, 대중부는 일체법이나 승의적 실재들을 인식하는 단일한 인식이 있을 수 있다고 말한다. 이러한 인식 자체가 법(dharma)이기에 이것은 그것이 그 본성이 인식되는 일체법에 포함됨을 의미한다. 불확실한 것은 여기서 포함된 인식이 니야야가 비개념적 지각이라고 부르는 강한 의미에서 지각적인가에 관한 것이다. 그 경우에만 우리는 이 주장에서 디그나가의 견해를 기대할 수 있을 것이다.

4 '아비달마'라고 할 때 필자는 때때로 성문승(聲聞乘, Śrāvakyāna)이라고 불리는 이른바 '성문'의 18학파들의 교설을 의미하기도 한다. 아비달마 사상을 대표하는 논서는 붓다고사의 상좌부해설서『청정도론』과 경량부 바수반두 논사의『아비달마구사론』을 포함한다. (엄밀히 말해 경량부는 아비달마학파가 아니지만 그 기획은 충분히 18학파들과 유사해서 여기서 유효하게 그 부류에 포함시킬 수 있다.)

부했다.[5] 필자는 이 불교적 대안이 어떤 모습일지, 우리가 의식을 이론화할 때 그 대안들에 대해 무엇을 말해줄 수 있을지 탐구하려고 한다. 우선 의식을 다뤘던 불교 무아론의 역사를 간략히 기술하며 시작할 것이다. 이러한 기술은 이 책의 다른 글에서 설명한 불교 입장에 대한 흥미로운 현실적 대안을 가려내고 해명하려는 데 요점을 둔다. 이 대안적 불교 입장은 다음 세 가지 요소를 포함한다.

1. 주관성(=현상성)은 주체나 자아를 필요로 한다.
2. 자아란 없다.
3. 의식은 비반영적이다.

인식의 성격에 관해 타당해 보이는 특정 가정들을 감안할 때, 결론은 의식이 궁극적으로 실재하는 것일 수 없다는 것이다. 개략적인 역사 기술에 이어서 이 글의 나머지 부분에서는 불교철학 전통이 그 이상한 주장을 옹호하기 위해 어떤 자원들을 포함할 수 있는지 살펴볼 것이다.[6]

---

5 바비베까(Bhāviveka, 500-570)의 반영성 부정에 대해서 Eckel 2008 : 288, 437쪽을 참조.
6 필자가 아는 한, 인도불교의 어떠한 학파도 이렇게 이상한 입장을 주장하지 않았다고 미리 말해 두어야 겠다. 필자는 실제 다양한 인도 철학자들에 의해 견지된 입장들에 의거, 합리적 재구성과 사변의 조합을 통해 그것(그 결론)에 도달했다. 필자는 인도철학 전통에 의해 제공된 재원을 심각하게 받아들일 때 배울 수 있는 흥미로운 것들이 있을 수 있다고 생각하기 때문에 이러한 시도를 행했다.

2. 불교 환원론의 무아 이해

붓다는 우리의 동일성에 대한 어리석음으로 고苦가 일어난다고 말했다. 우리는 각자 '내'가 진정 누구인가에 대한 그릇된 견해를 지니고 있기에 윤회의 굴레에 빠져 있다. 여기까지는 붓다의 교설이 인도식 해탈 기획의 가르침과 다르지 않다(이 책의 파싱과 람쁘라사드의 논문 참조). 불설佛說의 진위 여부는 무아론이다. 브라만 전통과 인도불교철학 모두 이 교설을 인격 상태의 소유자로서 '나'를 지칭하는 역할을 할 수 있는 어떤 존재에 대한 궁극적인 거부로 간주했다. 물론 붓다는 사람이 즐거움과 고통을 경험한다는 것을 부인하지 않았다. 사실 붓다의 핵심 교설 가운데 하나는 고苦가 있다는 것이고, 고가 고통받는 이에게 형용사적이라는 것이다. 더 일반적으로는 경험이 경험하는 자를 필요로 한다는 것은 사실상 자명하다.[7] 붓다는 교설에서 그러한 상태들을 인격에 귀속시킬 때 상식적으로 이해하는 방식을 따른다. 이 방식은 무아론과 상충하는 것으로 보인다. 불교 전통은 그러한 교설들에서 붓다가 단순히 일반적 어법을 사용했기에 '세속적으로 진실이지', '승의적으로 진실인 것'은 아니라고 주장하여 이러한 갈등의 해결을 모색했다. 이러

---

7   일부 현대 학자들(특히 Albahari 2006)은 붓다가 단지 경험적으로 접근 가능한 자아만을 부인하려고 했지, 말할 나위 없이(tout court) 자아를 부정하려 했던 것은 아니라고 주장한다. 필자는 붓다가 초월적 자아를 긍정하거나 심지어 그의 교설들을 그러한 것(초월적 자아)이 있다는 해석에 열어놓으려 했다는 것에 회의적이지만 이 글은 '붓다가 진정으로 의미했던' 바에 대한 논쟁을 행하는 자리가 아니다. 필자 생각에 어떻게 인도철학 전통이 그후 붓다의 무아론을 이른바 승의적으로 실재하는 어떤 것이 경험자, 통제자 및 통시적 인격의 동일성의 기반으로 역할할 수 있는지에 대한 직접적 부인으로 간주했는지는 이론의 여지가 없다.

한 해석학적 장치에서 필자가 불교 환원론이라고 부르는 무아론의 표현이 등장한다.

불교 환원론은 만약 '내'가 지칭하는 표현이라면 그 지시대상은 두 가지 중 하나일 수 있다는 주장에 기초한다. 그것은 그 본질인 심신 복합체의 일부로 규정되는 자아이거나 인과적 연속 속에서 적절히 배열되었을 때 심신 요소들로 구성되는 전체인 인격일 수 있다. 불교 환원론자들에게 자아란 없으므로 인격은 승의적으로가 아니라 다만 세속적으로 실재한다고 주장한다. 사람이 다만 세속적으로 실재라고 말하는 것은 일종의 유용한 허구로 칭하는 것이다. 그 구상은 엄격히 말해 인과적 연속 속에 한갓 비인격적 심신 요소들이 있을 뿐이지만 그러한 연속을 단일한 것으로 생각함으로써 얻는 인지 경제성[8]은 크게 유용하다는 것이다. 이것이 불교 환원론과 인격에 대한 제거주의를 구분해준다는 점에 주목하는 것이 중요하다. 제거주의자는 인격이 궁극적으로 실재하는 것이 아니라는 점에 동의할 것이다. 그러나 그들은 사람이 무용한 가상일 뿐이라는 점을 부가할 것이다. 그 대신 환원론자는 궁극적으로 실재하는 것(복합적 인과관계들 속의 비인격적 심신 요소들)을 감안할 때, 우리와 같은 생명체가 그러한 것들이 존재한다고 생각하고 행위하는 것에 상당한 효용이 있다고 주장한다. 이 유용한 가상을 궁극적으로 실재하는 것으로 오인함으로써, 엄격히 말해 심신 요소들의 인과적 연속뿐인 것을 연속 안의 사태들이 그것(단일한 존재)에 대해 의

8　역주) 실험심리학 용어인 '인지 경제성(cognitive economy)'은 세상을 여러 가지로 범주화하면 지각하고 기억하고 추리해야 하는 정보량이 크게 줄어들며, 새로운 대상을 접할 때 그것을 이전에 경험이 없는 독특한 것으로 다루지 않고 기존에 존재하는 개념에 맞추어 넣으면 인지적으로 경제적이라는 주장이다.

미와 가치를 지니는 단일한 존재로 보게 되는 데서 고통이 온다는 것을 이 분석에서 알 수 있다.[9]

이러한 허구의 구축에서 핵심 포인트는 연속의 다른 부분들이 '나' 또는 '나의 것'으로 간주되는 성향인 이른바 취착取, upādāna이다. 이러한 구축이 (즉 너무 중요하게 여겨서 우리가 실존적 고통을 야기하는 지점)에 이르기까지 유용하게 여겨진다는 점에 주목하라. 따라서 서사적 자아론과 같은 자아 및 인격의 동일성에 대한 구성주의 견해는 불교 환원론의 명시적 자아 부정에도 불구하고 불교 환원론과 양립할 수 있다는 결론에 이르게 된다. 왜냐하면 인격들이 있다고 믿는 (지점까지) 그것을 유용하게 하는 이유들은 만일 인격들이 서사적 구조를 중심으로 체험적으로 조직된다면 가장 도움이 될 것이기 때문이다. 어떤 이의 삶을 자전적 서사로 보는 것은 예컨대 현재의 희생을 보다 장기적 이해에 도움이 되는 것으로 합리화함으로써 일정 시간에 걸쳐 주어진 인과적 연속 내에서 전반적 복지의 극대화를 돕는다는 중요한 목적에 기여할 수 있다. 그 경우 불교 환원론자는 서사적 자아가 세속적으로 실재한다고 주장할 수 있다.

그러나 불교 환원론에 따르면, 어떤 자아도 궁극적으로 실재할 수 없다. 이것은 그 견해가 별개 구성요소들의 복합체로 분석될 수 있는 어떤 것도 승의적으로 실재하지 않는다는 철저한 원자론적 환원론에 기초해 있기 때문이다. 서사적 자아는 그 역할을 행하기 위해 분석 가능해야 한다. 삶이 풍부할수록 자아 고유의 목적도 더욱 다양해야 한다. 또 여기에서 작동하는 것과 같은 원자론적

---

9 필자는 Siderits 2003의 1장에서 환원론과 제거주의와의 구별을 좀 더 상세히 논의한다.

환원론에서는 단순한 존재조차 부분으로 나뉜 것으로 드러나므로, 그것이 한 가지 이상의 본질적 속성䭼性을 지닐 경우 환원 가능하다. (AKBh *ad* AKB VI.4. 이 논문 뒤의 약어를 보라.) 그러므로 이생의 사태들이 의미와 가치를 지니는 자아에 대한 믿음이 (특정 지점까지) 유용할 수 있지만, 그러한 자아는 기껏해야 유용한 허구일 수 있다.

이 허구가 유용함을 그치는 지점은 물론 그것을 받아들임으로써 증진된 복지가 그것을 유용한 허구 이상으로 취하여 초래되는 고통으로 상쇄되는 지점이다. 이 고통은 전형적으로 우리 자신의 죽음에 대한 자각과 함께 오는 좌절, 소외 및 절망이다. 이러한 자각을 통해 행복 추구 기획이 결국 유지될 수 없음을 알게 되고, 우리의 삶에서 모든 중요성이 사라지게 된다. 다시 말해 사건들이 가치를 지니게 하는 것들이 존재하지 않으면, 어떻게 내 삶에서 사건들이 의미를 지닐 수 있는가? 불교의 해탈 기획은 실제 그것을 문자 그대로 받아들일 때 부과되는 엄청난 비용을 지불함 없이 어떻게 인격에 대한 유용한 허구의 이점을 누릴 수 있는지 보이려는 시도이다.[10]

이것은 불교 관점에서 인식에 관해 제시된 설명을 평가하는 데 중요한 기준을 부여한다. 불교논사들은 자아로 간주될 수 있는 어떤 것도 피하려는 경향이 있다. 한때 콜린스는 이것이 '나'와 '자아'와 같은 말에 대한 언어적 금기를 나타내는 것일 뿐이라고 주장했다(Collins 1982 : 183). 대신에 이러한 경계심은 고통을 유발하는 전유의 근거가 될 수 있는 것이 아무것도 없다는 진정한 우려에서 비롯

---

10 이러한 방식으로 사는 것이 무엇을 의미할지에 대한 보다 자세한 내용은 Siderits 2006, Goodman 2009를 참조하라.

된 것일 수 있다. 인식에 대한 설명을 평가할 때, 불교논사는 주어진 설명의 호소가 암묵적으로 인간의 가치 및 존엄성과 같은 것을 긍정하는 듯 보이는 데서 비롯하는 것인지, 또는 완전한 인간 생활의 풍부함에서 비롯되는 것인지 알고 싶어 할 것이다. 이 책의 다른 기고자들이 지적했듯이 다양한 정도의 얇음이나 두께로 제공되는 수많은 다양한 종류의 자아가 있다.[11] 인간의 인식에 대한 적합한 설명을 위해 어떤 종류의 자아가 필요할 수 있다. 아마도 주관성은 (불교 환원론자가 즉각 인정할 것처럼) 세속적으로뿐만 아니라 승의적으로도 주체를 필요로 할 것이다. 불교도는 다만 그러한 존재를 받아들이는 것이 유력한 증거에 기반해야 하고, 우리 삶이 가치와 존엄성을 갖기 위해서 그것이 가능해야 한다는 욕망에만 기초해서는 안 된다고 경고한다.

불교논사들 역시 (우파니샤드에서 발견되고 상캬학파 및 후기 베단따에 의해 견지된—이 책의 파싱의 논문을 참조하라) 자아가 바로 의식의 본성이라거나 (니야야에 의해 주장된) 의식이 자아의 속성들 가운데 하나라는 견해를 익히 알고 있었다. 초기 대응 중의 하나는 의식이 항구적[常]이지 않기에 자아일 수 없다는 것이다. 여기에서 의식은 인격을 구성하는 심신의 구성요소蘊들 가운데 하나이어서 그

---

11 예컨대 (이 책의 톰슨, 크루거, 맥켄지가 논의한) 운동 통제를 설명하기 위해 요구되는 '신체화된 자아'와 같은 것은 아마도 불교의 의심을 불러일으키기에는 너무 얇다. 살아 움직이는 유기체가 그 신체를 주변 환경으로부터 구별하고 그 움직일 수 있는 부분들을 그 환경에 위치 짓고 그 신체 부분들의 운동 결과들을 예측할 수 있어야 한다는 것은 부인할 수 없다. 그렇지만 뇌과학이 이러한 능력들을 지지하는 뇌 기제들에 관해 더 많은 것을 밝힘에 따라 그것들은 가장 직접적인 되먹임 회로와 관련될 뿐이고, 따라서 풍부한 서사적 깊이 감각의 기반을 모색하는 이들에게 큰 위안을 줄 수 있는 것은 아무것도 없다는 것이 점점 분명해진다. 바다 달팽이가 실존적 고통을 경험할 수 있을 것 같지는 않다.

자체로 실재한다고 인정된다. 그러나 의식은 감각 기관과 감각 대상 간의 접촉에 의존해서 발생하고 시각과 후각이 구별되므로, 꽃의 색깔을 대상으로 취하는 의식은 한 찰나 후에 냄새를 대상으로 취하는 의식과 구별되어야 한다고 주장한다. 여기서 작용하는 전제는 자아가 통시적 인격 정체성의 기반이어야 하고 인격이 유지되는 한 그 자체로 지속되어야 한다는 것이다.

자아에 대한 상이한 상정은 이후 아비달마 전통의 또 다른 논의 목표로 전개되었다. 이 상정은 행위 대상 모델이 의식의 본성을 이해하는 데 적합하다는 것이다. 자아의 존재를 확립하려 할 때 이러한 상정이 유용할 것이라는 점은 데카르트적 코기토의 역할에서 분명히 드러난다. 니야야와 미망사 논사들은 동사 및 목적격의 발생을 포함한 문장 구성에 주격의 발생이 필요하다는 문법적 요점으로 논의를 전개한다. 예를 들어 나무(목적격)를 절단하려면(동사) 자르는 자(주격)가 필요하다. 그러므로 의식은 바로 자아로 이해되는 주체를 필요로 한다.

이 주장에 대한 아비달마의 대응은 모든 존재자들이 (붓다가 주장했듯이) 무상할 뿐만 아니라 소멸하기 전 한 찰나만 지속하고 곧이어 다른 것으로 대체되는 찰나적인 것이라는 명제에 기초한다. 이 명제는 행위의 수행과 같은 어떤 것도 있을 수 없다는 흥미로운 결과를 낳는다. 행위를 수행하는 어떤 사람이나 사물을 말하는 것은 한 개체가 세 단위의 별개의 시간 동안 계속 존재할 수 있음을 전제한다. 즉 행위가 아직 행해지지 않았을 때, 행위가 행해지고 있을 때, 행위가 완료되었을 때이다. 만약 모든 것이 찰나적이라면 세 번은 차치하고 두 번에 걸쳐 지속하는 것은 아무것도 없을 것이다. 의식의 사례에 적용하면 이것은 의식적 행위 주체로서의 자아에 대한 주장을 약화시키는 데 그치지 않는다. 그것은 또한 상캬에 내포되어 있고 불이론 베단따에 명시되어 있는 관점, 즉 '자아가 주체가 아니고 단지 목격하는 순수 행위'라는 견해를 뒤엎는다. 바수반두는 "의식은 아무것도 하지 않는다. … 다만 대상에 따라 발생할 뿐이다."라고 말했다(AKBh IX, 472).

이에 대해 우리는 꽃 내음을 의식할 뿐만 아니라 지금 냄새 맡는 꽃이 한 찰나 전에 본 꽃이라는 것에 반대한다. 통시적 종합에 대한 이러한 공통 경험에는 지속적인 의식 주체가 필요하다고 이야기된다. 여기에 대해 연속성에 관한 분명한 알아차림은 회전하는 불꽃의 경우, 원환이 나타나는 것과 같다고 대답한다. 이 은유는 조심스럽게 해석할 필요가 있다. 물론 횃불에 의해 움직인 원환 내 상이한 지점들에서 신속한 불의 발생의 연속만 있을 뿐 불의 원환은 없다는 것이 이 입장이다. 그 예는 찰나성을 전제할 때 원환을 움직이는 연속적인 불은 없고 다만 각 지점에서 별개의 불의 발생만 있다는 사실에서 추가적인 힘을 얻는다. 우리가 보는 것과 같은 원환은 사실 연이은 횃불의 연속이다. 그리고 아비달마에 중심적인 원자론적 환원론에서 연속은 승의적으로 실재하는 것이 아니라 세속적으로만 실재하는 개념적 허구에 불과하다. 왜냐하면 (예컨대 2미터로 보이는 불 바퀴火輪의 사례에서처럼) 우리가 그것에 부여하는 어떤 효과도 (이 불꽃이 여기서 발생하고 다음 불꽃이 저기에서 발생하는 등) 그 부분들의 효과 면에서 설명된다는 점에서, 연속이란 수레와 같기 때문이다. 실재하는 것의 특징은 인과적 효율성이고, 바퀴는 자율적인 설명력이 부족하므로 승의적으로 실재할 수 없다. 수레와 같이, 그것은 우리의 관심과 인지적 한계로 인해 실재로 간주하는 어떤 것이다.

이러한 답변은 반론의 진정한 핵심을 놓치는 것으로 보일 수 있다. 반론자는 불꽃 바퀴가 심적 구성이라고 인정하지만, 그곳에 그러한 바퀴가 있다고 간주하는 의식이 그러한 것이 될 수 있음은 부인할 수 있다. 이제 주어진 의식이 감각기관과 대상에 의존해서 발생한다고 가정하면 (두 가지 의식이 별개의 대상을 지니며 따라서 별개의 원인을 갖기 때문에), 원환의 한 지점에서 불을 알아차리는 의식은 다른 지점에서 불을 알아차리는 의식과 구별된다. 따라서 아비달마의 견해에서 바퀴를 구성하는 것은 연이은 일련의 의식들이다. 그러나 반론자는 별개 의식들의 연속이 그러한 일을 할 수 있다고 가정하는 것은 불합리하다고 반대할 것이다. 이 견해에서 먼저 이 지점에서 불을 알아차리고 다음 지점에서 불을 알아차리는 것은 아무것도 없기 때문이다. 계속되는 연속에 대한 알아차림에는 지속적 의식(상캬학파와 베단따의 견해)이나 별개 의식 서사들의 소유자이자 종합자로서의 지속적 주체(니야야와 미망사의 견해)가 필요하다.

아비달마의 대응은 주어진 인식이 연쇄 속에 있는 앞선 인식들에서 정보를 상속할 수 있어서 그것과 그 이웃들이 횃불의 연속을 가상 현재에 바퀴를 구성하는 것으로 인식할 수 있다는 것일 것이다. 이 대응의 타당성을 보기 위해서 길 잃은 너구리가 지나갈 때 뜰의 불을 켜는 동작 감지기의 사례를 고려해보라. 이러한 재주를 행하는 프로세서는 새로운 스캔을 수행함과 동시에 바로 해당 영역에 대한 앞선 스캔 정보를 유지함으로써 작동한다. 그 결과 초래된 두 가지 파동 유형이 일치하면, 현재 스캔한 그 정보가 단기간 기억에 저장되는 것을 제외하고 그것들은 서로 상쇄되어 더 이상의 결과가 따르지 않는다. 그것들이 일치하지 않을 때는 불일치로 인해 전등 스위치가 작동하지 않는다. 여기서 연속적 스캔을 수행하는 것은 단일하고 지속적인 프로세서이다. 그렇지만 우리는 각 스캔에서 새로운 프로세서를 활용하여 동일한 결과를 얻을 수 있다. 중요한 것은 t_n에서 스캔을 하는 프로세서가 t_{n+1}에서 스캔하는 프로세서에 t_n에서의 스캔 입력을 나타내는 정상파를 발생시킨다는 것이다. t_n과 t_{n+1} 상태의 비교에는 두 상태에 대한 지속적인 '목격자'가 필요하지 않다. 종합은 일련의 소유자 없고 찰나적이지만 인과적으로 연계된 의식과 양립할 수 있다.

의식과 자아에 대한 불교 환원론자의 입장은 결정적으로 우리의 상식적 존재론에서의 복합체들이 세속적으로 실재하지만 승의적으로는 실재하지 않는 개념적 허구라는 견해인 원자론적 환원론에 기초한다.[12] 이에 대해 원자론적 환원론에서 작동하는 '선형' 인과성 관념이 부적합하다는 반론이 제기되기도 한다(Thompson 2007; 이 책의 맥켄지). 메릭이 잘 설명했듯이, 원자론적 환원론은 당면 문제에서 인과관계가 상향이고 하향이 아니라는 근거에서 논의를 전개한다(Merricks 2002). 이에 따르면 우리가 자전거에 귀속시키는 효과는 모두 적절하게 배열된 부분들로 인해 생겨난다. 이것은 수레와 자전거 같은 인공물들에서는 사실일 수 있지만, 선형의 상향 모델로 파악할 수 없는 체계 인과성을 보이는 유기체들 같은 특정한 복합적 역동 체계들에서는 사실이 아니라고 말할 것이다. 새로운 인과적 힘들이 복합성의 상위 단계들에서 창발한다는 이 구상은

---

12 불교 환원론의 원자론적 환원론에 대한 심화 논의로는 Siderits 2009를 참조하라. 여기서 작동하는 종류의 환원론이 존재론적이고, 의미론적인 것이 아님을 명심하는 것이 중요하다. 문제의 핵심은 복합적 개체들에 관한 어떠한 용어도 포함하지 않는 언어로 표현된 일상적 담화 방식에 대한 완전한 의미론적 분석을 제공할 수 있는가가 아니다. 문제는 세계 자체가 우리가 말하고 생각하는 방식과 독립적으로 복합적 개체들을 포함하는가이다.

오랜 역사를 갖고 있다. 그리고 그 역사에서 볼 수 있듯이, 그 평가에는 주의가 필요하다. 우리가 '배아를 산출'할 수 있다는 사실은 분명 우리가 그 인과적 선행 사건들에 대한 미시적 수준의 지식으로부터 유기체의 거시적 수준의 속성들을 예측할 수 있음을 제시한다. 면역체계의 기능에서 그 유기적 과정들의 피드백 회로도 오디오(마이크-앰프-스피커) 피드백 및 자기제어 가정 온열 시스템과 같이 손쉽게 분해할 수 있다. 존재론적이고 의미론적 환원을 떼어내면, 우리는 체계 수준에서 인과의 나타남이 우리의 인지 경제를 관리하기 위해 체계를 하나의 거대한 것으로 다루어야 할 필요성에서 비롯된 것임을 알게 될 것이다. RNA는 자기 조립 구조이기 때문에 인과력은 그 구성 분자들의 힘으로 환원될 수 없다고 주장하기도 한다. 그러나 이 결과는 구조가 자기 복제하고 있음에서 따라 나오는 것은 아니다. 만일 그 구조가 분자적 요소들의 전례없는 조합을 통해 처음 나타날 수 없었다면, RNA가 환원될 수 없는 인과력을 지니고 있다는 점만 따라 나오게 될 것이다. 육지 생물들의 발생 과정들이 이것을 야기할 수 있었는지에 대한 연구가 진행 중이다. 확정적인 연구 결과들에 앞서서 특정 주장을 전개하는 것은 주제넘은 일일 것이다. 그러나 지난 창발주의의 역사를 고려할 때, 육지 생물이 어떻게 발생했는지에 대한 현재 우리의 지식 부족을 그것들이 발생할 수 없다는 증거로 받아들이는 것은 분명 성급한 일이다.[13]

---

13 불교 환원론자와 창발주의자 또는 비환원적 수반 접근들을 선호하는 비판자들 간의 논쟁에서 가장 근본 문제는 인과와 설명 간의 구속 화살표의 방향이다. 불교 환원론자들은 수용 가능한 설명이 인과법칙에 기반해야 한다고 주장한다. 그 반론자들은, 사실 그 반대여서, 수용 가능한 인과법칙이란 적합한 설명 역할을 하는 것에

3. 주체 없는 주관성?

의식에 관한 불교 환원론 사유 전개에서 새로운 국면은 경량부 학파에서 시작한다. 인식 과정에 대한 올바른 분석에 관해 경량부 이전의 전통은 필시 붓다 자신의 견해였을 인식에 대한 직접적 실재론 견해를 견지한다는 점에서 일치했다(Dhammajoti 2007 : 136-144). 경량부는 감각 기관과 감각 대상 및 감각 인식 간에 시간 지체가 있다는 근거로 표상주의를 옹호하면서 직접적 실재론을 거부했다. 대상이 오직 한 찰나만 지속하므로 인식이 발생할 때 더 이상 존재하지 않으며, 이에 대상은 그 인식의 대상이 될 수 없다. 그 대신 감각 인식의 직접 대상은 심적 이미지나 표상이어야 한다. 이제 경량부는 감각 인식에 대한 전통 모델을 별개의 대상에 작용하는 심적 행위로 유지하고, 다만 대상을 이후에 지각 과정이 시작된 외부 대상을 표상하는 역할을 하는 별개의 심적 상태로 만들어 '내면화'할 수 있었다. 하지만 이것은 그들이 궁극적으로 선택했던 길이 아니었다. 그럴만한 충분한 이유가 있었을 것이다. 이런 류의

의해 구속된다고 주장한다. 이 논쟁은 데닛의 의도적 입장 관념을 활용하여 해소될 수 있지만 여기서 필자는 그것을 시도하지 않겠다. 이 모든 것은 이미 만들어진 세계가 있다는 실재론자의 전제에 따라 진행된다. 만약 중관의 반(反)실재론 주장들이 타당하다면 모든 것은 원점으로 돌아간다. 왜냐하면 인과는 그 자체로 개념적 구성이 될 것이고 인과가 승의적으로 상향인가, 하향인가, 순환적인가, 고리 모양인가 또는 위의 어떤 것도 아닌가에 관해서는 의심의 여지가 없을 것이기 때문이다. 인과의 세속적 위상에 대한 중관학파의 반실재론자들이 말해야 할 것에 관한 논의로는 Siderits 2010을 참조하라. 역주) 구속조건 상징은 이론 모델 구성에서 구와 하나 이상의 화살표로 구성된다. 구는 자유도(DOF)의 결핍을, 화살표는 구속되지 않은 모델 방향을 가리킨다. 환원론자들은 수용 가능한 설명이 인과법칙들에 기반해야 한다고 주장한다.

표상주의는 감각으로 초래된 상(想)들을 보는 관찰자로서의 의식과 함께 데카르트적 극장으로서의 의식에 대한 이해를 불러들이기 때문이다. 대신 우리는 후기 경량부에서 감각 내용에 대한 알아차림이 물리적 대상의 형상을 지닌 인식의 일어남을 통해 발생한다는 주장을 발견한다. 파란색을 보는 경험은 바로 파란색을 그 형상으로 지니는 인식의 발생이다. 그 결과, 인식이 그 자체를 인식한다.

디그나가는 이 반영성 주장을 처음 펼쳤다고 널리 알려져 있지만, 그보다 앞서 경량부에서 시작된 것으로 보인다.[14] 디그나가는 표상주의적 실재론의 경량부와 주관주의적 관념론의 유식학파가 모두 수용할 수 있는 지식론 전개를 목표로 삼는 불교인식론의 유가행 경량부의 창시자이다. 유식은 로크의 입장에 대해 버클리의 역할을 하면서, 경량부의 표상주의를 이어 논리적 다음 단계를 취했다. 그러나 유식은 (이 책의 드레퓌스와 가네리가 보다 상세히 논의한) 의식의 본성에 대한 몇 가지 흥미로운 견해를 개진했다. 여기에서 특히 중요한 것은 의식이 본성상 궁극적으로 비이원적이라는 유식의 주장이다. 이것은 자아감각의 중심적인 내면성에 대한 느낌이 외부 세계와의 대조에 의존하기 때문에 모든 자아감각은 우리가 외부 세계 없음을 자각할 때 사라져야 한다는 주관주의적 관념론이 열반을 향한 추구에서 해탈론직으로 효과적이라는 유식의 주장에서 나타난다. 이것은 불교 환원론이—인지적 상태들의 현상학적 성격이 이러한 성격을 갖게 하는 주체가 있어야 함을 요구하는 것으로 보인다는 문제—주관성 문제를 염려하기 시작했음을 시사한다. 그렇다면 이것은 디그나가의 반영성 주장 구상 배후에 있는

---

14 야오(Yao 2005 : 97-118)는 경량부 기원 주장에 대한 근거를 논의한다.

동기의 일부분일 수 있다. 또한 주목할 만한 것은 이러한 유식의 주관주의적 관념론 옹호가 (이 책의) 알바하리가 주장한 관점적 자아에 대한 명시적 부인을 포함한다는 것이다. 만약 우리가 모든 내면감을 없앰으로써 이상적 상태를 얻는다면, 그때 이상적 상태는 의식의 현전이 관점에서 나온다는 감각을 수반할 수 없다.[15]

디그나가는 의식이 자기조명적이어서 마치 빛이 방 안에 있는 대상들뿐만 아니라 그 자체도 보이게 하는 것처럼 대상과 그 자체 모두를 비춘다는 주장으로 유명하다. 디그나가는 또한 의식의 매 찰나가 지향적 대상과 인식자로서의 그 자신의 행상이라는 두 가지 행상을 지닌다고 주장한다. 그렇지만 이 두 개의 행상은 승의적으로 구별할 수 없고, 개념성의 요구만 차이가 날 뿐이다. 또한 디그나가는 의식이 승의적으로 주체–객체 이분법을 결여한다는 유식의 주장을 옹호하여 이 견해를 구성한다. 그렇다면 디그나가는 주관성 문제에 답하는 것으로 보일 수 있다. 그의 반영성 주장은 어떻게 의식이 인식하는가라는 물음에 대한 답변으로 여겨지고, 이것은 의식의 관점적 성격을 다루는 방식인 것처럼 보이기 때문이다. 의식이 대상을 인식하는 데서 자신을 인식한다는 이 문제에 대한 디그나가의 답변은 환원론이 그러한 성격과 양립할 수 있음을 보이기 위해 고안되었을 수 있을 것이다. 그럼에도 불교 환원론에 대한 어떤 브라만 전통의 비판도 주관성 문제 그 자체를 제기하지 않는 것을 감안할 때, 그것은 놀라운 일이다. 그들의 반론은 경험 기억, 교차 양상 인지와 업보 연계와 같은 현상들에 필요한 종합적 통일

---

15 이것은 물론 유식이 따라서 유아론을 수용해야 한다는 반론을 불러들인다. 후기 유식논사인 라뜨나끼르띠(Ratnākīrti, 1000-1050)는 동의하지만, 이것이 잘못이 아니라고 주장한다. Kajiyama 1965를 참조하라.

체들과 관련하여 앞에서 논의한 것들이다.[16]

그렇더라도 환원론자들에게는 문제가 있는 것으로 보인다. *K* 류의 것들에 대한 환원론은 엄격히 말해서 그러한 사물들이 없음에도 불구하고 *Ks*가 존재한다는 우리의 믿음을 충분히 이해할 수 있음을 보여준다. 우리의 관심과 인식적 한계에 관한 사실에 더해서 참으로 존재하는 *K*와 같은 것들im-K-ish things에 관한 사실들을 감안할 때, 이것은 사물들이 자연스럽게 우리에게 보이는 방식일 것이기 때문이다. 이것은 *Ks*가 더미나 마차, 배일 때는 완전히 타당할 수 있다. 그렇지만 문제의 *K*가 사람일 때 우리는 비인격적 개체들과 사태들이 나타나게 되는 '우리'가 누구인지 자연스럽게 묻게 될 것이다. 환원론은 그들의 목표 대상을 어떤 면에서 주관적 개체들에 대한 이중적 존재론second-tier ontology으로 끌어내리려 애쓴다. 그렇지만 목표가 사람일 경우 실재하는 주체가 없이 어떻게 그러한 상태가 있을 수 있는지가 불분명하기 때문에 그러한 끌어내림은 문제있는 것처럼 보인다. 슈메이커(1985)가 파핏의 『이성과 인격*Reasons and Persons*』을 검토할 때, 파핏이 바라는 것으로 보이는 인격의 존재론적 환원이 정신적인 것에도 기능적 특징을 지닌 물리적인 것 또는 사건들로의 환원이 필요할 수 있다는 주장에서 이러한 곤란을 염두에 두었을 수 있다. 따라서 디그나가가 반영성 명제를 구상했을 때 이 문제를 염두에 두었는지 않았는지와 관계없이, 그의 견해가

---

16 즉 자아에 대한 인도 실재론자들은 지속적인 경험의 주체를 원했고 Strawson 1977의 '진주[목걸이] 자아(pearl self)'에 만족하지 않을 것이다. 논쟁의 중심적 초점은 여전히 의식이 반드시 무상하거나 서사적이라는 불교 환원론자의 주장이었다. 인도 실재론자의 입장에서 이러한 자아에 대한 반론을 피하기 위한 흥미 있는 시도에 대해서 Watson 2006을 참조하라.

이 점에서 불교 환원론에 도움을 주는지는 여전히 의문시된다.

디그나가의 접근이 주관성에 대한 반론에 답하는 데 성공했을까? 경험 내용과 (얇은) 주체 간의 관계에 대한 스트로슨(2008)의 논의는 여기에 유용한 해결의 실마리를 던져준다. 스트로슨은 주관성이 있는 곳 어디에나 주체가 있다는 것을 '필연적 참'으로 명명한다(2008 : 183). 그리고 디그나가가 불교 환원론자에 제시해야 하는 것은 경험의 주체를 필요로 하지 않는 주관성이나 그것과 닮음을 긍정하는 방식이다. 스트로슨의 얇은 주체는 찰나에만 존재하므로 아비달마 기준에 입각해 반대할 수 없는 것으로 간주될 것이다. 그러나 우리는 디그나가가 찰나적 경험의 주체조차도 실존적 고통의 근거 역할을 할 수 있음을 염려해서 현상학적 내용이 이러한 가장 얇은 주체들 없이도 가능함을 보이고 싶어한다고 추정한다. 그렇지만 스트로슨의 주장은 주의깊게 읽어야 한다. 왜냐하면 이것은 경험의 주체와 내용 간의 구별이 고작해야 개념적일 뿐이고 실재하는 것이 아니라는 결론을 위한 지속적 주장의 맥락에서 나왔기 때문이다. 그리고 이것은 인식의 두 가지 형상 (대상 형상과 인식함으로서의 그 본성의 형상)이 단지 개념적으로 구별되고 승의적으로는 구별되지 않는다는 디그나가의 주장과 매우 유사하다. 그렇다면 스트로슨의 '필연적 참'은 세속적으로만—디그나가에서는 세속언설을 위해서만—사실이고, 승의제는 불가언설nirabhilāpya인 것으로 보인다. 승의의 입장에서 얇은 비이원적이지만, 이 비이원성은 불가언설이어서 말해질 수 없기에, 어떤 종류의 참된 진술 내용도 될 수 없다.

주체와 내용의 이러한 동일성은 이른바 우리 자신의 의식상태에 대한 우리의 알아차림이 갖는 것으로 자주 회자된 오인으로 인한 오류 면역성을 설명하는 데 도움이 될 것이다. 주어진 상태가 우리 자신의 것이라고 생각하는 것이 틀릴 수 없다는 것은 (이 책의 파싱이 해석하듯이) 경험 주체의 존재를 위해서뿐만 아니라 반영성을 위한 증거로 보이기도 한다. 그것은 따라서 (디그나가가 그렇게 사용하지는 않지만) 자기조명론을 위한 근거로 역할할 수 있다. 그 구상은 주관적 상태가 단순히 그리고 즉시 우리 자신의 것으로 주어지기 때문에 그러한 상태를 경험하면서, 그 내용뿐만 아니라 그 경험되고 있는 것 또한 즉각적으로 알아차리는 경우여야 한다. 만약 디그나가와 스트로슨의 견해가 인식함과 내용이 개념적으로 구별될 뿐 존재론적으로 구별되는 것이 아님을 말하는 것이라면, 내용을 인식함이 바로 인식함을 인식하는 것이라는 결론이 따라 나온다. 그러므로 우리가 경험을 이 (얇은) 주체에 속하는 것으로 식별하는 데 오류가 있을 수 없다는 사실은 전혀 놀라운 일이 아니다. 그러나 이제 반영성 명제가 약간 이상해 보이기 시작한다. 만약 인식의 인식이 현상적 내용의 발생에 불과하다면, 어떤 의미에서 바로 그 내용 자체가 그 내용에 대해 작동한다고 말할 수 있는가? 주체에 대한 요구는 그것과 유사함이 '[나에게] 무엇인가와 상당히 유사한 그것that for which it is so like'을 필요로 한다는 주장에서 시작했다. 우리는 디그나가가 여기에 반영성 주장으로 답하려고 모색했다고 여긴다. 우리는 '~에 대해 그렇게 유사한 그것'에서 '~에 대해'는 그 본질적 성격이 아니라 인식의 기능적 역할을 반영한다고 의심할 수 있다. 즉 내용은 행위지도에서 역할하는 체계에 대해 그 자체를 현전한다. 물론 이 체계는 복합적 연속일 뿐 승의적으로 실재하는 어떤 것이 아니다.[17]

어쨌든 디그나가의 견해에 철학적 난제들이 없는 것은 아니다.

우선 인도 철학자들은 일반적으로 어떤 개체가 스스로에 작동할 수 없다는 취지로 비반영성 원리를 받아들인다. 세평에 의하면, 가장 숙련된 곡예사조차도 그들 자신의 어깨로 설 수 없다. 다른 것들을 밝히면서 스스로 밝히는 것으로 주장된 이른바 빛이라는 반례는 의문시된다. 엄밀히 말해, 우리가 한 줄기 빛을 보았다고 할 때 보이는 것은 빛에 의해 조명된 분진이지 빛 자체가 아니다.[18] 마찬가지로 원자론적 환원론은 그 자체를 언급하는 문장이나 스스로를 치료하는 의사처럼 다른 주장된 반례들을 어떻게 처리하는지 보여준다. 적절한 분석을 통해 그러한 사례들이 다른 부분에 작동하는 더 큰 체계의 한 부분을 늘 포함한다는 것을 알 수 있다. 이 세상에 진정으로 반영적인 작동들이 있다고 추정하는 것은 실재하는 전체들에 대한 우리의 믿음이다.

더욱이 의식이 별개의 의식에 의해서만 인식될 수 있다는 대안적 타자조명 관점에 대한 디그나가의 주장은 결함이 있다. 그는 그 견해가, "만약 주어진 인식이 그것을 이해하기 위한 두 번째 의식의 발생을 필요로 한다면, 두 번째는 세 번째 등을 필요로 한다는 무한소급에 이르게 된다."고 주장한다.[19] 이것은 참이다. 그렇지

---

17 디그나가는 인식 내용이 조명을 위한 어떤 다른 토대에 대한 필요 없이 스스로를 체계에 현시한다는 약한 의미에서 인식이 자기조명적이라는 데 동의할 것이다. 윌리엄스에 따르면(Williams 1998), 어떤 티벳 주석가들은 디그나가와 다르마끼르띠를 이러한 방식으로 받아들였다. 하지만 이것은 우리가 그 p를 알아차리고 있다는 것을 알아차리는 한에서만 그 p를 알아차린다는 특정 종류의 내재주의적 모델을 상정할 경우, 자기반영성 모델과 혼동될 수 있다.

18 그러나 빛이 스스로를 비춘다는 주장을 개진하는 대안적 방식에 대해서 이 책의 파싱을 참조하라.

19 자기조명론자들과 타자조명론자들 간의 논쟁을 검토하려면 Sinha 1958 : 199-221를 참조하라. 좀 더 최근 논의는 Ganeri 1999와 Ram-Prasad 2007의 2장을 포함한다.

만 그것은 타자조명론을 반박하지 못한다. 항아리에 대한 나의 알아차림을 알아차림에는 두 번째 의식의 발생이 필요하지만, 이 두 번째 의식의 발생에는 세 번째가 필요하지 않다. 반론자는 이 두 번째 의식에 대한 인식에만 세 번째가 필요하고, x의 알아차림에 대한 알아차림 없이도 x에 대한 알아차림이 가능하다고 주장할 것이다. 그 반영적 인식에 대한 인식 없이 항아리에 대한 인식의 인식이 있을 수 없다고 추정하는 것은 자기 회피적인 일일 것이다.[20]

타자조명에 대한 두 번째 주장에도 동일한 오류가 있다. 즉 이 견해에 따르면 인식에 대한 알아차림은 항상 앞선 인식에 대한 기억을 수반하지만 우리는 우리가 경험하지 못한 것은 기억할 수 없다. 이 주장은 인식에 대한 인식이 이미 완료된 인식에 대한 내적 지각을 수반하며, 그러한 반영적 알아차림이 막 선행하는 인식에 대한 기억을 수반할 수 있다고 주장하는 니야야식 타자조명론에 반대하는 것일 수 있다. 그러나 이것은 항아리에 대한 지각이 반성이나 기억에 의한 것이 아니라 외전 추론外轉推論[21]을 통해 인식된다는 밧타 미망사[22]의 타자조명론 구상에는 문제를 제기하지 않는다.

---

20 Perett 2003 : 226f는 사르트르식 주장에 대해 유사한 입장을 개진한다. 심화된 논의를 위해서는 Chatterjee 2008을 참조하라. 똑같이 자기 회피적으로 보이는 다르마끼르띠의 무한소급 주장의 정형구 분석을 위해서는 Kellner의 논문을 참조하라.

21 역주) 과학철학에서 외전 추론(abductive inference)이란 귀납 추론을 벗어나 최고의 설명을 추구하는 형식이다. 이에 따르면 과학은 구체적 사례의 일반화가 아니라 관찰된 사실에 입각한 가설을 수립하는 방식이다. 선호되는 최고의 설명 모델로는 이론적 간결함 및 단순성 원리에 의거, 경험적 원칙들을 도출하는 방식이 선호된다. 본래 '외전(abduction)'이란 용어는 퍼스(Charles Sanders Peirce, 1839-1914)의 은유 및 유추에 의거한 상상적 추론 능력을 통해 결론을 도출하는 방식이다.

우리는 항아리를 인식할 때 인심됨에 의해 한정된 것으로 알아차리게 되고, 이 알아차림으로부터 항아리에 대한 인식의 발생을 간접적으로 추리할 수 있다. 우리가 경험하지 못했던 것을 기억하지 못한다는 것은 타당하지만, 이 까닭에 그는 항아리에 대해 인식함을 현재 기억하지 못한다. 따라서 기억에 대한 개념적 입장은 적절하지 않다.

(이 책의) 톰슨은 기억에서 현상학적 논변의 구성을 제시한다. 이 방식에서 자기조명에 대한 증거는 인식에 대한 인식의 일반적 현상(목표 인식의 발생 직후에 발생할 수 있는 어떤 것)에서 나오는 것이 아니라 (목표 인식과 기억 인식 간에 시간적 간극이 있는) 앞선 인식에 대한 기억으로서 경험된 것에서 생겨난다. 그 주장은 경험 기억이 항아리에 대해서가 아니라 항아리를 보는 경험에 대해 기억을 수반한다는 것이다. 그리고 자신이 경험하지 못한 것은 기억할 수 없으므로 항아리에 대한 경험의 기억은 경험할 때 우리가 그 항아리뿐만 아니라 그 항아리를 경험함 또한 알아차렸음을 요청한다. 앞선 인식에 대한 기억에는 애초 인식이 그 자신을 인식했었음을 필요로 한다.

이에 맞서는 화답으로, 기억은 경험된 대상과의 연계를 통해 발생하는 것이어서, 그것은 대상에 대한 것이지 대상의 경험에 대한 것이 아니라는 것이다(BCA IX.24cd). 한편 부재 대상에 대한 알아차림으로부터 경험하지 못했던 것은 기억하지 못한다는 원리를 활용

---

22 역주) 쁘라바까라(Prābhākara, 7세기) 미망사는 지각(pratyakṣa), 추리(anumāna), 비유(upamāna), 가정(arthāpatti), 성언량(śabda)을 5가지 인식수단으로 간주한다. 반면 꾸마릴라에서 시작된 밧타 미망사(Bhāṭṭa Mīmāṃsā)는 6번째 인식수단으로 비인식(anupalabdhi)을 추가하고 귀추법에 입각한 추리를 중시한다.

한 외전 추론에 근거하면, 대상의 앞선 경험에 대한 간접적 인식이 있게 된다. 경험기억은 과거에 주어진 어떤 것에 대한 재현처럼 느껴지지만 다른 곳에서와 마찬가지로 여기서도 현전의 현상적 감각이 잘못될 수 있다고 주장할 수 있다. 기억에서 주어진 것은 대상이고, 그것이 과거에 경험해왔음이 (자동적) 외전 추론의 결론이다. 그렇다면 항아리에 대한 지각 설명과 기억 설명 간에는 어떠한 차이도 없게 된다. 따라서 우리는 항아리를 이전에 경험했다는 추론 근거를 갖지 못할 것이라는 반론에 대해서, 두 가지 현전함은 지각적인 것이 더 뚜렷하고 선명한spaṣṭa 예민함의 정도에서 차이가 있다고 답할 것이다.[23] 이 경우 외전 추론은 기억 이미지의 불분명함에 기초한다. 아마도 그 답변은 우리가 이 불명료함을 알아차릴 때만 그러한 추론을 할 수 있을 것이다. 그러므로 우리가 기억 이미지에 대한 현재 인식의 알아차림을 요청하며, 따라서 현재 인식은 자기조명적 또는 반영적이라고 반박될 것이다. 그러나 우리 스스로 정보를 지니고 있음을 알지 못하는 한, 그 정보는 인식 작용을 이끌어 낼 수 없다는 반론을 예상할 수 있다. 그리고 이러한 가정은 타자조명론자에 대해서 논점을 회피하는 것이다.

이와 유사한 전략으로, '인식이 두 가지 형상을 지니고 있음'을

---

23 예로, PV 3.10, PV 3.299, TSP *ad* TS 1120-1을 참조하라. 지각적 표상들과 (기억 인상들 및 시뮬레이션들과 같이) 내부적으로 생성된 표상들 간에는 식별 가능한 차이들이 있음에 틀림없다고 추정할 만한 충분한 신경과학적 이유들이 있다. 전방 역동적 행위 통제 모델에서 행위자는 이후에 자신 행위의 감각적 결과와 비교되는 운동 명령의 '원심성 신경복사'를 산출한다. 그로써 이 전방 복사는 지각적으로 완화될 것이다. 이것은 왜 간지럼을 잘 타는 사람이 자신을 간지럽힐 수 없는지 설명해 준다. Choudhury and Blakemore 2006 : 4-1을 참조하라. 지각적 완화는 불교 저술가들이 의미하는 '구별되지 않는'에 상응할 수 있다.

주장하는 디그나가의 입장을 무력화시킨다. 디그나가는, 인식이 그 자신 또는 지향적 대상에 대해 한 가지 형태만 지녔다면, '항아리의 인식'과 '항아리에 대한 인식의 인식'은 구분할 수 없게 된다고 말한다. 이에 비해 밧타 미망사와 같은 직접적 실재론자들은 "인식이 인식한 형태는 그 인식에 내재되어 있어야 한다"는 가정을 통해 반론을 전개한다.

마지막으로 주체-객체 이분법을 피하려는 디그나가의 시도는 미심쩍은 형이상학을 포함한다. 그는 비록 두 가지 형상을 지닌 하나이기는 하지만 하나의 개체만 관련되어 있다는 사실로 인해 이분법을 피할 수 있다고 말하고 싶어하는 것 같다. 그러나 불교 환원론자들의 원자론적 환원론 교의에 따르면, 한 가지 자성 이상을 지니는 개체는 분할되는 개체만큼이나 승의적 실상을 결여한다. 또 디그나가가 인식에 귀속시키는 두 가지 형상은 확실히 자성인 것처럼 보인다. 물론 디그나가는 인식이 두 가지 별개 형상을 지니는 것은 개념성의 요구에 대한 양보에 지나지 않으며 그것의 승의적 본성을 반영하지는 않는다고 주장할 것이다. 그러나 그 경우 디그나가는 불가언설의 역설에 봉착할 것이다. 그가 인식의 승의적 성격을 불가언설이라고 주장하는 것은 분명 그 승의적 성격을 표현하려는 시도로 보인다. 그렇지만 승의적으로 실재하는 것의 성격이 불가언설이라면, 왜 그것이 결국 우리가 말하는 인식이고 승의적 실상의 역할에 관한 어떤 다른 후보가 아니라고 추정하는가?

따라서 디그나가가 환원론에 대한 주관성 반론에 대응해 주체-객체 이분법의 복귀를 피하는 효과적 답변을 제시하는지는 명확하지 않다. 불교 환원론의 일부 다른 구상이 주관성 반론에 대해서 더나은 답변을 제공할 수 있는지 살펴보는 것은 흥미롭다.

4. 의식에 대한 불교의 환원

다른 불교학파들은 우리가 뚜렷한 인식을 통해서만 의식할 수 있게 된다고 주장한다. 이것은 상좌부·설일체유부·초기 경량부·귀류논증 중관학파의 견해이다. 그러나 이 밖의 불교논사가 타자조명론에 대해 제시한 체계적 전개와 변론은 알 수 없다. 이제 이 모든 학파들이 찰나적 의식과 자아의 지속을 주장하고 있어 의식의 발생이 특정 인식에서 주체의 역할을 담당한다고 밝혀진다 해도 문제로 느끼지 않을 것이다. 그러나 우리가 의식적 주체의 역할을 하는 것으로 보일 수 있는 모든 것이 환원론 기획을 위협할 만큼 충분히 자아적이라는 스트로슨(1997)과 유식학파 논사들의 견해에 동조했다고 가정해보자. 이것은 그 기반 존재론이 물리주의가 아닌 이원론일 때에도 이러한 최소한의 주관성 형태가 환원론에 위협이 된다고 생각하는 이유가 될 것이다. 이러한 도전에 대응하기 위해 불교 환원론자는 어떻게 인식이 인식되는가라는 물음에 대한 입장을 개진할 필요가 있을 것이다. 필자는 밧타 미망사 형태의 타자조명론이 가장 적합하다고 제안한다.

이 견해에서 의식은 우주 안의 다른 것과 마찬가지로 비반영적이다. 칼이 자신을 자르지 못하고, 손톱이 자신을 손대지 못하는 것처럼 의식도 그 자신을 알아차리지 못한다. 우리는 그럼에도 불구하고 항아리뿐만 아니라 항아리에 대한 우리의 알아차림을 알아차릴 수 있다. 이것은 별개의 인식을 통해 이루어지는 것임에 틀림없다. 그러나 문제의 인식은 반성이나 내적 지각의 경우가 아니다. 그것은 간접적이다. 이 때문에 그것은 우리가 추리라고 부르는 경우가 된다. 그러나 인도 인식론자들에게 '추리'는 증명되어야 할 속성sādhya(소립)과 추리의 표지sādhana(능립) 간의 불변의 수반관계에 대한 인식으로 매개되는 간접인식을 지칭한다. 연기를 볼 때, 우리는 부엌에서 연기와 불을 함께 보았기 때문에 언덕에 있는 불의 존재를 추리한다. 이것은 증명되어야 할 속성이 직접인식을 따라야 한다는 것을 추리의 필요조건으로 만든다. 만약 의식이 지각되지 못한다면, 그 발생은 추리을 통해 알 수 없다. 이 때문에 밧타 미망사들은 인식이 외전 추론(최고의 설명을 위한 추론)에 의해 인식된다고 주장한다. 뚱뚱한 데바닷따가 낮 동안 먹지 않은 것을 보고서, 우리는 비록 그가 먹는 것을 보지 못했지만, 뚱뚱함의 속성과 관찰되지 않았을 때 먹음의 속성의 동시 발생을 관찰하지 않았음에도 불구하고 밤에 먹는다고 귀납적으로 추리한다. 마찬가지로 그들은 (우리가 인식을 감지하지 않기 때문에) 우리가 인식됨과 인식의 동시 발생을 감지하지 않는다는 사실에도 불구하고 대상에 있는 인식됨의 발생으로부터 인식의 발생을 귀추적으로 추리할 수 있다고 주장한다.

이 견해의 주된 난제는 인식됨의 속성이 무엇인지 설명하는 것이 결코 쉽지 않다는 것이다. 밧타 미망사는 우리가 항아리에 있는 이 속성에 주목하고 그것으로부터 항아리를 그 지향적 대상으로 삼은 인식의 발생을 귀납적으로 추리할 수 있다고 주장한다. 그렇지만 반론자는 인식됨은 상대적 속성이고, 우리가 두 관계 항을 모두 인식하지 않는 한, 상대적 속성을 인식할 수 없다고 반박한다. 우리는 철수를 인식하지 않는 한, 철수와 같은 신장身長임이라는 영희의 속성을 인식하지 않는다. 따라서 우리는 먼저 항아리와 그것을 지향적 대상으로 지니는 인식을 인식함 없이는 항아리에 있는 인식됨을 인식할 수 없다. 따라서 다시 우리는 인식에 대한 직접적 인식을 지지할 필요성에 이르게 된다.

이에 대해 대상에 있는 인식됨은 바로 대상이 언어와 행위를 할 수 있는 속성이라고 답변된다. 항아리에 인식됨이 있다고 말하는 것은 항아리가 이제 다양한 방식으로 지칭되고 사용될 수 있다는 것을 말한다. 이에 대해 그것은 인식의 존재를 부정하는 것에 상당한다고 반박된다(Sinha 1958 : 210). 이 반론의 배후에 있는 생각은 인식됨에 기억, 언어, 욕망, 행위지도 체계에 대한 대상의 가용성밖에 없다면, '의식'은 공허한 임시 저장소처럼 보인다는 것이다. 그런데 필자는 이 반론에 의미가 있다고 생각한다. 만약 인식됨에 대해 있는 모든 것이 행위지도와 같이 단일한 체계에서 이용가능하다면, 현상을 설명하기 위해 의식과 같은 어떤 것을 상정할 이유가 없을 것이다. 이것이 바로 우리가 맹시의 사례에서 발견하는 것이기 때문이다. 이 사례에서 주체는 아무것도 보지 못한다고 주장하면서 장애물 주위를 배회한다. 그러한 경우에 대상은 매개로서의 의식 없이 행위지도에서 직접적으로 결정적인 역할을 행한다. 우리는 온도계가 방 안의 공기 온도를 의식한다고 생각하지 않는다. 온도계는 공기 온도와 냉난방 시스템 작동의 매개 역할을 한다. 그런데 왜 대상이 복합적 체계들에 이용가능한 곳에서는 상황이 달라야 하는가? 정보의 흐름이 복잡하지만 그러한 흐름은 결국 인과적 경로를 따르고, 단지 좀 더 많은 경로를 따를 뿐이다. 이 구상은 인식됨이 바로 전체적 가용성이라면 의식에 대한 외전 추론은 불발로 끝난다는 점을 시사한다.[24]

불교 환원론적 타자조명론자는 의심할 여지없이 의식이 공허한

---

24 '전체적 가용성(global availability)' 용어에 대한 유용한 논의로 Metzinger(2003 : 31)를 참조하라.

좀비로서의 붓다

임시 저장소로 될 뿐이라는 자신들의 견해에 따른 이러한 결과를 부인하고 싶어 할 것이다. 우선 정통성에 대한 고려사항들이 있다. 의식을 공허한 임시 저장소라고 칭하는 것은 사실상 그것을 개념적 허구로 간주하는 것이다. 그렇지만 붓다는 의식을 인격이 환원될 수 있다고 일컬어지는 심신 요소들蘊의 하나로 말했다. 그러므로 의식을 개념적 허구라고 보는 것은 붓다의 권위에 의문을 던지는 것이다. 한편 불교 수행에서 명상의 역할에서 비롯되는 고려가 있다. 명상을 일종의 현상학적 탐구로 보기 때문이다. 명상에서 우리는 심적 상태들의 부침, 그 구조 및 인과적 상호관계들을 주의깊게 검토한다. 만약 의식이 공허한 임시 저장소에 지나지 않는다면, 현상학이 탐구할 어떤 것도 없을 것으로 보인다. 하지만 명상 수행은 고통의 소멸에 이르는 불교 수행도에서 효과적으로 생각된다. 만약 주관적 영역이 환영과 같다면, 왜 그 분석적 탐구가 유용한 결과를 가져오겠는가?

그렇지만 필자는 디그나가 견해의 난점을 피하려는 불교 환원론자는 이 타자조명 입장의 결과를 수용해야 한다고 생각한다. 그렇다고 해서 타자조명 견해를 포기할 필요는 없다. 우리는 대신 그 반론을 환원론의 활용을 위해 반복적으로 제기할 수 있다. 그것은 결국 우리가 우리 자신의 의식 상태를 알아차리고 있는 듯이 우리에게 나타난다. 이 현상은 꽤 실제적이며 설명이 필요하다. 비반영성을 고려할 경우, 그것은 어떻게 설명되는가? 대상들의 전체적 가용성으로부터의 외전 추론을 통해서이다. 전체적 가용성은 바로 별개의 인과 경로들의 총합이므로, 의식이 개념적 허구, 데이터 관리 업무를 단순화하기 위해 상정된 단일체로 판명되는 것은 놀라운 일이 아니다(따라서 외전 추론은 타당하지만 단지 세속적으로만 그렇다). 부분들이 특정한 방식으로 결합될 때 우리에게 의자가 있는 것처럼 보이듯이, (맹시처럼) 행위지도 체계에 대해서뿐 아니라 기억체계, 언어체계 등에 대해서도 의자를 사용할 수 있게 될 때, 문으로 향하는 나의 경로상 의자를 바라보는 의식 상태가 있는 것처럼 보인다. 따라서 우리는 그것과 유사함과 같은 어떤 것이 없는데도 왜 우리에게 그러한 것이 있는 것처럼 보일 것인지 이해할 수 있다. 주관성은 유용한 허구이다.[25]

그렇지만 외견상의 것들이 없을 때 … 마치 ~처럼 그것이 우리에게 보이는 것과 같은 것이 마치 있는 듯이 우리에게 보인다고 주장하는 것이 과연 일관적인가? 두 가지 답변이 가능하다. 하나는 환영의 지속은 그것이 환영이 아니라는 증거가 아니라는 것이다. 우리는 폰조 착시Ponzo illusion의 예시에서 선들이 동일한 길이를 지님을 확실히 알 수 있다. 하지만 우리는 계속해서 일부를 다른 것들보다 더 긴 것으로 볼 것이다. 관점적인 것이 있다는 감각은 바로 그와 같은 환영이라고 할 수 있다. 물론 이것은 모든 환영의 어머니로 간주될 수 있다. 왜냐하면 그것 없이는 사물들이 어떻게 보이는지와 어떠한지 간에 어떤 간극도 있을 수 없기 때문이다. 그럼에도

---

25 불교 환원론자에게 의식이 개념적 허구라고 말하는 것은 무의식적인 심적 기능들이 있을 수 있다고 말하는 것과 같다. 정통 불교 환원론 견해는 모든 심적 기능들이 의식적이라는 것이다. 즉 심(citta)이 없는 심소(caitta)란 없다. 이 정설은 의식의 연속체인 상좌부의 바왕가(bhavaṅga) 개념뿐 아니라 유식의 아뢰야식(阿賴耶識)이나 함장식(含藏識) 관념의 근거이다. 두 경우 모두에서 외관상 관찰 불가능한 의식은 심적 기능에서의 연속들을 설명하기 위해 상정되었다. 그렇지만 이 정설은 '심적 성향들이 어떤 인식이 없을 때도 시간적 간격을 넘어 보존 가능하다'고 주장한 경량부 논사들에 의해 반박되었다. 이것은 그들의 '종자설'의 원형 형태였다. 그러므로 의식이 없이도 심적 기능들이 발생할 수 있음을 수반하는 견해를 주장한다는 데서 불교 환원론의 선례가 있다.

불구하고 그것이 발생하는 체계가 그 환경을 잘못 표상하게 유도하기 때문에, 그것을 환영이라고 하는 것은 타당하다. 온도계에 대한 그것과 유사함은 없지만 우리는 온도 조절기를 속여서 근처에 촛불을 들고 있는 것보다 실내를 더 따뜻하게 만드는 것에 대해 자연스럽게 말한다. 그러므로 우리는 심신 체계가 사물들이 특정 방식으로 보이는 주체를 포함하는 것으로 그 환경을 잘못 표상한다고 말할 수 있을 것이다. 이 점을 파악하는 데는 바로 그러한 외관外觀의 사례가 포함될 수 있다. 그렇지만 역설적일 필요는 없다. 우리가 (이와 같은 체계들에 대한 효용으로 인해) 어떻게 환영이 만들어지는지와 왜 그것이 지속하는지 보면 그것이 잘못 표상된 것이고 왜 그러한 잘못된 표상이 발생하는지 이해할 수 있다.

두 번째 가능한 답변은 환영이 그 원천에 관한 지식에 의해 제거될 수 있다는 것이다. 불교 전통에서 완전한 붓다가 자비를 행할 때 자비의 대상인 범부를 인식하지 않지만, 그럼에도 불구하고 순전히 자발적이고 직관적인 방식으로 그들에게 적절하게 행한다는 주장을 접하기도 한다. 혹자는 이것을 경건주의자 종파가 그들의 이상적 인물들의 상대적 장점을 두고 경쟁할 때 생기는 과장이라고 일축할 수 있다. 하지만 이 경우, 무언가 중요한 것이 있다. 유식 사상에서 모든 개념화는 그것이 실상의 비이원적 성격을 감춘다는 점에서 기만적이라고 한다. 붓다들은 승의적 실상을 알기 때문에 그들의 세계 이해는 비개념적임에 틀림없다는 사실이 따라나온다. 그렇지만 범부들은 개념적 도구들로 구조화된 세계에 거주한다. 또한 붓다들은 그 왜곡된 시각을 공유함으로써만 범부들을 도울 수 있을 것으로 보인다. 이러한 딜레마에 대한 한 가지 답변은 붓다들은 개입되는 어떤 생각 없이 직접 그들의 지각에 따라 작용하지만, 그들의 행위는 범부들을 돕는 데 이상적으로 적합하다는 것이다. 이 로봇 붓다Robo-Buddha 관념은 믿기지 않게 들리지만, 현 맥락에서 의미가 통할 수 있는지 살펴볼 가치는 있다.

타자조명론자는 인식이 대상을 조명하는 기능을 수행하기 위해 그 자체로 인식될 필요가 없다고 주장한다. (필자가 염두하는 불교 환원론에서는 의식을 환원의 목표 대상이지 제거 대상이 아니기에 세속적인 실재임에 주목하라. 그들은 타자조명론이 세속제의 일부라고 주장한다).[26] 인식의 인식이 항상 선택적인 것이라면 그 요점이 무엇일까? 한 가지 힌트는 '진정으로 새로운 지각은 즉각적으로 참으로서 인정되지 않고 추후 규명을 통해서만 인정된다는 주장에서 찾을 수 있다(TS 2959-2962게송). 이 주장의 맥락은 인식들이 부당성을 증명하는 증거의 추후 발생에 의해서만 철회되는 순진한 믿음을 가지고 애초에 참으로 인정될 수 있는지, 아니면 추가 증거가 제시될 때만 참으로 받아들여지는지에 관한 논쟁이다.

여기에서의 주장은 친숙한 어떤 것에 대한 '인식의 본유적 타당성svataḥprāmāṇya'으로 수용되는 데 비해, 새로운 맥락에서의 인식은 '외재적 타당성parataḥprāmāṇya'으로만 인정된다는 것이다. 즉 정형화된 지각(예를 들어 우리가 매일 보는 관개 연못의 물)은 관련 하위 시스템에서 직접 기능하지만, 새로운 지각은 체계의 상태로 다루어져야만 신뢰할 수 있는 것으로 여겨진다. 우리가 잘 알고 있는 곳에서 감각 상태는 우리를 대상과 직접 감촉하게 하는 것으로 간주된다(인식은 투명하다). 우리가 인지적으로 새로운 영역에 있는 경우, 그

---

26 심적인 것에 대한 환원론과 제거주의 간의 차이에 관한 명료한 기술로는 Kim 2004 : 138 참조하라.

감각은 참이거나 참이 아닐 수 있는 내적 표상을 산출하는 것으로 간주되어서 심화된 규명이 필요하다(인식은 불투명하다). 그렇다면 우리는 대상의 인식됨이 이 황색 깃발이 올라간 표식이라고 말할 수 있다. 우리는 지각 내용을 평상시 오류 점검에 사용할 수 있도록 시스템의 성능을 향상시킬 때 지각이 인식, 즉 내부의 주관적 상태를 초래하는 것으로 간주한다. 그렇지만 수차례 그렇게 함으로써, 우리는 그 과정을 완전히 자동으로 만들 수 있다. '봄'은 여느 다른 기술과 같이, 처음에는 의도적이고 자기 의식적으로 행하지만 마침내 자동조종장치로 행하는 어떤 것이다.

그렇다면 로봇 붓다에 관한 주장은 숙련되고 경험이 상당히 풍부한 교사가 어떤 경우라도 학생에게 자연스럽게 그리고 노력 없이 꼭 필요한 만큼의 교육을 제공할 것이라고 말하는 방식에 지나지 않을 수 있다. 어떤 생각도 필요하지 않으며, 그렇지 않다면 유용할 수 있는 생각의 환영 주관성의 사적 영역이 있다는 환영을 만들어 낼 필요가 없다. 그렇게 숙련되지 않은 우리들에게는 의식이 있다는 환영을 인정하고 외전 추론을 타당한 것으로 받아들이는 것이 유용할 것이다. 그러나 로봇 붓다의 존재는 우리가 인정하는 것이 승의적 존재론의 일부가 아님을 보여줄 것이다. 아무리 찰나적인 것이라도 경험의 주체가 없고 내면의 주관적 영역도 없다. 의식은 세속적으로 실재할 뿐 승의적으로 실재하는 것이 아니다. 로봇 붓다가 있다는 것은 좀비와 우리 사이의 차이란 단지 우리가 유용한 자기표상 장치를 지나치게 심각하게 받아들이는 것 중 하나일 뿐임을 보여줄 것이다.[27]

---

27 Dretske(2003)는 우리의 생각함과 경험함이 외적, 역사적 관계들에 의해 구성된다는

약어

AKBh   *Abhidharmakośabhāsyam* of Vasubandhu. Edited by Prahlad Pra
dhan. Patna : Jayaswal Research Institute, 1975.

BCA   *Bodhicaryāvatāra* of Śāntideva with the commentary *Pañjikā* of
Prajñākaramati. Ed. P.L. Vaidya. Darbhanga, India : Mithila
Institute, 1960.

PV   S. *Pramānavārttikabhāṣya* of Prajñākaragupta. Edited by R. Sāṃ
kṛtyāyana. Patna : Kashi Prasad Jayaswal Research Institute, 1953.

TS   *Tattvasaṅgraha* of Śāntarakṣita. Edited with the *Pañjikā* of
Kamalaśīla by Dwarkidas Sastri. Varanasi, 1968.

주장을 옹호하기 위해 어린 시절에 믿음 개념을 획득하는 것에 관한 증거를 활용한
다. 이 증거에 대한 유용한 요약은 Gopnik(2009)에서 살펴볼 수 있다. 잇따르는 견해
에서 자기표상은 획득된 기술일 뿐 아니라 그것의 행사를 통해서 우리 자신의 견해
에 왜곡을 초래하는 것이다. 이것은 주체 – 대상의 구별이 개념적 가탁으로부터 초
래된다는 디그나가의 주장에 대한 대안적 독해일 수 있다. 이 독해에서 현상성은 개
념 사용에 의해 가능해진 관행인 유용한 자기표상 관행의 부산물이다. 또 모든 개념
화는 현실을 우리의 이해와 인지적 한계들에 따르게 함으로써 실상의 본성을 왜곡
한다. 그렇다면 우리는 결국 철저한 존재론적 환원과 양립 가능한 입장으로서 존재
론적 물음들을 피하면서 현상학적 탐구를 행하는 (이 책의) 드레퓌스에 의해 취해진
방법론적 입장을 해석할 수 있을 것이다. 그 구상은 심적 상태들이 자성적으로 자기
모방적이 아니어서 자기조명론이 궁극적으로 참이 아니라는 타자조명론자가 옳지
만, 유용한 자기표상장치는 현상성과 자기의식의 현출(顯出)을 일으키고 이 영역에
대한 면밀한 탐구는 경험의 주체에 대한 우리의 신념을 떨쳐 버리는 데 유용할 수 있
다는 것이다. 그렇다면 유식은 보다 낮은 형태의 세속제를 대표할 수 있을 것이다.

Albahari, M. (2006), *Analytical Buddhism* (New York : Macmillan).

Chatterjee, A. (2008), 'Intentional Consciousness and Higher Order Conscio usness : An East West Perspective', in Suresh Raval, G. M. Mehta, and Sitanshu Yashaschandra (eds.), *Forms of Knowledge in India : Critical Revaluation* (Pencraft International, Delhi).

Choudhury, S. and Blakemore, S. J. (2006), 'Intentions, Actions and the Self', in Susan Pockett, William P. Banks, and Shaun Gallagher (eds.), *Does Consciousness Cause Behavior?* (Cambridge, MA : MIT Press).

Collins, S. (1982), *Selfless Persons* (Cambridge : Cambridge University Press).

Dhammajoti, Bikhu JL. (2007), *Abhidharma Doctrines and Controversies on Perception* (Hong Kong : Center of Buddhist Studies, University of Hong Kong).

Dretske, F. (2003), 'Externalism and Self-Knowledge', in Susan Nuccutelli (ed.), *New Essays on Semantic Externalism* (Cambridge, MA : MIT Press).

Eckel, M. D. (2008), *Bhāviveka and His Buddhist Opponents*, Harvard Oriental Series.vol. 70 (Cambridge, MA : Harvard University Press).

Ganeri, J. (1999), 'Self-Intimation, Memory and Personal Identity', *Journal of Indian Philosophy* 27 : 469–83,

Goodman, C. (2009), *Consequences of Compassion* (NY : Oxford University Press).

Gopnik, A. (2009), *The Philosophical Baby* (New York : Farrar, Straus and Giroux).

Kajiyama Y. (1965), 'Buddhist Solipsism : A Free Translation of Ratnakīrti's *Santānāntaradūṣaṇa*', *Journal of Indian and Buddhist Studies* XIII.1 : 9–24.

Kellner, B. (forthcoming), 'Self-Awareness (*svasaṃvedana*) and Infinite Regresses : A Comparison of Arguments by Dignāga and Dharmakīrti', *Journal of Indian Philosophy* 39 : 411–26.

Kim, J. (2004), 'The Mind-Body Problem at Century's Turn', in Brian Leiter (ed.), *The Future for Philosophy* (NY : Oxford University Press).

Merricks, T. (2002), *Objects and Persons* (NY : Oxford University Press).

Metzinger, T. (2003), *Being No One* (Cambridge, MA : MIT Press).

Perrett, R. (2003), 'Intentionality and Self-awareness', *Ratio* XVI : 222–35.

Ram-Prasad, C. (2007), *Indian Philosophy and the Consequences of Knowledge* (Aldershot : Ashgate).

Rosenberg, A. (1997), 'Reductionism Redux : Computing the Embryo', *Philosophy and Biology* 12 : 445–70.

Shoemaker, S. (1985), 'Critical Notice of *Reasons and Persons* by Derek Parfit', *Mind* 94 : 443–53.

Siderits, M. (2003), *Personal Identity and Buddhist Philosophy* (Aldershot : Ashgate).

_____(2006), 'Buddhist Reductionism and Buddhist Ethics', in P. Bilimoria, J. Prabhu, and R. Sharma (eds.), *Indian Ethics : Classical and Contemporary Challenges* (Aldershot : Ashgate).

_____(2009), 'Is Reductionism Expressible?' in Mario D'Amato, Jay L. Garfield, and Tom J. F. Tillemans (eds.), *Pointing at the Moon : Buddhism, Logic, Analytic Philosophy* (NY : Oxford University Press).

_____(2010), 'What the Gopis Know', in Jay Garfield (ed.), *Moonshadows* (NY : Oxford University Press).

Sinha, J. (1958), *Indian Psychology : Cognition*, vol. 1 (Calcutta : Sinha Publishing House).

Strawson, G. (1997), 'The Self', *Journal of Consciousness Studies* 4 : 405–28.

_____(2008), 'What is the Relation Between an Experience, the Subject of the Experience, and the Content of the Experience?', in *Real Materialism and Other Essays* (Oxford : Oxford University Press).

Thompson, E. (2007), *Mind in Life : Biology, Phenomenology, and the Sciences of Mind* (Cambridge, MA : Harvard University Press).

Watson, A. (2006), *The Self's Awareness of Itself : Bhaṭṭa Rāmakaṇṭha's Arguments against the Buddhist Doctrine of No-Self*, De Nobili Research Library XXXII (Vienna:Institut für Südasien-, Tibet- und Buddhismuskunde der Universität Wien).

Williams, P. (1998), *The Reflexive Nature of Awareness* (Surrey : Curzon Press).

Yao, Z. (2005), *The Buddhist Theory of Self-Cognition* (Abingdon : Routledge).

옮긴이의 글

—바람은 부는 데, 바람은 없고 '분다'만 있다

이 책은 마크 시더리츠와 에반 톰슨 그리고 단 자하비가 공동으로 편집한 *Self, No Self?: Perspectives from Analytical, Phenomenological, & Indian Traditions*(Oxford University Press, 2011)을 옮긴 것이다. 2011년에 출간된 이 영문판은 현상학과 직간접적으로 관련된 11명의 세계적 학자들의 논문을 모아 엮은 책이다. 이 책은 자아와 무아에 대한 논쟁적 주제를 서구의 현상학적 관점과 인도철학적 관점, 그리고 불교적 관점에서 심도 있게 논의하고 있다. 이 책의 각 장들은 학술 논문의 형식을 취하고 있어 대중적인 책이라기보다 전문적인 학술서의 형태를 띤다. 편집자들도 서두에서 밝혔듯이 이 주제에 관련된 전문 연구자나 학생들을 위한 책이다.

에반 톰슨과 단 자하비의 저술은 우리나라에서도 여러 권 번역되어 있을 만큼 대중적이다. 일본의 신진학자 나카무라 타쿠야中村拓也는 단 자하비의 저서 대부분을 일본어로 번역한 것으로 유명하다. 그러나 그가 어쩐 일인지 이 책만큼은 일역으로 출간하지 않았다. 어쩌면 못했다고 보는 것이 맞는 표현일지 모른다. 왜냐하면 이 책은 서구 현상학에 대한 이해만으로는 도저히 번역할 수 없는 책이기 때문이다. 만약 이 책의 일역본이 있었다면 우리 역시 이 책을 번역할 생각을 애초에 하지 않았을 것이다!

주지하다시피 불교 교리의 세 가지 핵심 기둥은 무상無常, 무아無我, 고苦이다. 이 가운데 핵심은 무아anātman이다. 불교가 세간의 타 종교와 다른 점이 있다면, 단지 이 하나라고 말해도 무방하다. 장구한 인도철학의 역사에서 불교가 학파가 아닌 종교로서 뚜렷이 구별되는 점도 이 하나 때문이다. 불교는 일체의 자성을 일절 인정하지 않는다. 즉 일체는 무자성이라고 주장한다. 그 일체 속에는 '나'라고 하는 실존도 포함된다. 이 사유에서 생주이멸하는 무상한 속성을 담지하는 '나'로 생각하는 '가유假有'는 한 찰나에서만 일시적으로 존재하고 곧바로 소멸한다. 따라서 지속하는 동일성을 갖는 실체적 통일체는 어디에서도 찾을 수 없게 된다. 여기서 주목해야 할 사실은 불교가 가유라고 하는 일시적 나, 즉 오온의 '가아假我'마저 부정하는 것이 아니라는 점이다. 그것은 우리의 사유 체계를 위해서 필연적으로 상정해야 하는 방편과도 같기 때문이다.

초기불교의 『잡아함』「제일의공경」(『대정장』 2권, 92하)에는 "행위의 결과는 있지만 그것을 짓는 이는 없다. 이 오온이 사라지면 다른 오온이 상속한다."(有業報而無作者 此陰滅已 異陰相續)라는 유명한 구절이 나온다. 그런데 여기에는 업보를 받는 '나'라는 일관된 주체가 없는 윤회의 문제가 내포됨으로써 무아관과 윤회관의 대충돌이 발생할 여지가 있다. 이에 대해 『장아함』(『대정장』 1권, 112중)에서 "비유하자면 마치 우유는 변하여 응유가 되고, 응유는 요구르트가 되며, 요구르트는 버터가 되는 것과 같은 이치이다."(譬如牛乳 乳變爲酪 酪爲生酥 生酥爲熟酥 熟酥爲醍醐)라고 말함으로써 무아의 업보상속의 문제를 해결한다. 이후 대승불교의 유식학파에서 업은 종자의 형태로 제8아뢰야식이라는 저장창고에 함장되어 각기 이숙異熟 – 전변轉變 – 차별差別의 형태로 나타난다고 주장한다.

사실 붓다는 무아無我보다 비아非我라는 표현을 더 많이 사용함으로써 '나'와 '나의 것'에 대한 집착의 소멸로 이끌었다. 우리의 신체를 오온五蘊의 임시 가화합假和合된 구성체로 보고, 갈대 묶음의 비유를 들어 비아非我를 설명했다. 또한 이후 대승에서는 우리의 일상 언어를 사용한 세속의 수준에서 말하는 진리와 언어를 초월한 궁극의 수준에서 말하는 진리를 구분하는 이제설二諦說의 입장을 취한다. 이에 따라 앞의 본문에 나타난 논쟁들은 모두 세속제에 해당한다고 볼 수 있다. 이 세속제의 입장에서 우리는 서로 간에 소통할 수 있고, 논쟁을 벌일 수 있는 것이다.

철학과 종교, 특히 불교 간의 가장 큰 차이점은 궁극으로 향하는 '수행修行'에 있다. 이 수행은 스스로 실천하고 깨닫는 자내증自內證이어서 누구에게도 언어로 수행자가 깨달은 것을 정확히 설명할 수 없다. 그럼에도 언어를 빌려 전달하는 것은 중생에 대한 연민과 자비심 때문이다. 그렇기 때문에 붓다를 비롯한 후대의 모든 불교 논사는 자신이 펼친 언설이 모두 '희론戱論'에 불과한 것이어서 직접 체험을 통한 궁극의 진리를 체득할 것을 당부한다.

우리는 이 책을 번역하면서 단 자하비를 두 번 만났는데, 한번은 대만 국립정치대학이었고, 다른 한번은 덴마크 코펜하겐대학교 주관성연구소였다. 그는 자신의 입장은 자아론이고 불교의 무아론을 도저히 수용할 수 없다고 강변했다. 다만 경험의 주체가 주관성이고, 후설의 수동적 종합 및 시간의식에서의 현상학적 입장이 디그나가를 비롯한 고전인도불교-인식논리학 논사들의 그것과 아주 흡사하고 인정했으며, 당시 후설 역시 불교 책을 봤을 수 있다는 역자의 견해에 조심스럽게 동의해주었다. 한편 에반 톰슨은 바렐라F. J. Varela, 로쉬E. Rosch와의 공저 『신체화된 마음The Embodied Mind』(1992)에서 인지과학 등의 방법론을 활용해 무아론을 지지했던 것과는 달리, 이 책의 그의 논문과 최근의 『나는 왜 불교인이 아닌가Why I Am

Not a Buddhist』(2020)에서는 자아를 부정하지 않는 미묘한 입장 변화를 보인다. 반면 역자의 은사이신 마크 시더리츠는 강력한 무아론자일 뿐만 아니라, 이 책의 기고자 가운데 유일하게 비반영적 환원론non-reflexive reductionism 입장을 취한다.

다음으로 원서 번역에서 느꼈던 몇 가지 애로사항에 대해 밝히고자 한다. 첫째, 용어 선택의 문제이다. 가령 cognition, consciousness, awareness은 각기 앎[知/識], 의식, 알아차림으로 번역했다. awareness 용어를 '알아차림'으로 번역한 것은 의식적 주의attention가 있음을 반영하기 위해서였고, 맥락에 따라서 인식, 인지로 번역하기도 했다. reflexive 용어를 '반영적反影的'으로 번역했는데, 이것은 불교에서 말하는 행상行相, ākāra의 이중적 '가탁假託, superimposition, adhyāsa'의 의미를 더하는 '그림자影'이 포함된 용어를 선택했다. 또한 알바하리가 주장하는 'witness consciousness' 용어를 '목격자sākṣin 의식'으로 번역한 것은 관찰자나 주시자가 갖는 대상에 대한 주의 집중을 갖는 관찰자나 주시자가 아닌 그냥 우발적인 제3자의 느낌을 갖는 제8 아뢰야식과 같은 수동적 종합의 의미로 받아들였기 때문이다. 한편 가장 난해했던 'self'의 번역은 이 책의 주제가 무아론에 대한 입장과 반론 그리고 재반론에 있다는 점에서 논쟁적 입장에 있을 때는 '자아'로, 현상학적 측면에 있을 때는 '자기'로 표현했다.

둘째, 각 장의 구성과 형식 그리고 그 용어 선택이 단일하지 않다는 점에 대해서 독자들에게 양해를 구한다. 이 점은 3인의 편집자들이 11인의 논문에 대한 용어 통일, 교정, 각색 없이 그대로 게재한데서 기인하고 우리 역시 이들의 특색을 그대로 살려서 옮겼다. 왜냐하면 이 11인의 학자들은 각자의 주 전공분야(서구의 현상학, 인도철학 그리고 불교철학)를 바탕으로 각자의 입장(무아관/유아관)을 학제 간 융합적인 방법으로 전개했기 때문이다. 이와 마찬가지로 우리 역시 각자 맡은 장에서의 개별적인 이해와 해석을 존중하기로 했다.

셋째, 의역 없는 원문의 직역을 원칙적으로 채택했다. 하지만 이 점에 있어서 우리 두 사람은 약간의 이견을 표출했다. 정관사나 부정관사 그리고 복수를 가급적 그대로 살리자는 것과 한글 문맥에 어색한 불필요한 영어식 표현은 생략하자는 입장이었다. 그러나 이 점은 교차 교정 과정에서 일정 정도 절충점을 찾아 가독성을 높이는 방향으로 수정했다. 그럼에도 불구하고 이 책은 지나치게 전문적이고 기술적이어서 독자들의 독해와 이해가 그리 쉽지 않을 것이다.

이 번역서를 내기까지 많은 분들의 도움이 있었다. 불가의 인연을 맺게 해준 은사이신 금강정사 회주 지홍 큰스님께 구배를 올린다. 불교인식논리학의 눈을 뜰 수 있게 해주신 동국대 불교학과 우제선 교수와 부산대 철학과 권서용 박사께 깊은 감사를 올린다. 아무런 대가 없이 현상학 공부가 그저 좋아서 스터디를 같이 했던 벗들 이성동, 신혜영, 이은영, 조흥준, 양영순, 양영신 선생, 그리고 성덕 스님께 감사드린다. 특히, 몇 해 전 번역 초고본이 완성되었을 때 원문 대조 작업을 꼼꼼히 해주셨던 한국외대 인도학연구소 양영순 선생과 최종본의 교정·교열을 수개월간 묵묵히 봐주신 고려대 철학과 김제란 선생께 두 손 모아 감사의 삼배를 올린다.

어려운 최근의 출판 환경 속에서도 기간 꾸준히 불교 철학서들을 내주시고 특히 이 책의 출판을 허락해주신 씨아이알 김성배 대표께 큰 감사를 올린다. 또한 수년간 긴 시간, 너그럽게 기다려준 박영지 편집장과 편집 담당 최장미 법우께 깊은 고마움을 전한다.

이 밖에도 살아 있는 모든 것들에 대해서도 감사의 마음을 전한다.
마지막으로 이 책에 나타난 번역상의 과실과 오류는 전적으로
옮긴이들의 몫임을 밝히며 너그러이 용서를 부탁드립니다.

쁘라마나를 배우면서 디그나가의 달빛과 같은 선함과 청정을 나는
얻었네. 불멸의 문장을 성취하여 벗들의 행복을 위해 나는 공부하네.
자신과의 약속을 지키는 사람은 밤하늘의 별처럼 그의 삶을 비추리라.

2020년 코로나가 창궐해
소리 없이 벚꽃지는 봄날
목멱산 기슭에서

2022년 성자 안에 사는 마왕 파순처럼
우리 몸에 새겨진 숙주가 발악하는 입춘
남산골 수졸재에서

비구 이산 동광(伊山東光)·김태수 합장

찾아보기

:: 용어 찾아보기

찾아보기

찾아보기

편저자 및 옮긴이 소개

편저자

마크 시더리츠(Mark Siderits)
일리노이주립대학교 명예교수. 서울대학교 철학과에서 2008 ~ 2012년 까지 재직하고 정년퇴임했다. 주 관심사는 현대분석철학과 고전인도 · 불교철학의 접점에서 분석형이상학이 갖는 가치에 관한 것이다. 2022년 제19차 세계불교학대회(IABS, 장소: 서울대학교) 대회장을 역임했다.

에반 톰슨(Evan Thompson)
브리티시 콜롬비아대학교 철학과 교수. 주로 인지과학, 현상학, 심리철학, 그리고 불교철학을 교차 비교하여 연구하고 있다. 주요 저서로는 『신체화된 마음』(The Embodied Mind, 1991), 『생명 속의 마음』(Mind in Life, 2007), 『나는 왜 불교도가 아닌가』(Why I Am Not a Buddhist, 2020) 등이 있다.

단 자하비(Dan Zahavi)
1994년 벨기에 뤼뱅대학교에서 박사학위 취득. 코펜하겐대학교 철학과 교수와 주관성연구소 소장, 옥스퍼드대학교 철학과 교수를 겸직하며 왕성히 활동 중이다. 주요 저서로는 『후설과 초월적 상호주관성』(Husserl und die transzendentale Intersubjektivität, 1996), 『자기와 타자』(Self and Other, 2014), 숀 갤러리 공저 『현상학적 마음』(The Phenomenological Mind, 2008) 등이 있다.

옮긴이

이산 동광
김천 출생. 동국대학교 불교학과 학부 · 석사 · 박사. 연구분야는 불교인식논리학, 특히 디그나가(Dignāga)의 언어철학인 아포하 이론이다. 2012 ~ 2013년 영국 옥스퍼드대학교 OCBS 초청연수(지도교수: 리처드 곰브리치). 현 동국대학교 불교학술원 연구초빙교수.

김태수
서울 출생. 연세대학교 정외과 학사. 영국 옥스퍼드대학교 석사, 서울대학교 철학과 박사. 중국 남양이공대학교 중의대 졸업 및 중의사 자격 취득. 연구분야는 6~8세기 동아시아 불교, 특히 원효의 화쟁 논법이다. 현 대진대학교 대순사상학술원 연구초빙교수.

자아와 무아

초판 인쇄 | 2022년 4월 15일
초판 발행 | 2022년 4월 25일
초판 2쇄 | 2023년 5월 30일

편저 | 마크 시더리츠, 에반 톰슨, 단 자하비
옮긴이 | 이산 동광(伊山東光), 김태수
펴낸이 | 김성배
펴낸곳 | 도서출판 씨아이알

책임편집 | 최장미
디자인 | 쿠담 디자인, 엄해정
제작책임 | 김문갑

등록번호 | 제2-3285호
등록일 | 2001년 3월 19일
주소 | (04626) 서울특별시 중구 필동로8길 43(예장동 1-151)
전화번호 | 02-2275-8603(대표)
팩스번호 | 02-2265-9394
홈페이지 | www.circom.co.kr

ISBN | 979-11-6856-050-5   93110
정가 | 28,000원